Todos los libros de Linkgua Ediciones cuentan con modelos de Inteligencia Artificial entrenados por hispanistas. Pregúntale al chat de tu libro lo que desees acerca de la obra o su autor/a.

Para ebooks: Accede a nuestro modelo de IA a través de este enlace.

Para libros impresos: Escanea el código QR de la portada con tu dispositivo móvil.

Obtén análisis detallados de nuestros libros, resúmenes, respuestas a tus preguntas y accede a nuestras ediciones críticas generativas para una experiencia de lectura más enriquecedora.
La transparencia y el respeto hacia la autoría de las fuentes utilizadas son distintivos básicos de nuestro proyecto. Por ello, las respuestas ofrecen, mediante un sistema de citas, las fuentes con las que han sido elaboradas.

Juan Valera

Correspondencia

Barcelona 2024
Linkgua-ediciones.com

Créditos

Título original: Cartas.

© 2024, Red ediciones S.L.

e-mail: info@linkgua.com

Diseño de cubierta: Michel Mallard.

ISBN rústica ilustrada: 978-84-9816-873-0.
ISBN tapa dura: 978-84-9897-312-9.
ISBN ebook: 978-84-9897-029-6.

Sumario

Libros a la carta 465

Brevísima presentación

La vida

Juan Valera (18 de octubre de 1824, Cabra). España.

Era hijo de José Valera y Viaña, oficial de la Marina, y de Dolores Alcalá-Galiano y Pareja, marquesa de la Paniega. Tuvo dos hermanas, Sofía y Ramona y un hermanastro: José Freuller y Alcalá-Galiano.

Su padre vivió de joven en Calcuta y adoptó posiciones liberales. Por ello fue removido de su puesto. Tras la muerte de Fernando VII en 1834, el nuevo gobierno liberal fue rehabilitado y se le nombró comandante de armas de Cabra y después gobernador de Córdoba.

La madre se opuso a que Juan Valera siguiera la carrera militar. Este estudió Lengua y Filosofía en el seminario de Málaga entre 1837 y 1840 y en el colegio Sacromonte de Granada, en 1841. Luego estudió Filosofía y Derecho en la Universidad de Granada, donde se graduó en 1846.

En 1844 publicó primer libro de poemas. Leyó mucha poesía, y en particular a José de Espronceda, y a los clásicos latinos: Catulo, Propercio y Horacio. Hacia 1847 empezó a ejercer la carrera diplomática en Nápoles junto al embajador Ángel de Saavedra, duque de Rivas. Vuelto a Madrid, frecuentó las tertulias y los círculos diplomáticos a fin de conseguir un puesto como funcionario del Estado.

Así viajó por Europa y América. En Lisboa empezó su amor por la cultura portuguesa y el iberismo político. De regreso a España, empezó a escribir y publicar ensayos en 1853 en la *Revista Española de Ambos Mundos*; en 1854 fracasó en un intento de ser diputado, y por entonces estuvo en los consulados de España en Frankfurt y Dresde con el cargo de secretario de embajada.

Hacia 1857 se fue seis meses con el duque de Osuna a San Petersburgo; polemizó con Emilio Castelar en *La Discusión*, y escribió su ensayo *De la doctrina del progreso con relación a la doctrina cristiana*. Asimismo, tras ser elegido diputado por Archidona en 1858, escribió en numerosas revistas como redactor, colaborador o director.

El 5 de diciembre de 1867 se casó en París con Dolores Delavat, veinte años más joven y natural de Río de Janeiro, y tuvo tres hijos: Carlos Valera, Luis Valera y Carmen Valera, nacidos en 1869, 1870 y 1872.

Durante la Revolución española de 1868 fue un cronista de los hechos y escribió los artículos «De la revolución y la libertad religiosa» y «Sobre el concepto que hoy se forma de España».

Juan Valera fue elegido senador por Córdoba en 1872 y en ese mismo año fue director general de Instrucción pública; en 1874 publicó su obra más célebre, *Pepita Jiménez* y, en esa época, conoció a Marcelino Menéndez Pelayo, con quien hizo gran amistad.

En 1895 perdió casi por completo la vista, se jubiló y volvió a Madrid; allí publicó *Juanita la Larga* (1895), y *Morsamor* (1899); frecuentó diversas tertulias y tuvo una en su propia casa.

Valera fue elegido miembro de la Academia de Ciencias Morales y Políticas en 1904. Murió en Madrid el 18 de abril de 1905 y fue enterrado en la sacramental de San Justo.

Sus restos fueron exhumados en 1975 y llevados al cementerio de Cabra.

Un hombre de mundo

Valera fue un hombre inmerso en su época. Sus cartas, en las que aparecen numerosas celebridades hispanoamericanas, son un inteligente testimonio del siglo XIX. Comprenden observaciones políticas, culturales y literarias.

Las aquí reunidas refieren sus primeros pasos en los ámbitos literario y diplomático y describen en detalle el ambiente de intrigas palaciegas y de influencias. Asimismo describen las costumbres de las diferentes ciudades europeas en las que Valera ejerció su actividad política.

Cartas

Querida madre mía: No puede usted figurarse cuántos proyectos de todos géneros hay en mi cabeza, y, sin embargo, cuán ordenados están, y qué filosóficamente moderados los anhelos que de llevarlos a cabo tengo para que no me haga sufrir mucho cualquier désappointement que sobrevenga.

Entre todos mis castillos en el aire, el que más me enamora es el de ver el modo de hacer senador a papá, sin que él lo quiera ni pretenda, pues éste es, según creo, el mejor modo de que a mí me abran las puertas de la diplomacia.

Usted sabrá que el señor Pidal, ministro de la Gobernación, es quien propone, en el Consejo de Ministros, las personas que más a propósito juzga para que se las nombre senadores. Ahora bien: Calvo Rubio es muy amigo de Pidal, y, así como los demás diputados por Córdoba, tiene grande interés, o al menos debe tenerlo, porque haya en el Senado algún personaje paisano suyo, y, siendo mi padre el más a propósito para el caso, no será extraño que fijen la atención en él y lo arranquen de su retiro con tan honorífico cargo. Días pasados, dicho señor Calvo Rubio habló a tío Agustín en este sentido, y quedaron en hacer lo posible porque lo nombrasen. Veremos qué resulta de nuestras maniobras.

Anoche estuve en casa de Montijo. Esta señora me recibió muy cariñosamente y me convidó para el baile que tendrá lugar el domingo próximo, en celebridad de los días de la hermosa Eugenia, su hija menor, que es una diabólica muchacha que, con una coquetería infantil, chilla, alborota y hace todas las travesuras de un chiquillo de seis años, siendo al mismo tiempo la más fashionable señorita de esta villa y corte, tan poco corta de genio, y tan mandoncita, tan aficionada a los ejercicios gimnásticos y al incienso de los caballeros buenos mozos, y, finalmente, tan adorablemente mal educada, que casi, casi se puede asegurar que su futuro esposo será mártir de esta criatura celestial, nobiliaria y, sobre todo, riquísima.

La señora condesa nos hizo un discurso muy largo sobre las ventajas que resultan de ser grande de España, y probando hasta la evidencia que los parvenus son una canalla que a cada paso descubren la oreja, por más espetadamente aristócratas que quieran parecer. Probó, además, con sólidas razones que los caballeros de alta nobleza son los que saben tener buenos modales y fina educación, y que se los distingue a leguas entre mil parvenus. Este discurso fue, con muchas frescuras, dirigido a un don Juan F* * *, que allí estaba, y que se atrevió a decir que había muchos duques y condes mal criados, estúpidos y sin conocimientos, en lo cual no andaba muy equivocado, aunque sí en decirlo en aquel sitio. Yo seguí en todo la opinión de la condesa, sin acordarme de que no era grande de España, así como ella tampoco se acordaba de haber sido Mariquita Kirkpatrik, y nuestro contrincante, aplastado bajo el peso de los más sólidos argumentos histórico-filosóficos, se tuvo que marchar avergonzado y casi convencido de que era un pobre diablo.

Apenas concluida la disputa, entró Peña Aguayo, y sin duda que si hubiera llegado a tiempo este moderno Ulpiano, hubiera defendido también nuestra causa, pues ya se sabe que sus instintos aristocráticos son muy grandes.

Después llegaron la marquesa de Villanueva de las Torres, la de Palacios, con su hija; las de Moreno, Juanito Comín, el marqués de Valgornera y otras varias personas, siendo para mí la más interesante mi antigua amada, la condesa de C* * *, que, con su desgraciado esposo, venía de Variedades. Y digo desgraciado, por no ser poca desgracia la que le espera a un hombre casado cuando su mujer es tan nerviosa, sentimental y fashionablemente desenvuelta y alegre de cascos como mi querida Paulina. Hablé mucho con ella, y ella misma recordó nuestros antiguos amores. Y casi me dio a entender que su marido le era aborrecido, y que echaba de menos los tiempos de su primera juventud, para ella muy dichosos. Con todos estos avances, ya se puede usted figurar que yo no estaría muy pacífico, así es que hubo pisotones y miradas lánguidas; me ofreció la casa, me dijo que fuera a visitarla, que todo el día estaba sola, y también puso en mi noticia la hora en que salía, adónde iba a pasear y cuándo acostumbraba estar fuera de casa su digno consorte. De estos acontecimientos se puede esperar un buen desenlace, aunque Paulina está tan estúpida como antes, y este defecto me desilusiona un poco.

Esta noche tenemos función en el Liceo y yo pienso ir, aunque no asiste la gente de tono, y las señoras aristócratas se desdeñan de mezclarse con tanta especie de gentecilla como va a estas fiestas, demasiado acanalladas y plebeyas en el día.

En otro correo le hablaré a usted de lo que en ellas vea y entienda, que creo, a pesar de lo que digan las altas clases, que han de ser divertidas.

Madrid, 14 de enero de 1847

Querido padre mío: Ya por mis anteriores sabrá usted que don Javier Istúriz nos prometió doblemente, a mi tío y a mí, el que se me nombraría attaché a la Legación de Nápoles, y que, por consiguiente, a no faltar suciamente a su palabra, no puede dejar de hacer por mí tan pequeño obsequio, como es el destinar a un hombre ad honorem y sin sueldo ninguno.

Aquí se divierte mucho la gente. Todas las noches hay bailes y tertulias, y los teatros están muy concurridos.

El más notable acontecimiento doméstico que ocupa en el día a las malas lenguas es la fuga del bailarín Petipá con la hija de la marquesa de V* * *. Dicen que esta romancesca señorita desapareció de su casa a la hora de comer, dejando una carta para su mamá, en la que exponía los motivos que la habían obligado a tomar una determinación tan excéntrica, siendo el de más peso el amor vehementísimo que profesaba al aéreo y vaporoso amante con quien se ha fugado, cual una nueva Ariadna.

En verdad que en esta época son dichosos los que bailan, de uno y otro sexo. Cuéntase por aquí (no sé si será cierto) que la Lola Montes, que estando en París el año pasado fue querida de Ducharrier, al que mató nuestro por ahora conciudadano Vaubalon, y que tanto danzó en aquella causa, y no el bolero, ha ido a distraer sus penas viudales a Munich. El rey, desde que llegó, la admira más que debiera; la reina, por consiguiente, está furiosa. Se añade que su majestad masculina le ha dado un título de condesa, y que todos los grandes señores se han puesto de monos y han hecho una representación en contra de este acto arbitrario de poder; mas el enamorado príncipe ha empleado dicha representación en hacerle él mismo los papillotes a la linda andaluza, y ha prometido enmendarse nombrándola duquesa.

Anoche hubo en el Liceo una función a beneficio de los habaneros que han padecido con el huracán; se ejecutó la comedia de Ventura de la Vega titulada El hombre de mundo, y Cañete leyó unos versos de doña Gertrudis Gómez de Avellaneda, versos que no he podido juzgar por no haber prestado la atención debida, pero que calculo deben de ser regulares, aunque algo amanerados y más largos de lo que conviene para evitar que bostecen los oyentes demasiado profanos. La reunión fue grande y escogida, y no faltaron sus majestades.

Esta noche hay gran soirée en casa de Weis-Weiler, que es como si dijéramos el embajador de su majestad judiísima, el rey de los banqueros, cerca de la Corte de España. Yo no voy a esta función, y no lo siento, porque muchas funciones de esta clase me empalagan, y con la de Montijo estoy más que satisfecho.

La joven viuda, mi compañera de habitación, se ha vuelto medio loca con las adoraciones que la tributan. Esta buena señora tiene un carácter angelical y un corazón lleno de ternura; pero es tan sencilla y tan disipadamente tonta, que no hace nada más que pensar en las flores que derraman a sus pies, pues como es graciosa y provocativa, se ha hecho ya moda en el teatro del Circo el tomarla con ella, y siempre tiene en torno suyo una turba de galanes que se complacen en rellenarla de vanidad y de viento de lisonjas. Yo sigo con ella muy amigo, pillo lo que puedo y, vea lo que vea, entienda lo que entienda, no me quejo ni me doy por ofendido, que al fin el ofenderme cuando no hay derecho ninguno es una necedad, y más en un tiempo en que hasta aquellos que los tienen sagrados e imprescindibles suelen olvidarlos y no hacer caso de los trámites y fórmulas que sus señoras van formando para que la predestinación de que habla Balzac y que tanto hace reír a la duquesita de A* * *, llegue a ser un fait accompli. No obstante, la amable viuda, hasta cierto punto, es digna de confianza, y debe usted saber que tiene las ideas más platónicas que en amor darse pueden. Pero —como dice el divino Aristóteles, designando el alma enamorada bajo la figura de un cochero que conduce un carro arrastrado por dos caballos, el uno dócil y el otro indócil— es más difícil contener este último y evitar que nos precipite. Yo temo, por consiguiente, que la viuda, en un momento de distracción, afloje demasiado la rienda del corcel indómito de su pasión y se deje caer en el precipicio. Si esta caída llega a ser conmigo, muchos elogios le daré al discípulo de Sócrates; si no, lo pondré como un trapo, aunque, en todo caso, diré, como lord Byron:

Oh Plato, oh Plato!, you have pared the way
&.

No crea usted, por cuanto digo aquí, que la linda viuda ha leído el Fedro y los demás diálogos amoroso-filosóficos de este antiguo sabio, sino que, como sus ideas se han hecho tan populares, ella las ha adoptado por divisa, y acaso con la esperanza de instigar demasiado a alguno de poca experiencia en el manejo de los dos corceles y obligarle a que se arroje locamente en el verdadero precipicio del matrimonio, del que Dios nos libre a todos, y más en particular si fuese con ella.

En cuanto a política, nada le digo a usted, pues ya por los periódicos sabrá las pocas novedades que hay. Solo, en confianza, debo añadir que se empieza a hablar de la reina sobre ciertos asuntos delicados, y corren por ahí dos o tres chismes, en los que no solo anda mezclado el infante don Enrique, sino hasta el señor G* * *, que es una especie de matón, jugador y baratero de buen tono, que no sé si habrá usted oído nombrar. Por lo demás, ambas majestades se divierten mucho, y ahora van a tener bailes de trajes en el regio alcázar. El primero será todo de vestidos nacionales, y se cree que nuestra soberana se presentará de manola, y don Francisco, su esposo, de arriero de Castilla. A esos bailes no asistirán más sino los empleados de Palacio, la familia real, incluso la muñozada; los grandes y los altos funcionarios del Estado, entre ellos don Javier Istúriz, que es regular que vaya de bolero o de contrabandista andaluz, porque la reina quiere que todos, hasta Castaño y Castro Terreño, lleven disfraz.

La viuda creo que se dejaría cortar un dedo por ir también a esta primorosa mascarada, y aun quizá tenga esperanza de que la conviden.

Mas en verdad que con tanta tontería se hace interminable mi carta, y solo puede disculparme el ser tan difuso el que usted me leerá con gusto al calor de la lumbre, a falta de más importante ocupación.

Adiós

Madrid, 16 de enero de 1847

Querida madre mía: Por su última de usted, del 10, veo que aún sigue en Málaga mi hermana Sofía.

Yo estoy bueno y no me había equivocado al leer, en la carta de papá, que no quería fuese a Nápoles, por lo mucho que gastaría pues así me lo decía al principio, aunque después, en fuerza de tanto como me ama, ha accedido a mis deseos. El duque de Rivas quiere también llevarme consigo, y ya todo depende del ministro de Estado, que me ha dado palabra de hacerme attaché ad honorem, y no creo que falte a ella. Sin embargo, hace días que el señor Istúriz me está embromando sin acabar de hacer lo que prometió, cuando debe serle tan fácil, y no sé esta tardanza qué motivo tenga.

Entre tanto, yo suelo hacerle mis visitas al duque, a quien no le digo que le hable a don Javier, porque es excusado y por haberme dicho este señor que no tengo necesidad de empeños de ninguna clase y que él me hará de muy buena gana este servicio, sin que intervengan intercesores en mi favor.

Me alegro mucho que haya gustado el adorno.

Por hoy no seré más extenso. Memorias a todos y créame usted su amante hijo,

Juan

Madrid, 16 de enero de 1847

Querido padre mío: Anteayer le escribí a usted tan por extenso que no había más que pedir, y, sin embargo, lo vuelvo a hacer ahora, y acaso con la misma difusión, porque es cosa que divierte y desahoga en extremo el referirle a una persona de tanta confianza como es un padre las cosas más importantes que a uno le suceden. Sin embargo, no hablaré de la viuda, porque ya en el correo pasado dije sobre el particular cuanto por ahora hay que saber; ni tampoco, sino de paso, abordaré el negocio de la Embajada, que sigue como paralizado, a pesar de que mi tío está firmemente creído de que es cosa hecha. Yo no he ido hace días a ver a don Javier, pero de esta noche no pasa el que le haga una visita.

Mis amigos Miguel de los Santos Álvarez, Jiménez Serrano, Romea y otros varios que no lo son, van a publicar un nuevo periódico literario, de un lujo de impresión soberbio y que saldrá por primera vez a principios de febrero. El otro día, estando en casa de Romea, leí el cuento en verso que, como he dicho a usted en mis anteriores, traduje hace poco del inglés. Este cuento, que en el original de Thomas Moore es muy lindo, no ha perdido nada en la traducción, o al menos así me lo han hecho creer los muchos elogios que de él hicieron, pidiéndomelo, además, para su periódico y llamándome eminente poeta ambos oyentes. Yo les dije que bien quisiera dárselo, pero que ya (como es cierto) se lo había enviado al director de ElSiglo Pintoresco, donde habíamos quedado que se publicaría. Usted sabe bien que en este mismo periódico he publicado ya varias cosas, siempre ad honorem, como la rosca diplomática que anhelo, y que no he pedido que se me pague mi trabajo de pura cortedad. Anoche, pues, que Jiménez Serrano volvió a hablar del nuevo periódico, en el café del Príncipe, y me pidió también mi cuento, no se puede usted figurar cuánto sentí el haberlo dado gratis a personas que ni siquiera conocía, y con este pensamiento le pregunté qué debía hacer, y él me sugirió una idea que he puesto en práctica esta mañana mismo escribiendo a la Redacción de El Siglo diciéndoles que desearía que se me pagase mi obrita, porque tenía necesidad de dinero, y que si no, que como ellos tienen bastantes materiales para llenar las columnas de su revista, no les sería desagradable devolverme mi cuento, puesto que yo tenía quien lo apreciara en más. Toda esta sustancia iba con mucho fárrago de cumplimiento, y dicha de cierto modo, como no pidiendo por justicia, sino por equidad, porque al fin ya estaba hecha la donación. Todavía no he recibido contestación alguna; pero al menos, lo peor que se ha de esperar es que se enojen y me devuelvan mi obra, que es cuanto yo deseo para que, ya que se publique gratis, sea en favor de mis amigos y en mejor papel, tipo y composición. Acaso a usted le parezca extraña esta conducta, pero cuando considero que el director de El Siglo no solo no me ha ofrecido nunca nada, sino que ni aun me ha regalado los números donde han salido versos míos, no es de notar que yo por fin rompa el fuego, que habían reprimido ciertos humos de rico que sin razón tengo y que debo ir echando a un lado si es que quiero serlo alguna vez de veras aunque haciendo versos no es el mejor medio de medrar. Al menos, si llegara a ser poeta dramático, ya sería otra cosa, porque de cuatrocientos a seiscientos duros, siendo buena, bien puede valer cada comedia. Tentanda via est: no sería malo tentar el vado, pero soy algunas veces muy flojo y desconfiado; y siendo, como estoy convencido de serlo, buen poeta lírico, lo que si no me da provecho me da honra, sería muy triste echarlo a perder escribiendo paparruchas para el teatro.

Y digo que el ser poeta lírico me da honra, no porque mi nombre ande por ahí en las cien lenguas de la Fama, sino porque, aunque desconocido del vulgo, poco popular y al principio de mi carrera poética, entre las gentes que lo entienden y me conocen no soy tenido en poco, y no es éste pequeño lauro, y más en mí, que por mi carácter, demasiado orgulloso, no me valgo nunca de los medios de que los otros se han valido para llegar al pináculo de la celebridad, ni voy en busca de ella sino por el camino real, que es tan largo, que quién sabe si nunca mientras viva lo alcanzaré, y lo que es la gloria póstuma... Mas ¿para qué he de mentir? Soy tan tonto que también la ansío, y haré lo posible para adquirirla en vida y muerte, en lo presente y por venir; pues, como dice Isócrates (a quien cito, aunque parezca pedantería), ya que alcanzares cuerpo mortal y alma imperecedera, procura dejar del alma memoria inmortal.

Mas, según voy viendo, así, sin querer, me he remontado a lo sublime en esta carta, como si estuviera pronunciando un discurso en una academia, lo cual tiene algo de estrafalario y debe abandonarse, volviendo al estilo llano y hablando de otro asunto de no menos importancia, a saber: de mis estudios filológicos. En primer lugar, debo confesar que muchos días he tenido abandonado el alemán, pues el pensamiento de cosas más palpitantes, como son la diplomacia y la viuda, me han tenido el alma de tal modo ocupada, que no me ha dado lugar sino para pensar en ellas y en las coplas; pero ya he vuelto a mi primera aplicación, y quiero decir que si voy a Nápoles, allí continuaré aprendiendo la lengua de Schiller y Goethe, al par que prácticamente adquiera el conocimiento del idioma toscano.

Adiós, padre mío; otro día le hablaré a usted por extenso de otra empresa filológica que tengo entre manos y que no deja de tener cierto carácter burlesco, digno de causar risa y diversión al hombre más serio.

Debo añadir que acabo de recibir de manos de mi tío Agustín el nombramiento de attaché non payé con destino a la Legación de Nápoles, e igualmente que mi traducción del cuento de Moore me ha sido devuelta. Por lo primero estoy muy contento; de lo segundo he visto que ha resultado ni más ni menos que lo que yo esperaba.

Ya se hará usted cargo de que necesito dinero para hacerme el uniforme y para preparar mi viaje a esa ilustre villa, donde le haré a usted una visita. Espero que me mandará la moneda con la mayor brevedad.

Su amante hijo, Juan

Madrid, 22 de enero de 1847

Querido Juan: Infinito tiempo hace que ni te escribo ni me escribes; pero esto no me importa un ardite en la buena amistad que nos teníamos in illo tempore y que espero continúe por tu parte como por la mía permanece invariable.

En todo este tiempo que no nos escribimos ya habrás sabido que concluí mi carrera de Leyes, que mi hermana Ramona se casó y que me vine a Madrid con el intento de buscarme alguna ocupación lucrativa y honrosa, con cuyo objeto venía decidido a pasar un año con un abogado y después abrir bufete; pero como mi fuerte no es el trabajo, y menos de esta clase, ahorqué la toga, quemé la golilla, y, aprovechándome de una buena coyuntura, me metí de patitas en la diplomacia, donde, con bailar bien la polca y comer pastel de foie-gras, está todo hecho. Por consiguiente, te participo que desde el 14 del corriente soy attaché, aunque por ahora non payé, con destino a la Legación de Nápoles, cuyo embajador, el señor duque de Rivas, no ha dejado de influir para que yo fuera su subordinado.

Para mediados de marzo debo estar en la bella Parténope; por consiguiente, tengo tiempo, aunque escaso, para ir a visitar a mi señor padre, que vive retirado y filosóficamente hundido en la ilustre villa de Doña Mencía. Desde allí pasaré a Granada a ver a mi hermana Ramona y su señor esposo, y, por último, iré a ésa para tomar el vapor de Marsella y ver a mi madre y a mis hermanos Pepe y Sofía. Entonces tendrá el gusto de darte un abrazo tu buen amigo,

Juan.

Recibe infinitas expresiones de Luis Olona, que continúa haciendo sus comedias y el amor a las comediantas, siendo ahora el amante favorecido, aunque platónico, de la señorita Noriega, que habrás oído nombrar. Parece que nuestro amigo tiene el proyecto de irse a París en compañía del teatro de la Cruz en masa, que piensa en trasladarse a aquella capital con el intento de lucir sus talentos artísticos.

A Rafael Mitjana hace un siglo que no le veo, porque anda escondido y entregado al estudio. La última vez que estuve con él fue el día de las velaciones de la reina, y por más señas, que los guindillas a Luis, a él y a mí nos hicieron correr a punto el postre, porque, a causa de un pequeño alboroto, sacaron los abanicos y dieron sobre nosotros una carga de caballería nada constitucional.

Madrid, 30 de enero de 1847

Querido Juan: He recibido con gran placer tu amistosa carta, y mucho me alegro de tu buena salud. Yo sigo bien, y pronto me iré por ahí.

Celebro infinito que hayas sacudido tu pereza y que escribas esa novela que tendré mucho gusto en leer o en oírla de tu misma boca cuando pase por esa ciudad

Efectivamente: he escrito en El Siglo Pintoresco una oda titulada El fuego divino, y después el principio de un larguísimo cuento fantástico que por no habérmelo pagado y habérmelo, además, llenado de erratas, no continué publicando en dicho periódico. Me alegraré mucho que lo leas y que corrijas los yerros de imprenta que halles, los que te será fácil reconocer, y, finalmente, me digas qué te parece.

Ahora se va a publicar en esta corte un nuevo periódico, titulado El Artista. En él escribirán Romea, Santos Álvarez, Hartzenbusch y Jiménez Serrano, y otros varios. La impresión será de un lujo extremado, y todo él saldrá del modo más primoroso, pues tiene las pretensiones de competir con el antiguo del mismo nombre. Si escribes algún cuento, corto y de un argumento intrincado y nuevo, mándamelo y se te publicará con mucho gusto, pues quien está encargado de la dirección es nada menos que el botarate de Serrano, que ya sabes es muy amigo mío, y creo que tuyo también. Además, te suplico que lo recomiendes mucho en ésa y hagas que se suscriban tus conocidos.

Aquí me divierto tanto, que, a pesar de la novedad que mi viaje ofrece, siento abandonar a Madrid, donde ya tengo muchas relaciones y estoy en mi elemento, y más ahora, que es la época de los bailes, y este año los hay en abundancia en Palacio, en casa de Montijo y en casa de Heredia, Cabarrús, Legarde, Paulo, Weis-Weiler, Ezpeleta, etcétera. También los habrá públicos en El Liceo y en otros muchos sitios. Además, los teatros están muy concurridos, y los cafés lo mismo; yo voy muchas noches al del Príncipe, donde ahora se reúne el Parnasuelo completo, desde lo más alto a lo más bajo; es decir, desde Ferrer del Río hasta don Eusebio Asquerino.

Creo que debes venirte por aquí, como esperas hacerlo, porque Málaga no te conviene; y si tú no fueras flojo, podías, en esta corte, ser algún día alguna cosa notable.

Adiós

Nápoles, abril de 1847

Querido hermano: Aprovecho la ocasión de salir de aquí un barco de vapor conocido que va a Marsella para enviar una carta para ti a un feriante que allí conozco, el que no dudo te la remitirá por Carbó u otro cualquier capitán, y de este modo ni a mí ni a ti nos costará dinero.

Como ya sabrás por mis cartas a mamá, hice mi viaje felizmente y sin marearme.

Quedé encantado de Barcelona, que es una ciudad que da honor a España, y me fastidió la colonia de los foceos, con su tufo perpetuo de carbón de piedra, sus calles sucias y su puerto lleno de buques, pero pestilente y asqueroso como una letrina. Además, en los tres días que allí estuve comí en seis restaurantes diferentes y de los mejores del pueblo, y en todos, sin embargo, lo pasé muy mal, aunque no me anduve en economías. Me dijeron que en mesa redonda se comía mejor; pero yo, así que vi en el hotel de Luxemburgo la susodicha mesa adornada con flores contrahechas, pájaros disecados y peceras con agua y peces de colores, dije abrenuncio, y no quise tomar parte en aquel zoológico banquete.

Génova me gustó, y vi sus mejores palacios, las galerías de pinturas y esculturas y las iglesias más bellas. En Civita Vecehia no hay nada que ver.

El 16 del pasado mes llegamos a Nápoles. No es posible describir ni pintar el hermoso aspecto de esta ciudad cuando se ve desde el mar. Es el paisaje más hermoso del mundo. Sus palacios, sus jardines, sus castillos, se extienden por la orilla del mar, formando un ancho semicírculo, que por un lado termina en el Posílipo, coronado de verdura y de villas, con su caverna admirable, obra majestuosa de los romanos y honrada con las tumbas de Virgilio y Sannazaro. Más al Norte se ve el golfo de Baia y Pozzuoli, donde tenían sus casas de campo Lúculo y Cicerón. Al sur de Nápoles, el Vesubio, que tiene a sus pies los deliciosos lugarcillos de Pesti, Torre del Greco, Torre Anunziata y las ruinas de Pompeya y de Herculano. Desde allí se extiende el promontorio meridional del golfo, jardín perpetuo y fértil donde están situados, mirando a Nápoles, Castellamare, con sus lindos jardines, su bosque y su Palacio Real, Vico y Sorrento, patria de Tasso. El golfo lo adornan y hermosean las tres principales islas de Ischia, Frócida y Capri.

He visto ya muchas de estas ciudades y he estado en Pompeya y Herculano, y acompañando a la reina Cristina, he subido sobre el cráter del Vesubio, que es digno de verse, aunque no haya erupción. Parece aquello el caos, o más bien el mundo después de su destrucción. No se ve sino ceniza, lava, escoria que suena hueca bajo tus pies, y debajo, un calor grandísimo. Por las grietas de esta escoria se ve el fuego como un horno ardiendo, y por algunos sitios corre, pausada y silenciosamente, un arroyo de lava candente. Desde una legua del cráter todo está lleno de cenizas, lavas y escorias, y ni la más mínima hierba crece en el suelo. Su majestad creo que tuvo un poquito de aprensión cuando sintió, después del fresco de la montaña, aquel calor intempestivo e imponente que se disfruta en la cima, y más aún cuando vio salir de la elevada cima del cráter un par de bocanadas de humo negro con su poquito de llama. El caso fue que se marchó otra vez sin ver el fuego y la lava encendida.

También estuve con la reina en un vapor de guerra francés que la ha traído de Tolón, dando un paseo por el golfo. Vimos la gruta azul, que es una de las más primorosas, pero menos naturales que hay aquí, y está en la isla de Capri. También estuvimos en Sorrento y en los bosques y jardines de Castellamare, en cuyo palacio nos dio el rey una gran comida.

Sus majestades no se han dignado venir a ver a la reina Cristina, que solo con el objeto de visitar a su familia ha estado aquí. Estos reyes no tienen chispa de educación ni de decoro. Seguro es que el más bellaco y rústico patán no hubiera hecho otro tanto con una hermana que hubiera venido a verle de tan lejos, por grandes que hubiesen sido sus anteriores disensiones, y si no por cariño fraternal, al menos por no dar escándalo, hubiera estado menos grosero. Además, el rey de Nápoles sabía, más de un mes hace, que su hermana venía, y si no la quería recibir, ¿por qué no le escribió a su embajador en París que evitase este viaje y el subsiguiente compromiso, lo que hubiera sido fácil indicándole a la reina Cristina las disposiciones de su hermano? Pero parece que el rey se ha complacido en hacer este feo a nuestra ex gobernadora. Pero sobre él ha caído todo lo odioso del negocio, y los señores de aquí, que no le quieren bien, le critican amargamente.

Si no quieren bien al rey, tienen sus razones muy fundadas, y las principales son su espíritu religioso y su ardor guerrero. El primero hace que su majestad mire y fomente con singular predilección la caterva de inmundos frailes de todos colores, gordos y cebones, con camisa y descamisados, holgazanes y bellacos, que pululan como un enjambre de zánganos por todos sus dominios. El segundo, que carga de contribuciones a sus pobres vasallos para mantener y vestir un no menos pernicioso enjambre de suizos borrachos e insolentes, que apalean al pueblo, y los gendarmes numerosos. Esta gente, sin embargo, sirve para algo, pues conserva la tranquilidad pública, o al menos la privada de su majestad, que fía más en los cimbreantes sables de los transalpinos mamelucos que en el filial amor de sus vasallos. Pero lo que más inútil me parece es la infinidad de tropa del país, que solo por ostentación tiene, y que para nada sirve sino para ir detrás de las procesiones y hacer paradas. Además, los trenes de artillería son numerosos, y los buques de guerra, muchos y buenos, aunque nunca salen del golfo donde suelen dar un paseo para divertir el ardor marítimo de su majestad y no apolillarse.

La gente del pueblo es muy sumisa y humilde; pero su misma pobreza les hace ser muy pedigüeños, lo que se extiende a todos los napolitanos decentes, de lo que es testigo la reina Cristina, que en diez días que ha estado aquí ha recibido más de trescientos cincuenta memoriales y le han hecho millones de millones de peticiones verbales.

Esta señora ha hecho magníficos regalos a cuantos la han servido, y se ha portado con un lujo digno de España, y que no puede menos de gustarnos, aunque pese sobre nuestros bolsillos.

Por no cansarte no te hablo del Museo Borbónico y de su hermosa colección de estatuas, pinturas y antigüedades griegas y romanas, etruscas y egipcias.

También he estado en la grotta del cane, de la que sale un vapor tan terrible, que quita la vida a quien lo respira tres minutos, y otras cavernas curiosas que hay en la orilla del romántico lago aguano.

He estado en casa del marqués de la Sonora para entregar la carta del descendiente de los duques de Ferrara, pero no lo he hallado en casa.

También he estado en un concierto que dieron los alumnos del Conservatorio a la reina Cristina, en el que estuvo Mercadante. Este Conservatorio, del que han salido Pergolese, Ficcini, Sacchini, Passielo, Cimarosa, Zingarelli, Mercadante, Bellini, Farinelli, Caffarelli, Lablache y tantos otros nombres famosos en ini y en elli, fue fundado, en el año 1337, por un fraile español, llamado Juan de Tapia, que, apasionado por la música, recorrió el mundo durante nueve años, pidiendo limosna para esta empresa, hasta que reunió el suficiente dinero para llevarla a cabo. Se dice que nada hay más digno de oírse que el Miércoles Santo, en la capilla del Conservatorio, el Miserere, de Zingarelli, cantado por más de ochenta voces sin acompañamiento ninguno.

Estoy aquí bastante contento, aunque conozco aún tan poca gente, que se pueden contar, a saber: los de la Embajada, los duques de Bivona, Fernandina y Miranda y los condes de Scláfani, todos españoles; además, conozco siete u ocho jóvenes italianos, franceses y polacos que van a la tertulia de Bivona, pero apenas les hablo.

Adiós, Pepe; memorias a Carmen y créeme tu buen hermano,

Juan

Nápoles, 17 de mayo de 1847

Querido Heriberto: Espero que me perdonarás no te haya escrito antes; he estado enfermo y no de buen humor; pero ya, gracias al Cielo, bueno estoy.

Cuando salí de ésa, fui a Andújar en la diligencia y nada de particular me ocurrió en el camino, sino mi entrevista con la ciega de Manzanares, que verdaderamente es una mujer notable y que entiende y sabe latín, a pesar y mejor que Alejandro Dumas. Yo, para ver si efectivamente era docta en esta lengua, enfilé, lo mejor que pude, seis elegíacos latinos en su loor, y se los dije; ella me hizo que se los repitiera, y súbitamente los tradujo en versos castellanos. No recuerdo más que lo último, que decía en latín:

Nec fles si de oculis lumen que abest
quia Deus ipse dat animis vacuum fulgidus
lumen.

Y ella los puso en castellano de este modo:

Y no llores si a tus ojos
les falta la luz del día;
con la suya la poesía
podrá calmar tus enojos.

Que al poeta natural
le ha puesto la Providencia
luz de mayor excelencia
dentro del alma inmortal.

Esto es muy bueno.

Estuve en mi tierra (es decir, en Doña Mencía, adonde pasé desde Andújar) unos quince días; luego fui a Málaga, donde estaba mi madre; de Málaga a Granada, de esta ciudad a Málaga otra vez, donde, esperando vapor, se me fueron más de doce días; por último, el día 3 embarqué, y, después de admirar nuestro hermoso arsenal de Cartagena, la deliciosa huerta de Valencia y el soberbio teatro del Liceo, en Barcelona, llegué con toda felicidad a la mercantil Marsella, donde nada me divertí ni admiré. El puerto, lleno de buques, tendrá para otros sus encantos, pero a mí solo me causaba enojos su insufrible y punzante hediondez, las calles anchas, pero también sucias, y en vez de fuentes, arroyos de cieno que corren por ambos lados, y la montaña-jardín de la columna, aunque domina la ciudad, el mar y el puerto, no me gusta tampoco, porque allí no se respira aire, como en las demás montañas del mundo, sino tufo y humo maldito de carbón de piedra. Encima de este cerro estéril crecen unos cuantos hierbajos con pretensiones de flores, y está coronado por una columnilla con un busto enano del gigante del siglo. Impar monumentum Aquili.

Nápoles, 17 de junio de 1817

Querido Alonso: A ti, y en tu nombre a todos, se dirige esta carta que, como tendrá algunos párrafos poco decentes, no es cosa de encabezarla con nombre más venerable.

Yo sigo bueno, y aunque cada vez más admirado de la hermosura de esta tierra y de la bondad de sus habitantes, no por eso menos convencido de la poca sociabilidad de estos últimos y dando gracias al Cielo de habernos deparado al duque de Bivona, cuya casa nos sirve de refugio por las noches, y si así no fuese, tendríamos que acostarnos al anochecer. El día lo paso casi siempre en casa; no tengo más amigos que los de la Embajada, ni más amigas que las damas españolas, y Bivona, Scláfani y Fernandina. Leo y escribo estas larguísimas cartas, y mi única diversión es charlar un rato con mi respetable jefe. Lo que es hasta ahora, fuera de los gastos y del ruido de los coches, en todo lo demás más se parece Nápoles a una aldea que a una capital. Si tuviera aquí tres o cuatro de mis amigos granadinos, lo pasaría mejor; pero solo suelo fastidiarme, como Adán, sin duda, se fastidiaba en el Paraíso hasta que el Señor, compadecido, le envió la compañera. Además, va voy conociendo que yo, como todas las personas que no son muy devotas y tampoco son positivas y metálicas, tengo más amor a la patria que el que pensaba, y a cada paso la echo de menos. Creo que entre el torbellino de París o Londres, o en el seno de las grandes ocupaciones, se me representarían rara vez a la memoria los dioses penates; pero aquí, donde nada hay que hacer y casi nada que disfrutar, se siente uno acosado con el recuerdo de la patria y de la familia, y más cuando, por estar lejos de ellas, ni nada importante se hace ni se gana dinero. Para consuelo de estas penas mías recurro a los libros y a la filosofía; pero desgraciadamente yo estoy algo podrido (y no tomes esta palabra materialmente, sino en sentido espiritual). Las novelas me fastidian, la historia me interesa algo más, los versos me cansan y su lectura, aunque grata, es poco tranquila para quien tiene la debilidad de creerse también agitado por el dios que los dicta. Sin embargo, he leído con algún placer la linda novela Los últimos días de Pompeya, que adquiere más interés cuando se ha visto el lugar de la escena, pero que de todos modos es muy bella. También he medio leído otra novela erudita e inglesa, titulada Anastasius, que a pesar de su indisputable mérito no tuve paciencia para concluir; un tratado de estética, en italiano, y un compendio de diplomacia, escrito por Martens y que compré en Marsella.

Vivo muy cómodamente y con la tranquilidad y aplomo de un viejo solterón. Tengo un criado que me limpia la ropa y las botas, me sirve la comida y hace los mandados; este pobre diablo es muy majo y se viste como un señorito; ha sido bailarín y ha hecho de Céfiro en muchas pantomimas del teatro del Fondo; de modo que pienso condecorarle con el nuevo empleo de mi maestro de baile. Hubiera podido hacer gran fortuna, pero su virtud y honestidad se lo han impedido. Por recomendación del duque de Rivas, le tomó por ayuda de cámara el confesor de la reina Cristina y quedaron en que se iría con ellos a París; pero un día fue a casa del duque y le dijo que de ningún modo, ni por el oro del mundo, continuaría sirviendo al señor capellán. El duque le preguntó, no muy admirado, pues ya conocía las mañas del santo varón, la causa de su negativa, y él, después de ser muy hostigado, contó llorando y aun muerto de miedo el horrible trance en que se había encontrado. Y ésta es la causa de que el Céfiro Pascualino se haya quedado en Nápoles y esté ahora en mi servicio. Yo no quería creer al duque y me parecía broma suya la historia referida; pero me ha confirmado, en ella el mismo frailuco, que tanto a mí como al conde de Cartagena nos tuvo tales bromas, que tuvimos poco menos que mandarle al c... a pesar de su sagrado carácter. Este padre de almas es muy favorito de la reina madre. Dile a C* * * que, si cuando ésta vuelva al Poder quiere que le hagan caballero de San Juan o grande de España, no tiene más que ganarse, con algunas ligeras condescendencias, la buena voluntad de su confesor.

En estos días no he hecho más excursión que ir al Museo. El 9 visité las estatuas de bronce, y mucho bueno tuve que admirar. Hay un fauno borracho magnífico; otro danzando, que es también muy bello; y la cabeza colosal de un caballo, notable por su magnitud, y que, a conservarse entero, sería capaz de contener en su vientre todo el escuadrón troyano con Pirro y Ulises. Pero lo más hermoso, a mi entender, es el busto de Berenice y el de Antinoo, que a mí me hace el uno envidiar a Tito, y sin duda al capellán le haría el otro envidiar a Adriano. Hay, además, una colección de estatuitas pequeñas, que son todas primorosas, pero en particular un Apolo, con una cara divina, y unas manos tan bellas, que difícilmente, aunque andes viendo manos por el mundo, no las encontrarás mejores ni en las más aristocráticas ladis inglesas ni en las voluptuosas circasianas. Casi todos estos objetos se han hallado en Herculano y Pompeya.

Siempre que se sale del Museo no se puede menos de fijar la atención en los dos colosos ecuestres, originales de Cánova, cuyas copias en bronce están en la plaza de Palacio, y que el uno representa a Carlos III y el otro a Fernando I. También hay en el pórtico otras seis estatuas colosales, de piedra, y de mucho mérito.

El día 10 volví al Museo y vi las pinturas de Herculano y Pompeya, que son muy bonitas, pero están muy estropeadas casi todas. Mucho mejor, como es de suponer, se conservan los cuadros de mosaicos, y hay algunos lindísimos.

Algunas tardes acompaño en coche al señor duque a Capo di Monte, donde hay un hermoso palacio y los más lindos y frondosos jardines que he visto nunca; pero tiene la maña, mi respetable jefe, de abandonarme cuando llegamos allí, e irse solo en busca de su madame Montigni, a quien no me ha hecho el honor de presentarme, de modo que tengo que tomar una carrosela, que aquí se encuentran a cada paso y a docenas por donde quiera que vas, y volverme a casa, que está una legua distante, mientras que el viejo cortejante se pasea por aquellos lindos jardines hasta las ocho y media o las nueve. Y mientras tanto, yo, que soy un muchacho, no tengo nadie que me quiera; todas las señoras que aquí conozco son casadas y la que se muestra más propicia es la duquesa de Bivona. En su tertulia tenemos mucha confianza y se dicen desvergüenzas a porrillo y cuentecitos verdes, que la mayor parte son de la cosecha del duque de Rivas. La duquesa y su cuñada, la condesa de Seláfani, se ríen mucho con estos primores; pero critican mucho al duque que siendo un poeta tan sublime no se complace en la conversación más que en decir cochinerías. Ahora tenemos aquí muchos más españoles que van a la tertulia, pues han venido de Roma el hijo del marqués de la Romana, hermano de la duquesa de Fernandina, y la princesa Colonna, española y hermana del duque de Fernandina. Ha venido también el marquesito de Mora, que vive conmigo, de modo que en nuestra tertulia no se habla en otra lengua que la española, y cuando no, el francés, que está aquí mucho más generalizado que en España y hasta los criados lo hablan ya, porque lo han aprendido con el roce y por la necesidad del buen tono, que así lo exige. La lengua italiana se desprecia un poco por la gente elegante, y se la deja solo para que la hable la canalla.

El día 10 volví al Museo y visité, primero, los otros salones, donde hay bellísimos objetos de la Edad Media y el Renacimiento. Hay, entre las esculturas de mármol, un busto muy bello de Carlos V y una magnífica estatua, toda velada, que representa la Modestia; pero al través del velo se dibujan perfectamente las formas y es una obra muy linda. Hay también esculturas en marfil, en madera y en bronce. De esta última materia, hay un busto de Dante que parece ser contemporáneo del poeta. Después visité la sala de los objetos de vidrio, donde hay vasos muy bonitos de vidrio azul, y encima, con vidrio blanco cuajado, magníficos bajorrelieves, casi todos hallados en las excavaciones de Pompeya, Herculano y Stabbia. En seguida entré en otra sala llena de lámparas, cántaros y otros muchos objetos de barro cocido. Pasé luego a otra sala, donde están los objetos de bronce: candelabros, jarros, altares, adornos, vasos y utensilios de cocina. De allí a la sala de las armas, donde están los cascos, las lanzas, las espadas, espuelas, hachas y demás instrumentos bélicos de los soldados pompeyanos. Luego, a otra habitación que guarda los instrumentos de música, los de medicina y cirugía, los de agricultura, artes y oficios, y los primores y utensilios de tocador de las damas pompeyanas, entre los que se ven peines, dedales, agujas, espejos de acero, y hasta un tarrito con colorete perfectamente conservado. Entramos luego en una infinidad de salones, donde hay un sinnúmero de urnas sepulcrales y de primorosos vasos etruscos y griegos. Es admirable cómo se conservan los vasos y armas etruscas, anteriores algunos a los romanos, y cómo la delicadeza de su dibujo y las raras formas de los trajes y adornos de las figuras nos dan una idea de la remotísima y misteriosa civilización de la Toscana. Los vasos griegos, hallados la mayor parte en Pestum, Crotona, Siracusa y demás colonias griegas, son también curiosísimos y tienen mucho de pelasgo y dórico en la severidad de sus formas y primorosas labores, aunque no por eso dejan de estar adornados muchos con sátiros obscenos. Las fiestas allí pintadas son las bacanales de los antiguos sículos o pegasos, y encierran un sentido tan profundo, que han dado motivo a grandísimas cavilaciones científicas, ya que no pocos sabios se vuelven locos estudiando cosas tan incomprensibles y formando sistemas ingeniosos y, fuerza es confesarlo, verosímiles, sobre la casi antediluviana civilización pelasga, que se salvó del Diluvio universal y, desde la hermosa Atlántida de que habla Platón, y que entonces se convirtió en el desierto de Sahara, vino a civilizar la moderna Europa, el Asia y el Egipto. Estos hombres son los verdaderos deucaliones, palabra que aun en el moderno albanés (que es el antiquísimo pelasgo) significa salvados del agua. Ellos son los Giori, esto es, los héroes extranjeros que vencieron a los Titanes o hijos de la Tierra, que todo son palabras pelasgas que hoy se traducen fácilmente por el moderno albanés, y se da de este modo ingeniosísima y sabia interpretación histórica a todas las fábulas de las mitologías griega, egipcia y romana. Las Dionisíacas, los misterios de Ceres Eleusiana y los de Afrodita o Venus, que en albanés-pelasgo significa la que abre el día, son fiestas todas sencillísimas en un principio, llenas de la sabiduría tradicional de los tiempos primitivos, y después viciadas y llenas de idolatría. Los antiguos viajes de Abaris, las conquistas de Lico (en albanés el que ha vuelto a nacer, esto es, la nueva civilización), de Baco o Bec (es decir, el pan) y de Rarias (el vino) tienen un sentido muy racional. Supongo, a propósito de la palabra bec, que recordarás el mito de Pasmetico, rey de Egipto, y del niño que la primera palabra que pronunció fue bec, que en Frigia (colonia pelasga) significa pan. Esta fábula indica muy bien la creencia general de los antiguos, de que los pelasgos eran el pueblo más primitivo. También han encontrado los sabios mucha semejanza entre el moderno albanés, antiguo pelasgo y el sánscrito de los indios, y aun muchos nombres de la Escritura son pelasgos, como el de Jepté, que significa, si mal no recuerdo, sacrificio. Pero lo más notable es que las palabras milagrosas y desconocidas del festín de Baltasar, y que nadie pudo traducir sino Daniel, son pelásgicas, y tienen un significado gramatical del cual es una paráfrasis la interpretación que les dio el Profeta, sin duda versado en aquella lengua, por su roce con los fenicios y los frigios, o por sus estudios de sacerdote hebreo.

Los nombres de los héroes de Homero y de los antiguos semidioses tienen también su significación pelásgica; así es que Laertes significa «noble, caballero, alto, señor»; Ulises, «viajero», etc. Los títulos de muchas ciudades y sitios antiguos tienen también sentido etimológico; así, Libia viene de lip, «luto», esto es tierra abandonada con pesar; Atenas, de esthenas, «palabra, verbo», manifestación de la sabiduría eterna, de donde Atenea o Minerva; Atlas de Atta-lash, «padre viejo»; Deiti o Teiti significa «el mar», de donde viene Tetis. Los dogmas de la metempsícosis y las doctrinas frenológicas del doctor Gall eran conocidos de los antiguos pelasgos. Creían, pues, que el espíritu era inmortal, pero que pasaba de cuerpo en cuerpo, y al pasar perdía la memoria; de lo que de sus pasadas existencias recordaba, provenían los sueños; las ideas innatas eran las que, no borradas, aparecían en la nueva vida, y la impresión que el espíritu hacía en la materia producían la configuración frenológica del individuo. La locura era una reminiscencia incompleta de las pasadas existencias, que nos hacia olvidar lo presente y vivir en el tiempo que fue; así, si un loco se creía rey, según la doctrina pelasga, se recordaba de cuando lo era. No creían en infierno ni en gloria y su principal dios era Mirael-Bien, divinidad benévola y enemiga de castigos. Después que se adulteró un poco esta sabia religión, los egipcios introdujeron el juicio de los muertos y los temores de los castigos de la otra vida. Creo que es muy antigua la creencia de una falta original del hombre unida a la metempsícosis, pues se ha hallado en Sicilia una inscripción fúnebre eólicopelasga, que traducida dice así: «Ya en grave pena de la execración, es diario lo establecido. Ya lo establecido es diario. Marchemos, pues, a trabajar en la serie fatal por a ella parte que debemos marchar».

Pero dejemos ya a un lado este asunto, demasiado elevado para tratarlo de mogollón, y seguiré refiriendo mis peregrinaciones, que por ahora se reducen en el Museo a otra sola habitación llamada de los objetos preciosos, porque ostenta en sus escaparates muchos vasos de plata y oro, divinamente trabajados, y hallados en Pompeya y Herculano, anillos, estatuitas, zarcillos, brazaletes, alfileres para el pecho y broches para sujetar las clámides. Entre lo más extraordinario que allí hay, son de admirar algunos galones de oro, perfectamente conservados, muy finos y bien tejidos, y que no se han podido quemar por estar tejidos con oro puro, y sin seda, como en el día. Dos sábanas de amianto y ropas de otras telas, pero chamuscadas; almendras, trigo, harina, higos, dos panes, un pedazo de pastel, dátiles y otras varias cosas que abren el apetito al verlas petrificadas, pero conservando su forma. Hay, además, una soberbia colección de camafeos en toda clase de piedras preciosas y de un trabajo bellísimo. Pero lo mejor y más rico de todo, y que sin duda es una alhaja inapreciable, que vale tanto como el Museo junto con Nápoles mismo, es la taza de ágata-ónice hallada en el sepulcro de Adriano en Roma. Una piedra de tal magnitud parece imposible que exista, y más aún trabajada en figura de taza, como una ensaladera de forma elegantísima. Por un lado tiene, en gran relieve, la cabeza de Medusa, y en la otra parte del fondo de la taza, que es plano, otro relieve de un grupo de varias figuras representando la Apoteosis de Tolomeo. Este primor tan costoso está encerrado en una urna de cristal y sostenido en el aire para que se vea y no se toque.

No te hablaré de los paseos que he dado en torno de Posílipo y de la multitud de hermosos jardines y palacios que por allí hay. Creo que ya basta por hoy.

Adiós, Alonso. Créeme tu buen hermano,

Juan.

Y dales memorias a todos.

Se me olvidaba decir que todos los salones del Museo están enlosados con los mosaicos de piedra hallados en Pompeya.

Nápoles, 7 de julio de 1847

Querida mamá mía: Sigo bien y he hecho ya los suficientes adelantos en el italiano para hacerme entender de la gente, aunque en esta tierra sucede como en casi toda Europa, que en sabiendo francés, más no se necesita, pues todo el mundo lo habla, hasta Céfiro y los mozos de café. En las tiendas no hay hortera que no se haga bien entender en dicho idioma, y muchos hasta son franceses; solo el turco, que tiene un riquísimo almacén de pipas, de chales de Persia, gorros de Turquía y otros muchísimos primores, no lo habla, y en cambio, con gran admiración mía, conociendo que yo era español, porque cuando me dijo que en su tienda no se fumaba, se me escapó cierta interjección de nuestra tierra, me comenzó a hablar en castellano con muchísima facilidad y me enseñó, muy amable, los más ricos objetos de su tienda, aunque yo no compré más que una docena de cigarros, riquísimos, pero carísimos.

En pos de los objetos de este almacén, de los trabajos de coral, lava y medallas antiguas, se me van los ojos y quisiera comprar muchas cosas si tuviera dinero y proporción para enviarlas a mis hermanos. No se puede usted figurar qué bellísimos brazaletes de coral y de lava hay, y qué baratos en proporción de su mérito y trabajo. Yo he comprado una calavera de lava divinamente hecha, por medio duro, montada para la corbata en un alfiler de oro.

Todos los días me baño con el duque de Fernandina (hijo de Villafranca), Scláfani, La Romana y los otros agregados, compañeros que todos nadan, unos mal, como yo, y otros muy bien, como Fernandina. Los baños de mar están frente de casa, y aquí se reúnen los nadadores.

No recuerdo si le he dicho a usted que han venido dos nuevos agregados, a saber: el sobrino del duque, mi jefe, e hijo de Arana, introductor de embajadores, y el sobrino de Martínez de la Rosa, que es horriblemente feo, y, aunque Aranita tampoco es ninguna preciosidad, parece, a su lado, un Adonis. En cuanto a genio y talentos diplomáticos, vienen los dos en el mismo grado que Metternich. Con esta nueva gente no tengo necesidad de acompañar tan a menudo al duque, y muchas tardes me quedo en casa y me pongo en el balcón del marquesito de Mora desde donde vemos la gente que se pasea: en la Villa los de a pie y por Chiaia los en coche.

Es extraordinario el número de carruajes que por aquí se pasean, y el día de San Pedro tuve la curiosidad de contar todos los que pasaban hacia abajo en el corto espacio que en dar una vuelta entera emplea el charc-á-bancs de un condesito que siempre va muy de prisa, y conté trescientos cincuenta y siete, que sin duda serían, cuando más, la mitad de los coches que había en el paseo, los que se puede presumir que no bajarán de ochocientos, pues la velocidad del charc-á-bancs sin duda era doble a la ordinaria, y, por consecuencia, adelantaba a los otros coches.

El 2 del presente fui a Caserta con los nuevos attachés y vimos el palacio construido por Carlos III, que es magnífico: íbamos a ver los jardines, pero empezó a diluviar y no fue posible; esperamos a que pasara el convoy, y cuando nos volvíamos se despejó el cielo, pero ya no era cosa de volver, y hemos dejado para otro día nuestra turista excursión. Salimos de Nápoles a las doce; a la una estábamos en Caserta, que está a siete leguas; estuvimos allí hasta las tres y media viendo el teatro, la iglesia y los salones del palacio, y a las cuatro y veinte minutos estábamos sentados a la mesa, después de un viaje de catorce leguas, como si dijéramos, después de haber ido de Granada a Doña Mencía. El gasto es menos de doce reales de ida y vuelta, en los coches más lujosos.

El país que atravesamos, y que, asomado a la ventanilla, fui viendo todo, es bello, fértil y bien cultivado, y lleno de quintas y poblaciones. Toda la tierra está cubierta de olmos y álamos negros, a cuyos pies se enlazan las parras que de uno en otro árbol cuelgan formando festones. Además, el terreno está sembrado de maíz y de cáñamo, puesto que ya se ha recogido el trigo, y estas tierras son tan buenas que se siembran siempre dos veces al año, y no por eso son de riego. No lo necesitan, como bien se ve por lo que digo. Cómo diablo se componen los habitantes de esta tierra para tener en un mismo suelo olmos, álamos, parras, flores y dos cosechas anuales, es lo que no me sé explicar; pero ello es que es efectivo, y que no se puede usted figurar qué efecto tan bonito hace el ver segar el trigo debajo de aquellas inmensas guirnaldas de fresca verdura. Nada de esto es poético, sino muy positivo y, una de dos, o este terreno es de otra naturaleza, superior a la del de España, o la agricultura está aquí mucho más adelantada, pues una vegetación tan asombrosa ni en los mejores sitios de esa vega, ni en Aranjuez, ni en la huerta de Valencia la he hallado.

Entre los pueblos por donde pasamos hay uno muy notable, por haber nacido en él (según tradición antigua) el ingenioso Paolo Chinelli, que se cuenta que vivió allá, en el siglo XIII, durante la dominación angorina, y que, por su agudísimo ingenio y graciosas travesuras se hizo tan célebre, que en el día se ha convertido en tipo y expresión vulgar su nombre, que se da a los graciosos de los teatros y de las pantomimas, dando origen a los famosos polichinelas de Nápoles. El pueblo se llama Acerra.

Mi cuento de Cide-Yahye se lo he leído al duque y a la duquesa de Bivona, que lo han celebrado mucho.

La tertulia de esta señora se ha dividido en dos, porque su cuñada se la quiere quitar, y unos se han ido con la una y otros con la otra señora; yo he preferido a la duquesa, pero voy, como es natural, a la otra tertulia, aunque solo para cumplir.

Cómo soy tan corto de vista, juzgué bonita a la Sonora; pero ya que la he considerado por más espacio, me decidí por hallarla fea más bien.

Estoy aburridísimo, a pesar de todas estas curiosidades que veo por aquí. Dios sabe cuánto tiempo estaré hecho un tonto, sin cobrar sueldo, cuando compañeros que no han seguido carrera ninguna, no saben nada, lo tienen. Además, no he recibido carta de ésa, ni sé si ustedes habrán recibido las mías, y esto es muy enojoso.

Adiós, mamá mía; expresiones a todos y créame usted su amante hijo,

Juan

Nápoles, 21 de marzo de 1848

Querida madre mía: Recibí hace días una carta de papá, fecha 7 del pasado, en que me dice está bueno, pero apurado como siempre; después he recibido otra de usted, fecha del 28 del mismo mes, por la que veo con gusto su buena salud y la de mis hermanos Sofía y Alonso, y siento tanto que Ramona esté tan endeble y desmejorada.

Sabía yo que mi padre había sido nombrado comandante de Marina de Puerto Rico, y algunos marinos de la corbeta Villa de Bilbao me habían dicho ser excelente y lucrativo el tal empleo; pero si no es así, como del contenido de la carta de usted deduzco, hará bien papá en renunciar, aunque lo jubilen, pues así como no habría de ir para enriquecerse robando, tampoco debe exponerse a incomodarse en hacer tan largo viaje, y en abandonar sus bienes para no ganar nada.

Este país sigue en el mismo estado y los sicilianos no quieren acomodarse por más concesiones que el rey les hace.

Los Vaillant son muy buenos muchachos, y lo mismo Fernando Neulant, otro joven madrileño que viene con ellos. Los he acompañado a ver el Museo y otras curiosidades, y, por último, he hecho con ellos un viaje divertidísimo, que voy a referir a usted, por ser muy interesante.

Salimos el 17, a las doce del día, por el camino de hierro, y fuimos a Nocera, antiquísima ciudad que estará a seis leguas distante de Nápoles y en un hermosísimo valle justamente en el arranque de la lengua de tierra donde, de la parte de acá, están situadas Sorrento, Massa y Castellamare. Tomamos un carruaje en Nocera y fuimos a Cava, que es uno de los pueblos más fértiles y hermosos del reino. En dicho pueblo y en otro carruaje, hicimos una excursión al convento de benedictinos, que es muy curioso por las antigüedades que encierra y por el archivo en particular, donde nos enseñaron los más antiguos y curiosos manuscritos de la Edad Media, rico tesoro para sabios, y que yo no puedo describir por haberlos visto muy a la ligera y ser poco fuerte en diplomática. En este monasterio nos encontramos un monje español, que nos enseñó las curiosidades y cuadros más notables. Volvimos a Cava, donde cenamos, fumamos, jugamos al tresillo y dormimos aquella noche en una bonísima posada.

A las seis de la mañana siguiente salimos en otro coche, y, atravesando por Vetri y otros lugares deliciosos y llenos de recuerdos históricos, y dejando atrás a Salerno, a Éboli a la izquierda, y pasando en una barca el antiguo Silaro, en cuyas orillas se elevaba en otro tiempo el templo de Juno Argiva, construido por Jasón y los Argonautas, llegamos a aquellos en otro tiempo prados floridos de que hablan los poetas griegos y latinos, zarzales y lagunas ahora, donde se alzaba la ciudad de Pesidonia o Pestum, célebre por sus vergeles, que encomia Virgilio, cuyo origen se pierde en la noche de los tiempos, que perteneció a los sibaritas, después a los tarentinos, y, por último, a los romanos. Fue esta ciudad destruida por los sarracenos el año 800 y tantos, y desde entonces es aquel sitio un lugar como de mal agüero, enfermizo y deshabitado. Imponentes restos atestiguan la grandeza de la arruinada ciudad, y son uno de los más notables de Italia, y el templo de Neptuno es el más antiguo y bien conservado de Europa, sin duda anterior al Partenón y a todos los monumentos helénicos, pues es dórico primitivo de los originarios pelasgos acaso edificado. Herodoto habla de esta ciudad como muy civilizada en su tiempo, y refiere que en la primera expedición que a Enotria hicieron los foceos, se sirvieron para fundar Hiala de un arquitecto posidonio. Pestum está muy cercana al mar y al norte del promontorio Enipeo, que descubríamos muy vecino. Desde este promontorio la sirena Leucosia, desesperada de no haber podido encantar al prudente Ulises, se precipitó en el mar con sus compañeras. Parténope, la más hermosa de las sirenas, fue transportada por las olas a las playas de Nápoles, pero Leuconia quedó allí, sepultada, dando desde entonces nuevo nombre al cabo. Este célebre promontorio nos cubría al no menos famoso de Palinuro, aquel pobre piloto de Eneas que se cayó al mar y pereció en aquel sitio. Hiala, ciudad de que he hablado ya, estaba también muy cerca de Pestum, y en el día hay un pueblecillo en su lugar, habitado por gente rústica, que estará muy ignorante de que su patria fue también la de Zenón, Parménides y Leucipo, jefes los primeros de la escuela itálica y los tres, distinguidísimos filósofos.

Empleamos en ver los templos de Pestum, que son tres: el de Neptuno, el de Ceres y la Basílica, hora y media lo menos, aunque yo hubiera estado mucho más, y vimos también los muros de la ciudad, que son romanos al parecer, y desde luego, más modernos que los templos. Por algunos lados tienen los muros veinticuatro pies de espesor, y son sólidos como ellos solos, Una de las puertas se conserva entera y es un arco soberbio. La ciudad era bastante grande. No hago la descripción de los templos por no ser extenso y por miedo, además, de no decir lo que puede hacer comprender su belleza y magnificencia.

Por el mismo camino volvimos a Salerno, donde dormimos aquella noche.

A la mañana siguiente, día de San José, nos levantamos a las cinco y fuimos a oír misa a la catedral, edificada en el siglo VII y reconstruida en el XI por Roberto Guiscard, hoy encalada por orden de los señores canónigos, que así la juzgan más bonita. Después de oír misa, bajamos a la hermosa capilla subterránea, donde pretenden está el cuerpo del evangelista San Mateo. En la iglesia hay muchas cosas notables, como el sepulcro de Margarita de Anjou; pero lo que más llama la atención es la tumba de San Gregorio, que allí murió después de tantas desgracias y tantos triunfos, diciendo al expirar: Dilexi justitiam et odi iniquitatem; propterea morior in exilio. Dios quiera que a este nuevo Gregorio VII que ahora tenemos no le suceda lo mismo, a pesar de que sea Carlos Alberto su Roberto Guiscard.

En Salerno tomamos una lancha con cuatro robustos remeros, y, después de tres horas y media de navegación, costeando el golfo de Salerno, llegamos a Amalfi, no sin haber admirado al pasar la risueña costa coronada de jardines y de pueblecillos que tapizan y adornan sus empinadas rocas, y distinguiendo más lejos el promontorio de Minerva, donde Ulises erigió un templo a esta diosa, que le protegía en sus viajes y las montañas azules de la isla de Capri, antiguamente Sirenusa, por habitar en ella las sirenas, atrayendo con sus cantos y haciendo naufragar a los viajeros, para evitar lo cual el hijo de Laertes tapó con cera los oídos de sus compañeros, y él mismo, según el consejo de Circe, se ató al palo de su bajel.

En Amalfi almorzamos riquísimos macarrones con manteca de vaca y pescado frito y vino de la falda del Vesubio, y en seguida visitamos la vetusta catedral, que es preciosa, y admiramos las magníficas columnas de pórfido, que en tiempo de la República fueron traídas de Constantinopla. Vimos, además, muchas ruinas que recuerdan la pasada grandeza de aquella rica rival de Venecia, donde en 1137 se descubrieron las Pandectas, en 1020 se dio nacimiento a la ilustre orden de los Caballeros de Malta y donde Flavio Gioja inventó la brújula.

Sin descansar nada, y después de visto cuanto había que ver, caballeros en burros, salimos de la ex República, y, pasando por la vecina aldehuela patria de Masaniello, por Majori y Minori, pintorescos pueblecitos a la orilla del mar, nos internamos en el fructífero y risueño valle de Tramonti, uno de los lugares más selváticamente hermosos que pueden darse. De la frondosidad de aquellos bosques, enlazados con festones de vid, de las preciosas casas de campo, de los arroyuelos, torrentes y cascadas que vimos durante nuestro viaje, no es fácil hacer ponderación. Llegamos al fin, siempre subiendo, al castillo de Chiuso, colocado en la cima de las montañas aquellas, desde el cual se descubre ya Nápoles, Porticci, el Vesubio, Ischia, el Cabo Miseno, en que el famoso trompetero de Eneas murió, dándole su nombre, y Baia y Pozzouli, y el mar y la llanura llena de fértiles jardines y de pueblos.

Bajamos desde allí, a pie, por una cuesta escarpadísima, y luego que nos vimos en lo llano, montamos en los borricos y en un galope nos pusimos en Pagani, población un poco más acá de Nocera, donde tomamos el camino de hierro para volver a Nápoles, después de haber visto cosas tan notables, y algunas que tienen particular interés para los españoles, como el sepulcro del mágico Bayalarde, que está en la catedral de Salerno. Este personaje, que hace mucho papel en nuestras comedias de magia, es histórico.

Usted sabrá cómo allá, en los siglos medios, cuando después de tanto trastorno toda la civilización antigua había casi desaparecido, fue en los conventos donde se conservó, separada del mundo bárbaro y entregado a las guerras, para volver a aparecer al llegarle su hora. Así como en los tiempos más antiguos, después que los celtas y otros pueblos semisalvajes con sus irrupciones destruyeron la civilización pelasga, ésta se refugió en el santuario y fue custodiada por los sacerdotes y velada por los misterios, hasta que el mundo se halló maduro para sacarla de allí y difundirla entre los legos; por lo que se ve en las historias cómo Pitágoras, Platón y otros filósofos consultaban a los coribantes y cómo Orfeo se inició en los misterios egipcios. Así, los monjes benedictinos fueron los más sabios conservadores y los más útiles insinuadores de la Edad Media, distinguiéndose mucho del monasterio de la Cava. Por influjo y con ayuda de la ciencia de éstos, se fundó en Salerno la Universidad y la famosa Escuela de Medicina, la más ilustre de aquellos siglos en el mundo; de modo que llegó a ser Salerno el emporio de los conocimientos físicos, y ya, no contentos con esto, hubo algunos ambiciosos que se dieron a la magia para obrar prodigios y descubrir las más incógnitas verdades. Uno de éstos, y el de más nombradía, fue el famoso Pedro Bayalarde, cuya tumba está en una capilla de la catedral, donde se venera una vieja imagen bizantina de un Cristo crucificado, ya negra enteramente, y donde hay, para instrucción de los fieles y honor de la devota imagen, una leyenda que, después de varios preámbulos, dice, sobre poco más o menos, que por los años de 1145 el sabio Bayalarius o Bayalarde gozaba en Salerno de una reputación grandísima y tenía varios discípulos a quienes enseñaba las ciencias ocultas, en las que era muy versado. Sucedió, pues, que cuando ya Pedro Bayalarde empezaba a arrepentirse de sus malas costumbres y diabólicos estudios, estuvieron sus nietos un día jugando en su biblioteca con algunos volúmenes, cuando casualmente invocaron el nombre de Dios. Al oír esto, los demonios que entre los libros estaban escondidos salieron con tal prisa, dando tal olor a azufre y haciendo tanto estruendo que los dos muchachos murieron de terror. El mago acudió al ruido, y su mujer también, y quedaron contristadísimos, como es de suponer. De resultas de lo cual, madame Bayalarde murió, y su marido, lleno de contrición, se fue a la iglesia a pedir perdón al Cristo de que hemos hablado. Tres días y tres noches consecutivas estuvo el mago a los pies de la imagen, de rodillas, rezando y pidiendo perdón de sus culpas, con llanto y golpes de pecho. Por último, el Señor, apiadado al cabo de les tres días, al decir Bayalarde: «Perdonadme», inclinó la cabeza en señal de asentimiento, y en seguida el pecador expiró. Su cuerpo está sepultado con el de su mujer, y el santo crucifijo conserva aún la cabeza inclinada, y que se destaca del cuadro.

Nuestro viaje nos ha costado a cada uno ocho duros con comidas, camas, cuartos, etc. En España no se hubiera hecho con treinta.

Adiós, mamá mía; créame usted su amante hijo,
Juan.
Expresiones a todos.

Madrid, 1 de diciembre de 1849
Querido padre mío: Sigo convencido de la necesidad que tengo de buscarme un modo de vivir honradamente, y no creo de mi deber volver a ésa y vivir siempre a costa de mi

familia. Si dentro de un mes no consigo colocación, dejaré de atormentar a los ministros pidiéndosela y me ingeniaré como pueda. Usted no se apure por mí; si no puede enviarme cincuenta, envíeme cuarenta o treinta duros, y yo me retiraré a vivir aunque sea en una buhardilla; pero de ningún modo voy por ahí, si no es a hacer a usted una visita, y esto cuando lo pueda hacer sin el temor de no tener después dinero para volver aquí.

Mi amor propio está comprometido, y debo ser algo o reventar. Es verdad que padezco mucho, y a veces me desaliento tanto que me creo completamente tonto e incapaz y me dan ganas de morirme.

Voy a retirarme del bullicio y a estudiar. Iré solo al Ateneo, donde se leen los periódicos y se ve a los hombres de letras del país.

Aquí nadie hace caso de los pobres y desvalidos. El chiquillo de Teresa no ha venido a verme; el marqués de Bedmar tampoco. No he ido aún a ver a la Montijo, que no sé cómo me recibirá; pero sin duda, fríamente. Gabriel Enríquez, orgulloso con los doce mil reales que tiene de sueldo y el ser oficial del Ministerio de la Gobernación, se da tanto tono conmigo porque sabe mi estado. Galiano es quien me trata con cariño y hace aprecio de mí, pero el pobre no puede nada. Debo hacer una visita a Serrano, que dice mi madre que se interesará mucho por mí. Allá veremos.

Le juro a usted que gastaré lo menos que pueda, y, sobre todo, usted no tiene obligación de enviarme nada, si no quiere; treinta o cuarenta duros que me envíe es un exceso de generosidad. Estoy avergonzado de mi inutilidad y falta de talento, y paso ahora los días más amargos de mi vida. ¡Qué horrible pintura me ha hecho mi madre de la situación de casa!

Busco en mí fuerzas para resistir la adversidad y luchar para subir, porque estoy convencido de que es preciso luchar, y a veces no las hallo: tan desalentado y acobardado estoy. Hasta aquí he sido un loco sin previsión ni fundamento, pero procuraré corregirme. Estudiaré, y estudiaré mucho, porque creo que hay fuerzas en mí para no ser del todo inútil.

Anoche oí a Galiano explicar en el Ateneo la historia del siglo pasado. Un inmenso auditorio lo circundaba; Estuvo felicísimo. ¡Qué memoria, que grandilocuencia y qué facilidad! No ha perdido nada, a pesar de los años. Es el primer talento de España. Y, sin embargo, está miserable y aburrido y postergado.

Adiós, padre mío querido; perdone usted a su pobre hijo, Juan.

He estado por segunda vez en casa del marqués de Bedmar y le he encontrado. Me recibió amabilísimo; me ha hecho mil ofrecimientos; me ha convidado a comer todos los días, cuando acabe de arreglar su casa, en la que está haciendo obra, y me ha dicho que le cuente la vida que hace su mujer en Nápoles. Si está más gorda o más flaca, si se divierte o se fastidia, si tiene ya ganas de venir por aquí, si su hijo está muy bonito, etc., etc., etc.

La amistad de este señor creo que puede serme utilísima, y la cultivaré.

Con mi tío Agustín he tenido largas conferencias, de que él hablará a usted, si le escribe.

Madrid, 22 de enero de 1850

Querida madre mía: Veo con gusto, por su carta de usted del 14, que está buena; yo también lo estoy, y, a pesar de los pesares y de la penuria, asaz divertido.

Anteanoche tuvimos un bailecito en casa de la Montijo, y estuvo en él Malvinita, la Culebrosa. Culebreé mucho con ella y con otras, y me entretuve bastante. Uno de mis rivales con Malvinita es Bedmar, que le decía que estaba desesperado de quererla tanto y deseando se permita la bigamia para darle su blanca mano. La niña se reía mucho de todo esto. Yo le he prometido llevarla a Nápoles, sin hacerle nada por el camino que ofenda su honestidad, y ella dice que vendrá conmigo luego que se me acabe la licencia, que será pronto.

Anoche hubo otro baile en casa de Pérez Seoane, donde también estuvo Malvinita.

En casa de Montijo vino a hablarme el barón del Solar de Espinosa. Estuvo amabilísimo conmigo. Hanme dicho que fue grande apasionado de mi hermana Sofía.

Los versos a Colón han gustado mucho a todos los literatos.

Ahora estudio con ansiedad Economía política, leo los periódicos y me ocupo de política palpitante, esperando que me nombren diputado para armar ruido, o que se me proporcione el escribir en un diario de mis gustos y opiniones. Serrano sigue tan amable conmigo, y yo lo estoy con él, aunque convencido de que admitir un empleo de este Gobierno es suicidarme antes de nacer, y suicidarme por ocho o diez mil reales, que es lo que más puedo pillar, si los pillo.

Siento infinito el malestar de Ramona y la enfermedad de su hijo. ¡Dios quiera sacarle con bien de ella!

Diga usted a Alonso que no he hallado la Galvanoplástica, pero que dentro de pocos días me la traerán de París y se la mandaré.

Este país es un presidio rebelado. Hay poca instrucción y menos moralidad; pero no falta ingenio natural y sobra desvergüenza y audacia. Para ser algo es fuerza arrojarse con fe en este mar y salir adelante o ahogarse en él. Todo lo que sea andarse con pretensiones y empeños es perder el tiempo. Es preciso saber esperar y esperar dándonos tono. Así han

hecho fortuna Sartorius, Tassara y otros mil. Gabriel Enrí-
quez, con toda su vanidad, será siempre muy poca cosa. Es
poco elocuente, no muy docto, aunque esto es lo que menos
falta hace, y tan chico y feo que él mismo se tiene vergüenza.

Adiós, madre mía; créame usted su amante hijo,

Juan

Madrid, 31 de enero de 1850

Querida madre mía: Recibí anteayer su última carta de usted
y la dolorosa nueva de la muerte de mi sobrino. Siento en el
alma el gran disgusto de sus padres.

Yo sigo bien de salud, y creo haber ya dicho a usted que
estuve, presentado por don Javier Istúriz, en el famoso baile
del señor duque de Frías. Anoche tuvimos otro, magnífico,
en casa de Montijo, y en él reunidas todas las aristocracias
de la corte. Entre las personas con quienes hablé y que hallé
allí, debo nombrar a la señora condesa de Humanes, que me
dijo que fuera a verla, que los señores de su casa no habían
venido a la mía por no saber dónde era, y otros mil cumpli-
mientos; a la condesita de C* * *, mi ex adorada Paulina,
que me recordó los tiempos felices de nuestros amores, me
confió, suspirando, que era muy infeliz porque no se había
casado por amor y porque su marido era celoso como un
tigre, y me asombró desagradablemente con su monstruosa y
precoz obesidad; y el conde de Cerbellón, que conocí y traté
mucho en Nápoles y en Roma, y cuya hija, si bien bastante
fea, es la más rica e ilustre heredera de Madrid, duquesa de
Fernán Núñez y otras hierbas. Con ésta bailé una contradan-
za, que es lo único que yo bailo; otra con la de Brunetti, y
la tercera con la divina Culebrosa, a quien paseé mucho del
brazo y dije chicoleos. Bedmar sigue siendo mi rival, y como
me llamase, al mirarme tan serio, la sombra de Nino, yo le he
dicho que es la sombra de Lovelace, y nada más.

Muchas memorias para usted, y los hermanos me dieron la de Riomolino, las Noblejas y no recuerdo quién más.

Serrano, que es el hombre más decidido en mi favor que darse puede, me presentó a Narváez y a Sartorius, haciendo mil elogios de mí, y ambos señores me acogieron muy bien. Don Ramón, después, paseando yo del brazo con Malvinita, nos detuvo y le aconsejó a ésta que me marease, y ella respondió que yo era muy fuerte de cabeza y que no me mareaba por nada. Lo que negué, asegurando al jefe del Poder ejecutivo que estaba yo perdido completamente con el mareo que da la Culebrosa.

También en este baile volví a entablar relaciones con el ilustre Zaragoza, y nos hablamos por vez primera Tassara y yo. De las damas, la que más me gustó fue la Weis-Weiler, que no trato, pero ya haré que me presenten, y de las señoritas, una hija de la reina madre, que creo se llama Amparo, y la Fernanda Palacios. No trato a la primera, pero sí a la segunda, que imagino, aunque parezca fatuidad, que no me mira con malos ojos, y es muy recatada, rica y discreta.

De todo esto y de mil cosas más preveo, querida madre mía, que si llega un día en que tenga yo algún dinero y tranquilidad de espíritu para echarla de hombre alegre y decidor, y sobre todo, si consigo de este modo o del otro, con tal que sea de buena ley, que mi nombre suene en los cantos de la fama, me tengo de divertir mucho en Madrid. El mundo, al fin, no es una cosa tan mala. Lo que me fastidia aquí, y más que todo cuando me veo sin dinero, es la aridez y el tristísimo aspecto de estos campos, que no dan sino desconsuelo al corazón. Entonces recuerdo a Nápoles, sus jardines, sus montañas pintorescas, el Vesubio, Posílipo coronado de flores, el golfo de las Sirenas y la animación de aquel populacho tan poético; y, al recordar todas estas cosas, recuerdo otras aún de mayor dolor al alma que las perdió para siempre. Me arrepiento entonces de haber dejado a Italia, y daría quién sabe cuánto por volverla a ver. Si yo tuviera cien duros míos y no tuviese ambición, me iría a Granada los veranos, y el resto del año a París o a Italia, a vivir pobre, pero libremente, como viven los artistas y los verdaderos poetas, cantando y amando y gozando con el trato de la gente de por allí, de la erudición sin pedantería, del verdadero buen tono y del saber sin pesadez, que desgraciadamente por aquí no se hallan, y menos que en los hombres, en las mujeres.

Adiós, madre mía; créame usted su amante hijo,

Juan

Madrid, 8 de febrero de 1850

Querido padre mío: Perdóneme usted si en estos días no le he escrito sino pocas palabras, pues aunque en realidad nada tengo que hacer, estoy muy ocupado.

Ya creo haber dicho a usted que Serrano me presentó a don Ramón y a Sartorius en el baile que dio la Montijo, y que ambos me acogieron muy bien. Después hemos tenido un baile de máscaras, donde me divertí mucho; otro baile en casa de Montijo; el domingo pasado, comida en casa de la Culebrosa, y ayer otra en casa de Bedmar, en compañía de un pintor francés, de Lafuente, a quien acaban de nombrar fiscal de Hacienda de La Habana, empleo que le valdrá veinticinco mil duros anuales, y de Tassara, el director de El País.

Lafuente, a quien yo llamo Tito Livio, ha cogido tan grande rosca, que no le envidio, porque mi ambición de dinero es muy limitada, y sin límites la de gloria y poder, haciendo la corte a Narváez. Yo pienso hacérsela a Sartorius y también a don Ramón, para que me nombren diputado, y ya verá usted luego cómo soy lo que me dé la gana. Pero es preciso, por el pronto, tener paciencia y no acoquinarse. Tassara, enamorado de mis versos a Colón, que también publicará en El

País, me ha ofrecido su amistad y su favor para que Pidal me envíe a París o donde quiera. Todo el mundo me va queriendo bien, y voy cayendo en gracia, por lo que me parece que debo continuar charlando y procurar escribir cosas bonitas, hasta que lleguen a tenerme aún en más alto concepto. Todos estos favores y triunfos míos los cuento a usted porque que es mi padre, que a otro sería necedad el referirlos. Y lo hago también con el intento de demostrar a usted que no me va tan mal en el mundo ni debo quejarme de él, y mucho menos buscar ahora un destinillo de porquería para salir pronto de apuros y matarme para lo por venir. Bedmar tiene de mí la más alta opinión que darse pueda (esto se lo debo a su señora esposa). ¡Qué mujer tan guapa! Y siempre me está elogiando en todas partes.

Hemos arreglado, Baralt y yo, el escribir juntos un drama, y ya tenemos medio forjado el plan. Veremos cómo sale. No se dirá el nombre de los autores hasta que lo aplaudan, si lo aplauden. El principal personaje de él será don Juan I de Aragón, a quien llamaban el Amador de la gentileza, y era una especie de Sardanápalo de buena ley. Ahora voy en busca de mi colaborador para ir a la Biblioteca Nacional a consultar sobre el asunto los Anales de Aragón, de Zurita, y los Comentarios, de Blancas. Es menester cachaza y no desesperarse; si no, no haré nada.

Para entrar en el Colegio de Abogados tengo que dar veinticinco duros; pero buscaré el modo de hacer una trampa y entrar, si es posible, sin que me cueste dinero.

Escriba usted a todos sus amigos de Málaga, a Rando, a Vilches, a Giró, etcétera, para que me nombren diputado en las próximas elecciones. Yo trabajaré aquí con el Buey de Oro, Serrano, Manuel Heredia, si no se ha vuelto a Málaga, etc.

Malvinita está cada día más coqueta. ¡Válgame Dios y qué muchacha tan saladísima y culebrosa! En el baile de máscaras me parece que estuvo haciendo más locuras que siete. Lances me sucedieron allí con un dominó negro, que son dignos de una comedia de Calderón. Bedmar y yo nos disputamos a la del dominó negro, que coqueteó con ambos toda la noche. Yo creo que era Malvina, pero ella lo niega.

En medio de estos bailes y fiestas y teatros, estudio y leo los periódicos. No tengo impaciencia; pero sí firme voluntad de llegar a ser. Si algo me impacienta es la pobreza. Por eso me quiero meter por el pronto a autor dramático. Es el medio más corto de tener cien duros al mes, que es cuanto deseo para vivir holgadamente, y sin tener de continuo que pensar en que se me acaba el dinero, pensamiento que me embaraza y me distrae de cosas más importantes. Imagino que lo que hay más difícil es tener cien duros al mes, que con los cincuenta de casa son ciento cincuenta; después lo demás caerá de su peso. Pero ¿dónde hallar estos cien duros? Este es el gran problema que tengo que resolver; porque digo a usted en verdad que sin estos ciento cincuenta duros no hay tu tía; yo no salto sin ellos, ni me subo al cielo. Y los he de tener no siendo oficinista, sino de un modo independiente.

Pero voy viendo que todas estas reflexiones mías le parecen a usted locuras y presumidos envanecimientos de mi orgullo. Todo puede ser.

He dejado tarjeta a don Ramón y a Sartorius; pero he tenido la absurda distracción de no dejarla a Pidalón. Estas distracciones mías son fatales. Veremos si las enmiendo. Por lo demás, creo que Pidal no lo habrá extrañado, porque es un groserote que no está en la liturgia del buen tono. Lo que tengo curiosidad de ver es si don Ramón me envía una tarjeta o no lo hace, y lo mismo de Sartorius, aunque supongo que no lo harán, porque estos magnates son muy mal criados y vanos y orgullosos hasta lo sumo.

Adiós, padre mío; créame usted su amante hijo,
Juan

Madrid, 8 de marzo de 1850

Querido padre mío: Por su carta del día 2 veo con pesar que lo tiene usted grandísimo por la enfermedad de Ramona, a quien Dios dé mejor salud. La mía es excelente, aunque también los apuros y desgracias de la familia me tienen afligidísimo.

Aprecio en mucho los consejos de usted, y todos los seguiré, si puedo, empezando por el de romper con la Culebrosa, o, por mejor decir, no continuar visitándola y requebrándola, porque hasta ahora no hay entre nosotros nada formal, pues aunque yo cada vez que la veo le hago tres o cuatro declaraciones y ella me da el suspirado sí, en seguidita lo echo a broma, me río, ella se ríe también y nos quedamos como antes estábamos.

De abogacía aún no he hecho nada, ni siquiera inscribirme en el Colegio de Abogados; pero ya lo haré.

Hago esfuerzos grandes para vencer mi esterilidad y aburrimiento y escribir algo; pero, hasta ahora, no he hecho sino fraguar el plan de un drama con Baralt y dejarlo sin hacer, y empezar a escribir una novela titulada Cartas de un pretendiente, que, si sale bien, publicaré en el folletín de un periódico. Veamos qué le parece a usted la descripción que hace el pretendiente del diputado de su lugar:

«Nuestro don Diego, según él mismo supone, alcanza gran favor en la corte y goza de mucho influjo con el Gobierno; pues si bien nunca ha hablado en el Congreso, dicen que es un águila en las secciones, donde luce su agudeza y la infinita suma de conocimientos que ha adquirido, y que son más del caso para gobernar que las varias teorías de la ciencia. Además, siempre vota con el Poder, esto es, consigo mismo, pues él forma parte del Poder. No puedes figurarte qué otro está don Diego desde que es Poder; tiene un empleo muy lucrativo, gracias a sus conocimientos prácticos, y, como es natural, anda tan lechuguino que da gusto verlo, y fuma puros de La Habana legítimos. Ha engordado mucho y tomado cierto aire de autorizada gravedad, que le va a las mil maravillas. Yo no podía creer que fuese aquel mismo individuo que hacía las cuentas y copiaba las cartas de mi padre, y a quien, siendo yo pequeñuelo, solía atormentar tanto, obligándole a que me llevase a cuestas por toda la casa, mientras que yo gritaba: «¡Arre, borrico!» ¡Cómo cambian las cosas de este mundo! Vaya usted ahora a decirle que lo lleve a cuestas, y ya verá. Sería acaso capaz de desafiar a usted, o cuando menos, de acusarle ante los tribunales.»

Estas cartas formarán, si las escribo, una historia, completa, donde habrá amores, desafíos, casamientos, etc.

Hoy como en casa del marqués de Bedmar con Tassara y otros personajes.

Estoy leyendo una difusa, pero magnífica, historia de Inglaterra, desde el reinado de Jacobo II, que ha salido hace poco, y en que el autor pinta admirablemente cómo esta gran nación ha llegado a la cumbre del poder en que ahora se halla.

Aprendo el alemán y repaso el griego. Tengo muchos amigos y nombre de instruido; de modo que si logro vencer mi desidia y cobardía, podré ganar honra y provecho escribiendo. ¡A cuántos que escriben periódicos y libros doy yo lecciones orales en el café y en el Ateneo! Dice tío Agustín que me falta facilidad para hablar y hasta para escribir, y puede que tenga razón, porque estas cosas se aprenden con la práctica, y a mí no me ha sido nunca necesario ejercer ninguna de estas facultades en público. También supone tío Agustín que el saber yo varias lenguas me impide hallar la fórmula para escribir bien y fácilmente en la mía; pero esta observación me parece disparatada, si bien muy matemática. Otro de los consejos que me da es que me deje de filosofías, porque son cavilaciones tontas que a nada conducen sino a entorpecer el entendimiento y amenguar el juicio. Yo, entre tanto, hago lo que mejor me parece, y Dios sobre todo. Creo que mi juicio está cabal y relleno mi entendimiento. ¡Así lo estuviera mi bolsillo!

Memorias a tía Carmen, y usted cuente con el cariño de su amante hijo,

Juan

Madrid, 5 de abril de 1850

Querido padre mío: Veo por su carta de usted del 29 que ha estado enfermo y que está muy afligido con la enfermedad de Ramona, a quien Dios dé mejor salud. La mía es excelente; pero no puedo menos de estar de muy mal humor.

No crea usted que mi orgullo exagerado me hace decir que sé más que muchos que escriben y peroran en la corte, ni que porque yo sepa más que ellos puedo escribir o hablar mejor, pues la erudición es lo de menos cuando falta el ingenio y la gracia, que no se adquieren con el estudio, sino que la misma naturaleza los da, o la facilidad, que solo con la costumbre puede lograrse. Yo, aun suponiendo que tenga ingenio para ser orador o periodista, ni estoy hecho a hablar ni a escribir para el público, y mi excesivo orgullo me hace ser más tímido de lo que debiera. Necesito trabajar, ensayarme en escribir y adquirir cierta confianza que disipe mi timidez. Ya usted ve en la poesía lírica cómo no soy tímido, y es porque estoy convencido de que mis versos, para quien los entienda, no pueden dejar de ser buenos. Los últimos que he publicado en El País le gustan mucho a Tassara, y otras personas de saber me los han elogiado, entre ellos don Antonio Alcalá Galiano. La idea filosófica de mis versos es que Cristo libertó a la Humanidad de la servidumbre de la Fatalidad y triunfó del Destino, contra el cual, según las religiones antiguas, era un crimen luchar, y por eso los símbolos de Prometeo, que fue tan horriblemente castigado porque robó el fuego del cielo; de Tántalo, y de Edipo, que porque descubrió el enigma fue condenado por el Destino a ser el asesino de su padre, etc., etc. El Cristo muere, y yo creo, al verlo morir, que es una nueva víctima de los Hados; pero resucita, da libertad al mundo y pone la Providencia encima del Destino y el libre albedrío del hombre sobre la suerte fatídica. Esto he querido decir y crea que está bien claro en los versos; sin embargo, hay muchos que no lo entienden. ¿Cree usted que sea oscuridad mía o ignorancia de ellos? Dígame usted si no ha entendido en los versos lo mismo que digo yo ahora, aunque mejor explicado allí que aquí.

En cuanto a lo que usted me dice de que espera me nombren agregado en París, no estoy de acuerdo, porque espero poquísimo, aunque lo deseo por varias razones: primera, porque en París podré escribir y estudiar mucho, sin los ahogos pecuniarios que aquí ir acosan y sin ser a usted gravoso; segunda, porque el ser agregado con sueldo no quita que sea diputado, periodista, poeta y cuanto quiera y pueda, y tercera, porque la Muerta está en París.

Dice usted que cuando estoy enamorado no me ocupo de nada; pero no tiene usted razón. En Nápoles no he escrito por otros mil motivos que ahora conozco lo vanos que eran; pero lo poco o mucho que allí he trabajado ha sido por amor. He compuesto algunos versos a la señora y he estudiado griego por ella, y esto tengo que agradecerle. Además, esta dama me da, sobre poco más o menos, los mismos consejos que usted, y cuando escribe cartas parece una doctora in utroque.

Ejemplo:

Votre dernière lettre est charmante; elle est pleine d'humeur et de finesse, de moquerie légère et spirituelle, et je commence à avoir une singulière peur de votre malice; je vous assure que vous m'avez bien fait rire. Je regrette seulement que vous n'employez pas ce talent d'écrire que vous avez évidemment à des choses plus importantes, aussi bien qu'à des lettres familières et sans prétentions. Travaillez, je vous en prie, ne vous laissez pas aller à cette paresse meurtrière que je vous ai souvent tant entendu blâmer chez d'autres. Choisissez une route et suivez-la avec constance, ou plutôt suivez celle qui naturellement se présente à vous, celle vers laquelle vos goûts et votre nature vous portent, celle des lettres, pour laquelle vous avez une vocation trop véritable pour qu'il vous soît permis de la négliger. Vous avez et l'ailleurs de l'ambition; pour la rendre légitime il faut le travail et l'assiduité; pour justifier ce désir d'approbation il faut savoir le mériter...

¿Qué tal el párrafo? La carta mía que elogia tanto estaba escrita en francés; figúrese usted qué no seré yo capaz de hacer en español, si hemos de creer a lo que dice la Muerta.

Ayer comí con la famosa y castísima marquesa de V* * *, que me confió mucha parte de la historia de sus amores con don Paquito.

Sigo yendo por las noches a casa de la Culebrosa, pero no tan a menudo como antes. Mi tertulia más ordinaria en todos los sentidos es el café del Príncipe, o de los literatos. ¡Válgame Dios, y qué discusiones y disputas se arman allí, y cómo murmuran los unos de los otros! Hay seis o siete pandillas enemigas, y ninguno puede ver a los demás. En aquel recinto, favorecido por los poetas y grato a las musas, reina la mayor franqueza y españolismo, esto es, el más exquisito mal tono y la peor educación posible.

El tío Agustín, tan rabioso como siempre y más aburrido y melancólico que yo, que es cuanto puede decirse.

Me han hecho socio de una Academia de jóvenes que se dedican a hacer discursos sobre varios asuntos para llegar a ser oradores. Creo que tendré yo también que discurrir en el seno de aquel Congreso en miniatura. Todavía no he asistido más que a una sesión, en que se dijeron cosas soberbias sobre la familia y su influencia en el estado civil y político de los pueblos.

Ya le hablaré a usted de todo esto en mis cartas futuras.

Entre tanto, créame su amante hijo,

Juan

Madrid, 7 de abril de 1850

Veo con placer, por su carta del 12, querido padre mío, que está usted bueno y contento con la mejoría de Ramona. Yo sigo bien y deseando me den la rosca de París para no gastarle a usted tanto dinero y vivir con menos estrechez.

Anoche, en casa de la Culebrosa, me dijo su tío Cueto, jefe de Sección en el ministerio de Estado, que Pidal estaba muy bien dispuesto en favor mío, y que él le había hablado para que me enviasen a París, lo que hará su excelencia acaso, aunque Narváez no le ha hablado todavía por mí, como prometió a Serrano. Yo pienso escribir a éste diciéndoselo y suplicándole que escriba al Ban de Loja recordándole su promesa. Don Javier Istúriz creo que irá a Londres, y si va y no me envían a París, es de esperar me pida por su agregado.

Tengo también alguna esperanza de que me nombren diputado, porque mi hermano trabaja sin descanso con este objeto en Málaga.

Me alegro haya usted entendido mis versos sin necesidad de comentarios, pues esto prueba que no son un enigma sino para los tontos.

Acaba de entrar a verme un tal Severiano Arias, amigo de mi hermano, y que tiene grande influencia en Málaga entre cierta gente con la que cuenta mi hermano para la elección. Tengo que hacerme el amable con él, y no puedo ser más extenso.

Memorias al Sumo Pontífice, y usted créame su amante hijo,

Juan

Madrid, 19 de abril de 1850

Querido padre mío: Escrita se quedó la adjunta carta; pero olvidé ponerla en el correo de anteayer. Ahora escribo de nuevo, aunque sin ninguna de usted a que contestar, ni nada que decir que sea digno de ello, para que vea usted que no le olvido.

Sigo escribiendo una novela en prosa, y no creo que sale mal. Además, quisiera publicar, el 2 de mayo, algunos versos patrióticos, que, ya que no me den dinero, pudieran darme nombre; pero hasta ahora, aunque el plan de la composición lo tengo en la cabeza, no hallo modo de formularlo, por más vueltas que le doy. Esta esterilidad mía me desespera. Cada día es mayor mi deseo de que me envíen a París, de irme a Andalucía o de que venga por aquí mi familia.

Adiós; créame usted su amante hijo,

Juan.

Vuelvo a escribirle a usted para decirle que salí a dar lección de alemán, y, volviendo de haberla dado, pasé por la Puerta del Sol, donde supe una gran noticia que voy a poner en su conocimiento, pues trae alborotado a todo Madrid.

La reina quiso ayer reconciliar a su esposo con el Ban de Loja, y al efecto preparó y dispuso una entrevista de los dos; pero, en vez de ponerse de acuerdo, parece que su majestad se incomodó atrozmente con el duque de Valencia y le dijo cosas muy duras, y que, por último, determinó abandonar la ingrata corte e irse no sé adónde. La reina dio en seguida orden para que no le dejasen salir de su habitación y ésta fue rodeada de alabarderos, y aún lo está hoy, mientras que por toda la heroica villa no se habla de otra cosa sino de que el rey está preso, y cada uno comenta y glosa a su modo la historia; pero nadie puede calcular en qué vendrá a parar tan enorme escándalo.

Los periódicos que hablen de este asunto serán probablemente recogidos; de modo que nada se sabrá sino por las cartas particulares, si también no las recogen.

Madrid, 22 de abril de 1850

Querido padre mío: Veo con gusto, por su carta del 16, que está usted bueno. Yo también lo estoy, y trabajando como un negro, no para adquirir dinero, sino estoicismo con que soportar el no tenerlo, pues mientras esto no consiga, no podré dedicarme en calma a nada. Pero ¡válgame Dios, y cuántas dificultades debo vencer! Empezando por las que nacen de mi propio carácter y de mi situación, yo que deseo todo, lo ideal y lo real, y gozo apenas de lo real, de lo más prosaico, desagradable y grosero. Yo, que aprecio tanto la amistad, y la ciencia, y los modales cortesanos, y las conversaciones discretas, no tengo ni siquiera un amigo que pueda satisfacerme en estas cosas. Los que son eruditos están muy mal educados, son sucios y pedantes, y los que son limpios y cortesanos, tan mentecatos, que no hay medio de poderlos aguantar. Sin embargo, yo me trataría mejor con éstos que con los sabios, porque para sabios ahí están los libros, que el peor italiano, o francés, o latín, o griego, me enseñará más ciencia y me dará más contento y solaz que todos nuestros literatos de ahora, y, para buenos modales, que no se aprenden ni ven en los libros, trataría a los señoritos de aquí si tuviera dinero para alternar con ellos. Pero apenas me basta para alternar con los perdidos del café del Príncipe. Y no crea usted que los señoritos principales de esta corte son prototipos de finura, etc., porque no es así, ni puede ser ni será mientras las mujeres estén mal educadas y sean tan ignorantes y vulgares en nuestro país. La única mujer que aquí pudiera ser mi amiga, si las circunstancias y mi posición oscura no se opusieran a ello es una extranjera: la mujer del ministro de Austria. Mucho echo de menos también a la Muerta. ¿Cómo encontrar algo que se parezca a la Muerta?

Aquí hacen poquísimo caso del que no tiene dinero, y dudo mucho que el conde de San Luis me favorezca para que yo salga diputado. Narváez, a pesar de las promesas que hizo a Serrano, aún no ha hablado en favor mío al ministro de Estado, y creo que no lo hará o lo hará fríamente. Don Javier Istúriz se muestra más propicio, y si le fuera dado, me llevaría consigo a Londres.

Yo deseo vivamente salir de aquí, porque me fastidio soberanamente; pero, sin embargo, cuando pienso en el porvenir tengo miedo de ir de agregado con sueldo a Londres, donde puede muy bien suceder que esté dos o tres años, al cabo de los cuales me canse, como me cansé en Nápoles, no porque Londres me parezca mal, sino porque me lo parezca mi posición y me crea llamado a más altos destinos; y con estas ideas, así como vine de Italia con licencia, venga de Inglaterra a Madrid y se repita en esta corte la misma escena que está pasando ahora, aunque un poco más trágica y sombría, porque ahora no tengo más que veinticinco años y entonces tendré más edad y, por consiguiente, menos que esperar, y con la vida de la Corte inglesa llevaré menos con paciencia que hasta ahora la estrechez del pupilaje y el trato de los pedantes del café del Príncipe y las cosas primitivas de mi patria y la presunción estúpida de sus raquíticos hombres de Estado, filósofos y sabios. Entonces no sabría qué hacer: si meterme a filósofo, sabio u hombre de Estado, ridículo como ellos, o pretender un ascenso en mi carrera, como estoy haciendo ahora, e irme por ahí de nuevo ya de secretario segundo, y volver, al cabo de cuatro o cinco años, para que me nombrasen secretario primero, siempre a la merced del Gobierno, y expuesto a que el día menos pensado me vuelva a dejar como estoy ahora, sin sueldo ni empleo, pero con mi juventud inútilmente perdida. Esta es la causa de mi indecisión, y en verdad que no sé si sería mejor quedarme aquí, llevando con paciencia los malos ratos hasta ver el modo de abrirme camino, o salir pronto del atolladero, logrando ser nombrado attaché, aunque al cabo de poco venga por fuerza a dar de nuevo en él y con mayor furia y disgusto mío y de ustedes.

Veces hay, y son las más, que entiendo sería lo mejor irme a Doña Mencía a hacer el Cincinato y dejarme de quebraderos de cabeza, proyectos de ambición y castillos en el aire; que bien se me pudiera comparar con Don Quijote, que ha salido a buscar aventuras en detrimento de su salud y hacienda y sosiego de su alma. Si mi madre viviera aquí, estaría yo mucho mejor, gastando usted menos dinero, porque lo que me arruina es la casa, lavandera, etcétera. Harto conozco que debiera ingeniarme y buscar un medio de ganar dinero; pero aún no he hecho nada con este fin; sigo, sin embargo, emborronando papel, pero nada me satisface.

El sábado me tocó hacer de censor en la Academia de Elocuencia Práctica que, como dije a usted, tenemos, y, por consiguiente, me vi obligado a hablar. Censuré los discursos de los que hablaron, diciendo más bien de ellos que si fueran otros tantos Demóstenes y supiesen punto más que el mismo diablo. No hallé mal sino muy poca cosa, o, por mejor decir, no quise hablar de lo que hallé mal, porque hubiera sido asunto de no acabar nunca y de ganarme la mala voluntad de todos los oradores criticados, que más tienen de tontos que de Cicerones.

Hace un tiempo hermosísimo, y el paseo, única diversión de que gozo, por ser barata, está concurridísimo.

Usted me dispensará que la carta esté tan mal escrita. Basta que se entienda.

Adiós, y créame su amante hijo,
Juan

Madrid, 3 de mayo de 1850

Querido padre mío: Me acusa usted en sus cartas de indecisión, desidia y timidez, y, aunque yo creo que tengo todos estos defectos, quiero, ya que no excusarme de ellos, explicarlos.

En política estoy indeciso, porque, no tan solo este Gobierno no me entusiasma, sino que no tengo por él simpatía ninguna, y, sin embargo, me veo obligado a pretender de él que me coloque en la diplomacia y que me apoye en las elecciones. Si yo fuera rico y más confiado en mi ingenio y fortuna, seguiría un camino independiente y, sin mendigar favores de nadie, esperaría que viniesen a buscarme; pero, como no lo soy, tengo que fingir ministerialismo y abstenerme de criticar tantas cosas que me parecen criticables. Por esto no me atrevo a escribir de política. Leo, sin embargo, los periódicos y estudio las cuestiones económicas y sociales que ahora agitan al mundo. Últimamente he leído los sofismas económicos de Bastiat en favor de la libertad de comercio, y ahora leo las obras del ciudadano Proudhon.

Además, entiendo yo que para tener ideas claras y fijas en política se deben tener antes en filosofía, lo que no es fácil en la época que alcanzamos, en que cada uno piensa a su manera y hay un caos en el mundo filosófico. No obstante, yo he logrado formarme ya cierto sistema, muy parecido al de Kant, el que me sirve de base en los estudios que hago. Pero, a pesar de todo, por ahora es imposible que yo me mezcle en las cosas políticas, porque no tengo opinión ninguna firme que me anime y entusiasme, ni la esperanza de medrar en uno u otro partido, ya que no haya en mí principios fijos en la parte militante, porque en teoría tengo los que dimanan de mis ideas filosóficas. Sabido es que los verdaderos principios de la política española son don Ramón, Espartero, don Paco y el conde de Montemolín, y, si se quiere, la República, pero con el Tonto de Orense de primer cónsul.

Mientras estudio las cosas políticas y me decido, ya por convicción, ya por interés, en favor de este o el otro partido, solo me queda el de escribir de literatura, y haré cuanto pueda por acabar de dar a luz algo de provecho. Y no extrañe usted tampoco que nada haya escrito hasta ahora, porque no es cosa de momento hacer de escritor. Boileau ha dicho: Avant donc que d'écrire, apprenez à penser, y así creo que lo que estudie y medite ha de serme utilísimo. Ayer asistí a la fiesta del Dos de mayo, que estuvo concurridísima. Los periódicos publicaron una multitud de necedades en verso. Yo no he hecho los míos, porque no me ha soplado la musa.

El escribir en prosa tiene, entre otras, esta ventaja: que no es menester estar inspirado para hacerlo, y basta con saberlo hacer y tener qué decir.

Daría cualquier cosa por poder analizar y refutar las obras de Proudhon, y con este objeto las estoy leyendo detenidamente. Mas, para hacerlo con éxito, se necesitan conocimientos vastísimos en economía, en metafísica y legislación, pues el célebre enemigo de la propiedad es uno de los más sabios, eruditos y profundos dialécticos que cuenta en el día Francia, y para decir sandeces contra él y llamarle Anticristo, etcétera, más vale callarse. Para ser un embadurnador de papel y literato de pane lucrando, me voy ya creyendo con fuerza y pronto espero lanzarme en la palestra; para ser el adversario de Proudhon o cosa por el estilo, aún me siento muy débil. En España se estudia poquísimo y se sabe menos de lo que se estudia, porque se estudia mal; a fuerza de ingenio algunos han logrado hacerse perdonar su ignorancia: no sé si yo tendré bastante para que me perdonen la mía, aunque siempre debo contar, como cuentan todos, con la del público, que es grandísima, colosal. Pero ¡cuán triste recurso para buscarse la vida es el de escribir tonterías confiado en la necedad y poca doctrina de los lectores!... Y, sin embargo, ¡cuántos escriben así!... Fuera de Toreno, Quintana, Navarrete y otros varios que han escrito de cosas especiales a nuestro país, no creo que haya en éste un prosista distinguido desde principios del siglo acá, y menos ahora que nunca. El único economista que tenemos es Flórez Estrada; el único filósofo, Balmes, y ambos no pasan de medianos. Yo quisiera valer tanto como esta gente y que sonara mi nombre no solo en España; pero debería estudiar mucho y trabajar más para conseguirlo. Y confieso que me falta constancia, porque me falta fe y confianza en mis fuerzas. Yo comprendo cuán gravoso soy a mi familia, y esto me desespera. Además, estoy mal; me fastidia verme tan solo, y, no obstante, no quiero irme de aquí, porque todavía no he perdido toda esperanza.

Algunas veces me pasa por la cabeza la idea de casarme para establecerme de algún modo y trabajar después con sosiego en mis estudios. Porque he notado que una de las cosas que distraen más de los estudios es el andar en busca de mujeres cuando no está uno como Orígenes. En Italia, día y noche no hacía más que enamorar a la Muerta o a otras. Aquí hasta ahora no tengo más historias que la de la Culebrosa, a quien no veo sino dos horas por la noche; pero tengo que apelar a todo mi estoicismo para no andar por ahí en busca de querida o con ella, dado la hallase a mi gusto. Esta afición mía a las faldas es terrible, y si no fuera por lo caro que es Madrid y lo escaso que estoy de dinero para estar aquí en los círculos elegantes, andaría yo de reunión en reunión haciendo la corte a las damas, y buenas ganas se me han pasado de ponerme tierno y de visitar a la duquesita de A* * *, que ha estado conmigo finísima y yo ni siquiera he ido a verla. Ya conocerá usted que, a pesar de mi liberalismo filosófico, soy aficionadísimo a la gente de alto copete, y tanto, que me aflige y entristece la de mal tono.

De todo esto deduce mi tío Agustín que soy un muchacho perdido, y puede que tenga razón. La mía, sin embargo, me dice que haciendo un esfuerzo y no siéndome muy adversa la fortuna puedo aún salir del triste estado en que me hallo, y que más que mi disipación y mi pereza me han impido hasta ahora el prosperar en el mundo la mucha poesía de sentimientos y nobleza de carácter que Dios me ha dado. Escribiendo a mi padre me parece que puedo elogiarme.

Adiós, y créame su amante hijo,

Juan

Madrid, 8 de mayo de 1850

Querido padre mío: En mi carta anterior dije a usted que no tenía esperanzas de que me diesen sueldo en la diplomacia y que me alegraría de no haber tenido deseo de tenerlo ni haberlo pretendido, porque esto no ha sido más que perder tiempo e ilusiones. Y también le hablé de los discretísimos consejos del duque de Rivas.

Mi hermano sigue en el empeño de sacarme diputado contra Ríos Rosas con el apoyo del Gobierno; pero entienda que esto será dificilísimo, aunque el Gobierno me apoye, que no lo hará como no se vea obligado por la necesidad. Y si al fin me presento protegido por Sartorius a luchar con Ríos y quedo s vencido, cosa más que probable, resultará que, sin honra ni provecho alguno, quedaré coram populo por ministerial y hombre de poco más o menos, y con una mancha que será difícil que lave cuando quiera lanzarme en el partido progresista. Puede también suceder, aunque no es muy verosímil, que a este Gobierno se lo lleve el demonio antes que llegue el tiempo de las elecciones; usted sabrá que en Europa va a haber pronto una gran revolución. De resultas del triunfo de Eugenio Sue, el Ministerio francés piensa en arreglar la ley Electoral, esto es, en quitar el sufragio universal, y como los democ-soc no lo permitirán, una batalla terrible se dará en las calles de París de cuyas resultas solo Dios sabe lo que sucederá en el mundo. Italia, Hungría y Polonia se levantarán de nuevo; Francia hará la propaganda; en Alemania vencerán los discípulos de Hegel, y los españoles yo no sé lo que harán, pero es probable que don Ramón y Sartorius se vayan a paseo.

Ayer tarde tuvimos Academia; pero yo no hablé. Después estuve convidado a comer e casa de mi ilustre amigo Bedmar. Comió con nosotros el famoso general Prim; pero no se habló sino de caballos, lo que me fastidió sobre manera. Luego fui a casa de la Culebrosa, donde no había nadie más que yo de visita, y también me fastidió. Y, por último, estuve en el café del Príncipe, donde hasta la una están los literatos charlando. Mucha gracia me hizo un epigrama que Bretón ha compuesto a un tal Novoa, natural de Cacabelos, que pretende haber descubierto la cuadratura del círculo, y dice así:

En Cacabelos un chulo
acaba de descubrir
la cuadratura del cir-
culo.

En vano la envidia ladra;
el gran Novoa, ¡oh ventura!,
ha descubierto la cuadra-
tura.

Denle al momento una placa,
que bien la merece, ¡cielos!,
el geómetra de Caca-
belos.

Efectivamente, el descubrimiento del señor Novoa es una necedad, nacida de la ignorancia, según mi tío Agustín me ha explicado, y solo puede compararse al maravilloso invento de la filosofía de la numeración del señor Pujals de la Bastida, que quiere establecer el sistema duodecimal en vez del decimal, y empieza su libro con esta máxima, que cree muy nueva, cuando tantos años ha la empleaba Buffon en su aritmética moral: seis y seis son diez. Lo que me ha dado mucho que reír, acordándome de lo que dice Luciano en su diálogo de la venta de los filósofos, por donde se ve que la idea que cree nueva el señor Pujals la tenía ya Pitágoras, porque dice el diálogo:

Mercader	Y después. ¿qué me enseñarás?
Pitágoras	Te enseñaré a contar.
Mercader	Ya sé contar.
Pitágoras	¿Cómo cuentas?
Mercader	Una, dos, tres, cuatro...

Pitágoras   ¿Ves cuán ignorante eres? Lo que crees
             cuatro es diez,

triángulo perfectísimo y nuestro juramento.

Estos son los adelantos de la ciencia en España. ¡Y luego dirán que estamos atrasados! Montemayor, el día menos pensado, saldrá volando en su Dédalo, y todo el mundo se quedará bizco, como la Culebrosa.

Mi cuñado Alonso, como usted sabrá, ha inventado también un aparato para extraer el oro de las arenas del Darro Yo soy el único que no inventa algo, y, ¡vive Dios!, que buena falta me hace tener alguna inventiva, porque de otra manera es probado que, por fin y remate de mis malaventuradas aventuras, me tendré que retirar a esas asperezas y decir con fray Luis de León:

> ¡Qué descansada vida
> la del que huye del mundanal ruïdo
> y sigue la escondida
> senda por donde han ido
> los pocos sabios que en el mundo han sido!

Pero como en el número de estos sabios anacoretas no quiero contarme, y, hablando con franqueza, como le gusta a don Juan de Mata, no me basta entre mis lares un libro y un amigo, porque soy más ambicioso que Rioja, sentiré en el alma no poder inventar alguna cosa. Pida usted, pues, al Cielo que la invente, y, entre tanto, ya que no en mis invenciones futuras, confíe en los buenos deseos y mucho cariño de su hijo,

Juan

Madrid, 2 de junio de 1850

Escribo a usted, madre mía, para darle la buena nueva, que acaso ya sabrá, de que he sido nombrado agregado con sueldo en Lisboa; al menos así me lo dijo ayer tarde tío Agustín, pues yo nada sabía, ni aun siquiera que Serrano estaba de vuelta en Madrid. Hoy iré a verle, y si la noticia es cierta, espero que él mismo me entregará el nombramiento, pues supongo que todo se lo debo a él.

Luego que tenga en mi poder dicho nombramiento, dé las gracias al ministro y me despida, iré por ahí a ver a usted y a papá y a mis hermanos. Después iré a Málaga, donde me embarcaré para Lisboa. Esta ciudad, según tengo entendido, es todavía más barata que Nápoles; de modo que mi padre tendrá que darme muy poco.

Adiós, querida madre mía; créame usted su cariñoso hijo, Juan

Cádiz, 23 de agosto de 1850

Querido hermano mío: El 21, a las cuatro de la tarde, llegué felizmente a esta hermosa ciudad, si bien algo mareado y de peor talante que salí de Málaga, Sin embargo, apenas salté en tierra, comí y me puse decente y me fui a la Alameda, donde hallé a varios antiguos amigos y conocidos míos, con los que me distraje un poco; y ya bien anochecido, fui a casa de don Ángel Castriciones, que me ha parecido amabilísimo sujeto. Aquella misma noche me presentaron en el Casino, que es magnífico.

El inocentísimo Gregorio me ha acompañado a La Isla, a La Carraca y a Puerto Real. Pero como su conversación no es muy amena ni muy seguida, durante nuestra peregrinación no he hecho más que pensar en las elecciones, y he tenido momentos en que me arrepentía de haber abandonado a Málaga antes de quedar o derrotado o vencedor. A pesar de mi estoicismo, estoy impaciente por tener noticias de nuestro asunto, y hasta los más pequeños y triviales incidentes son ahora argumento de mis cavilaciones, *argomento di sogno e di sospiro.*

Pienso en Salas Gil, y si por fin habrá cedido a los pérfidos halagos de los salmantinos, y solo me hace desechar este pensamiento la mucha confianza que tengo en su virtud; en el grandilocuente manifiesto de Chupa Melones, y si correrá ya impreso por esos barrios; en las cavilaciones del tío Antonio Hurtado, y en los dos poderosos campeones de esta gran contienda, nuestro don Félix y su amigo el joven Anacarsis, vulgo Marín.

Aquí andan también muy afanados para dar padres a la patria, y, según parece, Mon saldrá por el primer distrito.

Acaba de llegar el paquete inglés; dentro de poco saldrá para Gibraltar, pasado mañana estará aquí de vuelta, y dos horas después dará la vela, esto es, la máquina para Lisboa, llevando consigo a un diputado en agraz y distinguidísimo diplomático.

Da expresiones mías a doña Ana, a Carmen, etc., etc., y a cuantos trabajan en favor mío, especialmente a don Félix, que descuella entre todos.

Adiós; él te dé salud y tino y buenaventura para que saques a la luz de la diputación el clarísimo ingenio de tu caroñoso hermano,

Juan.

Escríbeme detalladamente y pronto.

Lisboa, 28 de agosto de 1850

Querida madre mía: Salí de Cádiz el 25, y después de una navegación felicísima, durante la cual no he hecho más que comer cuatro veces al día y dormir el resto, llegué a esta famosa ciudad, que se extiende sobre la orilla izquierda del Tajo y está en declive a la falda de varias montañas coronadas de palacios y jardines. Hermosa posición; pero no tanto como la de Nápoles.

Las plazas y calles de la ciudad nueva, construida por el marqués de Pombal después del terremoto en que falleció el célebre doctor Pangloss, son magníficas, y en particular las ruas Augusta, d'Ouro y da Prata, y las plazas do Rocío y do Paço, donde están todas las oficinas y una elegante estatua ecuestre, colosal.

Aún no he visto nada detenidamente; pero he tomado ya posesión de mi destino, y si me nombran diputado tendré 12.000 reales de sueldo en Madrid.

Los agregados son guapos chicos, en particular el sobrino de Sartorius, que es un marquesito de la Regencia, con querida del teatro, caballos, cocinero y una casa muy bien puesta. No tiene otro defecto sino el de incomodarse con sus acreedores y darles de palos y de mojicones; pero al fin les paga. Vera, secretario y encargado de Negocios interino, es un muchacho todavía, y ya de tiempo atrás buen amigo mío.

Hoy he escrito uno o dos despachos. Todos los días damos audiencia a los gallegos (hay 16.000 en esta ciudad) de doce a dos, y aunque dan que hacer, no dejan de divertirme sus cosas.

Estoy instalado en una hospedería, donde me tratan muy bien y nada caro.

Los primeros gastos que he hecho al llegar aquí han sido enormes: un par de guantes, que me han costado 450 reis, y un sombrero, 2.880.

Las mujeres se visten aquí de un modo bestial. Llevan capas como las de los hombres y un pañuelo blanco en la cabeza, tan puntiagudo y almidonado, que dan ganas de reír al verlas.

También he conocido al cónsul. Se llama el señor Cañete, y es persona tan grave y ceremoniosa como amable y meliflua.

Espero con ansia la noticia de haber sido nombrado padre de la patria. Escríbame usted directamente, sin enviar las cartas a la Secretaría y poniéndome en el sobre: Portugal.- Sr. D. Juan Valera, agregado a la Legación de España en Lisboa. No debe usted franquear las cartas para que lleguen.

Otro día, con más espacio, contaré a usted particularidades de por aquí.

Expresiones a todos, y créame su amante hijo.

Juan

Lisboa, 31 de agosto de 1850

Querida hermana Sofía: Ya sabrás, por carta que hace tres días escribí a mamá, cómo llegué felizmente a esta ciudad y tomé posesión de mi destino.

No me parece Lisboa tan hermoso país como Nápoles; pero no cabe duda en que es pintoresco y la ciudad muy rara y no parecida a ninguna otra de Europa. Hay en medio de ella campos y jardines que, al par que la embellecen, la hacen más extensa y poco animada, pues en su recinto, que podría contener un millón de almas, apenas se encierran 260.000.

Mis compañeros y jefes son amabilísimos; todo el día estamos juntos, y ya me han llevado a los teatros de Doña María II y de San Fernando, que son muy bonitos. Aún no he podido ver el de San Carlos, porque no se encuentra abierto.

He estado de tertulia en casa de unas señoritas muy amables, pero que no valen por la hermosura, que, a lo que entiendo, anda muy escasa en Lisboa. Se llaman mis nuevas conocidas las de Fonte Nova, y hablo con ellas en español y ellas contestan en portugués, comprendiéndonos así perfectamente.

Hoy he cobrado mi sueldo de estos seis días del mes de agosto que he pasado en Lisboa, y me han dado más de quince mil y tantos reis, como consta de los recibos que he tenido que firmar.

Deseo con ansia saber el resultado de las elecciones de Málaga; pero, entre tanto, no lo paso mal, y si no me divierto, estoy, en cambio, bien alojado y bien comido, y el trabajo, aunque mayor que en Nápoles, no mata.

El señor Andrade se ha hecho grande amigo mío, me ha confiado la historia de sus amores con la prima donna del teatro San Fernando, y el otro día me decía que quisiera la viese yo desnuda para que admirase lo acabado y perfecto de sus formas, lo que hace que ella nunca lleve corsé.

Esta noche me presentará Vera en casa de otras señoras portuguesas.

Hasta ahora no he visto las curiosidades y monumentos célebres de esta capital; pero creo que hay poco que admirar aquí en este género.

Adiós, hermana mía; da expresiones a mamá, a Alonso y Carlos, y cuenta con el cariño de tu hermano,

Juan

Lisboa, 21 de septiembre de 1850

Querida hermana mía: Ayer recibí carta de mamá y tuya, con fecha 10, atrasada sin duda, pues Ramona me escribe desde Doña Mencía y su carta es del 12.

Sé que están todos buenos en casa y esto me tiene contento, no habiéndome, por otra parte, dado mucho pesar el no ser diputado. Desearía, sin embargo, serlo y que el señor conde de San Luis cumpliese lo que, según me escribe Belda, ha prometido a mi hermano, esto es, presentarme como candidato en algún distrito en que haya reelección.

Aquí, hasta ahora, me divierto poquísimo. Anoche, sin embargo, estuve en casa del marqués de Fronteira, donde hubo tertulia. Vive este señor una legua de aquí y echamos más de tres cuartos de hora en llegar, en coche, a su casa.

En ella tuve el alto honor de que me presentasen a la infanta doña Ana, señora muy alegrita, pero ya jamona. También conocí a su hija, que está casada con el conde de Belmonte y es joven y la más hermosa dama de Portugal, y a la condesita de Peñafiel, que, aunque no vale un pito, tiene numeroso séquito de adoradores, porque es título, rica y soltera.

No sé si te he dicho que todas las tardes doy largos paseos a pie con el cónsul y Vera, personas poco divertidas ambas, si bien muy amables. Algunas veces hacemos alto en la quinta, que así puede llamarse aunque está dentro de la ciudad, del comerciante español Orta. Sus hijas, una de ellas casada y la otra no, son ordinarillas, pero macizas, frescachonas y amigas de palique.

Ya te harás cargo que como aquí la gente vive tan separada no se ven sino rara vez, como no haya algún interés particular. Las calles y los paseos están desiertos y silenciosos, y unas veces me creo en Pompeya, otras en un pueblo de Castilla, y hasta en Doña Mencía me pudiera creer si no echase de menos a mi padre, el cura y a don Juan de Mata, que son más entretenidos que Vera, quien, aunque la da de discreto, es un zoófito, y aunque cuenta historias, si hubiese sido la sultana Scheherazada, no habría vivido más de una noche.

Todos los días tenemos dos o tres horas de cancillería y doy diez o doce pasaportes. Afortunadamente, apenas tengo que copiar un solo despacho, porque a mi jefe no se le ocurre nada que decir, y cuando se ve obligado a escribir no ya de asuntos políticos, sino contestando al gobernador de alguna provincia que ha reclamado algún desertor, prófugo o criminal refugiado en estos reinos, se apura, suda y se desespera como si tuviera que resolver el enigma de la esfinge.

El cónsul parece hecho de arropía, según lo dulce y empalagoso que es. Los discípulos de Hipócrates son, hasta ahora, la gente más discreta y entretenida que he visto en esta capital. He tenido, sin embargo, un terrible desengaño. Pulido, el médico español, me elogiaba mucho, escuchaba mis discursos con suma atención y se mostraba tan amable y fino conmigo, que llegó a hacerme creer que tenía mucho talento; pero, al fin, la verdad triunfó de mi amor propio lisonjeado, y he descubierto que es también tonto, lo que no quita que su alegría y buen humor me diviertan. Tiene un carácter tan grave, mohíno y lamentable como Juanito Pelos de Toro y menos ingenio todavía. Está calvo, padece de calor del hígado y de otros calores, y de filosofitis y literaturitis, enfermedades incurables y feroces como la rabia.

He leído en los periódicos de España que ha muerto en Jaén Micaela Prado. Da a Carlos el pésame de mi parte, pues supongo que habrá tenido un sentimiento por ser la difunta su prima y haber sido su novia.

Dime si Alonso ha vuelto o no, si se acabó la máquina, etc.

Aunque quisiera hacer más larga esta carta no podría, pues nada se me ocurre de nuevo.

Adiós, expresiones a mamá, y no dudes del cariño de tu amante hermano,

Juan

Lisboa, 5 de octubre de 1850

Querido padre mío: He recibido hoy dos cartas de usted, del 24 y del 28 del pasado, y mucho contento de saber que está bueno con toda la familia. Diga a Alonso que estoy muy quejoso de él porque no me contesta a las cartas que le escribo.

En la casa y comida, puesto que desea usted saberlo, gasto poco más de dos onzas al mes; después tengo lavajo de ropa, que aquí es muy caro; criado y los gastos extraordinarios que puedo hacer en la fonda en que estoy, de convidar a algún amigo o cosa por el estilo, con lo que sumarán cuarenta duros. Recibo al mes 1.833 reales de vellón, de modo que puedo vivir holgadamente.

Anoche estuve de tertulia en casa del marqués de Fronteira, donde me fastidié en grande, y puedo asegurar a usted que no he visto en mi vida mujeres más feas que las damas de Lisboa, salvo raras excepciones.

Mis compañeros son de una gravedad y esterilidad de gracias y conversación que asusta, de modo que donde lo paso mejor es en casa, leyendo, y al fin creo que me pondré a escribir, aunque no sea más que por distraerme.

Desde el día de Cintra, mi mayor diversión ha sido recorrer con Figuera las platerías y joyerías de las calles del Oro y de la Plata, entre las que no se puede negar que hay algunas magníficas, y en ellas, objetos de mucho valor y elegancia, si bien ésta es más rara.

He tenido cartas de Nápoles en que me dan la enhorabuena creyéndome ya diputado. También he sabido que la pobre Muerta ha estado a pique de serlo de veras, pero que ya está mejor.

Ya que quiere usted saber cómo vivo, le diré que mi habitación consta de una sala cuadrada, de veinte pies, con cortinas blancas y encarnadas en dos balcones que tiene y dan a la calle; dos mesas, una de ellas con espejo grande, en las que tengo los libros muy bien arreglados; muchas sillas de caoba, dos sillones o butacas, muy cómodos; un sofá elegante y confortable y un velador, elegante también, y con la cubierta de jaspe, como la mesa del espejo. Una alcoba con cama de caoba, mesa de tocador, cómoda, percha y bidet, y otra, con una tina en que me suelo bañar al salir de la cama. Estoy a cuatro pasos de la Legación. Almuerzo un plato fuerte y té con manteca, y como sopa, puchero, que aquí también lo hay como en España, y tres o cuatro platos y muchos postres; no ceno.

Adiós, padre mío; créame su amante hijo,

Juan

Lisboa, 7 de octubre de 1850

Querida madre mía: Acabo de recibir una carta de usted, fecha de 30 de septiembre, y mucho contento de saber que está buena. Yo también lo estoy, y mi única diversión sigue siendo la de ir a pie con el cónsul y Vera por esos andurriales que rodean a Lisboa. Ayer, con motivo de la llegada del padre de Vera, que viene de Badajoz, donde está de comandante de Ingenieros, a ver a su hijo y a estar con él unos días, nos embarcamos para ir a Aldea-Gallega a recibirle. El Tajo, que desemboca en el mar, teniendo de ancho media legua a lo más, sigue así hasta el Terreiro do Paço, plaza y muelle principal de Lisboa, frente al que está la punta de Casilhas, desde donde se ensancha de tal modo, que forma a manera de un magnífico lago de tres leguas o más de extensión, y cuyas costas están cubiertas de pinares, aldeas, quintas y viñedos. Aldea-Gallega se halla situada en la parte opuesta y más distante de Lisboa, y allí viene a parar el camino de Badajoz. Después de dos horas de navegación, tan corta por el viento favorable que nos empujaba, llegamos a Aldea-Gallega, y como no nos encontrásemos aún con papá Vera, seguimos por tierra hasta la Atalaya, cortijada muy bonita, a media legua de allí y en una altura rodeada de pinares frondosos. En este lugarcillo había gran fiesta; la iglesia estaba colgada de telas ricas, tocaron el órgano, un clérigo pronunció un sermón, el primero que he oído en portugués, y una multitud de campesinos endomingados y de campesinas diferentísimas de las mujeres de Lisboa, porque son bonitas, llevaron la imagen del santuario en procesión, con muchas banderas, ramos verdes y cirios, y al son de tres gaitas y dos tambores, que después sirvieron para acompañar la danza, que fue bastante profana, para venir bien con el sitio, a la puerta de la iglesia, y con la fiesta, se bebió, se corrió y se dispararon muchos cohetes. El criado de Vera, que es ruso, se puso como una cuba y rompió a hablar en portugués de la manera más cómica y divertida del mundo.

En esto llegó el señor brigadier y nos volvimos a Aldea-Gallega, y desde allí a Lisboa, muy contentos, aunque algo cansados. Dejo de contar a usted la escena patética de la primera entrevista del hijo y el padre. Es éste un viejecito muy jovial y decidor, que no para de echar ajos y cuando está más serio porras, lo que es peor aún en Portugal, y creo que tendrá alguien que advertirle que no suelte ninguna en visita y delante de señoras.

Hace un siglo que no me escribe Alonso, y lo extraño, porque le he escrito varias veces. ¿Qué resultados ha dado el aparato?

Siento que Carlitos esté tan sentimental y melancólico y que ustedes se diviertan tan poco, si bien me alegro de que Sofía estudie Historia y otras cosas útiles y buenas, que hagan su alma más grande que la fortuna. Yo leo mucho, y ya empiezo a ocuparme de literatura y de historia de Portugal. No creo que la primera sea muy rica, pero la segunda es interesante en extremo y sé poco de ella.

Mi compañero Andrade, a pesar de lo enamorado que está de una cantatriz llamada la Persoli, la abandona y nos abandona para ir a Madrid a que le den mejor turrón. ¡Cosas de este mundo!

No se habla aún de quién vendrá aquí de ministro, y parece que Cueto, el cuñado del duque de Rivas, desea venir, aunque es un salto muy grande el que dará en la carrera, si lo logra.

Diga usted a Sofía que me escriba, dé expresiones a Ramona y Alonso, que no dudo estarán ya en esa ciudad, y no dude del cariño de su hijo,

Juan

Lisboa, 12 de octubre de 1850

Querida madre mía: Ayer recibí su carta de usted, del 3, y mucho contento de saber que está buena. Yo estoy mejor que nunca y algo menos fastidiado.

El otro día tuvimos un pic-nic monstruo, en el que me divertí mucho. Entiéndese por picnique (no conozco a qué lengua pertenece esta palabra ni sé cómo se escribe) una comilona o merienda, a la que cada cual lleva su plato. A mí me tocó llevar dos botellas de Madera. La directora y jefa de esta fiesta era la baronesa Da Luz, que en otro tiempo fue novia de Pepe, cuando no era más que Rosa Montufar. Está todavía guapísima, y, como ha estado mucho tiempo en Londres y París con su marido, que ha sido diplomático, tiene aquellos modales elegantes y aquella gracia en la conversación que tan rara vez se encuentran por aquí. El barón Da Luz pasa por hombre de mérito entre los portugueses, y ha ocupado los más altos empleos. Ahora es director de Obras Públicas y tiene a su disposición los mejores edificios. Nos llevó, pues, a Queluz, pueblecito legua y media o dos leguas distante de Lisboa, donde el rey tiene un palacio, en el que, comimos, y unos magníficos jardines, donde nos paseamos todo el día. Eramos más de cuarenta personas y todas más alegres y divertidas de lo que yo esperaba. Luego que anocheció nos fuimos a Belem, una legua de allí, donde ahora está la baronesa tomando baños, que aquí los toman hasta el mes de noviembre, y tuvimos en su casa una especie de baile improvisado.

Entre las personas notables que conocí aquel día, es la más digna de memoria el poeta Garret, fecundísimo autor, jefe y maestro de los literatos portugueses y restaurador del buen gusto. Este señor va muy acicalado siempre, y parecería un Adonis si no tuviera peluca, la cara llena de arrugas y los dientes postizos. Sin embargo (tanto puede la inteligencia y la gloria), ha logrado fascinar el alma y avasallar el corazón de la graciosa baronesa, que imita, hasta en esto, a su mamá. Conocí también a la belle de mi compañero Figuera, Emilia K* * *. Ésta se lleva muy bien con su marido, pero él está en el Brasil y ella en Lisboa. Es mujer de talento, en el verano de su vida, y, a lo que parece, por la viveza de sus ojos y la expresión animada de su rostro, de temperamento veraniego, y temo que dé al traste con mi camarada, que no es hombre para tanto amor y tanta mujer.

Dicen que los portugueses son muy celosos, o más bien lo eran en lo antiguo, y a fe que tienen razón, pues, según tengo entendido, sus mujeres son el mismo demonio en tratándose de amores. Hubo aquí un agregado español llamado Isidoro Gil, hermano de la Baus o sobrino suyo, y se puso de moda hasta el punto de disputárselo ferozmente la infanta doña Ana y otras dos señoras. Debe de haber sido la infanta hermosísima mujer, pero ya está estropeada, asaz y algo arrugadilla.

Mi compañero Andrade se va dentro de tres días y está muy triste, viéndose obligado abandonar a su Persoli.

Leo algunos libros portugueses y procuro aprender el idioma lo más pronto posible; pero la misma semejanza que tiene con el español lo hace más difícil. Casi parece un español antiguo, si bien la pronunciación y el acento son diferentísimos. Muchos apellidos nuestros tienen un significado en portugués; por ejemplo, Coello significa conejo; Acuña, la cuña, y Carvallo, encina, etc.

Adiós, madre mía; créame usted su amante hijo,

Juan

Lisboa, 25 de diciembre de 1850

Querida madre mía: Con mucho placer he sabido, por su carta del 17, que está usted mejor. Yo sigo bien, y si no le escribo más a menudo y con mayor extensión es porque no sé qué escribirle, como no sean meditaciones. Las historias y chismes de aquí ni pueden divertirla ni interesarla, pues a nadie conoce, y solo lo que tenga relación conmigo creo que le agradará saber.

Ya en otras cartas hablé a usted de Laura Blanco y de lo mucho que me gustaba. Esto no pocas veces se lo he dado a entender a ella con miradas, pisotones, etc., siendo de palabra imposible por ser el marido sumamente celoso y no dejarla ni un momento sola con nadie. Iba yo antes casi todas las noches a casa de su padre, el señor Blanco, quien me había tomado y aún me tiene mucho aprecio, y allí hacía la corte a Laurita con el más notable disimulo que he gastado en mi vida, y sin confiar a nadie ni favores, ni esperanzas, ni deseos, cosa en mí harto rara. Pero, desgraciadamente, de nada me ha servido. Las hijas de Orta y otras dos españolas amigas de Laura sospecharon algo o lo supusieron, y formaron en mi daño espantosa conjuración, entrando en ella, aunque por tontería e inocencia, el doctor Pulido y el cónsul Cañete. Estos fueron los que hablaron a Vera para que me disuadiese de continuar tanto mis visitas a Blanco, quien, así como el marido de Laura, suponían que estaban ya escamados, y tratarían de darme a entender que no volviera más por allí. En cuanto a Blanco, estoy seguro de que no pensó nunca en semejantes locuras, y si el marido anduvo algo imaginativo fue por ser naturalmente desconfiado y porque alguien le dio en qué cavilar con algún chisme o indirecta. Así andaban las cosas cuando llegó el cumpleaños de don Nicasio, quien, para celebrarlo, nos dio un baile sui generis, al que todos los comerciantes y comerciantas españoles estuvieron convidados. Laura estuvo también, y, contra su costumbre, con su madre y sin el esposo, que había ido allende el Tajo a vender cochinos, que en esto se ejercita. Ya puede usted figurarse que fue ella la primera persona a quien saqué a bailar y que le dije mil primores, etc., etc. Los conjurados, que estaban allí, no pudieron contenerse y empezaron a cuchichear y criticar con gran malicia, y, por último, fueron a decir a Laura mil tonterías y bromas nada delicadas. Esta, que no tiene mundo alguno y es muy orgullosa, se sofocó, se puso colorada y rabió y se afligió, acabándose así la fiesta. Desde entonces no la he visto más que una vez en el teatro, en el palco de las de Orta, y ella ni me quiso mirar siquiera; y yo, como aún no sabía la causa, lo extrañé mucho. Después, el médico Simas me lo ha contado todo. Simas no es solo médico, sino confidente y consejero de toda la familia Blanco. Laurita se confesó con él, y le dijo, por supuesto, que yo nunca me había propasado con ella, ni hecho la corte, ni díchole «buenos ojos tienes», y se quejó de la malignidad de sus amigas, que le impedía estar amable conmigo. Yo dije al doctor que nunca había pensado en cortejar a Laura, que la quería mucho y la estimaba en más por su hermosura y buen natural, y que sentía en el alma que fuesen tan chismosas y malintencionadas sus amigas. Simas fue con la embajada a Laurita, y como al fin toda su familia, marido, padres y hermanos, se han enterado del lance, a todos dijo Simas lo que yo le había dicho, subiendo con esto de punto el cariño que me tienen y la creencia en que están de que yo soy guapísimo y Laura una santa. El único que acaso conserve sus recelos será el tratante en cerdos, pero los disimula, haciéndome mil cortesías y cariños siempre que me ve. Entre tanto, yo no veo a su mujer, y ya perdida casi la esperanza de mejor fortuna, tengo hecho el propósito de no requerirla de amores, lo que no es gran virtud, pues se funda en la dificultad del pecado.

Con quien verdaderamente me muestro virtuoso es con doña Emilia K* * *, la querida de mi compañero Figuera, de la que, si tengo dicho a usted que es un camelo, debo rectificar la idea, porque tiene hermosos ojos, boca fresca, mucha gracia en el habla y la sonrisa, y sus puntas y ribetes de literata. La tal señora está muy amable conmigo, y hablamos siempre y discutimos sobre las más altas cuestiones de la filosofía del amor, con tanta vehemencia y acierto, no lo hiciera mejor el mismo padre maestro Cristóbal de Fonseca ni el divino Platón. Y, no bastándonos para estas discusiones el tiempo de tertulias y paseos, y quejándose ella de las malas lenguas de Lisboa, que en viéndonos hablar tan a la larga sabe Dios lo que dirían, determinamos que yo algunas veces iría a su casa por la mañana, justamente cuando Figuerita pasea a caballo, y así lo he hecho; pero, aunque he pasado a solas con ella largos ratos, no me he atrevido a nada; aunque a veces, puede que sea malicia y presunción mía, sospecho que ella lo siente. El otro día, en uno de estos coloquios solitarios, le leí una escena de la comedia de Calderón Agradecer y no amar, tan amorosa y romancesca, que, en el entusiasmo de la lectura, nuestras rodillas se juntaron y apretaron unas con otras, y las caras, casi, casi llegaron a tocarse. Por fortuna la lectura acabó pronto, que si no, acaso hubiera sucedido algo malo y pecaminoso si fuese posible que así en momentos de arrebato, fuese, de cuando en cuando, doña

Emilia ocultamente infiel a Figuerita sin dejar de serle constante, no tendría yo dificultad en ello; pero quitarle sus amores me parece casi un crimen, y no lo haré, aunque pueda, si Dios me ayuda. En auxiliarle de ocultis creo que le haría un favor, pues el pobre está tan desmedrado y flaco, que no parece sino que se va a escapar por el corbatín. Ahora van a representar una comedia en francés, titulada Chatterton, de Alfredo de Vigny, y, doña Emilia y Figuera, que son grandes comediantes, desempeñarán los principales papeles: él, de poeta moribundo, y ella, de la enamorada del poeta.

Todo esto pasa en la sociedad de segundo orden; la sociedad más elegante y diplomática tiene otras intrigas e historias de que hablaré a usted otro día.

En el teatro de San Carlos hay mucha animación y dos partidos: uno que silba y otro que aplaude. Ambos alborotan el teatro. Yo me he hecho amigo de la señora Novello; pero ella canta muy bien y todos o la mayor parte están de acuerdo en que se la debe aplaudir.

Diga usted a mis hermanos que me escriban, y a Sofía que me hable de lo que pinta. Quisiera también saber, en cambio de las aventuras que refiero, las que suceden en esa ciudad.

Yo, a pesar de todo, me fastidiaría en Lisboa si no tuviera libros que leer. Días enteros me paso fumando y leyendo. Tengo la cabeza llena de economía política, filosofía, socialismo, literatura, etcétera. Dios quiera poner orden en todas estas cosas y darme una idea fija y pivotal en torno de la cual giren y a la que tiendan como a su centro y fin. Puede que entonces sea yo capaz de hacer o de escribir algo bueno.

Adiós. No dirá usted que soy lacónico.

Créame su amante hijo,

Juan

Memorias a Alonso y a Carlitos, y un beso a don Alonso
II.

Lisboa, 15 de enero de 1851

Querido padre mío: Por su carta del día 2 del presente veo
que está bueno y que se compadece de los fríos que he pasa-
do en mi nueva habitación. Ya no los siento tanto, o porque
no son tan intensos o porque ya me he acostumbrado a ellos
y puesto, a mi costa, una bonita estera en la sala. Ahora
trato de poner reposteros en las puertas, con lo que quedará
mi vivienda bastante confortable y hasta bonita. De brasero
y de chimenea me tendré que abstener, por ser muebles in-
sólitos en Lisboa.

Por la cuenta que usted hace de lo que debe, entiendo que
en un par de años podrá pagarlo todo, y espero, además,
que, no gastándole yo nada, como no le gastaré, podrá usted
hacer mejoras en el caudal y, sobre todo, agrandar la can-
diotera, que sería utilísimo gasto y sumamente reproductivo.
Esto lo digo no por mí, sino por mis pobres hermanas, y en
particular por Sofía, que no está casada, ni yo deseo que se
case en la vida, como no sea con un hombre que por todos
estilos la merezca.

La Stolz sigue llamando la atención del público lisbonen-
se. La otra noche la llevaron a su casa en triunfo más de
dos mil personas. Algunos jóvenes a caballo rodeaban el
coche y gritaban: «¡Viva la Stolz!», agitando las antorchas
encendidas que llevaban; la turba la vitoreaba también, y
una banda de música militar iba delante tocando la marcha
de Semíramis. Al bajar del coche la cantarina, no faltó quien
tendiese en el suelo la capa para que pasase ella por encima,
como si fuera la reina Virgen, y madame Stolz, conmovida y
llena de agradecimiento, a un joven que le dio la mano para
entrar en su casa y que le besó la suya, agarrándole la cabe-

za con ambas y tomando una postura teatral, le plantó dos sonoros y prolongadísimos besos en la mejilla, diciendo que eran para todos los espectadores. ¡Buen jaleo estuvo aquél, y buena farsante es la tal Stolz! Simas me la ha hecho conocer: es mujer de talento; su patria, Sevilla; su madre, española; su padre, ni ella misma lo sabe; su educación, francesa; su edad, de treinta y cinco a cuarenta años, y su figura, muy graciosa. Como estoy tan acostumbrado a poner las señas de los pasaportes, no extrañe usted que escriba así.

Ahora vamos a tener en la Legación tarea muy seria. Ya dije a usted que los comisionados para revisar el Reglamento de navegación del Duero no alcanzaron nada y probablemente volverán a España, debiendo, en adelante, así lo quiere nuestro Gobierno, tratar diplomáticamente la cuestión. Vera está afanadísimo con esto, rompiéndose la cabeza para escribir una Nota sobre el particular. Lo que nosotros deseamos es la importación de los frutos coloniales por el Duero sin que paguen más que un módico derecho de tránsito. Esto es muy difícil, y Vera muy corto de trabillas, por lo que entiende que muy pronto hemos de tener aquí ministro plenipotenciario. Ya usted comprenderá que los agregados son ceros a la izquierda en estas cosas.

No sé si le dije a usted que contesté a la última epístola del Sumo Pontífice con otra larguísima y llena de los documentos y advertencias que me pide sobre las materias filológicas que en el día lo ocupan, allá en su Colegio de Córdoba.

Mucho me alegraré que haya por ahí llovido tanto como por esta tierra, donde ya el agua hacía también mucha falta.

Estos días malos me los paso en casa, sin ver a nadie más que a mi criado, y a Vera, el momento que estoy en la Legación. Me distraigo leyendo; pero aunque tengo grandes deseos, no escribo nada.

A tía Carmen, a don Juan de Mata y familia, y a la sin par Eduarda, expresiones mías. Usted créame su amante hijo, Juan.

Supongo que Belda no habrá ido aún a esa villa ni abandonado la de Madrid, cuando tan grandes cuestiones se agitan en el seno del Parlamento, donde ya días pasados hizo oír su voz en favor de los vinos.

Lisboa, 3 de febrero de 1851

Querida madre mía: Por su carta del día 21 del pasado veo con gusto que está usted buena. Yo también lo estoy.

Me alegro de que Sofía haga adelantos en la pintura, no para que, como usted dice, se sirva de su habilidad en un caso desgraciado, que es de esperar no llegue, sino para que, si llega a ser una artista, gane con los pinceles honra y provecho, y si no pasa nunca de aficionada, le dé el arte a que se dedica agradable entretenimiento.

No creo que ni mi carrera ni mis estudios me proporcionen, como usted espera, grandes ventajas en lo por venir, pues estoy convencido que lo que soy hasta ahora se lo debo al favor, y que si no hubiera tenido valedores, sería aún agregado sin sueldo, o ni esto siquiera. El único modo de hacer valer lo que sé, dado que yo sepa algo, no pudiendo salir diputado, sería escribir, y para esto hay dos grandes dificultades: la primera, mi desidia, desaliento, falta de habilidad y de costumbre, y la segunda, suponiendo aquélla vencida, la indiferencia y hasta mala voluntad del público español, poco amigo de leer cosas serias. La única ventaja que saco yo de los estudios está en ellos mismos, no habiendo cosa que más me divierta y entretenga que la lectura, ni mayor deseo en mí, después del de tener dinero (porque en éste se reasumen y completan todos los deseos humanos), que el de saber. Y si yo fuera más robusto y capaz de resistir la fatiga, me dedicaría con asiduidad a perfeccionarme y a aprender una infinidad de cosas que sé mal o que completamente ignoro. Hace ya cuatro años que tengo una idea fija siempre presente en la imaginación, proyecto atrevidísimo que nunca me determino a realizar, a saber: escribir la historia de los reyes de la Casa de Austria, abrazando el período que corre desde la conquista de Granada hasta la guerra de Sucesión, con un epílogo sobre la dominación de los Borbones y una grande introducción filosófica que explicara los usos, costumbres, cultura e historia de los diversos reinos y provincias, razas y naciones que formaron el grande Imperio español. Mi historia sería la del mundo durante los siglos XVI y XVII. Invención de la Imprenta y su influencia en la civilización; Lutero, lucha del protestantismo y catolicismo, renacimiento de las artes y rápido desarrollo de las ciencias, descubrimientos y conquistas de los españoles en la India, unión de ambos reinos de España y Portugal, su separación posterior, guerras de Italia, Francia y Alemania; acrecentamiento prodigioso del poder de los turcos y guerras de los españoles con ellos, época floreciente de nuestra literatura, expulsión de los judíos y los moros, amalgama y fusión de los diversos pueblos de España, su despoblación por la falta de industria, por las guerras y emigraciones, rebelión de los Países Bajos, guerras de Flandes, fundación y súbita grandeza de la República de Holanda, guerras marítimas, filibusteros, la Liga en Francia, política de Felipe II, proyectos de Monarquía universal, Concilio de Trento; en fin: yo no sé cuántos otros acontecimientos, revoluciones y casos notabilísimos que abarca este período, cuya historia quisiera escribir con mucha copia de datos y de filosofía, dando a todo un pensamiento capital que sirviese de base y diese unidad y belleza a mi obra para que no, se dijera que era una compilación, sino un libro. Para llevar a cabo este proyecto hay dificultades inmensas.

Se necesitan mucho tiempo, lectura, trabajo y aplicación, gastar dinero en libros, que son los materiales para levantar el edificio, ir haciendo acopio de apuntes y más tarde, cuando se principie a escribir la obra, ir a Simancas y a otros puntos, como a París, por ejemplo, a desenvolver los archivos y bibliotecas. Y, en último resultado, puede uno escribir un libro enojoso, o tan infeliz, que nadie se digne ni comprarlo ni leerlo. La última de mis reflexiones, cuando me pongo a reflexionar, es la de que no soy para nada, que lo mejor es estarme tranquilo y no meterme en honduras, y hasta que casi me sería conveniente irme a Doña Mencía. Luego pienso qué haría yo en Doña Mencía, y vuelve a mi mente el pensamiento literario, y me imagino que estoy en el lugar, escribiendo diálogos filosóficos y discursos sobre Economía, y vengo, por último, a parar otra vez en la historia de la Casa de Austria, y me escapo de Doña Mencía, como Don Quijote de su aldea, y voy a Madrid, ya París, y a Simancas en busca de documentos, y me pongo en correspondencia con literatos, etc., y cátese usted otra vez a su hijo metido de patas en el bullicio del mundo. La única cadena y ligadura que hasta en sueños me impide hacer con libertad y sin dolor estos movimientos y evoluciones es la falta de dinero y lo poco a propósito que yo soy para vivir sin este metal y pasar la juventud metido en una buhardilla, rodeado de la grandeza y bullicio de una gran capital y viviendo, sin embargo, oscurecido, sin amores, sin fiestas y sin cierto confort, de que no acierto a dispensarme. «Está decidido —digo entonces otra vez—; es preciso que yo me meta en Doña Mencía.»

Mis proyectos literarios son como las máquinas de Alonso, con la diferencia de que yo nunca me las prometo felices y él sí, lo que para mí es mayor desgracia.

Ni Ramona ni Sofía quieren nunca escribirme, y me tienen completamente olvidado.

Lisboa sigue animadísima, con bailes, tertulias y teatros, de modo que ya son por demás tantas diversiones.

Dentro de pocos días supongo que estará aquí nuestro nuevo jefe, don Antonio Caballero, subsecretario que fue del Ministerio de Estado. Es hombre, si no miente la fama, de pocas luces, pero de muy buena pasta.

En San Carlos hay dos partidos: uno por la Stolz y otro por la Novello; ambos alborotan de una manera espantosa. Los marinos ingleses son todos partidarios de la Novello, que nació en Inglaterra, aunque de padres italianos; todos los franceses están por la Stolz, educada y criada en París, si bien nacida en Sevilla, a lo que parece, de madre española. Su padre es un problema.

Adiós; créame usted su amante hijo.

Juan

Lisboa, 14 de febrero de 1851

Querida madre mía: Los estudios a que usted se alegra que yo me dedique, más bien me afano y persevero en ellos por distraerme y pasar el tiempo que no con la esperanza de ganar honra y provecho; pues, aunque yo llegara a ser un sabio al cabo de tantos estudios, no creo que sabría nunca darme maña para hacer valer mi sabiduría, y menos en España, donde para nada sirve, y mucho menos aún en mi carrera, en que no se necesita más que saber componerse y estirarse, requebrar a las damas y pavonearse en los salones. Esta ciencia me la sé de coro. La que quisiera yo aprender y no atino es la economía doméstica, para ahorrar y tener en reserva, como usted me aconseja, cincuenta duros por lo menos; mas, a pesar de mis buenos deseos, no solo no ahorraré cincuenta duros, pero ni cincuenta reales. El tabaco es el único vicio dispendioso que tengo. Si el diablo me tienta por alguna otra parte, procuro desechar la tentación o satisfacerla gratis. En el vestir soy modesto y no gasto ni en joyas ni en primores; en la comida, parco; a muchos bailes y tertulias dejo de ir por no gastar en coche y en guantes; si estoy abonado en San Carlos es porque este gasto es insignificante e indispensable en Lisboa. En fin: vivo asaz pobre y estrechamente para ser un agregado, y, sin embargo, siempre ando a la cuarta pregunta, porque en una corte extranjera y con dieciocho libras mensuales nadie hasta ahora, que yo sepa, en posición igual a la mía, ha pedido vivir mejor ni tampoco decorosamente con más economía.

No se ahorra ni se puede ahorrar en las grandes capitales y haciendo el papel de diplomático con un sueldo pequeño, del que ya, desde que me hallo en Lisboa, me han arrancado una paga, que más valdría me hubieran arrancado una muela. La pasión de los libros es la única que me domina un poco, y confieso que he gastado algo en ellos desde que estoy aquí; ya procuraré enmendarme.

Me alegro que Sofía adelante tanto en el francés. De esa Historia Universal que está leyendo nunca tuve más que el segundo tomo, que comprende la moderna.

Deseando estoy que acabe de ponerse en movimiento el aparato de mi cuñado Alonso, a ver si tenemos oro en abundancia, que es lo que hace al caso. Yo puedo asegurar a usted que de mis estudios y lucubraciones lo único que hasta ahora he sacado en claro ha sido la verdad incontestable de esta sentencia de monsieur Chevalier: La monnaie est indispensable à l'homme du moment qu'il vit en société. Y, aplicándola a mis circunstancias particulares, entiendo que, para vivir en una corte siempre con ahogos y miserias, me valiera más irme a un cortijo a echarlas de Cincinato.

En fin, como Dios mejora las horas y la esperanza nunca muere, aún la tengo de próspera fortuna, y con ella me consuelo y cobro ánimo para permanecer en el mundo, que es

un infierno, sin dinero. El Señor nos lo conceda alguna vez en la vida y la salud que desea a usted su amante hijo,
Juan.

He recibido carta de Sofía; ya le contestaré en otro correo. Expresiones a todos.

Lisboa, 24 de marzo de 1851

Querida madre mía: Mucho siento que mi querida hermana Ramona esté tan pálida y delicada como usted me dice en su carta del 15 que acabo de recibir, y en la que veo con gusto que Alonso, Carlos y Cordón se acuerdan de mí, ya que no para escribirme, al menos para enviarme memorias. Déselas usted cariñosas mías, y al conde la más cordial enhorabuena por su brillante defensa y aplausos que ha merecido.

Aquí nada sucede ahora digno de contarse. La reina sigue recibiendo los domingos, y el teatro San Carlos empieza a ponerse fastidiosísimo, porque madame Stolz, harta ya de los portugueses, y pareciéndole éste poco público para ella, se finge mala y no canta. Ya se empieza también a sospechar que va a romper la contrata, pagando a la empresa una indemnización, y que se ha hecho embarazada aquí. Todo ello lo creo lo más probable.

Espero ansioso la venida de Galiano, con quien entiendo que me voy a llevar muy bien. No sé si dije a usted que me contestó ya a mi carta, en que lo daba la enhorabuena, con otra muy fina y cariñosa. En ella se anunciaba que vendrán con él o después de él su esposa y su sobrina, la viuda Malvinita, que ya he celebrado yo de hermosa en todas partes, y muy en particular delante de Vera, que piensa, en cuanto ella venga, ponerse a su servicio militar bajo su bandera.

Sin embargo, este joven encargado de Negocios, cada día más místico, está ahora haciendo las prácticas que ya hizo en Berlín bajo la dirección de Donoso Cortés, a ver si le vuelve la fe y Dios le envía alguna consolación y éxtasis, como los que ya tuvo in illo tempore. Hasta ahora, según me dijo días pasados, no ha visto más que palomas verdes. Yo le sostuve que serían papagayos y, sobre esto, tuvimos una muy grave y sabrosa discusión. Su grande empeño está ahora en que una Virgen con el Niño Jesús, que tiene en su cuarto, le mire con ojos amorosos y le penetre con un rayo de amor divino, con cuyo purísimo y deleitoso fuego, inflamado su corazón, renacerá en él la fe y por ella alcanzará a comprender de dónde venimos y adónde vamos, que son las cuestiones que siempre lo han traído y lo traen por demás imaginativo.

Nada más tengo que decir a usted sino que me crea su cariñoso hijo,

Juan

Lisboa, 16 de agosto de 1851

Mi muy querida madre: Veo por su carta del 6 que están todos buenos en casa y Ramona mejor de salud. La mía es excelente, si bien sigo fastidiadillo. He estado cuatro días en Cintra, con Galiano, el cual aún continúa viviendo allí con su familia.

De mi pretensión aún no sé resultado alguno; pero tengo esperanzas deque se logre, las cuales se han acrecentado desde que supe que usted ha escrito a Serrano a fin de que trabaje para conseguir, poco más o menos, el mismo objeto. También yo escribí al general, hablándole de mi nueva pretensión y rogándole fuese parte a su logro. El cónsul, don Nicasio Cañete, grande amigo de Ayllón, le ha escrito también recomendándome.

Me parece bien la determinación que ha tomado Ramona de irse con papá por algún tiempo, y no hallo mal, tampoco, que usted y Sofía vayan a Málaga. Así pudieran ganar amigos en aquella ciudad para que me nombrasen diputado en otras elecciones, lo cual sería muy conveniente para sacarme del Brasil pronto, dado caso que consiga ir allá.

Deseo ya saber el efecto que produce en Madrid el cuadro de Sofía, y espero que irá pronto a manos de Teresa.

La situación angustiosa de nuestra casa, esa sindineritis crónica de que usted, mi padre y yo nos quejamos de continuo y nos sentimos molestados, me da mucho en qué pensar, y a veces me hace desear hasta el matrimonio como medio de poner remedio a un mal tan acerbo, aunque sea con otro mal nada grato. La novia posee cerca de cuarenta y cuatro mil duros, y espera otro tanto a la muerte de su querida mamá. La fortuna no es notable, como no sea para un perdido como yo. La novia rabia por casarse, y la familia, esto es, su madre y hermanos, me quieren también. Yo solo ando reacio y esquivo. Estas cosas van para usted, y nada más que para usted.

Cuando usted se vaya a Málaga, dejará la casa de Granada encomendada a Alonso o algún criado; y como en estas mudanzas y trastornos suelen perderse las cosas si no se anda con cuidado, ruego a usted que le tenga muy especial de mis libros para que ninguno se extravíe. Mi manía por los libros es cada día mayor, por lo que no debe usted extrañar este acuerdo mío y el empeño con que lo hago.

Dentro de tres o cuatro días sabré a qué atenerme sobre la Secretaría del Brasil. Si la consigo, abandonaré en seguida a Lisboa e iré a hacer a usted una visita, otra a papá y luego volveré aquí para embarcarme para Río de Janeiro, en el paquete inglés, que hace el viaje en veinticuatro días, tocando y deteniéndose en varios puntos. Hay una dificultad que vencer para alcanzar este turrón transatlántico, a saber: que, según el nuevo reglamento de la carrera diplomática, se necesitan lo menos tres años de agregado de número para pasar a secretario de segunda clase; pero es de creer que esta dificultad se allanará.

Dicen que en el Brasil no tenemos nada que hacer, por manera que me sobrará tiempo para el estudio y para viajar por las repúblicas españolas del Río de la Plata, Montevideo y Paraguay. Si me encontrase allí con fuerzas, tiempo y dinero, enderezaría hacia Córdoba, salvaría las cordilleras y llegaría hasta Chile. Mucha curiosidad tengo de conocer estos países, cuya naturaleza gigantesca y naciente civilización deben de formar contraste prodigioso con las cosas de por acá. A pesar de todo, mejor sería, lo confieso, que me enviasen a París con el mismo destino de segundo secretario; pero ¿cómo ha de ser? Debemos contentarnos con poco, y gracias que nos lo den.

Memorias cariñosas a mis hermanos, y usted no dude de su amante hijo,

Juan

Lisboa, 5 de septiembre de 1851

Mi muy querida madre: Acabo de recibir carta de usted, de 28 del pasado, y notable contento de saber que está buena. Yo también lo estoy, y ya casi decidido a salir de aquí el 12 ó el 15 del presente, por tierra o por mar, para España, según las noticias que vengan de Oporto sobre la fiebre amarilla y la determinación que tome el cónsul de dar o no patente limpia al paquete inglés que va a Cádiz y Gibraltar. Yo tengo para mí que en Oporto ya no hay nada, aunque sí hubo varios muertos de aquella peste, de la cual venía infectado un barco procedente del Brasil. En este país existe la fiebre amarilla en muchos puntos, pero no en Río de Janeiro.

Con respecto a la novia semijorobada, aún no sé qué determinar. Su joroba es una burla mía, fundada solo en que la muchacha no se tiene bastante derecha. Su dote es buena y mejores las esperanzas de heredar a la mamá. Esta señora, que ha sido bastante alegrita, es de muy noble familia extremeña, tiene un hermano senador en Madrid, viejo, rico y sin hijos, y ella se llama doña Josefa Pacheco. El tío Agustín, a quien he pedido informes y consejos, me los da muy favorables al matrimonio. Es verdad que el tío Agustín (y esto va muy bien encaminado) no piensa, como usted, que un hombre en casándose se corta las alas, sino que le nacen mayores como la mujer tenga dinero, y que aun cuando le nazca otra cosa no es de extrañar. Además, sabido es que

> El ser pobre es la mayor
> joroba que hay en el mundo.

y esa joroba la llevo yo a cuestas desde que nací, y en vano he hecho por quitármela de encima. He querido ser diputado y no lo he conseguido; pero si me hubiese salido con el empeño, acaso hubiera sido peor. ¿Qué iba yo a hacer en Madrid, padre de la patria, acostumbrado a vivir bien, y sin un cuarto? ¿Imagina usted que mi posición es brillante en el día? Yo no lo creo así; cualquier pelafustán es ahora ministro, general y gran personaje; cualquier mentecato ignorante, hombre de gobierno, repúblico famoso e insigne y celebrado. ¿Cómo he de darme yo por satisfecho de ir al Brasil con 18.000 reales de sueldo, a vivir con apuros en aquel país carísimo y a exponerme al olvido del Gobierno, que Dios sabe cuántos siglos me dejará por allá? Seis mil reales es cuanto vengo a ganar con el ascenso. Ya ve usted que por tan mezquina ganancia no vale ir tan lejos. Yo, si voy contento, es por mis ideas poéticas y no por cálculo. El cálculo lo que si me aconseja es el casamiento, no para vivir con los bienes de la señora, sino para que ellos me sirvan de apoyo y escalón a más altas pretensiones. No digo yo, por esto, que me casaré, aunque la semijorobada es, además de rica, bien criada, muy presentable y, con joroba y todo, asaz apetitosa, para que yo no le tenga ascos a solas, ni en público me avergüence de llevarla por compañera. Yo, si fuese fea, no me hubiese enredado con ella; ahora calculo y reflexiono sobre casarme o no, pero a mostrarme con ella cariñosito y emprendedor no me decidió ni me provocó otro pensamiento que el de su juventud, frescura y deseables prendas.

La reflexión de mi antiexclusivismo en materia de mujeres, de mi horror a las cosas muy serias, entre las cuales cuento el matrimonio, y mi deseo de pindonguearme por ahí solterito aún y de andar en el Brasil en bromas y fiestas entre blancos, negros y mulatos, me detienen al borde del abismo, si abismo se puede llamar el tener algún dinero y una guapa muchacha de que disponer. El casarme, por otra parte, no me cortaría las alas, dado caso que yo las tenga, porque muchos no tienen alas ni las tuvieron nunca y se dan a entender que la mujer se las quitó, lo cual es absurdo, porque la mujer, en todo caso, pone y nunca quita, que no la hay tan menguada que no ande siempre deseando que tenga su marido las de Dédalo. En fin: el caso es digno de madurísimas reflexiones y de los cálculos más exactos y detenidos.

El dote de Julia está en dinero, y si yo llegase a tenerlo por mío, no había de vivir de las rentas, sino que procuraría darme traza para doblar o triplicar el capital por cuantos modos pudiera, reservando siempre diez mil duros, que irían a Doña Mencía a dar calor y vida a la industria paterna. Con este dinero a su disposición podría el marqués de la Paniega recuperar en aquellos pueblecillos toda su influencia y ser parte muy principal a que al fin me nombrasen diputado. Yo le cobraría por mi dinero un módico interés de cinco o seis por ciento, y él, no dudo que, con su talento, actividad y práctica de negocios haría mejoras en el caudal y producir al dinero otro cinco o seis por ciento más de lo que yo le cobrase.

Todas estas ideas me convidan al matrimonio; pero la de la paternidad, la de la pérdida de la libertad, la de los celos de la esposa y, a pesar de mi filosofía, hasta la de los cuernos, me asustan y detienen.

En resumidas cuentas, el negocio como negocio es bueno, aunque pudiera ser mejor. Bien se me trasluce que estos negocios, a no enviudar, no se hacen sino una vez en la vida, y que yo, que no quiero ni debo (hablo con franqueza de hijo a madre) desdeñar este medio de tenerlos para vivir bien, podría acaso hacer otra boda más ventajosa; pero ésta es una esperanza insegura y por el pronto nos hallamos con la realidad palpable y nada mala, mientras que mi situación lo es, porque mis necesidades son grandes, mis gustos por el lujo y el bienestar, y mis recursos extremadamente escasos, y cada vez que le pido a mi padre, dos o tres mil reales, le doy una puñalada; yo ando con mil melindres y echo un millón de suspiros, maldiciones y reniegos antes de pedírselos, y por último vienen, pero tarde y acompañados de un discurso sobre la economía doméstica, y de una pintura del estado de nuestra casa, más espantosa que la del Hambre, que está en el Museo de Madrid. Mi madre no tiene camisa, mi padre no tiene calcetes y mis hermanas andan guiñaposas y oliendo a pobreza a tiro de ballesta.

Movido por el pensamiento de nuestra miseria, y no de otro modo, me atreví yo a reprobar su viaje de usted con Sofía a Madrid. En Granada, la tierra del ochavico, viven ustedes con mil apuros y mayor estrechez, con un solo criado, sucio, de chaqueta, ordinario, que sirve la mesa en mangas de camisa, etc. ¿Cómo han de vivir ustedes en Madrid? Usted no sabe el lujo que últimamente se ha desarrollado en aquella capital, y el poco caso que allí se hace de la gente pobre; la ninguna autoridad que tienen las damas que no arrastran coche y llevan en pos de sí criados de librea; los dolores, rabietas y continuos ahogos a que se expone quien ve todo esto y no puede gozarlo. Pero no por eso deseo yo que ustedes no viajen, y si tuvieran dinero, desearía que fuesen a Londres, a ver la Exposición; a París, a Suiza y a Italia, no solo a Madrid; pero ¿dónde demonios está el dinero, que yo le busco y no le hallo? Y, dejando ya declamaciones a un lado, como yo quiero que mi hermana Sofía luzca su gracia, talento y hermosura en la corte, pero de un modo digno, me voy a lanzar a dar consejos también. Creo que se debe levantar la casa de Granada y llevar a Cabra todos los trastos que en ella hay. En Cabra deben ustedes vivir desde la Cuaresma hasta octubre, y desde octubre hasta la Cuaresma en Madrid. Antes de ir a esa capital, deben ustedes permanecer un año en Cabra, para ahorrar dinero e ir a Madrid provistas de lo necesario. Puede ser la partida a Madrid para fines de septiembre del año que viene. Toda otra cosa confieso francamente que no me parece buen acuerdo.

De mi casamiento ya veremos. Yo le doy mil vueltas al asunto, y al fin sospecho que me he de quedar soltero; pero repito que no sería locura el casarme.

Adiós. Su amante hijo,

Juan

Río de Janeiro, 10 de abril de 1853

Anteayer, mi querido Heriberto, llegó a mi poder el Proscrito, con tu adjunta cariñosa carta, cuyas noticias literarias agradezco.

La defensa que haces de la Segunda vida contra mis críticas acusaciones, viene tan ajustada a la razón que no la tendría yo si no cantara, en parte, la palinodia. Pero nunca me convenceré, por más vueltas que le demos, de que Balzac sea comparable al

> Melisio cantor, por quien famosas
> viven de la Tindáride las Gracias.

Infinitas concurren a la perpetua gloria de Homero. Su Iliada, poema de una sencilla y maravillosa unidad, comprende cuanto en su tiempo se sabía, sentía e imaginaba. Una sola acción mueve y un solo pensamiento sirve de centro a la fábrica majestuosa, como el Olimpo al mundo de la antigua cosmografía helénica. Era Homero (si es que existió, lo cual no importa a nuestro propósito) el poeta de su nación; pero esta nación, en el orden dialéctico y en el cronológico, fue la primera de las naciones, la representante de la raza jafética, vencedora de las otras razas, y la que llevaba en sí el germen de sus grandezas. La guerra de Troya simboliza y vaticina los triunfos posteriores de Europa en su progreso civilizador. Bien lo declara otro ingenio cuando dice:

> *erit altera quæ vehat Argo*
> *dialectos heroas: erunt etiam altera bella,*
> *atque iterum ad Troyam magnus mittetur*
> *Achilles.*

A lo grande del asunto se junta la armonía y riqueza del lenguaje, las galas de la imaginación, más briosa y menos analítica entonces, la verdad de los caracteres, la dignidad y elegancia del estilo, el ingénito buen gusto y hasta la casi impersonalidad del poeta que deja hablar al Numen, canta Diosa, y no habla él. Tocar aquí los puntos en que Homero se levanta sobre los demás poetas, sería interminable, aunque no excusado, pues a pesar de cuanto se ha escrito, aún queda más que decir. Dante, en mi entender, tiene comentadores y encomiadores más profundos y filosóficos; a ellos te encomiendo y me callo sobre La comedia divina. Pasemos a la humana.

En ella no hay ni unidad de acción ni de pensamiento; no hay más que unidad de título, dada arbitrariamente a una colección de novelas, inmorales las más, ingeniosas unas, cansadas otras, y todas llenas de falsos caracteres, de prolijas descripciones y de varia e indigesta erudición cogida al vuelo. El más notable cuento de Balzac, La peau de Chagrin, es una pesadilla disparatada. Verdad es que se lee con ansiosa curiosidad y no se deja el libro hasta que se concluye. Pero ¿quién tendrá paciencia para leerlo dos veces? ¿Qué documento filosófico, religioso o moral va envuelto en aquel fárrago extravagante? Prefiero la peor novela de Walter Scott a toda la Comedia humana. Y si Balzac es un Dante o un Homero, ¿qué será entonces Walter Scott? ¿Qué será Boccaccio, cuyo Decamerón merece mejor el título de Comedia humana? En fin: Dante y Homero nos perdonen de que nos atrevamos a compararlos con Balzac.

Acusas a Byron de personalismo y tú padeces del mismo achaque. En Alfredo te has querido retratar, de modo que cuando habla, siente o piensa Alfredo, es lo mismo que si hablaras, sintieras o pensaras tú, y vuestras dos personas formáis una entidad inseparable. Carece el Proscrito de aquella unidad armónica que da hermosura a la Segunda vida, donde todo conviene al mismo fin, el amor de los dos héroes, asunto del poema. Las aventuras de Alfredo son, con todo, interesantísimas, y algunos de los cuadros en que van descritas, exactos y bellos. Alfredo, buscando la verdad, y Adela, el dinero, forman un contraste dramático admirable. En estas escenas primeras más me quejo de tu condición que de la prolijidad. El diálogo de la tía y la sobrina pudiera ser más largo. Tus personajes hablan poco cuando tú no hablas por ellos. Hay un diálogo portentoso en La Niña de Plata, de Lope, entre el amante y la tía, la cual se deja seducir y ahoga los gritos del honor y de la conciencia. ¡Lástima que un diálogo por el estilo falte en tu cuento! Dígolo porque así se explicaría más naturalmente la maldad de la vieja, y la caída de su pupila sería menos súbita y voluntaria.

Los cantos, las meditaciones, la parte lírica, por decirlo así, del poema es muy hermosa. El lenguaje lo es también, y lo fuera más si no mancharan su pureza algunos neologismos prosaicos, por ejemplo, en detalle, frase comercial y galicana. Asimismo, quisiera yo que adoptases y usases constantemente el le en lugar del lo, como acusativo del pronombre él; de esta manera se conserva sin confusión el primor que a nuestra lengua presta el pronombre neutro lo, que hace a veces relación a frases enteras, y que por su misma vaguedad es en extremo filosófico y comprensivo. Porque, verbigracia, con lo vi, puedes significar que viste todo lo visible, mientras que con le vi, no das a entender sino que viste un objeto determinado. Galiano, con estas y otras reflexiones, me convirtió al le; espero que tú te conviertas ahora.

En fin, la leyenda de Alfredo, con defectos, como toda obra de hombre, tiene, a mi ver, notables bellezas; y repito en esta carta lo que dije en la pasada, que deseo que escribas algo con detención, cuidado y tiempo, pues será excelente. No me detengo en elogiar la ternura, la inspiración y la gracia delicada con que pintas el amor de Alfredo y María. Esto es lo más perfecto del poema y lo más sentido. La tragedia de Isabel de Médicis me parece tan bien, que no comprendo la crueldad con que la trataron los señores jueces del teatro.

Dispensa que esta carta mía vaya escrita tan desordenadamente. Días ha que me siento mal de salud y no tengo humor para nada. Una irritación de estómago y dolores de cabeza constantes me impiden ser más extenso y más claro. La melancolía me abruma. No hay aquí, para mí al menos, con quién hablar, ni de quién ser amigo. Harto sabía yo que la fiebre amarilla era fruto de esta tierra, y, sin embargo, pedí al Gobierno venir aquí para adelantar en la carrera; pero no lo hubiera pedido si me hubiese enterado anticipadamente de lo mucho que me iba a aburrir, de lo caro del país en proporción al sueldo que me dan, de lo poco amables y francos que son los brasileños con los extranjeros y de la soledad y aislamiento en que vivo.

Días y noches paso sin ver a nadie, y para consuelo y distracción me entro por los libros, como Santiago por los moros,

> y de la descripción de un raro anfibio,
> paso a las estrategias de Polibio;

por lo cual me temo que voy a volverme sabio, contra mi voluntad, y ya me parece que exclaman las muchachas al verme:

¿Hay nada más estúpido que un sabio?

Y ciertamente que no lo hay, si se entiende por sabio el que lo es a medias, o a menos de medias. Y yo no pienso ir más allá.

También sigo siendo algo poeta; pulso la lira de cuando en cuando, y ya va para dos meses que escribo anch'io, una leyenda. Si al criticar las tuyas te parezco severo más de lo justo, acuérdate de la fábula de la oruga y el gusano de seda, y entiende que yo también hago capullos, pero malos. En mi leyenda no salgo a relucir sino en la introducción. Ahí te la envío; y ya por otro correo te mandaré una escena fantástica y endiablada que acaso te parezca mejor y que no tengo paciencia para copiar ahora. La introducción se somete a tu juicio.

Adiós, y créeme tu afectísimo amigo,

Juan.

Quiero hacer aquí una aclaración sobre lo que digo de que te retratas en Alfredo; es, a saber: que yo no hallo malo que, teniendo en ti mismo un buen modelo, le copies, y aunque salga siempre este mismo retrato en todos tus poemas, como sale Byron en los suyos, cada vez con alguna variación en el traje, edad, etc., tampoco lo he de criticar. Lo que yo critico es que te pongas a veces tan a las claras en lugar de Alfredo, injiriendo episodios verdaderos de tu vida real, con los fingidos de la suya. Esta manía de la personalidad es muy cristiana y se aviene con la humildad evangélica. Un pagano no hablaba de sí mismo sino cuando se creía, con razón o sin ella, un prodigio de ingenio, de valor o de doctrina. Cuando era sabio, héroe o artista, rey, emperador o demagogo poderoso. A un cristiano con ser hombre le basta para ocuparse de sí exclusivamente y llenar el mundo de sus quejas, sentimientos, esperanzas y otras baratijas por el estilo. ¿Y por qué no ha de llamar la atención de los hombres, cuando llama constantemente la de Dios, y le interesa y enamora hasta el extremo de hacerle tomar, como él, carne mortal y morir por amor suyo? Un impiísimo filósofo alemán es quien observó esta diferencia capital entre el cristianismo y el paganismo.

Río de Janeiro, 1 de mayo de 1853

Mi querido Heriberto: Sin leer y considerar atentamente tu poema del Proscrito, te escribí el mes pasado, no la crítica concienzuda que me pediste, sino la impresión que la obra hizo en mí a la primera rápida lectura. Ahora, con más espacio y reflexión, te voy a dar mi parecer franco y leal, y a discutir contigo a la larga, por mil puntos que tocan y atañen, en cierto modo, al particular de que tratamos. No tengo que rogarte que no te ofendas, aunque me muestre severo y aun injusto, que bien lo puedo ser por ignorancia, con tus producciones. El criticarlas yo es prueba de que las aprecio, pues a juzgarlas malas no las criticaría. Lo que sí te pido es que prevengas paciencia para leer la dilatadísima carta que voy a escribir, y tolerancia para mis opiniones, que acaso no sean de tu agrado; pero tú mismo me has puesto en el resbaladero, y yo no he de ser hipócrita contigo. Y así empiezo por asegurarte que tu Alfredo me gusta, y que di al cabo con la unidad que buscaba; pero no apruebo esa furia constante contra los malos literatos, los cuales, al ver que te ocupas de ellos, dirán, como las lagartijas: «Valemos mucho.» Bueno es que satirices en prosa, cuando venga muy a pelo, las necesidades y absurdos de ciertos dramas; mas, por lo mismo que ellos son tan ruines, no han de entrar ni con sambenito en un poema. Y aún sería mejor que te llevases bien con esos señores poetas y comediantes. Acuérdate, ya que piensas vivir de la poesía, de lo que dijo un antiguo camarada: Quod non dant proceres, dabit histrio. Esto lo pongo aquí como de paso. No quiero predicarte un sermón de moral utilitaria. Si le predicara, pondría por texto:

...circunspicit et stimulat vos,
materiamque sibi ducis indulgentia quœrit.

Pues ya que la hay, no entiendo que te desdores en aceptarla y aun en pretenderla; cuando lo que en algunos pensionados es verdadera indulgencia, en ti sería justicia, como lo ha sido en Baralt, Valladares y otros buenos ingenios. Estar pensionado no es estar vendido; si lo fuera, no te lo aconsejaría yo. Harto sabes que en mis otras cartas, a propósito de tus versos, elogié tu noble carácter, y que creo que el hombre elocuente debe ser *vir bonus*.

Leo en el prólogo del Proscrito que piensas publicar una serie de leyendas, animadas todas de la misma idea y encaminadas al mismo fin, por manera que vengan a formar un vasto poema humanitario, o si tus fuerzas no alcanzaren a tanto, el embrión al menos de la grande epopeya. Cuando escribí mi carta el mes pasado, no conocía yo esta determinación tuya, y nada de lo que dije de Balzac se dirigía a ti. Creo que tienes talento poético y estilo propio, y que tu alma se puede derramar en una serie de obras, reproduciendo en cada una de ellas alguna de sus fases y conservando siempre su originalidad y su unidad. Con lo cual y con la grandeza de tus conceptos pondrás el sello de la vida en esos poemas, y por lo que tu alma tiene de semejante con las otras almas humanas, los harás simpáticos y hasta humanitarios, puesto que la palabrilla está de moda.

Interpretada así tu pretensión, se ve que es muy alta, pero no imposible ni exagerada. Al conjunto de las obras de Byron o de Goethe, da unidad el alma misma de los autores, y humanitarismo lo que tienen ellos de humanos. Lo que no hay, ni ha de haber en el día, es una fórmula suprema, una idea que contenga en sí todas las otras ideas, sentimientos y fantasmas que existen en la mente humana. Buscar esta fórmula y esta idea es aún más absurdo que buscar la ciencia trascendental, y no se ha de suponer que, sin esta fórmula suprema, sin esta idea comprensiva (que para los creyentes existe solo en Dios y para los incrédulos que no desatinan mucho no existe en parte alguna) sea dado a nadie escribir un poema que responda, en la época presente, a lo que fue la Iliada en los tiempos de cándida ignorancia. Mientras más se dilata el círculo de nuestras ideas, más difícil es abarcarlas todas en una. Por eso el cristianismo, que es más grande que el paganismo, no ha tenido un poema que sea también más grande que el de Homero. Hubo un tiempo en que el poema católico (digo católico en toda la extensión de la palabra) pudo nacer: este tiempo pasó y no volverá nunca. La fórmula suprema de que he hablado existía para nosotros, aunque en realidad no existiese, y era justamente la que tú quieres emplear, la redención por el amor, síntesis de la imaginación y del sentimiento, a la cual la razón se hallaba sometida entonces. Los judíos y los griegos, el Oriente y el Occidente, levantaron de consuno esta máquina. Y no es un hombre solo quien le da forma y traza, sino que, poco a poco, van dibujándola, engrandeciéndola y añadiendo perfecciones. Cristo crece y se levanta en la conciencia de la Humanidad, que al cabo junta en él, lo humano y lo divino, y produce el mito portentoso. Mito más profundo que el de Prometeo que el de Elías y Henoc, que el de Rama y todos los avatares indianos. El pueblo es quien inventa estas grandes cosas, y las leyendas populares las conservan. Los evangelios, apócrifos y auténticos, son leyendas populares. Si hubieran parecido en una época menos culta, acaso un grande ingenio se hubiera apoderado de ellas y dado a la luz el vasto poema; pero los grandes ingenios de entonces, por mucha fe que tuviesen, no estaban ciegos para ver que había otras mil cosas en la mente humana que, ya que no se aceptasen, se habían de reconocer por fuerza, al menos para combatirlas; y así, en vez de escribir el gran poema, escribieron apologías y libros de controversia. Lo mismo sucede en el día a los cristianos; y aun los que imaginan que escriben un poema escriben controversia sin querer.

En la gran batalla de la civilización antigua con el cristianismo, venció éste al cabo, y, con el auxilio de los bárbaros, mató la ciencia enemiga, y la poca que se salvó quedó esclava de la teología. Y la teología imperó sobre el mundo con imperio absoluto, explicó lo visible y lo invisible, gobernó lo temporal y lo eterno, y se hizo tan grande y maravillosa, que parecía, en verdad, de origen divino. Entonces pudo darse el poema, y no se dio porque Dante llegó tarde. Marco Polo había ya viajado en Oriente; Santo Tomas, San Buenaventura, San Bernardo, Abelardo, etcétera, habían escrito, y los judíos, los árabes y los griegos nos habían transmitido la ciencia y la incredulidad antiguas. Lo sublime y vario del argumento no cabe ya en La Divina Comedia, y el poeta, sin atreverse a tratarlo directamente, lo trata de una manera subjetiva, haciéndose el centro del poema, e introduciendo, en medio de todas aquellas grandezas, sus pequeñeces, miserias, rencores, envidias y disgustos; los cuales, si bien nos interesan, porque somos hombres y compadecemos, y porque el poeta es altísimo e interesante, todavía no se ha de negar que disminuyen, si no aniquilan, la comprensibilidad deseada.

Vino después el Renacimiento, vino la Reforma y se rompió la unidad. Volvieron los dioses del Olimpo a luchar con el del Calvario. La razón empezó a analizar y a desenterrar las antiguas doctrinas; luego descubrió otras nuevas filosofías, y la imprenta, y otros continentes en la Tierra, e infinitos espacios en el cielo, y estrellas y soles, y mundos sin fin. Y rechazando de todas partes la presencia inmediata y enérgica de Dios en el tiempo y en el espacio, y explicando humana y racionalmente las leyes del movimiento, de la vida y de la armonía cósmicas, Dios se quedó allá, muy lejos, o reducido a una abstracción inerte y escondida, cuando antes lo teníamos por dondequiera, obrando maravillas. Como Dios se había escondido, nos pusimos a buscar a Dios o algo que le reemplazase, y hacinamos sistemas sobre sistemas, unos con fe, otros sin ella; unos negando a Dios, otros la razón humana; otros confundiéndolos en uno y añadiendo el universo mundo a tan peregrino compuesto; otros conciliando torpe y neciamente la razón y la fe, y otros admitiendo los descubrimientos que no se oponen a la fe y desechando los que se oponen, y otros martirizando y estirando la fe para que quepa en ella la ciencia. Estos dicen, por ejemplo, que los seis días de la creación no fueron seis días, sino seis periodos inmensos, y que la creación mosaica no fue la creación del Universo, sino un arreglo y confección de nuestra mezquina vivienda; y prueban patológicamente que Cristo sudó sangre y jurídicamente que se pudo interponer recurso de nulidad contra su sentencia, y hasta examinan, no ya con los dedos, como el apóstol, sino con la ciencia anatómica, la herida del costado de nuestro Salvador, para convencerse de que murió y resucitó de veras. Y esto lo prueba el Papa y lo sostienen cardenales y obispos, y otros obispos y cardenales sostienen cosas diferentes, por manera que es imposible entendernos. Y tampoco nos entendernos en moral ni en política, ni en arte poética, cuando hay quien imagine que puede concordar tanta confusión, abarcar y armonizar este caos y dar luz a estas tinieblas palpables. Y sin lograr esto, ¿cómo se ha de componer un vasto poema humanitario? ¿Llevaba trazas de serlo El diablo mundo? ¿Lo es el delirante Ashaverus, de Quinet, a quien no se le ha de negar la ciencia profunda y la filosofía que a Espronceda pocos le conceden?

Y no es solo la ciencia por sí misma y por su variedad y extensión la que se opone a entrar en la poesía, sino que la nomenclatura y el método científico se oponen también. ¿Quién desconoce que la geogonía es sumamente poética? Y, sin embargo, Mamiani, al querer ponerla en verso, la hace fastidiosa y prosaica, y hasta el pterodáctilo y el megalosauro andan aburridos de verse en coplas. Y si, para evitar este tropiezo, se escribe el poema en prosa, se cae en otro peor, porque, como dice Kant, los poemas en prosa son prosa de delirio, y el de Quinet lo está manifestando a las claras. Si, por otro lado, no tocamos en nuestro vasto poema humanitario sino los grandes resultados de la ciencia y solo hablamos de las ideas predominantes, ¿quién nos asegura que estas ideas son verdaderamente las que predominan? ¿Cómo, al hacer el cuadro sinóptico de lo que se sabe, no dar en la oscuridad o en la trivialidad? Natural es que nos acontezca lo que a la vieja, que siempre que le preguntaban: «Madre, ¿qué ha dicho el cura en el sermón?», respondía: «Que seamos buenos», y no salía de ahí.

Aún existe otra imposibilidad mayor para escribir el vasto poema, a saber: un asunto que circunscribía y en el que encajen y se amolden bien las cosas que van indicadas, porque encajarlas sin ton ni son en digresiones no me parece acertado; es hacer de lo accesorio principal y, por tanto, algo de monstruoso. El duque de Rivas sostenía con mucha gracia y juicio que el Don Juan, de Byron, era un cuento menos ingenioso y divertido que El baroncito de Faublas, y atestado de discursos impertinentes al asunto. Espronceda, aunque en las digresiones le imita y hasta le copia, en lo más esencial le vence y sobrepuja, y es anglomanía y falta de patriotismo creerle en todo inferior a su modelo, o, por mejor decir, a su parecido. La introducción y el primer canto de El Diablo Mundo son admirables, y el gigante de fuego, estupendo y magnífico mientras llora y calla; pero apenas habla se transforma casi en el abate Lista explicando filosofía a los muchachos del colegio. Espronceda era poco filósofo, y la filosofía no cabe ya en versos.

Es curiosa la manía que se ha enseñoreado de todos los artistas. Quieren meterse a doctores, y a doctores de la ciencia universal que está por descubrir aún. Y, sin embargo, hasta los maestros de música la ponen en solfa, y los pintores en pintura... Yo deduzco de todo esto que los que quieren ensalzar el arte plantándolo en zancos sobre la ciencia no logran achicarlo. Lo someten a la forma silogística y a que demuestre algo, cuando basta que cree la belleza, hermana de la verdad y tan grande como ella. La música crea la belleza en el tiempo, y la arquitectura en el espacio, sin que tengan necesidad de imitar un objeto determinado. Los sonidos y las líneas arquitectónicas dicen poco o no dicen nada distintamente, y los sentimientos que se despiertan en nuestra alma al ver un templo o al oír una ópera están en nosotros, en el argumento de la ópera o en el fin a que el tiempo se destina. La música y la arquitectura los despiertan y avivan con su belleza, pero no los contienen. La pintura y la escultura imitan objetos determinados, esto es, se valen de los tipos ideales de estos objetos para producir la belleza, dándoles cuerpo sensible con la virtud plasmante de la fantasía. Cuando un artista se mete a demostrar variedades que no son del arte, lo echa todo a perder.

A propósito de esto, te diré que cuando estuve en Roma, Vilches, escultor malagueño, trabajaba para Salamanca la friolera de cincuenta estatuas, y entre ellas se contaba la de Patroclo moribundo. Y como Vilches hubiese leído y averiguado (no sé cómo ni dónde) que Patroclo murió de una lanzada, recibida de tal manera que no podía menos de haber muerto con su pene en erección, se lo quería poner derecho como un huso en la estatua. No sé si le quitaron de la cabeza esta diabólica idea o si efectivamente salió el amigo del Pelide tan obsceno de entre sus manos.

Pero, volviendo a la poesía, como el elemento de que se sirve es la palabra, y la palabra contiene clara y determinadamente todas las líneas y sentimientos humanos, resulta de aquí que todos ellos son objeto de la poesía; mas digo y repito que el único fin de este arte, así como de los otros, es la belleza. ¿Quién negará la hermosura, primor y elegancia y hasta grandeza del Orlando, de Ariosto? Y, sin embargo, ¿no se le puede decir al poeta lo que se cuenta que le preguntó Bembo: Signor Ludovico: Dove avete trovatto tutte queste coglionerie? ¿Hay alguna sustancia en todo aquello? No hay más que la forma, esto es, la belleza, que vale tanto y más que la verdad científica.

Por sabido se calla que para crear esta belleza es menester una ciencia, pero no la universal. Es menester que los caracteres sean verdaderos y sostenidos, que la acción sea interesante y bien desenvuelta; en fin: todas aquellas cosas que, con variantes mínimas, recomienda Aristóteles, Horacio, etcétera, etc., y muchos por instinto e inspiración, adivinan a veces sin haber leído ni a Horacio ni a Aristóteles. Estos señores conceden al poeta amplia facultad de mentir, con tal que sean sus creaciones conformes a los tipos ideales de las cosas y que los sentimientos no sean falsos. Yo, sobre todo, no consiento mentiras en punto a sentimientos. ¡Qué ridículas niñerías nacen de ellas! Don Francisco Martínez de la Rosa es de los que mienten más por sensiblerie. Es una desvergüenza notable que asegure que en París no hay flores, y una tontería que nos afirme que bajó a lo hondo del Vesubio y que allí dentro se puso a gritar: «¡Granada! ¡Granada!», y que luego, para refrescarse, apuró una botella de Falerno a la salud de Horacio, al cual, como nadie ignora, hace cerca de dos mil años que le están achicharrando en las calderas de Pedro Botero. Yo no admito en poesía tales sandeces, pero tampoco admito la enciclopedia.

En los tiempos primitivos, cuando la princesa Nausicaa iba a lavar la ropa, la filosofía, las leyes, la religión y la economía social se confundían en una sola ciencia y se encarnaban en una sola persona, que era a la vez legislador, poeta, profeta, guerrero, cocinero y sacerdote; porque al mismo que pillaba en la guerra le asaba en honor de los dioses (holocausto) y se lo comía después. Entonces pudo exclamar: Dicta per carmina sortes, et vita mostrata via est. Mas ahora, con esta nueva torre de Babel, ha venido la dispersión de las doctrinas y cada una anda por su lado, y hay en ellas, como en la industria fabril, lo que llaman los economistas división del trabajo. Y la poesía debe y puede encargar al buen gusto que escoja y se aproveche de estos trabajos para formar con ellos cosas bonitas, pero no para meterse a bachillera, y mucho menos para formar un conjunto monstruoso.

Barbara Pyra midum sileat miracula Memphis.

Calle Menfis sus bárbaros milagros, y perdona que siga yo con los míos. No tengo aquí con quién charlar; sírvame esto de disculpa. Digo calle Menfis porque vendríamos a parar de nuevo, con nuestra comprensibilidad y simbolismo, a una especie de arte egipcíaco; a fabricar pirámides llenas de jeroglíficos, y esfinges e ídolos con mil tetas, cuernos y caras, que no darían gusto y darían acaso menos ciencia que el Catón cristiano, La doctrina, de Ripalda, o el Libro de los niños.

Cuando todos los hombres eran niños, tenían razón los poetas de meterse a pedagogos y los pedagogos a poetas. Orfeo, Museo, Lino, Hesiodo, Minos, Tales, Pitágoras y otros mil, que sería nunca acabar enumerarlos, dieron lecciones en verso a la Humanidad, y lecciones poéticas, porque en la Edad de Oro la poesía y la ciencia iban unidas. Verdad es que aún hay una poesía que llaman didáctica; pero, o no es didáctica o no es poesía. Plutarco está conmigo y no cree en la poesía que no es fabulosa y embustera.

Aristóteles afirma otro tanto, y añade que Empédocles no tiene de poeta sino el haber escrito en verso. Lo que sí da por sentado es que era un gran filósofo. Hubo, por el contrario, algunos, aunque raros ingenios, que escribieron poemas didácticos y se conservaron muy valientes poetas. Mas ¿por qué? Porque el verdadero fin que se proponían era deleitar y no enseñar; porque atendieron más al primor y belleza que a la verdad de lo que decían. Los diez años que pasó Virgilio corrigiendo sus admirables Geórgicas no fue para añadir, observaciones sabias sobre el cultivo y demás zarandajas campestres, sino para tocar y retocar las palabras de modo que quedasen cada vez más bonitas, armoniosas y bien arregladas. Además, que aun en tiempo de Virgilio no era la ciencia tan prosaica como ahora, y se combinaba sin esfuerzo con la fábula. El enjambre de poemas filosóficos griegos no dudo yo que a veces se hicieron perdonar la filosofía con las mentiras ingeniosas en que iba envuelta; y siento que estos poemas se hayan perdido los más. Los de Arato, que Virgilio imitó en las Geórgicas, dicen que eran muy entretenidos, y aún quedan fragmentos. Yo no los he leído, porque son raros y no los hallé nunca a mano. Hay traducción latina, nada menos que de Cicerón.

Pero entre los griegos mismos, a pesar de su gusto innato, cuando alguno trataba de componer un vasto poema humanitario, no componía sino un poema tenebroso, como llamaban a la Alexandra, de Licrofón de Eubea. Goethe, con el Fausto, ¿será otro Licrofón? Ai posteri, etc.

Horacio, poeta y entusiasta, se va a veces del seguro, y se atreve a sostener que Homero (no para su época, sino en general) enseña mejor la moral que Crisipo; pero éstas son inventivas rabiosas contra los estoicos, los cuales eran, asimismo, harto insolentes, y despreciaban la poesía, suponiendo que solo el sabio es poeta, y los poetas, locos. Y lo sustancial del caso es que la poesía, aunque no enseña, inclina al bien, enternece y levanta el corazón con su calor, inspiración y hermosura.

Mi carta va siendo feroz y demasiado humanitaria. Estoy tentado por hacer aquí punto redondo. No quiero que digas que yo me meto a catedrático al aconsejar a otros que no lo sean. Me he entrado, además, por un laberinto del cual no sé cómo salir. Pongámonos en lo llano de cualquier manera. Y así, llanamente, te suplico y conjuro para que no escribas poema humanitario. Escribe dramas, leyendas, novelas, donde pueda tu imaginación campear libremente y lucir sus galas, y divertir e interesar a los lectores. Cuando vayas a escribir, encierra la enciclopedia con cien llaves, como Lope encerraba los preceptos, y, libre ya de este incómodo bagaje, monta en el hipogrifo y vete al país de las hadas, como Wieland en busca de Oberón. Procura que la maraña de la fábula esté bien urdida, que el lenguaje, que en ti, naturalmente, es bello y rico, sea clásico y perfecto, y los versos robustos, y el estilo conciso, y los consonantes difíciles; y con esto y con la afluencia que tienes, y con la inventiva y los sentimientos generosos y grandes, podrás ser eminentísimo entre los modernos poetas españoles, lo cual no es poco decir, pues algunos hay excelentes y egregios, como Hartzenbusch, Zorrilla, García Gutiérrez por El trovador; Quintana, por el sentimiento patriótico, filantrópico y progresista, a pesar de sus filosofías, y mi querido ex jefe, cuyo Moro expósito y cuyo Don Álvaro son dos joyas de nuestra literatura. Haz, querido Heriberto, por deleitar a los lectores y no los abrumes con documentos. Advierte que te hablo como amigo sincero, y en la persuasión de que puedes ser mucho. Gil Blas fue un mentecato en dar consejos al arzobispo, que ya no se había de corregir, y pecaba de falta de vigor y sobra de años. Tú pecas de lo contrario, pues, aunque no eres muy mozo, te bulle la sangre a borbotones y quisieras engendrar tu Verbo, y que este verbo encerrara en sí todos los seres, como el huevo que puso la Noche.

No estoy de humor de poner en orden este imbroglio de cosas que enjareto aquí. Entiéndelas como puedas, y tómalas por bien intencionadas.

Mucho extraño que critiques a Santa Teresa de sensual en sus amores con Cristo. ¿Cómo diablos le había de amar? ¿No era su esposa mística? Pues místicamente le goza y le ama. Y no sé yo que la santa hable y diga liviandades ni groserías sobre sus arrobos y ternuras cristianas; lo que sí dice son delicadezas, poéticas y delicadas poesías y primorosísimos conceptos. Y como era santa aristocrática por nacimiento e inclinación, nunca tuvo (si no me engaña la memoria) santidades puercas y de mal gusto; ni se hizo llagas, ni chupó de los galicosos, como San Francisco Xavier; ni se extasió y recreó con la tiña, como Santa Isabel, reina de Hungría. Este sí que es sensualismo perverso, antinatural y extraviado.

Santa Teresa, como otros muchos de nuestros autores místicos, es un pensil; de aromáticas flores, un raudal de aguas vivas y un vaso de elección, que guarda el maná sin que se corrompa. Bien decía el padre de El Escorial, enseñando su tintero: «¡De este tintero tan pobre salieron cosas tan ricas!» Yo te confieso que siento no tener aquí sus obras, para leerlas de cuando en cuando y defenderlas mejor de tus acusaciones. Ello es que, cuando yo consigo olvidar mis vanas filosofías, suelo caer en el misticismo, aunque no tengo visiones de lo alto. Pocos días ha me inflamé vivamente en el amor de Dios, y compuse ciertas octavas que no te envío para que no me llames fariseo, como a Donoso.

Adiós, y créeme tu muy cariñoso amigo,

Juan

10 de mayo

Las palabras, mi querido Heriberto, son como las cerezas, y se enganchan y enredan de modo que, pensando yo escribirte una sola carta, te escribo ahora la segunda para comentario. La culpa está en haber escrito la primera tan per tempo, porque, ya escrita (gracias a la ansiedad que me acosaba de dar suelta al diluvio de mis consideraciones), la leí y releí muchas veces, no por ufanía y vanagloria, sino por temor de haber dicho cosas que no se deben decir. Y de estas repetidas y escudriñadas lecturas vine a sentir la conciencia algo escrupulosa y hasta conatos de rasgar la tal carta y empezar de nuevo. Y así, recelando y vacilando por una parte, y sintiendo, por otra, destruir lo ya escrito, y pensando que, bien o mal había sido pensado y escrito corde bono et fede non ficta, determiné que no fue poco determinar algo, enviarte la carta como salió de mi meollo, pero con notas y aclaraciones. Y lo que ante todo me importa hacer notar es que ciertas impiedades y blasfemias que apunto no son para dogmatizar con ellas y catequizarte, sino para prueba, entre otras, de lo imposible que es escribir el vasto poema... Yo me siento incapaz de ser dogmático en mis opiniones filosóficas; ando siempre saltando del pro al contra, y dudando y especulando, sin atreverme a seguir doctrina alguna. La poca ciencia que tengo me pesa como si fuera mucha: tan débil es mi entendimiento; y te aseguro que, cuando estoy en mí, le pido a Dios que me envíe su gracia y me quite la ciencia de encima. El empeño de realizar las esperanzas del alma afectiva, de ser redimido por el amor y de concordar todas estas esperanzas con la ciencia, fatiga por demás. Yo preferiría que se negase la ciencia. En tiempos antiguos se podía creer, hoy no se puede. ¿Cómo suponer ahora que toda esta gran máquina del Universo ha sido creada para nosotros, y que nosotros somos el objeto más importante de la creación? La ciencia nos concede, a lo más, una perfección limitada en la Tierra, y nos roba la suspirada perfección ultramundana. «Acaso —dice— se conservará nuestra raza y seguirá dominando este globo aun cuando pasaren siglos y siglos, y se aniquilaren la flora y la fauna, y nacieren otras nuevas, y se hundieren los continentes y salieren otros del mar.» La ciencia sabe que esto sucede pausadamente y que está sucediendo de continuo. Por eso es más razonable la hipótesis de que los Andes se allanarán y de que la Atlántida reaparecerá dentro de cuarenta siglos, que no la de suponer el Diluvio universal hace otros cuarenta.

Posee la ciencia una pasmosa energía antipoética, y donde no llega para afirmar, llega para negar. De los cuatro primeros días de la creación, periodo inconmensurable, según el mismo San Agustín, nada fijo sabe la ciencia, y de lo por venir nada enseña, a no ser en el supuesto de que las mismas causas que obran ahora continúen obrando solas y, de la misma manera; pero la ciencia te niega cualquier ficción religiosa o poético-dogmática que tú inventes sin apoyarte en sus observaciones y principios.

Yo no niego, con todo, que en el campo inexplorado de la ciencia se pueda coger abundante cosecha poética, pero ha de ser con el estilo de Ariosto y no con el de Jeremías. ¿Qué cosa más graciosa y divertida que algunos viajes fabulosos? Yo te aseguro que hasta los que venden los ciegos de España de don Pedro de Portugal me deleitan y entretienen sobre manera. ¿Qué partido no sacaría un poeta ingenioso de un nuevo ser inteligente, distinto del hombre, pero superior a él en entendimiento, que, por otro modo de sentir, apareciese de pronto, por virtud natural de la tierra o del aire, como los duendes del padre Fuente de la Peña? ¿Qué prodigios no se contarían de un sabio que viniese a descubrir que la piedra filosofal no es una mentira, y que, conociendo que toda la materia es una, en diversos estados alotrópicos, y que la causa de la vida y transformaciones de esta materia es otra cosa, única también, y que en el día llamamos flúidos imponderables, llegase a disponer a su antojo de estas fuerzas y cambiase en oro cuanto quisiese y diese vida a cuanto imaginase, y formase, a su placer, nuevos seres? Ni Aladino con su lámpara, ni los magos de Faraón con sus varas, ni el gran fantasmagórico Mantilla tendrían que ver con este sabio. ¡El famoso Escotillo sería, a su lado, un niño de teta! Pero todo esto es bueno para decirlo por chiste, y tú no quieres ser poeta chistoso. Volvamos, pues, a la poesía seria.

La crítica que hice de El Diablo Mundo ha menester explicaciones. Digo que el gigante de fuego es estupendo, porque no solo simboliza el genio del hombre, en cuyo caso sería figura alegórica poco animada, sino que, además, es un diablo mayúsculo, y pintado tan a lo vivo, que me parece que le estoy viendo. Pero habla y se convierte en el abate Lista, porque su razonamiento es muy florido, largo y ordenado. Para ser diablo no sabe mucho, y hasta en sus dudas se muestra poco profundo, y, por último, moraliza y se resigna. Mientras más sabe el hombre, van sabiendo menos los demonios. Compara al de Sócrates con el de Espronceda. Espronceda reconoce la ignorancia del suyo, y no le pregunta nada al verle delante de sí. Dante preguntaba e indagaba cuanto había que indagar de ángeles y diablos, condenados y santos. El conciliábulo diabólico se desvanece al fin sin motivo, porque se juntó sin motivo y solo para que Espronceda lo viese. Mas no se ha de negar que fuese soberbia visión, y aun mejores, las que tuvo en sueños don Pablo. Nada hay en poesía castellana más rico y espléndido que las pompas de inmortalidad de Espronceda, que bien podemos llamar suya, pues por ella será inmortal. Los cantos posteriores no responden ya a la grandeza del primero, si lo que no va en lágrimas va en suspiros; esto es, si el poema no es infinito como la vida del héroe, y se dilata por toda la prolongación de los tiempos, como diría Donoso. El diablo mundo será la Biblia nueva; Espronceda, otro Moisés, y el Anticristo, el Águila de Patmos, dando cumplido fin a la obra, para que, después del Juicio final, la lean en el Cielo los bienaventurados. Puede también acontecer que Álvarez logre acabar el poema; pero yo no lo doy por acabado si no me llevan en alas de su espíritu profético dos o tres mil años más allá de la fin del mundo. Quinet va más lejos aún, y justamente en la indicada remotísima época comienza el prólogo de su Ashaverus. A Dios, fastidiado de verse solo con los elegidos, se le antoja crear otro mundo. Llama a los capataces y próceres del Empíreo y los consulta sobre sus planes. Dios va a publicar una nueva edición, corregida y aumentada, de sus obras, y para que juzguen y ponderen bien el mérito, del drama humano divino mundial, lo pone en escena delante de aquel ilustre senado. Este drama, que se titula Ashaverus, contiene toda la historia natural y política, y hablan en él los montes, el Océano, las ciudades, Cristo, Leviatán, las vírgenes, las sirenas, las p..., los diablos, los silfos, los titanes, el peje Macar, la paloma del Diluvio, y, para acabar de una vez, todo lo contenido en las categorías todas. El tal poema es una borrachera temerosa y solemne; y en punto a su moralidad y a su afirmación filosófica, averígüelo Vargas, yo no he podido descifrar el logogrifo. En Fausto, al menos; se trasluce algo: la redención por el amor. Margarita se lleva a Fausto al Cielo, como Beatriz a Dante, Laura a Petrarca, Eloísa a Abelardo, aunque ésta más bien le envía que se le lleva, pues Abelardo murió antes. En el Don Juan Tenorio, de Zorrilla, hay la misma tramoya, imitada del Don Juan de Marana, de Dumas, que la tomó del Fausto, de Goethe. Esto de convertir a una bonita y nada desdeñosa muchacha en escala de Jabob para subir al Cielo me agrada mucho más que los medios que antiguamente nos daban de mortificar la carne y estar siempre en ayunos, penitencias y conversación interior.

Todos los modernos poemas humanitarios se dan cierto aire de familia. Fausto, don Pablo y Alfredo debutan leyendo y renegando del saber humano. Los dos primeros y tu Julieta, o se renuevan, o se remozan, y Ashaverus y Adán tienen la misma duración que el mundo. Pero Goethe y Quinet tuvieron una muy feliz ocurrencia, que ni tú ni Espronceda tuvisteis acaso por ser más arrogantes que ellos. Hablo de que buscaron un personaje tradicional, hijo y amigo del vulgo, para hacerle centro de sus poemas. El nuevo Adán es nuevo del todo, y nadie le conoce. Al Judío Errante y a Fausto los conocíamos ha siglos y de antemano nos interesan. Ashaverus vive en las leyendas de la Edad Media y encierra un profundo sentimiento alegórico. Se diría que estaba pidiendo un poeta que le diese más perfecta vida. Es la desesperación y el hastío eterno de quien por orgullo reniega de Dios. Fausto es igualmente popular y simbólico. Es el sabio del Renacimiento que pierde la fe con la ciencia, que busca la belleza y, para hallarla, resucita la antigüedad clásica; que se casa con la hermosura (con Helena) y engendra en Helena a Euforión, símbolo de la moderna poesía. Si no recuerdo mal, o si no entendí mal, en Goethe todo se resuelve en Dios, y hasta los diablos más feos y tiznados se vuelven bonitos y santísimos como los serafines, y van a perder la individualidad y a identificarse con Dios. Este Dios no me atreveré a decir que es más poético que Jehová Zebaoth; pero es más filosófico y amable, porque no se complace en atormentarnos in sœculo sœculorum, y porque hace del mal un accidente pasajero y no una cosa coeterna con él, que no se comprende por qué no ha de destruir si le está subordinada.

Lo que es de Adán, hasta ahora no sabemos sino que anduvo en cueros por Madrid y que se fijó en una manola. Todo esto es humano y muy chusco; pero no humanitario. Ya veremos si el poema continúa. Yo no creo que pase nunca de una leyenda divertida, y aún lo sería más si no se metiese en honduras. Porque, una de dos (y esto contigo y con todos los poetas humanitarios), o sois capaces de inventar una filosofía nueva, y entonces debéis escribirla en prosa y ergotizándonos metódicamente para convencernos, o no sois capaces de inventar la tal filosofía, en cuyo caso ponéis en verso lo que ya está dicho en prosa, y refutado, y defendido, y vuelto a refutar. Si, por el contrario, no os metéis en estos tiquismiquis y escribís para deleitar, acaso por inspiración topéis con alguna nueva verdad, o en la misma belleza de vuestros poemas se acrisolen, abrillanten y purifiquen las verdades ya conocidas y que aún están a oscuras y envueltas en la escoria del error. Pero en estos descubrimientos y acrisolamientos, el poeta (pásame la comparación) ha de ser y ha sido como el burro flautista. No ha de ser el eco de los filósofos, sino la voz de la conciencia instintiva de la Humanidad; ha de decir grandes cosas, por una iluminación súbita, sin conocer ni reflexionar que las dice. Homero y Dante pronunciaron oráculos que en el día los filósofos desentrañan e interpretan. Si Dante y Homero leyesen estas interpretaciones, no las entenderían y saldrían poniendo de embusteros a los tales filósofos, o admirándose de haberlo dicho, como monsieur Jourdain de hablar en prosa. Pero el toque está en que lo dijeron, y esto es la inspiración. Busca el poeta lo bello, y, al dar con lo bello, encuentra la verdad y lo bueno, que en la esencia de lo bello están sustancialmente. El hombre virtuoso hace una buena acción, y en esta acción hay hermosura, porque el triunfo de la ley moral es hermosísimo. El sabio descubre una nueva verdad, y esta verdad, si lo es, ha de ser infaliblemente buena y hermosa. Pero si el hombre obra no porque la acción le parece buena, sino para producir un bonito efecto, la acción no solo no es buena entonces, sino que tampoco es bonita, y la llamamos ridiculez o hipocresía. Si el sabio acepta una doctrina porque le parece muy buena, deja de ser sabio, y le llamamos tonto y buen hombre, y si admite un sistema porque es poético sin consultar su variedad, le llamamos visionario y deja de ser sabio. De idéntica manera, al poeta que se mete a moralista le llamamos fastidioso, y al que se mete a sabio, confuso y extraviado. La verdad, la bondad y la hermosura son accidentes de la misma sustancia. Si pudiéramos conocer la sustancia y elevarnos a ella inmediatamente, no habría necesidad ni de ciencia, ni de poesía, ni de virtud; las tres se confundirían en una sola, y nosotros, en la sustancia infinita.

La ciencia puede ocuparse de lo bello y de lo bueno científicamente, como en la Estética y en la Moral, y la poesía puede hablar y cantar la ciencia y la bondad como objetos poéticos. En cuanto a la virtud, no hay duda alguna de que resplandece más si la poesía y la ciencia la adornan. Y aunque un hombre solo puede ser a la vez, por especial favor y benéfico influjo de los cielos, poeta, virtuoso y sabio, nunca estas tres cualidades se unificarán en él; solo en Dios se unifican.

De todo lo dicho saco yo tres principales consecuencias: primera, que no has de tener paciencia para leerlo; segunda, que si el poeta en las edades nacientes pudo ser humanitario, ahora es difícil sí no imposible, que lo sea, y tercera, que la forma es la que inmortaliza a los grandes poetas, porque el asunto de sus poemas no es sino el eco armonioso de las creaciones populares. Antes de La Divina Comedia se escribieron leyendas que sirvieron de modelo a Dante, y hasta le señalaron su itinerario fantástico. Antes de Ariosto se inventaron todas las locuras de Orlando. Antes de Virgilio, la mente popular había creado todos los portentos de la historia primitiva de Roma. Antes de Hesiodo, de Esquilo, estaba ya nacida la mitología entera, con su Olimpo, dioses y semidioses. Y Aquiles había crecido tan grande como es antes de que Homero le agarrase por el talón y le bañase en la Estigia.

No creo que otro fuese el sacro río
que al vencedor Aquiles y ligero
le hizo el cuerpo con fatal rocío
impenetrable al homicida acero.
Que aquella trompa y sonoro brío
del claro verso del eterno Homero,
que, viviendo en la boca de la gente,
ataja de los siglos la corriente.

Dispénsame que cite esta magnífica octava de un paisano, y dispensa también que te envíe aclaraciones tan prolijas, y quizá más oscuras que lo que deseaba aclarar. Estoy aburridísimo, y es un consuelo para mí escribir a los amigos ausentes.

Mucho me temo que con mis cartas se les comunique mi aburrimiento.

Contéstame lo más extensamente que quisieres. Al duque de Rivas le escribí, va ya para cinco meses, y no ha querido contestarme. Dale memorias y quejas mías.

Adiós, y créeme tu cariñoso amigo,

Juan

Río de Janeiro, 8 de mayo de 1853
Señor don Gabriel García Tassara.

Mi querido amigo: De mucho consuelo ha sido siempre para mí la lectura del Ensayo sobre el catolicismo. En mi sencillez e ignorancia imaginaba yo que el tal libro era de muy sana doctrina, la cual daría alguna luz a los extraviados, entrañándose en sus corazones con el fuego de la elocuencia del señor Donoso Cortés, a quien no se ha de negar que es elocuentísimo.

Considere usted, pues, cuánta sería mi pesadumbre al leer ciertos artículos que traduce el Heraldo, y en los cuales (solo dos han llegado hasta ahora a mi poder, publicados el 3 y el 4 de marzo) se pretende probar que el señor Donoso, sin saberlo ni quererlo, es un hereje. Los teólogos de París que lo aseguran, sostienen igualmente que este siglo XIX es muy superficial, que se escribe más de lo que se sabe y que se corrompen la verdad y el buen sentido. Lo del buen sentido que se corrompe; francamente, no lo entiendo. En cuanto a la corrupción de la verdad, ya la frase es menos turbia y casi atino con el sentido, bueno o malo, que se le puede dar; pero creo que la verdad se oculta o se confunde con el error, y nunca supe que hubiese verdades corruptas. Harto me afligirá que las haya, si efectivamente las hay, y harto me aflige, desde luego, que lo que yo tomé por verdades en el libro del señor Donoso sean errores gravísimos, escapados a la pluma, ya que no al entendimiento. Mas como el mío es débil en extremo, aunque estos teólogos parisienses lo corroboran e iluminan, no consiguen aún libertarme de la buena voluntad y afición que tuve y tengo al señor Donoso y a su libro. Y así, engañado acaso mi entendimiento y dejandose llevar de esta afición desventurada, no cesa de presentarme argumentos que, razonables a mi ver, ponen en claro lo injusto de la crítica del Amigo de la Religión.

De estos argumentos voy a hablar a usted en mi carta si bien sospecho que cuando mi carta llegue a ésa nadie se acordará ya de la tal crítica, o que hábiles y entendidos escritores la habrán impugnado con aquella perniciosa facilidad de estilo que a mí me falta y que al Amigo de la Religión no le sobra.

El lenguaje del señor Donoso no puede ir muy ajustado al uso de la escuela porque su Ensayo no se escribió para teólogos, sino para los ignorantes, que lo entendemos como está y de otro modo, no lo entenderíamos, y contra los filósofos impíos, cuyas palabras técnicas a veces emplea el señor

Donoso para convencerlos y reducirlos y para que le comprendan mejor. Este modo de hablar, que tan extraño parece a los teólogos de París, es semejante al que usaron en todos los tiempos los que trataban de defender o propagar nuestra santa fe entre los incrédulos y los gentiles, procurando asimismo que las explicaciones que daban consonasen exactamente con las verdades que se proponían explicar. Cuando Nuestro Señor Jesucristo enseñaba al pueblo su doctrina santísima, hablaba el lenguaje del pueblo para que todos le comprendieran, y con los fariseos hablaba el lenguaje de los fariseos, porque las palabras son buenas o malas según la significación que toman y la manera con que van dichas. Por eso Jesús le dijo a Nicodemo que había de nacer de nuevo si quería salvarse, y como Nicodemo respondiese que no lo entendía, Cristo le replicó: «¿Cómo siendo maestro en Israel lo ignoras?» Lo que denota, según el erudito cardenal Wiseman, que de esta frase, nacer de nuevo, se servían los fariseos para indicar la iniciación en los misterios de su secta.

Traigo aquí la cita a fin de que se vea que al pensamiento y no a la expresión se ha de atender, y que el señor Donoso, que no tiene pensamiento alguno que no sea católico, no desfigura las verdades reveladas al anunciarlas en el lenguaje de los filósofos modernos, los cuales, a no estar de mala fe, comprenderán mejor estas verdades cuando se dijeren en su propio idioma, tomándolas de los escritos de los santos doctores sin alterar lo que en ellas viene significando. Así, por ejemplo, al afirmar que el Padre es tesis, se afirma que en el Padre está la unidad infinita; al afirmar que el Hijo es antítesis, se afirma que en el Hijo está la igualdad de aquella unidad infinita; y al decir que el Espíritu Santo es síntesis, se dice que el Espíritu Santo procede del Padre y del Hijo, y que es la concordia de aquella unidad y de aquella igualdad. In

Patre, unitas; in Filio, œqualitas; in Spiritu Sancto, unitatis œqualitatisque concordia.

No es posible entender de otra manera las palabras del señor Donoso.

Y al deseo de hacerse entender de los profanos se junta el entusiasmo y la exaltación sublime de su alma, que le incitan a revestir de imágenes bellas y animadas lo que pudiera decir escolásticamente o con pedestre llaneza; pero ¿cómo un hombre fervoroso y devoto que desea conmover y convencer, y que está dotado de facundia y de corazón sensible, podrá evitar estos arrebatos elegantes? ¿Y para qué evitarlos, si lejos de desdorar la majestad divina suelen persuadir y ganar las almas con más facilidad que los secos y fríos silogismos? ¿Para qué desechar estas galas, si la doctrina que de ellas se reviste, sin perder su pureza, hiere más vivamente la imaginación y atrae a sí a los que olvidados de su interior hermosura las despreciarían sin las galas y adornos exteriores? Habrá quien afirme que este estilo figurado causa mil anfibologías; pero dudamos que los lectores sinceros, por poco ilustrados que sean, dejen de comprender rectamente cuanto dice el señor Donoso. Solo atribuimos al poco afecto que le tiene el Amigo de la Religión esas torcidas interpretaciones, de las cuales brotan otras tantas herejías. Si mal no recuerdo, los teólogos de la Sorbona acusaron de hereje a Santo Tomás de Aquino; otros teólogos, más humildes y oscuros, acusan en el día al señor Donoso Cortés. Usted juzgará si la última acusación ha sido o no tan injusta como la primera. Yo sé poquísimo; pero me basta haber leído y estudiado algo la Ciudad de Dios y otras obras de San Agustín, para saber que de ellas, y no de otra parte, ha tomado el señor Donoso cuanto hay en su libro de dogmático, y, al trasladarlo, procuraré demostrar que no lo ha adulterado.

Para desvanecer las objeciones del Amigo de la Religión, voy a considerarlas una por una y según el orden en que el Amigo de la Religión las pone. Mucho desconfío de mis fuerzas, y desistiría de la empresa si no me sostuviesen los buenos deseos, entre los cuales entra por algo el patriotismo, pues, en mi entender, los escritos del señor Donoso han de defenderse, cuando faltaren más justos y elevados motivos, por ser una gloria de la literatura española.

Cualquier error que se pretenda hallar en la proposición «el Padre es tesis; el Hijo, antítesis, y el Espíritu Santo, síntesis», se puede hallar también en mil proposiciones que siempre pasarán por católicas, si la mala fe sirve de intérprete. Y para que este aserto no se tome por infundado, pudiéramos darle por fundamento la crítica despiadada de una proposición de nuestros teólogos parisienses; a saber: «Toda lo que hay de más sagrado sobre la Tierra es la verdad y el buen sentido», lo cual, aunque más trascendental y gravemente, contiene los mismos errores que si dijéramos: «Todo lo que hay de más respetable en España es la Ley de los alcaldes de monterilla», sin acordarnos del rey, ni de las Cortes, ni de los tribunales supremos, ni de las audiencias, etc., etc.

Al hablar de la naturaleza del verdadero Dios, dice Donoso: «El Dios vivo es uno en su sustancia, como el índico; múltiple en su persona, a manera del pérsico; a la manera de los dioses griegos es vario en sus atributos, y por la multitud de los espíritus (dioses) que le sirven es muchedumbre, a la manera de los dioses romanos.» El Amigo de la Religión supone que no es posible acumular más errores en menos palabras. Veamos dónde están esos errores. Desde luego hemos de confesar que si están en alguna parte, están en las expresiones y no en la conciencia del autor, porque, prosigue Donoso Cortés, «Dios es causa universal, sustancia infinita e impalpable, eterno reposo y autor de todo movimiento;

es inteligencia suprema, voluntad soberana; es continente, no contenido. Él es el que lo sacó todo de la nada y el que mantiene cada cosa en su ser; el que gobierna las cosas angélicas, las cosas humanas y las cosas infernales; es misericordiosísimo, justísimo, simplicísimo, secretísimo, hermosísimo, sapientísimo, el Oriente conoce su voz, el Occidente le obedece, el Mediodía le reverencia, el Septentrión le acata. Su palabra hinche la creación, los astros velan su faz, los serafines reflejan su luz en sus alas encendidas, los cielos le sirven de trono y la redondez de la Tierra está colgada de su mano.» De la lectura de estas elegantes palabras, tomadas de los libros sagrados y de los santos padres, se deduce que el señor Donoso los ha leído, aunque no es doctor en Teología, y que, al repetir aquellas palabras, las ordena con admirable elocuencia y las anima con el fuego de su alma, y pone en ellas la convicción y el entusiasmo, que le conmueven. Lo que algunos teólogos dicen obtuse, deformiter, frigide, el señor Donoso, no solo por estudio e imitación de los buenos autores, sino también por benéfico influjo de los cielos, lo sabe decir acute, ornate, vehementer, como recomienda San Agustín y como conviene que se toquen tan altos asuntos, y como el mismo San Agustín los toca en los capítulos III y IV de las Confesiones. Y no es posible que quien habla tan bella y tan acertadamente pueda caer en los groseros errores que se le atribuyen. Estos errores emanan solo de la torcida interpretación de los críticos.

Dios era unidad en la India; dualismo, en Persia; variedad, en Grecia, y muchedumbre, en Roma; pero en la India, en Persia, en Grecia y en Roma los sabios pensaron y escribieron grandes verdades acerca de Dios; las cuales, ofuscadas por las tinieblas de la idolatría, pero no corrompidas, porque, la verdad no se corrompe nunca, se dejaban ver en parte, como destellos de la revelación primitiva, sin cuyo auxilio el entendimiento humano no hubiera podido descubrirlas. Y estas grandes verdades, medio olvidadas y medio oscurecidas, formaban las teologías humanas, que, en lo que tenían de verdaderas, no eran sino fragmentos mutilados de la teología católica (universal). Esto es lo que Donoso quiere decir y lo que dice.

El Dios vivo es uno en sustancia, como el Dios de la India significa no que el Dios de los cristianos es el Dios de los panteístas, sino que en la India se tuvo conocimiento de un Dios único, y aun en no pocos de los libros sánscritos se habla de este Dios por tan alta y determinada manera, que no puede menos de creerse que el Dios de quien se habla es el verdadero Dios, y que lo que se dice de Él está tomado, por tradición o por copia, de lo que dicen las Escrituras. La primera y única Causa, según las Instituciones de Manou, creó las aguas con un solo pensamiento, y se movió sobre la faz de las aguas en la forma de Brahma creador. Estas palabras y muchas otras que pudiéramos citar son los fragmentos mutilados de la teología católica a que alude el señor Donoso para demostrar que el Dios índico no es sino el Dios verdadero, mal conocido; y que, en cuanto a su unidad, el Dios verdadero es, como el Dios índice, primera y única causa...

Dice Donoso Cortés que Dios es múltiple en el mismo sentido que lo dice la Biblia y que San Agustín declara: Dictus est in Scripturis sanctis Spiritus sapientiœ multiplex, eo quod multa in se habeat; sed quœ habet, hœc et est, et ea omnia unus est. En el mismo capítulo X de la Ciudad de Dios viene explicado más extensamente cómo en Dios hay unidad de esencia y diversidad de personas. El señor Donoso no dice solo que Dios es múltiple en su persona, sino que lo es como el pérsico. Esto significa que el Dios pérsico, en cuanto a sus personas, es el Dios verdadero, conocido a medias por los persas, o que los persas tuvieron idea tan clara de la Santísima Trinidad, que no pudieron tenerla sino por la revelación primitiva conservada entre ellos. El Oupuchkhat dice: «El Verbo del Creador es el mismo Creador y el grande hijo del Creador. Dat, esto es, la Verdad, es el nombre de Dios, y Dios es trabat, o dígase trino y uno.»

En cuanto a llamar a Dios muchedumbre, no va tan errado el señor Donoso, si se considera que en el primer capítulo de la Génesis Dios se llama muchedumbre, Heloim, que está en plural, y para dar a entender que al par que es muchedumbre es uno, el verbo está en singular, como si se dijera «los Heloim, esto es, Dios trino y uno, con su sabiduría, poder, bondad, etc., creó el Cielo y la Tierra.» Este hebraísmo de poner el nombre de Dios en plural es para denotar la grandeza de Dios, y basta consultar cualquier gramática hebrea para conocer que al número plural se ha de dar aquí el sentido de singular, y que siempre le acompañan en singular el verbo, el pronombre y el adjetivo. Herder y otros han querido interpretar el texto sagrado impíamente, y, sin negar que Moisés cree en un solo Dios, suponen que los Heloim no eran el nombre de este mismo Dios, sino el de ciertos genios, sus ministros y servidores. Autores más sabios y bienintencionados demuestran lo falso de esta interpretación. En cuanto al Dios muchedumbre de Donoso Cortés, no habrá nadie, sino los críticos del Amigo de la Religión, que lo entiendan en mal sentido. Pero se podría suponer que llamar en nuestra lengua a Dios muchedumbre es una extravagancia, si por el modo y por el motivo con que esta frase está dicha no se le hallase disculpa y absolución. Por la multitud de los espíritus que le sirven, Dios es muchedumbre, esto es, es el Dios de los ejércitos, el Dios Zebaoth, el Dios de Débora, que forma las estrellas en batalla y las estrellas pelean contra Sisara, adversum Sisaram pugnaverunt; el Dios de David, que se ha de alabar por la muchedumbre de su grandeza, secundum, multitudinem magnitudinis ejus; el Dios de Isaías, que se adelanta hermosísimo en la muchedumbre de su fuerza, gradiens in multitudine fortitudinis suœ; el Dios apocalíptico, seguido de innumerables legiones y coronado de una diadema donde hay escrito un nombre que nadie sino Él llega a pronunciar, et tamen Deus, quod di illo nihil digne dici possit, admisit humanœ vocis obsequium et verbis nostris in laude sua gaudere nos voluit; el Dios que describe Tertuliano, «Verbo primordial y primogénito, acompañado de su Sabiduría y de su Poder y sostenido por su Espíritu».

Dice Donoso que el Dios vivo, en cuanto a la variedad de sus atributos y a la muchedumbre de espíritus que le sirven, es a la manera de los dioses romanos y griegos. Y conviene en esto con San Agustín en la Ciudad de Dios, y con Tertuliano en la Apología, y con todos los santos padres que hablaron contra los gentiles. Porque no dice Donoso que los gentiles sabían tanto de Dios como los cristianos, sino que los niños, amamantados a los fecundísimos pechos del catolicismo, saben hoy más que Aristóteles y Platón, luminares de Atenas, y que la ciencia cayó derribada por la Humanidad ante el acatamiento divino. Y al decir esto, no parece sino que repite las palabras de San Jerónimo: lu/goj enim Grœce MULTA significat; nam et verbum est, et ratio, et supputatio et causa, uniuscujusque rei, per quam sunt singula quœ subsistunt; quœ universa recte intelligimus in Christo Hoc doctus Plato nescivit, hoc. Demosthenes eloquens ignoravit. Perdam inquit, sapientiam sapientium et prudentiam prudentium reprobabo.

El erudito cardenal Wiseman cita estas palabras y deduce de ellas que las tradiciones primitivas sobre las doctrinas religiosas se conservaron entre diversas naciones.

Pero ¿quién se atreverá a dudar que los dioses romanos y griegos eran la deificación de algunas de las propiedades del

Dios verdadero, del Dios bíblico, si esto se entiende como el señor Donoso y cuantos lean de buena fe al señor Donoso lo entienden? El mismo Tertuliano, ¿no dice que el Dios verdadero es el verdadero Prometeo? Y Augusto Nicolás, ¿no descubre en la tragedia de Esquilo el misterio oculto de nuestra redención? Mil autores eminentemente católicos, ¿no llaman a Dios el Sumo Jove? ¿No atestiguan la venida de Cristo los versos de la Sibila y los de Virgilio, sin que sea esto afirmar que Virgilio y la Sibila supiesen lo que decían, aunque sin saberlo lo dijeron? San Agustín mismo, ¿no se admira de la consonancia de algunas doctrinas platónicas con las cristianas? ¿No asegura que mil fábulas del paganismo son trasuntos desfigurados de las verdades católicas? ¿No afirma, al par que condena las torpezas del paganismo y del Júpiter de los paganos, que este Júpiter pagano es un remedo insensato del verdadero Dios; que los espíritus que le cercan y los nombres con que le adornan son los atributos de Dios vivo?

Donoso Cortés, al decir que el Dios vivo, por la muchedumbre de espíritus que le sirven, es a la manera de los dioses paganos, no afirma más que San Agustín, ni ofende a Dios, ni entra por tan oscuros caminos que pueda engañar ni extraviar en ellos al más rudo de sus lectores. Porque el más rudo de sus lectores sabe hoy, mejor que Platón y que Aristóteles, lo que le conviene creer, y aun el mismo Platón y el mismo Aristóteles no hubieran nunca creído que el señor Donoso Cortés ponía entre los atributos del verdadero Júpiter, ni a Steraclus, ni a Pecunia ni a los vicios, ni a los demonios deificados por la Humanidad pervertida y flaca. Donoso Cortés sabe perfectamente que sin la luz de la revelación ni hay verdad cumplida ni conocimiento del verdadero Dios; y por eso ve algo de esta revelación casi olvidada en muchos de los símbolos y misterios de las falsas religiones y en algunas opiniones de los filósofos y sabios antiguos.

El señor Donoso Cortés no dice en parte alguna que Dios sea sustancia indefinida; dice, sí, que es sustancia infinita. Acaso el traductor francés tradujese mal o el impresor francés se equivocase. El impresor o el traductor españoles han errado y se han equivocado también varias veces al traducir o publicar los artículos del Amigo de la Religión, y ponen presencia por presciencia, y Escolástico por Eclesiástico, etcétera. «¿Acaso —pregunta el Amigo de la Religión— los santos ángeles tienen alguna semejanza con los dioses romanos?»

Río de Janeiro, 4 de agosto de 1853

Sunt lacrimœ rerum, querido don Serafín, y si le escribo a usted casi siempre de broma es por no fastidiarle con mi llanto, no porque me falten ganas de llorar. Este pobre Adadus Calpe, viviendo de ilusiones que a cada paso se desvanecen como el humo, anhelando una fama que nunca ha de alcanzar, quizá, o sin quizá muy falto de dinero, y llevando tres hijos y la mujer a cuestas; este pobre Adadus Calpe, repito, con su pedantería extravagante y con su imaginación acalorada, me pone en el alma más deseo de llorar que de reír. Lejos de la patria, donde es probable que no tenga ya Calpe ni amigos ni parientes, y arrastrado de uno en otro clima por esta manía andariega que en estos últimos tiempos se ha apoderado de la Humanidad, no sé qué será de él, ni sé qué espera, ni qué desea; él mismo tampoco lo sabe. El hambre supongo que le obligará a establecer aquí un colegio; pero, con este arbitrio, ¿matará el hambre? Y, aun cuando mate el hambre corporal y prosaica, aquella otra hambre canina de gloria que le roe las entrañas, ¿no seguirá atormentándole? Y si Adadus no sabe llamar en su auxilio ni a Dios ni al diablo (en los cuales ha de creer poquísimo, si algo cree), ¿de qué le sirven su magnetismo, su biología y su funi-fastasmagórica? Al que se sale del camino que debe seguir no le queda ahora el recurso de meterse a fraile, porque le falta la fe, ni el de suicidarse con aquella serena majestad de los antiguos, porque le falta valor.

> *Terra malos homines nunc*
> *educat atque pusilloso.*

Cuando alguien padece ahora, o cuando se mata se mata y padece tan sin arte y con tan poca elegancia, que, por más caridad que guarde uno en el pecho, no deja de burlarse del desgraciado. Conocí en Nápoles a cierto joven chileno, llamado Gallo, rico, buen mozo, robusto y amable; pero vino a persuadirse de que era tonto y de que todo se burlaban de él, y no pudiendo sufrir estas extrañas imaginaciones, se huyó de Nápoles, y en Marsella se tiró un pistoletazo en el cielo de la boca para no ser tonto. Cuando llegó la noticia a sus amigos, le tuvieron por más tonto de lo que en realidad había sido, y en vez de compadecerle se rieron. Solo la V* * * lloró su muerte, imaginando ser la causa de ella.

En todas las cosas, hasta en las más serias veo yo algo de ridículo y me aflijo sobre manera. Esta misma V* * *, ya jamona y más catada que colmena, puso a toda la Legación de España en Nápoles en ocasión de hacer mil ridiculeces. Embajador, secretarios y agregados la querían gozar y la cortejaban a porfía. Hasta que una noche el embajador, ofendido, nos dijo que la dama corría por su cuenta, y, tomándonos por los Doce Pares y convirtiéndose él en Carlomagno, aunque en apariencia de burla, se levantó de su asiento, y con voz llena de cólera mal disimulada, nos habló de este modo:

Merecida ha de ser, no arrebatada
Angélica en mi tierra, paladines,
que aún no es del todo báculo mi espada
ni estoy sordo al rumor de los clarines.

Pero en el estilo trágico-cómico nada hay comparable a un dicho de mi tío Galiano. Como nosotros de todo conversábamos sin miramiento alguno, aconteció que un día le hablé yo del amor de su hijo Dionisio por una gran señora, muy conocida, la cual me había contado estos amores con aquella vana y desalmada complacencia que tienen las mujeres de jactarse de sus triunfos y del mal que logran causar. En efecto, Dionisio padeció por ella horriblemente, y su pasión fue vehementísima, desatinada, loca. Ni Claudio Frollo, ni Santiago Ferrand, ni Stenio, el de Lella, amaron nunca con igual furor. Nunca amaron tan sin esperanza como Dionisio. Gallano lo creía así y me obligaba a seguir hablando. Para él todos los errores, delitos e infortunios del hijo venían de esta pasión frenética que trastornó su entendimiento, torció su voluntad y vició su natural, antes bueno. Galiano hallaba un placer melancólico en estos recuerdos, tan melancólicos de suyo. Notaba yo que había hecho una cruel necedad en despertarlos en su corazón; pero ya estaba hecho. Por último, vi asomar a los ojos de mi pobre tío, Dios me perdone, dos gruesas lágrimas, y le oí exclamar, con acento doloroso, elocuentísimo, desgarrador: «¡Oh mil veces sin ventura, hijo mío! ¡Tú eres el único a quien no se lo ha dado esa grandísima p...!» Cuando Virgilio recitó delante de Augusto y de su hermana:

Hen miserande puer! Si qua fata aspera rumpas,
tu mercellus eris,

ni Augusto ni su hermana se enternecieron tanto por la muerte del sobrino y del hijo muy amado, como yo entonces me enternecí con piedad infinita.

Y esta piedad, que ni me la inspiran los lamentos de Byron ni los desesperados sentidísimos cantos del divino Leopardi, la despierta y enciende en mi alma el estrambótico Calpe. Lo que me mueve a risa es lo que asimismo me mueve a piedad. Y por esto y por otras consideraciones no le mando a usted el diálogo prometido. Los puntos que se tocaron en él son tan altos y tan graciosos al par, que Platón y Luciano de concierto podrían apenas darles el colorido, la vida y el vigor convenientes. Yo, por tanto, no me siento capaz de emprender tan sublime y abrumadora tarea. Lo que pretendo ahora, y por eso lo tomo con tiempo, es contestar a todos los pormenores y preguntas de su última carta de usted.

Comenzando por hablar de cosas literarias, diré a usted francamente que nunca he leído a Salinas, a quien asegura me parezco algo y a quien por ser, si no me engaña la memoria, gran amigo de fray Luis de León, colocó entre los varones ilustres y entre los egregios poetas por la fama que usted le da. Agradezco el elogio que hace usted de mis versos Amor del cielo, y, como crítica, aquello de «Entre las flores de tu huerto adorno», debo aclarar una cosa que no pensé yo fuese oscura ni diese lugar a anfibologías. Adorno no es epíteto de huerto, sino sustantivo. Como si dijéramos en prosa: «Entre las flores que adornan o son adorno de tu huerto, porque en el huerto tuyo hay también calabazas y otras mil porquerías, que ni le adornan ni hermosean.» Esto quise decir, y si no lo dije, lo siento; pero nunca, por buscar consonantes difíciles, iré hasta lo absurdo. Los consonantes difíciles me agradan cuando se ajustan bien al sentido; cuando no, prefiero los más triviales.

Como prueba y fruto de mi afición a la poesía, envío a usted ahora otra composición que días pasados escribí en el álbum de una señorita. Y como prueba más curiosa y fruto más deleitable y sazonado del ingenio poético del emperador don Pedro II, he sacado de dicho álbum la adjunta copia de unos versos autógrafos imperiales. En ellos su majestad se compara al Sol, y habla de su justicia, etc., sin pedir a nadie que se lo agradezca, porque lo hace en cumplimiento de su deber. Ya usted comprenderá que quien tales sublimidades escribe en el álbum de una muchacha ha de creerse un Marco Aurelio y ha de escribir un TAN ÉIS ÉAYTON mucho menos modesto. No dirá el brasileño, como el romano, que todo se lo debe a sus maestros, y amigos; ni dará gracias a los dioses por haberle concedido amigos y maestros tan buenos y hasta una nueva Lucrecia en su esposa Faustina. Y esto último, cuando no lo demás, bien pudiera decirlo con verdad y no engañado, como lo dijo el otro. La emperatriz del Brasil es tan virtuosa como fea. Don Pedro II, a pesar de su mucha sabiduría, le es infiel a menudo. Y como el teatro de estas infidelidades suele ser la Biblioteca de Palacio, resulta de aquí que las damas se instruyen y se transforman en Aspasias y en Corinas. Entre tanto, las menos afortunadas y hermosas, que no han ido ni van a la Biblioteca, conservan la corteza primitiva; y si por acaso se quieren encumbrar alguna vez y darla de doctoras y redichas, inmediatamente se precipitan en el abismo de la ignorancia. Sea un ejemplo de éste (aunque antiguo ya, muy ilustre) la señora vizcondesa de Olinda, que, siendo su marido Regente del Imperio, solía quejarse de que no la dejaban en paz ni un momento. Estas eran sus palabras: «Para nada tengo tiempo desde que soy mujer pública; las visitas menudean que es una peste.» A otro ejemplo más reciente dieron ocasión mis versos en el álbum, pues como allí hablo del amor sin nombrarlo y le pinto como un magnetizador portentoso e insigne poeta, la señorita quiso saber, y me preguntó quién era, y hasta llegó a sospechar si sería Adadus Calpe. De aquí saqué yo dos consecuencias: primera, la virtud de la señorita, que de seguro no había estado aún en la Biblioteca, y segunda, la verdad de aquella sentencia evangélica aun aplicada a los negocios mundanos: non mittatis margaritas vestras ante porcos.

El señor don Pedro es también muy purista y doctísimo filólogo. Sus cortesanos tratan de imitarle, ocupándose de la lengua y procurando menearla con maestría. Dos de esos cortesanos tuvieron ha poco una profunda discusión filológica en presencia de su majestad. Sostenía el uno que se decía progüntar, y el otro aseguraba que preguntar era como se decía. El emperador los estuvo escuchando largo rato y al cabo, señalándoles sucesivamente con el dedo, les dijo: «Ni pro ni pre y les volvió las espaldas muy enojado. Aturdidos ellos con esto, empezaron a indagar cómo habían de decir en adelante, y después de varias consultas vinieron a descubrir que en portugués se dice perguntar. Por este orden se va aquí adoctrinando la gente poco a poco.

Estoy haciendo diligencias para hallar y comprar los libros que usted me pide y todos aquellos que me parezcan interesantes en punto a las cosas de América. Yo he comprado aquí gran cantidad de libros antiguos, muy baratos y buenos, aunque no raros. Los de más precio son: un Groting con las notas de Barbeyrac, Amsterdan, 1729; un Plinio, in usum Delphini; un Henrique Velesio y un Egnacio de los Aldos, ejemplar conservado muy bien y que contiene varios opúsculos curiosos y entretenidos, como la oración de Heliogábalo ad meretrices.

Me pide usted que le hable de mis amores de Lisboa con aquella ninfa gaditana, pero aquellos amores los dejé por otros mucho más serios que allí tuve y que hubieran podido acabar en matrimonio si no me vengo al Brasil. Por otra parte, mis historias con la ninfa gaditana duraron poco y no tuvieron nada de divertidas. Las que con ella tuvo Vera sí que lo fueron, y se me figura que ya se las conté a usted muy por menor. El desenlace fue que Vera andaba enfermo, y atribuyéndolo a Antoñita, se encaraba con su Divina Majestad y le decía: «Señor, ¿es posible que hayáis puesto tanto veneno en un vaso tan hermoso? Señor, ¿esto es para probarme o para castigarme?» Vera es discípulo de Donoso Cortés, a quien Dios ha de tener en su gloria.

En cuanto a mi Armida brasileña, pondré en conocimiento de usted que es de las que han ido y van con frecuencia a la Biblioteca; pero como su majestad aunque da ciencia no da dinero, y ella gasta desaforadamente, el pobre del marido está lleno de deudas, y, de muy rico que era, ha venido a quedar con muy pocos medios. Mi Armida se vale de los de sus amantes. Yo, que no tengo medios, hube de abandonar la empresa.

Si no es usted muy perezoso y quiere dar contestación a esta carta, mándela a Lisboa, y de esta manera, como no nos crucemos en el camino, tendré la carta de usted aquí o allí. En Lisboa acaso me detenga y no sé cuál será el resultado de mi detención, pues mis amores matrimoniales aún no concluyeron, y si bien ahora deseo que concluyan, no me atrevo a leer con certeza en el libro del porvenir.

Adiós. Suyo,

J. Valera

Versos imperiales

Se fui clemente, justiciero ou pió,
obrei o que devia. E mui pesada
a sujeiçao do sceptro, e quem domina
nao tem a seu arbitrio as leis sagradas,
fiel executor deve cumpril-as;
mas nao pode alteral-as. E o throno
cadeira de justiça: quem se assenta
em tao alto logar fica sujeito
a mais severa lei: perde a vontade:
qualquer descuido chega a ser enorme,
detestavel, sacrilego delicto!
Quando no horizonte o Sol espalha
sobre a face da terra a luz do dia,
ninguem a admira, todos a conhecen;
mas se eclipsado acaso se perturba.
N'esse instante infeliz todos se asustao,
todos o observao, todos a receiao:
lago se premiei sempre a virtude,
se os viços castiguei, nada mereço.

El *logo* me encanta, porque da a los versos la forma silogística, tan conducente a la persuasión.

Dresde, 7 de febrero de 1855

Querida madre mía: Como en esta ciudad no tengo grandes distracciones, pienso en ella de continuo en Madrid, y de continuo y con ansiedad espero cartas de ustedes, que no llegan tan a menudo como deseo.

La Legación de España en Dresde tiene la misma importancia y utilidad que los perros en misa, y estoy casi deseando que la supriman, pues para ser esto, mejor es no ser nada. Entre tanto, todos mis amigos y conocidos adelantan

(Emilio Galiano, entre otros), y yo sigo estacionado, y lo que es más triste, estacionado en un puesto tan tonto.

El único consuelo que aquí tengo es el de llamar la atención general y ser notado y examinado de todos como español, o como si dijéramos por ser yo un bicho raro, habitante de la Polinesia o de tierra más bárbara e inculta. Lo primero que me preguntan todos cuando me ven de frac, y no mal pergeñado, es si vengo directamente de Madrid, y creo que por cortedad no me preguntan si me he hecho en Madrid los tales vestidos. Anoche me preguntó una señorita que cuántos días había empleado en ir desde Madrid a la frontera de Francia, y como yo le dijese que dos y medio, se quedó maravillada de lo rápido de mi viaje, y no pudo menos de exclamar: Alors, il y a des grandes routes en Espagne? Días pasados estuve en un bailecito, y se empeñaron en que bailase un bolero. Yo me excusé con que no le sabía por torpeza, pero que Pizarro lo sabía y bailaba como un águila, y que en cuanto le pasase el luto y la pena de la muerte de su madre tendrían el gusto de verle bailar. Todos quisieron verme de majo y con puñal, y que hubiese traído conmigo alguna hermana mía que fuese de mantilla y demás adminículos de maja; y aun disfrazado y todo de europeo, he notado con placer que muchas damas se quedan en éxtasis al contemplar mis hermosos ojos árabes, mis abundantes cabellos negros y mi fisonomía sarracena.

Otra de las ideas extravagantes que aquí tiene el vulgo sobre nuestro país, y cuando digo el vulgo entiendo principalmente lo que se llama beau monde, es que en España se llega a ser hombre o mujer a los diez o doce años, y se envejece asimismo muy de prisa; por lo cual, si me preguntan qué edad tengo y les respondo que treinta años, se hacen cruces, porque me creían de dieciocho o diecinueve a lo más.

Noches pasadas, estando yo en otra tertulia, trató la dueña de la casa de hacerme tomar té, y como no quisiese yo tomarlo, imaginando ella, sin duda, que en España no se conocía aquella bebida, se puso a explicarme lo que era, recomendándomela por buera y saludable. En fin: unos más y otros menos, ello es que me tienen por ser extraño y curioso, y que con este pensamiento acaso den en quererme las mujeres. Yo, por desgracia, no he visto hasta la presente ninguna que me pete y convenga, si no es una inglesita o inglesona, pues aunque muy joven, parece, por lo alta y enjuta, la manga de una parroquia, pero tiene una cara divina, más blanca que la leche y más hermosa que el prado por abril de flores lleno. Sus ojos son azules y sus cabellos de oro, y su nariz delicada perfecta, más que las narices de las estatuas griegas, que por lo regular son gordas. Se llama esta criatura adorable la señorita Wallis, y por ser ella tan larguirucha, aérea, vaporosa y sublime, yo la comparo a un ángel del beato Angélico, para lo cual no le falta más, que sus alas de púrpura y una llama sobre la cándida frente. La señorita Wallis, sentiré que sea vana presunción mía, entiendo que se me va aficionando, y desde luego puedo asegurar que me ríe mucho las gracias.

Seguimos de ordinario con 15 ó 16 grados de frío, y, por consiguiente, corriendo patines hasta en las calles y sin desearlo por manera alguna. Ya he salido en trineo y sé a lo que sabe el trineo. Los pies y las piernas y casi todo el cuerpo cubierto de mantas y de pieles, a la verdad que no padecen, pero las narices y las orejas se convierten en purísimo hielo, y cada pelo del bigote es un carámbano, porque, gracias a la rapidez con que se camina y corta el aire, el frío se siente más. Yo, durante todo el paseo, me iba dando friegas en las orejas y narices, temiendo que se me cayesen si tal no hacía, y he quedado tan harto de esta operación, que me parece que no vuelvo a trinear en mi vida.

Aún no he ido al teatro, porque no entiendo jota del alemán y me da rabia no entenderle. Sin embargo, ya he oído, sin esperarlo ni quererlo, una tragedia entera en lengua alemana, que recitó la otra noche en una tertulia, no su autor, que no se sabe hasta ahora quién es, sino un aficionado y devoto de la tragedia. Lo único que entendí de todo fue que el lector es un energúmeno, por los gritos desentonados y las manotadas furiosas; que la tragedia es larguísima y pesada, puesto que hasta muchos alemanes lo confiesan, y entendí asimismo la palabra Calígula, por donde vine a saber que este imperante ferocísimo tocaba pito en aquella función. Después me han dicho que la tragedia se titulaba El gladiador de Rávena, y que está haciendo furor en toda Alemania. En ella este gladiador, y sobre todo la madre de este gladiador, que a lo que se deja traslucir era gran filosofa, no sé si discípula de Kant o Hegel dicen a Calígula cosas muy puestas en razón, aunque algo duras de oír, sobre su mala conducta, sobre que los italianos son, han sido y serán siempre unos cochinos y tunantes, y sobre las grandezas, longanimidad y otras virtudes pasadas, presentes y futuras de los germanos. Allí se profetiza la destrucción de Roma y el entronizamiento de la raza teutónica, y, por último, para que el gladiador no divierta al César y al pueblo combatiéndose con otros, la mamá le da un cachiporrazo, le mata y acaba la tragedia trágicamente.

Como los alemanes son tan serios, se hacen en las tertulias lecturas por este orden y se canta música muy profunda. Yo prefiero, con todo, las tertulias menos sabias de casa de la condesa de Montijo, y cambiaría todo El gladiador de Rávena por un poco de Mono amarillo al lado de la amable duquesita. A ella y a su madre dará usted expresiones mías.

Mil abrazos a mis hermanas, y usted escríbame y créame su amante hijo,

Juan

Madrid, 1858

Al director de la Revista Peninsular,

Muy estimado señor director de la Revista: La adjunta leyenda, escrita con lenguaje y estilo del siglo XV, es de don Aureliano Fernández Guerra, que tan célebre ha venido a ser en la república literaria por la sabia crítica y profunda erudición con que ha sabido coleccionar, comentar y anotar las obras de nuestro gran poeta, discreto estadista y cortesano y maravilloso polígrafo don Francisco de Quevedo.

La leyenda, además de su mérito, efectivo e innegable, se recomienda por una circunstancia, con visos de novela también, que no puedo menos de apuntar aquí.

Siendo aún muy mozo don Aureliano, escribió ciertos romances, que sometió al juicio de don Bartolomé José Gallardo. Era éste un oráculo entre los literatos, y verdaderamente hubiera merecido pasar por tal si su extremada propensión a burlarse de todo y no hallar nada bueno, sino lo que él hacía, no anublasen el brillo de sus cualidades y no amargasen, con dejos ponzoñosos, la dulzura de sus escritos. Obras de Gallardo son el Diccionario crítico-burlesco, que alcanzó tanta y tan merecida fama y que ejerció tanta influencia allá por los años de 1812; la Apología de los palos y la sátira contra el falso Buscapié, de Cervantes, publicada por don Adolfo de Castro. En todas ellas se descubre ingenio grandísimo, pero mayor acrimonia y malevolencia.

Gallardo era un erudito de nuestras cosas, gran conocedor y maestro de nuestro hermoso idioma y apegadísimo a nuestros autores de los siglos XVI y XVII, a cuya manera de decir ajustaba fácil y naturalmente la suya, teniéndose y considerándole todos por muy purista. Lástima es que su correspondencia inédita no se publique, pues escribió muchas cartas que pueden pasar por modelo en este linaje de escritos y que están llenas de noticias curiosas.

Pero vamos a nuestro cuento. Fernández Guerra sometió, como llevo dicho, sus versos al juicio de Gallardo, y éste, que no se cuenta que haya jamás elogiado a nadie sino de mala gana, notó en los pobres versos más faltas que palabras, y los anatematizó, principalmente por poco castizos y llenos de frases y locuciones francesas. Entonces fue cuando escribió esta leyenda Fernández Guerra, y, habiéndola hecho copiar en papel antiguo, y de tan perfecta y singular manera que no parecía sino que estaba escrita a principios del siglo XVI o a finales del XV, se la presentó a Gallardo como quien enseña una antigualla a un entendido arqueólogo, y por antigualla la tuvo éste, y nunca Fernández Guerra quiso sacarle del error en que estaba, ni descubrir a nadie su inocente fingimiento, Gallardo ha muerto poco ha, y poco ha también se ha sabido que la leyenda es obra de don Aureliano. Ahí va para que usted la publique en su revista, haciendo notar en sustancia a los lectores lo que le dice en esta carta su amigo, etc, etc.,

Silvio Silvis de la Selva

Berlín, 26 de noviembre de 1856
Señor don Leopoldo Augusto de Cueto.

Mi querido amigo y jefe: Su amabilísima carta del 17, que de manos del señor Oliver recibí tres días ha, apenas hube llegado a esta ciudad magnífica, me lisonjea en extremo y me pone en la precisa y agradable obligación de contarle circunstancialmente todas aquellas cosas que puedan interesarle o divertirle y que nos hayan ocurrido durante nuestra peregrinación desde París hasta aquí.

A Jove principium, Musœ, Jovis omnia plena. Empecemos, pues, por el duque, nuestra providencia y nuestro Jove, y digamos de él que es la más excelente persona y el más generoso gran señor que he conocido en mi vida. Viajamos a lo príncipe. Paramos en las más elegantes fondas y tenemos coches, criados, palco en los teatros y cuanto hay que desear. Los miramientos, las delicadas atenciones y la noble bondad con que nos trata, así al ayudante como a mí, exceden a todo encarecimiento. A él, por otra parte, le atienden y agasajan sobre manera en los puntos donde nos detenemos, y harto claro se ve que su nombre suena bien en los oídos de esta gente del Norte, mucho más aristocrática que nosotros, o por lo menos no tan envidiosa y sí mejor educada. Aquí hay cierto género de justicia distributiva que es parte y muy principal de la buena educación, y que en España raros son los que la conocen, considerándose esta falta como una prueba de nuestro noble orgullo y carácter elevado e independiente.

El duque tiene, además, esparcidos por toda Europa infinidad de parientes, que se jactan de serlo, y de los cuales está él también muy satisfecho, complaciéndose en visitarlos y ellos en obsequiarle durante su permanencia en las ciudades donde viven. Por esto nos detuvimos en Bruselas y por esto nos hemos detenido igualmente en Münster, donde los príncipes de Croy-Dülinen han estado finísimos, no solo con el duque, sino con Quiñones y conmigo.

La casa de los príncipes me hizo recordar la del famoso barón de Thurdentlhumtrock, así por ser ambas casas de las mejores y más antiguas de Westfalia, como por la majestad y afable, decoro con que nos recibieron en la de los príncipes y por las tres princesitas solteras que allí se anidan y que me parecieron otras tantas Cunegundas inocentes y frescachonas. Un Cándido y un doctor Panglos faltaban; pero en Alemania no hay la malicia y la hiel de nuestra tierra, y todos son optimistas y cándidos. Y en cuanto al aya de las princesas, no pude menos de reconocer en ella a la doncella de ojos negros que puso, a su pesar, al doctor Panglos en el estado lastimoso en que se lo encontró Cándido en Holanda. Porque es de advertir que si bien en Alemania tienen las damas costumbres bastante arregladas, más por el respeto que se deben a sí mismas y por orgullo de raza que por escrúpulos de conciencia, todavía las mujeres de la plebe, careciendo, por fortuna, del mencionado orgullo y no creyendo que sea muy terrible pecado la fornicación, lo cometen todas con la mayor sencillez y naturalidad imaginables, y asimismo reciben muy naturalmente el dinero o los regalillos que uno les da, si uno es más rico que ellas, para lo cual se necesita poco. En cualquiera de estas ciudades está uno seguro de ser bien recibido de la primera bonita muchacha que se encuentre en la calle y a quien le dirija la palabra, convidándola a cenar o echándola un requiebro. Las chicas, por lo general, viven con sus padres, y para no dar escándalo en su casa se vienen a la de uno, o de cualquier bodegoncillo o coche de alquiler hacen templo de Cupido. Estas Margaritas no tienen ya mal espíritu que las atormente en la iglesia, ni hermano Valentín a quien tenga uno que despachar al otro mundo con ayuda del diablo.

Anoche, Florentino Sanz y yo hicimos de Fausto y Mefistófeles con dos modistillas muy guapas, y nos regocijamos en grande en una taberna, donde todo el gasto de vino del Rin y comida no pasó de un duro de nuestra moneda. Allí las introdujimos en la cámara del vino, in cellam vinariam, y el nardo dio su olor. ¡Ojalá que orégano sea y no alcarabea!

Esto, en otro país, se debería considerar como una prueba de la mayor corrupción; pero aquí se hace con una buena fe y una inocencia tan grandes, que el moralista más rígido no tendría por qué fruncir el ceño si lo considerase atentamente. Todas estas muchachas se casan luego con artesanos honrados, y son tan excelentes y ejemplares madres de familia como la que Schiller describe en sus admirables versos de La campana. Yo entiendo que esta nación es pagana aún y que nunca fue cristianizada perfectamente. Así me explico lo de las modistillas y otras mil cosas más altas y harto difíciles de explicar por otro medio. «El cristianismo —dicen los modernos filósofos alemanes— les diabolizó la Naturaleza que ellos habían divinizado»; pero el caso es que en la rica imaginación de esta gente y en sus apasionados corazones siempre tuvo la Naturaleza mucho de sobrenatural y de divino, y las pasiones algo de fatal y de santo, en consonancia con ella. ¿No ha dicho el mismo Lutero, a pesar de ser un reformador y un teólogo, que el que no ama a las mujeres, el vino y la música es un mentecato toda su vida?

Wer liebt nicht Wein, Weib und Gesand.
Der bleibt ein Narr sein Lebenlang.

Anteanoche oímos en el Gran Teatro Real una ópera de Wagner, fundada sobre una antigua leyenda que viene a confirmar lo que he dicho. El Landgraf de Turingia era gran protector de los Minnesänger o cantores de amor, y tenía en su Corte a los mejores y más famosos de ellos. Tannhäuser descollaba entre todos, y Venus misma, que ya en el siglo XIII no podía menos de ser una diabla, y de las más peligrosas, se enamora de él y le lleva a su infierno o subterráneo encantado, verdadero paraíso, en cuya comparación es una solemne porquería el jardín en que estuvo Rinaldo. Allí me las den todas. Tannhäuser está allí más a gusto que nosotros con el duque; pero el majadero empieza a tener saudades del

canto del ruiseñor y de la luz de la Luna y de otras insigni-
ficantes menudencias que faltaban por allá abajo, donde le
trataban a qué quieres, boca y cuerpo de rey, y comete la
necedad de abandonar a la archidiabla y a toda su Corte de
ninfas bailadoras, y de subirse a la tierra. En la Corte del
Landgraf se sabe que Isabel, su sobrina, está derretida por
él de amor, y él se ablanda también por ella. El Landgraf
reúne entonces a todos sus caballeros y poetas, y hay un cer-
tamen en el cual ha de escribirse en verso cuál sea la esencia
del amor. Los trovadores todos se andan con tiquis miquis
platónicos para explicar su esencia, y se esfuerzan con esta
gimnasia metafísica para ganar la mano de Isabel, que será
el premio del vencedor. Pero Tannhäuser se va al grano y de-
clara terminantemente que el amor es el deleite supremo de
poseer el objeto amado. Los otros trovadores se enfurecen y
contradicen su aserto, y, en el calor de la improvisación, se
le escapa a Tannhäuser que todas aquellas doctrinas se las
ha enseñado Venus misma, y que las sabe por experiencia.
Todos le condenan y se escandalizan. Acoquinado enton-
ces, aquel infeliz se va a Roma (es año de jubileo), se echa
a los pies del Padre Santo, y le pide la absolución. Pero Su
Santidad, que sabe del pie que cojea, no quiere dársela y le
dice que está excomulgado y maldito hasta que su báculo de
peregrino reverdezca y dé flores. En fin, para abreviar y no
fastidiarle a usted: el báculo reverdece, a pesar del Papa y
de las leyes físicas, y gracias a las oraciones de Isabel, con la
cual, en buen amor y compañía, se va Tannhäuser al Cielo,
y después de haberse divertido a sus anchas en la Tierra y
debajo de la tierra. La música es profundísima y no por eso
fastidiosa para los profanos. Las decoraciones, maravillo-
sas, y los trajes, de una riqueza y exactitud singulares. Ni en
París ni en Londres se representa nada mejor. Yo estaba con
la boca abierta. La Wagwner, sobrina del compositor, hacía

de princesa salvadora, y es tan linda y bien plantada, que el más melindroso penitente la tomaría por escala de Jacob con que subir al Cielo. Su tío anda errante por esos mundos, por haberse metido demasiado en las jaranas del 48.

Dejo de contar a usted los primores y curiosidades que he visto en museos, palacios, etc. Solo quiero hablar, por ser cosa nueva y de que no hablan mucho aún los libros del viajero, de los frescos de Kaulbach que se están pintando en la gran escalera del Museo Nuevo, y que estoy por decir que son, o serán, mejores que los que Cornelius pintó en el otro museo. Representan los tres ya concluídos: la dispersión de las gentes y Torre de Babel; la eflorescencia de Grecia y la destrucción de Jerusalén. Al ver la eflorescencia de Grecia, aquella luz serena y divina que baña el ambiente, aquellas divinidades olímpicas que se sostienen con majestad graciosa sobre el Iris; aquellos templos elegantes que se levantan en el aire azul y diáfano; aquel Homero, que, en un barco misterioso y guiado por la sibila de Oriente, viene a civilizar a los griegos, y otras mil fábulas y delicadas alegorías tan divinamente representadas, le dan a uno tentaciones de hacerse pagano. La destrucción de Jerusalén es también un cuadro pasmoso. El templo se hunde, los ángeles tocan las trompetas; Ashavero, empieza a caminar para nunca pararse; el gran sacerdote y los levitas se dan de puñaladas por no adornar el triunfo de Tito; éste se adelanta vencedor con sus legiones; los judíos están desesperados o huyen temerosos; los altos edificios arden; la congregación cristiana sale tranquilamente de la ciudad bajo la custodia de ángeles hermosísimos y más simpáticos casi que el general Serrano; y sobre todo este estruendo, confusión y tumulto están entre nubes, en lo alto y con gran prosopopeya y serenidad, los cuatro profetas que han vaticinado más o menos claramente tantas peripecias. Gran corrección de dibujo, valiente fantasía y muy filosóficos pensamientos me parece que hay en estos cuadros. Pero ¿cómo explicar a usted en una carta las impresiones que me han causado? Pasemos a otra cosa.

El caballero Leal, ministro de Portugal en ésta, nos ha dado un día muy bien de comer; pero ayer comimos mejor; ayer comimos en Palacio, para Oliver terrible pena y argomento di sogni e di sospiri.

Estaban a comer en Palacio, además de las personas de la servidumbre, entre las cuales algunas damas de no malos bigotes que nos miraban con curiosidad y especialmente a Quiñones, que se parece al Otelo que sale aquí en el teatro, estaban, digo, y Dios me perdone el modo de escribir, el barón de Manteufel; el de Humboldt, que nos habló muy bien en español; la gran duquesa de Mecklemburgo; un príncipe de Hesse; otro ídem de Wurtemberg; otro ídem de Ipsilanti, hijo del célebre poeta, y vestido con el airoso traje de su nación; el conde de Raczinski, y otra gente, o muy menuda o que yo tomé por tal porque no la conocí de nombre. El rey es un sabio bobalicón, lleno de la más candorosa pedantería. Habla mucho, pero habla con dificultad el francés, y cuando no encuentra alguna palabra, la suelta en alemán, y el que está a su lado se la traduce. Él la repite y sigue adelante con su discurso. Su majestad tiene la manía de ser omniscio, o poco menos, y la más incómoda de examinar a todo bicho viviente. Muy apurado se vio el duque para responder a las preguntas del rey sobre los títulos de la casa de Osuna y la historia de estos títulos, sobre la Virgen de Guadalupe y sobre los carneros y merinos y quién sabe sobre cuántas cosas más. El rey quedó muy satisfecho, porque tuvo ocasión de lucir sus conocimientos, de los cuales me mostré yo espantado y absorto con los cortesanos. Su majestad no pudo estar más amable, y solo faltó que nos diera un apretón de manos. Nos llamó mon cher y nos rogó que volviésemos por aquí.

Quiso saber de qué tierra era yo, y habiendo yo respondido que de la provincia de Córdoba, me habló de la célebre Mezquita, y como el conde Raczinski, que estaba a mi lado, la describiese mal y tratase de denigrarla, yo salí a la defensa de aquel gran monumento y le pinté cómo estaba en tiempo de los Abdel Rahmanes, siguiendo lo que he leído en Conde y poniendo algo de mi cosecha, con la cual quedaron convencidos de que debió de ser obra estupenda, y asombrados de que un español supiese algo. Pero más se asombró el cortesano, que estaba a mi lado en la mesa cuando, al servirnos el caviar, quiso explicarme lo que aquello era, como manjar para mí desconocido, y yo le dije que en España se comía y se sabía lo que era el caviar, por lo menos desde el siglo XVI, y que Cervantes habla del caviar en el Don Quijote sin explicar lo que sea, prueba de que todos los españoles debían de conocerlo entonces. En efecto, Ricote y Sancho Panza almuerzan caviar cuando se encuentran una mañana muy cerca de la ínsula Barataria.

El rey también me habló de política; me dijo que las cosas de Francia se van poniendo feas, y que era menester que don Ramón estuviese con cuidado. A esto contesté que los españoles no seguíamos tanto, como generalmente se cree, el movimiento de Francia, y di, por ejemplo, el del año 1848, cuando Europa toda estuvo agitada hasta en sus cimientos y la España tranquila, bajo el gobierno de este mismo don Ramón.

A Osuna le pilló la reina aparte y le echó un sermón de moral casamentera, aconsejándole que tomase por esposa a una de las princesitas de Croy-Dülmen. Ya he dicho a usted que los alemanes, y más aún las alemanas, tienen una sencillez y una buena pasta maravillosa, por lo cual no debe extrañarse nada de esto. Todos aquellos señores nos hablaron, nos interrogaron, nos dieron la mano hasta sin previa presentación, y estuvieron lo más amigos y cariñosos que es posible estar no en la primera entrevista, sino después de haberse conocido durante algunos meses. Acaso, o sin acaso, tendrían notable influencia en estos milagros de bondad las veintitantas grandezas del duque, sus infinitos castillos y títulos y lo sonoro y conocido de su nombre. Pero de todos modos se ha de confesar que esta gente es amable por todo extremo. En fin, y sea la causa la que se quiera: ello es que debemos estar y estamos contentísimos de lo bien que aquí nos han tratado.

Pero, amigo mío, no hay rosa sin espinas, y el placer y el lamento andan juntos, según ha dicho el sabio. También hemos tenido nosotros nuestros disgustos durante el viaje, y uno grande de veras. Desde Bruselas a Münster, o no sé si en la fonda misma de Bruselas, robaron o se perdió una cartera del duque, que afortunadamente no contenía más que tres cartas de recomendación para Petersburgo. Difícil es de pintar y más difícil de imaginar la desesperación del duque por este accidente, y, sobre todo, el terror pánico que le entró de que pudiera suceder lo mismo con las cartas reales. Decidido ha estado estos días, y no sé si habrá cambiado de aviso, a suicidarse si las cartas reales se perdían. Por dicha, están aún en nuestro poder. Si se pierden, ya sabe usted que nos quedamos huérfanos del duque.

El criado que perdió la cartera ha hallado medio de que el duque le premie su descuido dándole quinientos francos. Él, por su parte, ha dicho, en cambio al duque que no le perdonará nunca (palabras textuales) el que le haya llamado canalla. En efecto, el duque se atrevió a calificarle de este modo en el momento de mayor furia. Desde Münster mandó el duque a Bruselas a su criado para que buscase la cartera. La cartera no pareció, y a la vuelta del criado, que nos le encontramos en Hamm, fue cuando éste tuvo la ocurrencia de decir que le habían robado a él quinientos francos, que sin duda no echó de menos hasta entonces, y que el duque le ha dado. No creo necesario advertir que el no perdonaré nunca que vuecencia me haya llamado canalla demuestra que el criado es español e hidalgo y que la ocurrencia de los quinientos francos demuestra que es un soldado licenciado.

Entre varias cosas notables que aquí hemos visto, nada ha llamado tanto la atención de Quiñones como cierto paso gimnástico que hacen los soldados y que más parece danza de teatro que marcha militar. La música, al compás de la cual caminan de una manera tan graciosa y rara, es también rara y graciosa. Ya haré que me la copien para que a mi vuelta la tararee Ferraz en esa Primera Secretaría y yo haga el paso delante de ustedes. Creo haberle aprendido muy bien, al menos así lo asegura Quiñones, y ya verán ustedes una cosa bonita cuando lo haga. Por de pronto, excede a mi capacidad el describirle; baste decir que ha de tener algo de la antigua y celebérrima danza pírrica de los espartanos. En España hubo también en otro tiempo danzas militares y de espadas, si la memoria no me engaña.

Pero mi carta va siendo tan larga, que acaso no tenga usted paciencia para leerla y se arrepienta de haberme animado a que le escriba. La precipitación con que lo hago y el deseo de referirle todo en pocas palabras hará, sin duda, que mi estilo sea confuso y desaliñado por demás.

Adiós. Expresiones a todos, y no dude que le quiere mucho su amigo y servidor,

Juan Valera

Varsovia, 30 de noviembre de 1856

Señor don Leopoldo Augusto de Cueto:

Tres noches ha, mi querido amigo, que salimos de Berlín, y de un solo vuelo (más de treinta horas en un detestable ferrocarril) nos hemos puesto en la capital del antiguo reino de Polonia. En este viaje hemos sentido ya bastante el frío, y calculado el que tendremos que pasar en adelante. El termómetro estuvo anteayer a 14 bajo cero Réaumur; pero se soporta tan baja temperatura, porque vamos bien provistos de pieles. El secretario particular del duque, llamado el señor Benjumea, natural de Sevilla, aunque por lo bobo parece de Coria, va tan empellejado y tan raro que en una estación del camino por poco se lo comen unos perros, tomándole por alimaña de los bosques. Yo he hecho un cambio con la pelliza que usaba en Dresde, y dando encima cincuenta táleros he tomado en Berlín una magnífica piel de oso de no sé dónde. El duque, para él y sus criados, ha gastado tres mil francos en pieles. Todos los de la expedición llevamos, además, sendas gorras de nutria en la cabeza, y se diría que andamos en busca de sir John Francklin.

Mas, a pesar de la esplendidez y magnificencia del duque, nos faltan coches de gala, como quería Oliver que trajésemos. El pobre lo dijo por necedad y no por malicia; pero el caso es que dijo al duque que por qué no llevaba los tales coches. El duque se cargó con esto, y estuvo, a su vez, por preguntar al ministro plenipotenciario que por qué no vivía en una casa decente y no en una fonda tan sucia y tan mala, que más que fonda parece pocilga.

Durante nuestra permanencia en Berlín para nada nos ha servido Oliver: mas no tiene él la culpa, sino aquellos malditos prusianos, que no hacen de él caso ninguno. En general, se puede asegurar que la Legación de España en Berlín no está tenida en olor de santidad, y si algún olor se le atribuye, no es muy bueno. Oubril, encargado de Negocios de Rusia, y Leal, representante de su majestad fidelísima, nos han revelado con gran misterio, y con misterio mayor se lo revelo yo a usted, que a Oliver le apesta la boca como si tuviera un perro muerto en cada pulmón, y que el agregado Cortina tiene sarna. De Florentino Sanz también hablaron mal, y peor hubieran hablado si yo no hubiese dado a entender que soy su amigo. Lo singular es que contra el alcornoque de Llorente no se ensangrentaron. Esto me disgusta de la diplomacia y del mundo. Esto prueba que la tontería y la insignificancia no matan, y mata cierta falta de forma. Harto sé yo que el tener sarna o la boca apestosa no implica el estar mejor o peor educado; pero sé también que Leal ha estado siempre constipado al acercarse al conde de Galen, y que solo tiene olfato para los plebeyos y cursis como Oliver. No es esto decir que el conde de Galen no sea cursi, sino que a Leal no le parece cursi, porque es conde.

La consideración de que goza la aristocracia es grande en estos países, y ya he dicho que el nombre del duque de Osuna hace buen efecto, y por eso, sin duda, nos agasajan más dondequiera que llegamos. En Granitza, al entrar en el territorio del imperio ruso, vino a abrirnos la portezuela del vagón, a ponerse a las órdenes del duque, para acompañarle hasta Petersburgo, un correo imperial, tan emplumado, áureo y relumbrante, tan majestuoso, tan inmenso y barbudo, que yo imaginé que era el emperador mismo, que no pudiendo moderar la impaciencia de vernos había salido a nuestro encuentro hasta la frontera. Al cabo, al ver su humildad, me convencí de que era un correo. También se puso a nuestras órdenes un empleado del ferrocarril.

Desde aquel momento no éramos ya como los demás mortales, y todo el público polaco nos miraba con asombro y respeto. El correo había sido portador de una carta del príncipe Miguel Gortchakov para el duque, en que le decía que uno de los palacios imperiales de Varsovia estaba destinado para nuestro alojamiento, porque los hoteles no eran buenos. En Petrikov nos tenían preparada una comida en las habitaciones imperiales de la estación; porque aquí hay por todas partes habitaciones imperiales, donde entran y se alojan las personas de distinción y a quien el Gobierno quiere distinguir del vulgo de los hombres, tan poco respetado aquí por la clase privilegiada. A Varsovia llegamos, por último, a las doce de la noche. Dos coches del príncipe nos esperaban en la estación para trasladarnos a nuestro palacio, y el coronel Pratassov, ayudante de campo del virrey, o teniente general del reino, estaba también esperándonos, y se puso a las órdenes del duque para acompañarnos a todas partes.

En el palacio, cuyas habitaciones estaban iluminadas, nos habían preparado una magnífica cena. Los vinos eran exquisitos: Jerez, Málaga, Champagne, Château la Rose de 1841, Château Laffitte de 1846 ed altri tali. Los demás almuerzos y comidas han seguido siendo por el mismo estilo, y aun mejores.

Al despertar por primera vez en este palacio he visto que está situado en medio de un extenso parque, rico de árboles gigantescos y de hermosos y bien trazados jardines, que en verano deben de hacerle ameno, deleitoso y sombrío. De la ciudad acaso estemos media legua de distancia; pero siempre tenemos coches del Gobierno para ir y venir cuando se nos antoje.

Varsovia me ha parecido hermosa, pero triste como una esclava. Lo mejor de sus hijos o viven retirados en el campo o fugitivos en país extraño. Hay bellos palacios, calles anchas y regulares y muchas buenas iglesias. Una estatua de bronce de Copérnico, bien moldeada, se levanta en el centro de una de las plazas principales. Hemos oído misa mayor en la catedral, edificio gótico y armonioso en su conjunto, como si hubiese sido hecho de una vez, y de buen gusto, aunque pequeño. Un santo padre nos echó un sermón en polaco, que duró hora y media. Para mí no fue el sermón otra cosa más que un estornudo larguísimo, interrumpido de cuando en cuando con algunos kiskis, kanski y konskas, y no pocos gorevos y goresros.

El gobernador de la ciudad vino ayer a vernos inmediatamente. Nosotros nos adelantamos, por nuestra parte, a hace una visita al teniente general Gortchakov, que nos recibió en una biblioteca inmensa, como si quisiera decirnos: «Para que veáis que no soy bárbaro, a pesar de esta cara de calmuco que Dios me ha dado.»

Una hora después de haber hecho la visita al príncipe Gortchakov, ya estaba en casa a pagárnosla. Venía en coche abierto y escoltado por ocho cosacos, de los colonos militares del Cáucaso, vestidos de extraña manera, con muchos puñales y gumías y pistolas de plata prolijamente cinceladas, gorras circasianas, lanzas larguísimas y rocines pequeñuelos, peludos y feos, que galopaban sobre la nieve como si tuviesen el diablo en el cuerpo. Esta gente, aunque vestidos con gran lujo, se parecen en las costumbres y en la organización a nuestros antiguos almogávares, y, así como aquéllos combatían de continuo con los moros fronterizos, combaten éstos con las tribus guerreras de las montañas donde Prometeo estuvo encadenado. La hoja de las gumías es de soberbio temple, y dice, en letras de oro: «No hiero más que una vez», porque parece que hienden con ellas a un hombre como si fuera un nabo. De estos señores cosacos hay ochocientos en Varsovia, todos voluntarios, y son

> su mayor placer, la guerra;
> sus arreos son las armas;
> su descanso, el pelear.

El total de la guarnición será de unos siete mil hombres. La ciudadela es fuerte de veras y muy capaz y erizada de cañones. Más de veinte grandísimos morteros apuntan de continuo a la ciudad, como si le dijeran (son palabras del señor Pratassov): «Cuidado con lo que se hace.» El hospital militar está muy bien. Los cuarteles, limpios, abrigados y salubres. El armamento es malo, y el rancho, el bodrio más abominable que puede entrar en boca humana: pan de centeno y un brebaje de coles agrias, que solo de verle y olerle vuelca el estómago. Yo tuve, sin embargo, que tomar una cucharada, y por poco lo vomito en seguida con todo lo que tenía en el cuerpo.

Ayer estuvimos en el teatro en el palco del gobernador de la ciudad. Su hijo, que le sirve de ayudante, tiene el rostro de Adonis sobre el cuerpo de Hércules mancebo, como diría la célebre doña Mamerta de las Nalgas, querida del inquisidor de Barcelona. Este gallardo mozo está vestido del modo más pintoresco. No gasta camisa, sino una túnica de seda bordada bárbara y prolijamente por manos circasianas. Sobre esta túnica una sobreveste singularísima. En la cabeza, un bonete de pieles que le cae sobre la espalda formando una manga. Botines bordados, como los de los majos de España, y calzones bombachos. Puñal, pistolas y un soberbio alfanje damasquino son sus armas. Sobre la hoja de este alfanje nos enseñó aún la sangre francesa, que no ha limpiado. Puede que sea, como en el sainete de Pancho y Mendrugo, pintura con almagre hecha. Era oficial este joven de un curioso regimiento de Cazadores que formó el emperador Nicolás para oponerlos a los de Vincennes, de hombres venidos del riñón de la Tartaria, donde se ejercitan en cazar zorras negras y martas cibelinas, y son muy diestros y certeros en el manejo del fusil, teniendo que herir a estos animales, en la cabeza para no estropear las pieles.

El teatro es bastante bonito, y hay una compañía de ópera regular y un magnífico cuerpo de baile. Las bailarinas, casi todas polacas y las más lindas muchachas que he visto en mi vida. El duque está fuera de sí y quisiera llevarse a alguna de ellas, pero por pudor no se atrevió a espontanearse sobre el particular con el coronel Pratassov.

Forman estas muchachas un delicioso harén para los oficiales de la guarnición. El hijo del gobernador nos señaló diez o doce de ellas que han sido ya suyas. El padre, que es ya muy viejo, mostró una de las más bonitas, y nos dijo que sospechaba que era su nieta. No sé si el hijo pensará también calzarse a su querida sobrina presunta.

Bailaron estas huríes los bailes polacos; pero con un color local y un gusto de la tierra muy diferente de lo que se usa en los demás de Europa.

Hoy hemos estado a comer con el príncipe Miguel Gortchakov. Estaban convidados los altos funcionarios y otras personas notables. Después hemos estado de nuevo en el teatro y hemos vuelto, por último, al palacio del príncipe, donde había recepción o tertulia y estaban reunidos muchas damas y caballeros, casi todos de uniforme. Me presentaron a muchas señoras que se conoce desde luego que son alegres, románticas y divertidas. No pocas hay de extremada belleza. Los cosacos del Cáucaso nos sirvieron el té y los helados, sin soltar las pistolas, puñales y demás perendengues. Era cosa de ver y de dar a Dios las gracias por haberlo visto.

Las damas miran de una manera que derrite. Yo estuve muy fino con dos o tres, y ellas muy amables conmigo. Éstas son las delicias de Capua, y no sé cómo hemos de atrevernos a salir de aquí para emprender un viaje incomodísimo y hasta peligroso. Los grandes ríos aún no están bien helados, y algunos han caído y se han ahogado últimamente en ellos. Creo que también hay ladrones por los caminos. Sin embargo, pasado mañana haremos la hombrada de salir para Petersburgo. Ahora empiezan los verdaderos trabajos.

Por lo pronto, nos divertimos aquí en grande. Vengan penas después. Anoche nos bailaron en el teatro las danzas legítimas de Persia y de Georgia. La escena representaba divinamente, según nos aseguraron todos, una vista de la gran ciudad de Tiflis, a orillas del río Kour, que va a desembocar en el mar Caspio. Las georgianas hicieron los movimientos voluptuosos y nos dirigieron las miradas más ardientes que pueden imaginarse. Los feroces guerreros se agitaron con meneos selváticos y desatinados, al compás de una música por el estilo de la muñeira, aunque algo más belicosa, y al estruendo de sus propias armas, que resonaban y se chocaban al andar, de los panderos y de las palmadas. El efecto que esto produce no se puede comprender sino viéndolo. Con todo, la danza asturiana tal vez se parezca algo a esta danza. Dos o tres hombres la acompañaban con un canto peregrino y melancólico. Otros miraban la fiesta con mitras y arreos fantásticos.

La cocina, cuando no para el vulgo profano y despreciado, para el cual se guardan los bodrios de coles podridas y otras abominaciones, está aquí para los encumbrados y selectos más adelantada si cabe que en Francia misma. La comida de ayer en casa del príncipe y las que aquí nos han servido dan de ello irrefragable y suculento testimonio. Pocas veces me he nutrido tan bien en este valle de lágrimas. La primera materia ayuda también al arte del cocinero. La caza es muy delicada, y los peces del caudaloso río Vístula, delicados y sabrosos. Antes de la comida hay siempre una especie de prólogo en una mesa aparte, en que, para abrir el apetito, se atraca uno de lengua, sardinas, caviar y otras carnes salpresadas, y se atiborra uno la barriga de aguardiente y licores. Nuestro compañero, el coronel Pratassov, nos ha dicho más de mil veces que él es muy sobrio; pero es lo cierto que nunca he visto voracidad más desaforada que la suya.

Todos estos señores militares están muy anchos con sus hazañas de Crimea. ¿Qué fuera si no hubiesen llevado lo peor? Varios me han dicho que la defensa de Sebastopol solo puede compararse a la de Zaragoza. Los más la encuentran incomparable. Toda esta militar y soberbia aristocracia guarda un rencor hondo al de Austria, aborrece con todo corazón a los ingleses y desprecia a los franceses, aunque valientes, porque son ordinarios y parvenus.

De diversión en diversión, de fiesta en fiesta, vistiéndome y desnudándome y acompañando al duque, apenas tengo tiempo de escribir y no sé cómo puedo enjaretar esta carta. Además, con tanta comida y bebida, no está muy despejada la cabeza, aunque sea uno más sobrio, si es posible, que el coronel Pratassov. Las pannas o señoritas, así del cuerpo de baile como de la sociedad elegante, me bailan también en la cabeza. Si ve usted a mi madre, dígale de mi parte, y se lo agradeceré de veras, que no he tenido tiempo de escribirla y que desde Petersburgo le escribiré.

Mañana haremos visitas a los señores a quienes hemos sido presentados, veremos la caballería e iremos por última vez a ver a las bailarinas desde el palco del mismísimo príncipe Miguel Gortchakov. Figúrese usted las miradas que nos echarán ellas, viéndonos tan en candelero y considerándonos como gente empingorotada y del otro jueves. Cada ojo será un espejo ustorio de más fuerza que los de Arquímedes.

Adiós; no puedo ser más extenso, ni más correcto, ni mejor calígrafo. Para otra vez procuraré enmendarme y referir cosas de más sustancia. Expresiones a todos esos compañeros, ofrezca usted mis respetos al jefe y no dude del cariño de su subordinado, amigo y devoto servidor,

Juan Valera

Petersburgo, 10 de diciembre de 1856
Señor don Leopoldo Augusto de Cueto.

Mi querido amigo y jefe: Desde que salí de esa Primera
Secretaría hasta ocho días hace, he tenido sobre mi concien-
cia un escrúpulo harto pesado: el de ganar mi sueldo sin
trabajar, corriendo cortes y divirtiéndome en grande; pero
este escrúpulo empezó a desvanecerse apenas salí de Var-
sovia, y ya se ha disipado del todo, gracias a los ocho días
cruelísimos y largos de talle que hemos empleado en llegar
a esta capital. Anoche, al cabo, y como habrá usted sabido
por telégrafo, llegamos a ella con mediana felicidad, aunque
molidos, sucios y faltos de sueño.

Durante nuestra fatigosa peregrinación no hemos dormi-
do una sola vez en cama, sino siempre vestidos, ya en las
habitaciones imperiales (que no lo parecían) de alguna casa
de postas, ya en los coches. Solo nos hemos detenido breves
horas en tres o cuatro puntos. Todo se nos volvía caminar y
más caminar, sin que el camino ofreciese distracción algu-
na. Ora veíamos en torno nuestro una llanura sin árboles,
que se extendía indefinidamente, confundiéndose a lo lejos
con el aire, y que cubierta de nieve parecía un mar de plata;
ora interminables bosques de pinos. Claro y sereno el cielo
durante cinco horas de verdadero día, en que el Sol doraba
la nieve con sus pálidos rayos. Por la noche, esto es, en las
diecinueve horas restantes, una luz tibia, o, por mejor decir,
una luz incierta y blanquecina, que no tenía mucho de luz,
porque lo que es de tibio nada tenía tampoco; una luz que no
se parece ni a la del Sol ni a la de la Luna, y que deja entrever
los objetos de una manera fantástica, me hacía imaginar que
estaba en el seno de la noche cimeriana. A todo esto añada

usted hondo silencio y soledad, que más bien y más a menudo interrumpían los grajos que los hombres.

Puede que haya alguna exageración en el tiempo que hago yo durar las noches de por aquí; pero es lo cierto que duran mucho, y como yo no soy muy dado a los cómputos, he calculado a ojo de buen cubero, por lo cual no salgo garante.

El país que hemos atravesado, por donde hemos pasado, quiero decir, es pobre y casi desierto. En la primera noche de viaje pasamos por Ostrolenka, donde acudieron algunos alemanes industriosos a vendernos boquillas para fumar y otros juguetes, hechos de ámbar que allí se cría. Seguimos caminando y nos detuvimos en Mariempol la segunda noche. Al otro día, y cuando el Sol estaba en toda la fuerza que aquí puede tener, llegamos a la orilla del Niemen, que debíamos pasar sobre el hielo porque allí no hay puente de barcas como en el Vístula. El caudaloso río estaba, en efecto, helado. Mil ligeros trineos se deslizaban rápidamente (como leves sombras, diría Madrazo) sobre la superficie compacta. La ciudad de Kovno, con sus blancas casas, altas torres, sólidas fortificaciones y elegante iglesia griega, se aparecía en la otra orilla. Herida por los rayos del Sol chispeaba como diamantes la nieve de las cúpulas y los tejados. Después del reposo del desierto, el escaso ruido y animación de aquella ciudad alegraban el alma, como si la Naturaleza reviviera. Con esto se nos entró por los ojos y los oídos, y tomó de nuevo asiento en el corazón, el amor a la vida, que se nos había escapado volando en los días anteriores; así es que no quisimos morir ahogados, dado que el hielo se rompiese oprimido con la pesadumbre de nuestros grandes carruajes, y por no tener otra mayor, descendimos de ellos y echamos a andar sobre el río.

El duque, que ha hecho toda la expedición de uniforme, entendiendo él que el ir así era indispensable requisito, y haciéndome recordar a mí aquello que dice el romance del Cid Ruy Díaz, cuando fue con los trescientos fijosdalgos a besar la mano al buen rey, que todos iban con sendas varicas,

> Rodrigo lanza en la mano,
> todos vestidos de seda
> y Rodrigo bien armado;

el duque, digo, bajó conmigo del coche y, descolgando la cajita en que iban las cartas reales, siempre a la vista para que no se extraviaran, la tomó en la mano, o se abrazó a ella, como César a los Comentarios, y se aventuró a pasar el río, agarrándose a mí y uniendo mi suerte a la suya. Pero no bien habíamos andado algunos pasos, cuando se nos puso delante un ligerísimo trineo, que enviaban de la casa de postas para que pasásemos en él. Conferenciando ambos si debíamos o no aceptar la oferta, asemejábamos a Alejandro y a Napoleón cuando, sobre el mismo río y en época no muy remota, se avistaron y prepararon aquella famosa alianza que después se concertó en Tilsit definitivamente. Por último, subimos en el trineo. No hay para qué se referirá cómo pasamos sanos y salvos, y también los coches; ni hay que decir tampoco que las cartas volvieron a colocarse donde estaban siempre, a la vista, y que, gracias a los incesantes cuidados del duque, han llegado sin detrimento a San Pestersburgo. Yo he visto al duque mirar y remirar largo rato la cajita que las contenía, con la misma efusión con que los solitarios del monte Atos se miraban el ombligo para ver la luz de Tabor.

Hasta Kovno fueron los coches rodando; en Kovno se pusieron sobre patines. Esta operación nos detuvo allí cuatro o cinco horas, durante las cuales comimos, y no muy mal, siempre en las habitaciones imperiales, y recibimos la visita del general-gobernador, tremendo jayán, aunque tan fino o quizá más fino y mejor criado que Morgante, que vino a ver al duque con todas sus bandas, placas, veneras y demás perejiles, y con tan rico uniforme, que resplandecía como un ascua de oro. El general-gobernador acababa, probablemente, de leer el Times, estaba afectadísimo de que este periódico llame bárbaros a los rusos. El duque le dijo que no se afligiera por eso, que ya sabíamos nosotros que era mentira, y el general-gobernador se consoló algo, aunque mayor consuelo hubiera sido para él pillar allí a alguno de los periodistas y molerle el alma a coces.

No puede usted figurarse las que se han repartido para facilitar nuestro viaje. Aquel correo imperial tan gigantesco, que le dije a usted que salió a recibirnos a Granitza, y que nos ha acompañado hasta aquí, era el encargado de repartirlas, y lo hacía con una destreza y naturalidad maravillosas. Las zurras que ha dado en estos días, ni Mangiamele las cuenta. Porque es de advertir que los coches se atascaban a cada paso en la nieve, y para sacarlos de allí eran menester palancas y hombres que los levantasen a pulso y horas de afán. Por fortuna, dos o tres regimientos que se dirigían a Varsovia, y cuyos soldados iban a la desbandada para pernoctar más fácil y cómodamente en las mezquinas aldehuelas, nos han servido de mucho en estos trances. El correo tiene el grado de capitán, y, por consiguiente, cierta jurisdicción sobre los soldados; jurisdicción que ejercía sacudiéndoles el polvo, aunque no lo hubiese en el camino. Los soldados, a su vez, sacudían a los postillones y a los paisanos que, por dicha nuestra y no de ellos, se descarriaban por allá. Gracias a estar aquí el principio de autoridad tan bien establecido, y en virtud de esta armonía jerárquica, salimos del atolladero, donde, de otro modo, nos hubiéramos quedado hasta lo presente o hasta Dios sabe cuándo.

El capitán traía siempre consigo una chispa de primera magnitud, que le iluminaba por dentro; porque se ha de confesar, en honor suyo y de la chispa, que, mientras mayor era ésta, mejor dirigía él la maniobra y más certera y eficazmente aplicaba aquellos incentivos de actividad. De esta suerte llegamos a Kovno, como ya queda dicho.

En Kovno, y mientras empatinaban los coches, Quiñones, que es coronel de Estado Mayor, quiso dirigir científicamente nuestro viaje, juzgando que no iba bien hasta entonces, y, sacando mapas y poniéndose a considerarlos, como pintan a Napoleón la víspera de Austerlitz, calculó por la dirección de las aguas las desigualdades y desnivel del terreno, midió distancias, trazó figuras, tiró líneas y, valiéndose de ambas trigonometrías y hasta de las secciones cónicas, formó un profundo plan de viaje. Por espacio de dos días se siguió fiel y puntualmente este plan, y en estos dos días ni comimos, ni dormimos, ni sosegamos, andando apenas lo que en uno solo bajo la dirección del capitán.

... ignaro
d'ogni virtú che da saper deriva.

Si yo no fuese filósofo, atribuiría este fenómeno a alguna causa vulgar que no redundase muy en favor del coronel; pero siéndolo, como lo soy, me lo explico todo satisfactoriamente. La naturaleza rusa no está aún bastante civilizada para servir las leyes matemáticas, las cuales no son otra cosa que la forma de nuestro entendimiento, que imponemos, libre y espontáneamente, a la materia, creándola a nuestra imagen. Acaso aquí no se haya hecho aún esta imposición y la Naturaleza esté en un estado caótico, anterior a la abstracción, que es el verbo que la ordena y crea el Universo. No sé si me explico; pero ello es que, aunque malamente y enredados en esta lucha titánica entre la ciencia y la Naturaleza, aún no abstraída y vuelta a objetivar, aportamos a Dinabourg, después de haber cruzado el Duina del mismo modo que el Niemen, aunque con menos recelos. Allí, por fortuna, abdicó el mando el coronel, y el duque, que el día antes le había reñido al correo porque se emborrachaba y daba demasiados mojicones, le levantó el entredicho y le dio plenos poderes para beber y aporrear cuanto quisiera. El duque, a pesar de su amor a la sobriedad y de su tierna filantropía, conoció, al cabo, que sin el vino y el aguardiente no estaba inspirado el capitán, y que sin las zurras se adelantaba menos que con la ciencia del coronel.

Tomamos, también en Dinabourg, dos o tres trineos de robustos ciudadanos que nos sacasen en volandas de los malos pasos al compás de la solfa que el capitán armase en sus costillas. Estos ciudadanos se renovaban como los caballos, aunque no con tanta frecuencia. Apercibidos y pertrechados de todas estas cosas, continuamos nuestra ruta, dejamos a Ostrov y a Luga a nuestras espaldas, y a las siete de la noche logramos vernos ayer en la ciudad de Gatchina, residencia imperial, donde hay un magnífico palacio y se ve un obelisco colosal levantado a la memoria de Souvarov. Desde Gatchina a Petersburgo hay ferrocarril, y tratamos de quedarnos allí a descansar aquella noche y salir para Petersburgo en el primer tren de la mañana siguiente. Pero se desistió al cabo de este cobarde proyecto, y, cobrando ánimos, echamos el pecho al agua, o dígase al frío, y, con cuatro o cinco horas más de fatiga, vinimos a descansar a una fonda elegantísima, en el centro mismo de esta destartalada Babilonia.

Barbara pyramidum sileat miracula Menphys.

Aquí nos dieron de cenar y nos han dado hoy de almorzar como a archiduques; aquí tenemos habitaciones, si no imperiales, mejores que las del camino, y, en una palabra, estamos mejor que queremos. Hasta el ayuda de cámara que perdió la bolsa le perdona casi al duque el que le llamase canalla. Calcule usted si aquí se estará bien.

Como los rusos son curiosos y luego se pican de nada (ahí está el gobernador de Kovno, que no me dejará mentir), no quiero echar esta carta al correo, y no saldrá de aquí hasta que vaya por conducto seguro. Dios sabe si habrán abierto la de Varsovia y no habrá llegado a manos de usted, a pesar de las precauciones que tomé para que llegase.

El conde de Nesselrode, hijo; otros antiguos amigos del duque y el vicecónsul de España han venido de visita. El vicecónsul y otro señor, de cuyo nombre no me acuerdo, comerán hoy con nosotros.

He ido a ver al príncipe de Gortchakov, ministro de Negocios Extranjeros. Su alteza ha estado amabilísimo conmigo, y he salido de su casa encantado de él. Es curioso contraste el que forma este sujeto tan inteligente, distinguido e ilustrado con el capitán de marras y sus víctimas. Pero esto mismo me da aún más alta idea del poder de este Imperio. ¿Qué fuerza no puede mandar esta poderosa aristocracia refinadamente culta, capaz e inteligente, teniendo a su disposición esta masa ruda y enérgica, que manda a puntapiés y a pescozones? Si el correo nos sacaba los coches del atolladero, ¿qué no podrán mover estos hombres el día que quieran? La defensa de Sebastopol, aunque gloriosa y sostenida contra las más grandes naciones, del mundo, coligadas, es inferior, en mi concepto, al que tengo formado del poder de esta gente. En fin: yo pedí al príncipe audiencia para el duque, y el príncipe me la dio para mañana a la una.

Al salir de casa del príncipe, y al ir a entrar en mi coche, salía del suyo y entraba a ver al príncipe una mujer tan elegante, tan alta, tan bella y de ojos tan negros y fogosos, y labios tan encendidos y entreabiertos, aunque firmes y gruesos, respirando orgullo, energía y lujuria a la vez, que me quedé atortolado mirándola, me puse colorado y contento creyendo que ella me había mirado, y con el sobresalto y el gusto, me medio rompí una espinilla contra el estribo del coche, resbalé en el hielo y, afortunadamente, no caí, come corpo morto cadde, acabando la aventura de un modo ridículo.

Esto es inmenso, inmenso, y por lo poco que he visto, me gusta más que París.

Muchas cosas tengo que decir a usted, y así, me dispensará si le escribo largo y tendido y si mis cartas van menudeando.

Adiós por ahora. Expresiones a todos.

Suyo,

J. Valera

Petersburgo, 16 de diciembre de 1856

Querida madre mía: Por carta de Sofía del 27 del pasado sé que está usted bien; pero no lo sé con certeza, porque usted no me escribe, y esto me tiene con cuidado. Apenas tengo tiempo para escribir, y el que empleo en esta operación se lo robo al sueño. No crea usted, con todo, que me divierto mucho. Cuando uno no conoce ni la lengua ni la gente de un país, no puede divertirse gran cosa.

Verdad que en la sociedad elegante habla aquí francés todo bicho viviente; pero aún no he sido presentado más que a personajes masculinos muy altos y muy poco divertidos.

Anteayer estuvimos en el palacio de Tzarskoe-Selo, y fuimos presentados al emperador. El duque pronunció medio discurso como un hombre. Al otro medio se le trabó la lengua y no pudo ir adelante. El emperador contestó muy amistosa y lisonjeramente. Después de esta operación, nos presentó a nosotros al emperador. Comimos con él y con los grandes del Imperio. Luego nos retiramos a nuestras habitaciones, porque, como el palacio está a cuatro o cinco leguas de Petersburgo, teníamos en él habitaciones.

A las siete y media de la noche fuimos presentados a la emperatriz. A las ocho asistimos a una función dramática que se dio en una gran sala de palacio preparada como teatro. La Magdalena Brohan era la principal actriz. Por último, tuvimos una gran cena. Había mucha gente. Esclavos negros, con turbantes y muchos oros y colorines; y unos ciudadanos con unas mitras singularísimas, de las cuales salen penachos de plumas de avestruz, que caen formando ramos como los de las palmeras, nos sirvieron de comer y de beber.

El palacio es inmenso y rico, pero de un mal gusto y de una extravagancia churriguerescos. Para llegar desde nuestro cuarto al salón en que nos recibió el emperador tuvimos que andar, siempre en línea recta, cuatrocientos cincuenta y siete pies, que mi compañero Quiñones, que es matemático, tuvo la paciencia de contarlos, y atravesamos veintiocho salones a cual más lujoso. Los esclavos negros nos abrían las puertas de par en par cuando nos acercábamos. Dos de mitras y plumas nos precedían. El gran maestro de ceremonias marchaba al lado del duque. Al mío, un acólito del maestro de ceremonias. El duque iba resplandeciente como un Sol, y todo él lleno de relumbrones, collares y bandas. Su excelencia comió al lado derecho del gran duque Constantino, que a su vez estaba al del emperador, y cenó al lado de su majestad la emperatriz. Después de tantos agasajos y honores, nos volvimos a nuestros cuartos, nos quitamos las galas y regresamos a Petersburgo en un tren especial del ferrocarril que hay desde aquí a aquel sitio. Eran las tres de la mañana.

Hoy he visto el Palacio de Invierno, que es portentoso. El tesoro imperial, esto es, las joyas de la Corona, y no sé cuántas grandezas más.

Hemos hecho muchas visitas de cumplimiento. Hemos recibido otras tantas. Hemos estado en el teatro italiano y en el francés, en el circo ecuestre. El teatro italiano es un edificio tan rico y dorado, que parece una caja de mazapán de Toledo, toda llena de princesitas lindísimas.

A Pepe y a papá escribiré otro día. Hoy no puedo más.

Adiós. Su amante hijo,

Juan

Petersburgo, 23 de diciembre de 1856
Excelentísimo señor don Leopoldo Augusto de Cueto.

Indudablemente, querido amigo mío, las armas han sido y seguirán siendo siempre más poderosas que las letras. Quiñones me roba el corazón del duque. El duque prefiere que le llamen «mi general», y tener por ayudante un coronel, a que le llamen «señor duque», y tener por secretario a todo un oficial de esa Primera Secretaría.

Mas yo me consolaría fácilmente de ver a mi rival preferido, porque nunca he sido celoso ni amigo de rivalizar con nadie, si pudiese hablar o acercarme siquiera a las princesitas Troubetzkoy, Dolgoroulki, Lincelov, Menschikov, etcétera, que veo casi todas las noches en el teatro Imperial y en mis sueños, y con las cuales no puedo cruzar una sola palabra, porque ésta es la hora en que no hemos tenido aún tertulia elegante donde asistir. El conde Stroganov se está muriendo de viejo, y como toda la nobleza está ligada con él por parentesco o por otras consideraciones, nadie recibe ni nadie se divierte, y nosotros nos divertimos menos que nadie. Hasta las curiosidades que vamos a ver son poco divertidas.

Aún no hemos visitado el Museo de Pinturas ni la Biblioteca; pero, en cambio, hemos estado en las Academias de Ingenieros, de Minas y del Estado Mayor. Yo sospecho que el duque entiende tanto como yo, que es nada, de cuanto allí hemos visto; pero va a verlo de uniforme y lo mira todo con tal formalidad y cachaza, que cualquiera diría que lo entiende. Así es que nuestras visitas científico-militares producen su efecto. Lo único que, por desgracia, debe dar que recelar a esta gente son las preguntas del coronel Quiñones, que a menudo se mete en honduras y en laberintos de difícil salida. Verdad es que el coronel habla poco francés, y la oscuridad del lenguaje encubre y disimula mucho. Lo que es el duque y yo nos callamos y oímos con gran atención a los cicerones.

De este hecho voy a salir un estratégico y un castrametador de grueso calibre. Lo primero que he aprendido de todas estas ciencias exactobélicorrusas es que hay en ellas algo de sofístico. Por ejemplo: el magnífico plano, o como deba llamarse, de todas las regiones del Cáucaso. Allí están en relieve las montañas donde Schamill se guarece y las domina Sepher bajá. Allí se puede señalar con el dedo la roca fulminada, donde el Poder y la Violencia encadenaron al Titán filantrópico; allí el desfiladero que conduce a Tiflis; el monte Ararat más lejos, coronado de nieve, y aún guardando acaso en su cima aquellos restos del Arca, que vio el infante don Pedro de Portugal; la Georgia en medio; la Armenia y la Persia por otro lado, y, principalmente, aquella extremidad del Imperio ruso donde viven los güebros y guardan en un templo el fuego inextinguible y divino. Todo esto exacto y maravilloso de perfección, según dicen; por donde yo me doy a imaginar que los rusos son muy farsantes y han plantado allí, al tuntún, lo que les ha dado la gana. ¿Cuándo habrán podido ellos conocer la topografía de los lugares, en muchos de los cuales no han puesto los pies nunca, ni cuándo han tenido tiempo de medir exactamente las montañas y de determinar su posición y su forma, para poder fabricar este retablo de Nochebuena? Los mapas, extensos y circunstanciadísimos, que tienen de cada provincia del Imperio, aun de las más remotas que tocan a la China, han de ser también o fingidos en gran parte, o milagrosos, o han de implicar el trabajo y las observaciones de siglos. Los modelos topográficos de Cronstadt, de Sebastopol, de Kiev; en fin, de casi todas las plazas fuertes de Rusia, son los que deben de estar verdaderamente exactos. Y lo que más llama la atención es la Escuela de Minas, donde hay modelos de toda suerte de máquinas y hasta de una mina fingida, a la cual bajamos, y donde se comprende perfectamente la manera de estar los diferentes minerales, el modo de hacer las galerías subterráneas, etc., etc. Hay, además, en la misma Escuela, un rico gabinete de mineralogía y paleontología. Muchos huesos de mamut, hallados en Siberia; plesiosauros, ictiosauros y otros fósiles ya extinguidos como raza viviente. Inmensos pedazos de malaquita, piedras y metales de todas clases, y una pepita de oro, hallada en las minas del Ural, que pesa ochenta y ocho libras y no tiene mezcla alguna. Hay también un gran pedazo de platino puro, del que produce este Imperio, y otros cincuenta mil objetos raros, que me sería imposible ni siquiera nombrar aquí. El coronel Obrescov, que come y bebe como el Pratassov de Varsovia, y que está encargado de enseñarnos todos estos primores, nos los suele explicar ya a oscuras, de modo que me acuerdo de la fábula de Iriarte, y tengo a veces tentaciones de decirle, si él me entendiera:

¿De qué sirve tu charla sempiterna,
si tienes apagada la linterna?

El otro día, cuando se suponía que estábamos viendo el modelo de bulto de la batalla de Borodino, no se veían ya, donde estábamos, ni los dedos de las manos; pero Obrescov seguía diciendo:

«Vean aquí la Caballería rusa; por aquí está la Artillería; reparen ustedes qué bien hechos están estos cosacos, que no parecen sino que quieren hablar, y los caballejos que apenas ponen los pies en la tierra, según van de ligeros.»

Aquí se nota en todo un amor propio nacional exageradísimo, una presunción inmensa, aunque en muchas cosas fundada, y una vanidad personal y una exageración y una blague como nunca la hubo en Francia, ni en España, ni en todo lo descubierto en la Tierra. No hay majadero que no trate de hacer creer a usted que es un Salomón, ni don Pereciendo que no asegure que gasta al año veinte o veinticinco mil rupias por lo menos, ni teniente que no le cuente a usted sus hazañas y por docenas los enemigos que ha muerto en la guerra.

Hemos visto el Palacio de Invierno, que es magnífico. Mucho jaspe, mucho dorado y mucha malaquita. Los retratos de los emperadores están en unos como altares. El cuarto donde murió el emperador Nicolás se enseña ahora con más respeto que en Jerusalén se podrá enseñar el Santo Sepulcro. Hay cuadros muy hermosos de artistas extranjeros. Los cuadros rusos me recuerdan el del Hambre de Aparicio. La misma entonación, el mismo buen justo, la propia dulzura y armonía en los colores y gracia en la composición. En las habitaciones de la emperatriz madre hay dos lindísimas estatuas de Cánova: La hilandera y la hebe. En el tesoro de Palacio hay ricas joyas, descollando entre todas la corona del zar y el cetro, en que está el tercer brillante que hay en el mundo por la perfección y la grandeza. Lo que llama mucho la atención son las diferentes vajillas de la coronación de cada emperador. Cada ciudad del Imperio tiene la costumbre de presentar al zar, en señal de rendimiento, pan y sal; y estos dos objetos se presentan siempre en un plato inmenso, de oro y de plata, con esmaltes y joyas, y donde la materia es casi siempre vinta del lavoro, cuando no por el primoroso artificio, por la prolijidad minuciosa. Estos platos y saleros forman ya una riqueza inaudita.

Hemos estado a comer en casa de Gortehakov, donde asistió todo el Cuerpo diplomático, menos el embajador de Francia. No hubo damas. Al día siguiente comimos en casa de Nesselrode, y cuando a los rusos les da por ser feos, nadie los gana; por manera que la mesa parecía un cuadro de las tentaciones de San Antonio. El demonio y su hijo precioso no tienen que Ver con Nesselrode y su hijo. Los demás convidados no discrepan mucho de tan distinguida fealdad. Una de las damas tenía un buche en el pescuezo tan negro y arrugado que parecía un testículo de negro con hidroceles. En fin: era cosa estupenda y que ponía grima. Lo que es Nesselrode no parece hombre de los que se usan, sino una cosa rara.

Non cosa del mundo, non
contra quien fallecen lanzas
y no arremete el trotón.

Y lo más extraño y paradójico de todo, lo que usted acaso no querrá creer, y juzgará maledicencia, extravagancia o ligereza mía, pero que no por eso alejaré yo de tenerlo por cierto, es que Nesselrode es un tontainas, indigno de atar y desatar los cordones de los zapatos a Miraflores. Tiene, sin embargo, algunos cuadros muy bellos de la escuela italiana; un Cristo, del divino Morales, legítimo; una casa elegante y confortable y un cocinero ideal. El emperador no lo tiene mejor. La comida que nos dio Nesselrode acaso será la mejor que he disfrutado en mi vida. Yo imaginaba que las arpías y otros avechuchos estrafalarios habían invadido el Olimpo y se estaban engullendo el néctar y la ambrosía de los dioses.

Por lo demás, conviene añadir, en honor de la verdad, que los rusos son muy exagerados en todo, y que, al lado de una fealdad tan satánica luce la divina y soberana hermosura de una docena de princesitas que pueden apostarse a hermosas con las más hermosas de que hablaron nunca las historias, así sagradas como profanas. Una de esas princesitas, la Troubetzkoy, dicen que se casa con mister Morny.

Mas, a pesar de esto, las cocottes viejas y jubiladas de París vienen aquí y hacen fortuna, tienen palacios, joyas y cocinero y carruajes, y dan bailes y soirées, a los cuales asisten los grandes del Imperio, hasta de uniforme, si es menester. Esta noche hay concierto y cena en casa de mademoiselle Faleón, la querida de un rico boyardo llamado Nariskin o algo parecido. Allá iremos si hay tiempo.

Hoy tenemos mucho que hacer. Sobre todo la parte militar de esta misión extraordinaria. En premio de haberla echado tanto de militar, e ido tanto de uniforme, el emperador le da al duque una revista con quince grados bajo cero. Su excelencia y su edecán tendrán que ir a caballo y ver desfilar treinta mil hombres a pie firme. ¡Dios quiera que se les tengan firmes las narices durante esta función! Yo, entre tanto, iré de visita y pasaré revista a mademoiselle Formosa, notable amazona, errante ninfa, fugitiva de Mabille o del Château des Flours, donde acaso por otro estilo podré también perder las narices. En esta vida está uno siempre cercado de peligros. He conocido a mademoiselle Formosa en el Gran Teatro, donde tenía palco la noche que la vi por primera vez, aunque un palco cuesta allí veinticinco rublos. No hay que decir que mademoiselle Formosa gasta coche y, bueno, vive en un hotel de primera categoría. ¿Si lograré que se encapriche por mí y me haga dichoso sin saquearme?

Hemos ido algunas noches en casa de la Bosio. Su tertulia se compone de príncipes y de artistas, y de personas allegadas a los príncipes, como Quiñones y yo. Allí se charla, se fuma y se canta. Todos adoran a la señora de la casa, que es la reina de las cantarinas; al menos, aquí la tienen por tal.

Hoy tenemos comida en casa del conde Esterhazy, ministro de Austria, y, además de la tertulia de mademoiselle Falcón, que quedará para lo último, como el trueno gordo, una tertulia muy formal en casa del príncipe Miguel Galitzin, nombrado ministro de Rusia en Madrid. Es persona de las feas que hay en Rusia; pero no de fealdad muy desatinada. Su mujer, en cambio, dicen que es un primor. Yo no la conozco todavía. El príncipe es gran literato, bibliómano y aficionadísimo a reunir cuadros. Tiene mucho dinero, y no hay que decir a usted que es de las primeras familias del Imperio. El príncipe Alejandro Gortehakov ha dicho al duque: «No les enviamos a ustedes un Toisón de Oro porque no lo tenemos; pero ahí va ese señorón y su linda esposa.» Se cree que darán bailes y vivirán en Madrid con notable esplendidez y elegancia.

El duque ha aconsejado al príncipe que alquile la casa de Riera.

Por hoy, querido don Leopoldo, basta de carta. ¡Haga el Cielo que tenga usted tanto gusto en leerla como yo en escribirla!

Adiós. Suyo afmo. y s. s., q. b. s. m.,

J. Valera

Petersburgo, 28 de diciembre de 1856
Señor don Leopoldo Augusto de Cueto.

Muy querido amigo: Mi situación aquí se va complicando. Tengo ganas de volver a Madrid y a esa Primera Secretaría, y el duque, así por la carta en que dice el marqués de Pidal que espere a Istúriz como por el frío que hace, pues hemos tenido hasta veintidós grados Réamur bajo cero, no se atreve a volverse, y Dios sabe hasta cuándo se quedará aquí.

Entre tanto, llueven sobre nosotros los obsequios y convites. Ya hemos estado a comer en casa de Gortehakov, de Nesselrode, del ministro de Austria, del gran maestro de ceremonias, conde de Borch, y aún estamos convidados por el ministro de Holanda, por el de Prusia, por la princesa Kotchoubey y por no sé cuántos personajes más. Las tertulias empiezan también, y, como creo haber dicho a usted, he asistido a dos clases de tertulias: las de las Aspasias y Lais, donde siempre se termina la función en cancán y semiborrachera, y las de la alta sociedad, que no pueden ser más elegantes y encopetadas.

En estas tertulias se cena siempre. Aquí no se concibe diversión alguna en que no se manduque algo. Anoche recibió la princesa Kotchoubey en su magnífico palacio. Se bailaron muchos rigodones, valses, poleas y mazurcas, que es el baile nacional de por aquí, y lo bailan divinamente, y terminó la función a las cuatro de la mañana, después de haber cenado opíparamente. El arte culinario ha llegado aquí al último extremo de perfección, y no puede usted imaginarse qué combinaciones tan sabias y qué inventiva tan acertada y fecunda forman y tienen los cocineros. Pero yo sé de buena tinta que no son ellos solos los que combinan, inventan y discurren. Siempre que un señor comme'il faut da una comida priée, hace venir a su cocinero a su gabinete y discute con él concienzudamente la mejor manera de agasajar a sus huéspedes, y de saturarles deliciosamente el estómago con los más alambicados extractos de todas las cosas fungibles. De estas discusiones nacen luego estas comidas tan maravillosas. Pero nadie sabe darlas como Nesselrode. Nesselrode es mi hombre.

Hoy comemos en el palacio de la gran duquesa Catalina Michailovna, casada con Ernesto, príncipe de Mecklemburgo-Strelitz. El duque ha conocido mucho a estos señores en Baden y en Londres, y es muy amigo de ellos. La demoiselle d'honneur de la gran duquesa tiene muy buenos bigotes, y el duque se enternece al verla y al hablarle. Se llama la señorita Strattmann.

La bondad del duque, su nombre, su riqueza y el que esté soltero contribuyen mucho a que le quieran y obsequien tanto, o a que, las damas sobre todo, sientan que se vaya y que venga don Xavier. Los hombres de Estado se alegran de que don Xavier venga. Acaso tengan que tratar un día cosas importantes con él. Aunque no se habla de política como en Madrid, y en todo se guarda la mayor reserva, se nota, sin embargo, gran desvío hacia Austria y un odio intenso a los ingleses, que si no estalla ahora con motivo de la toma de Herat por los persas y declaración de guerra de la Gran Bretaña, estallará tarde o temprano. Las dos grandes naciones se han de encontrar un día en el centro del Asia, e Inglaterra ha de llevar lo peor. La misión civilizadora y regeneradora de aquellas regiones está, a mi entender, confiada a los rusos por el Destino. Los ingleses no son expansivos ni simpáticos para cumplir misión semejante. La civilización inglesa, grande y hermosa, se parece a los caracoles que engendra de sí misma en América; pero que no puede tener cópula y engendrar, como generalmente se usa y como sería menester se hiciese en Asia, donde no es posible exterminar la raza indígena para implantar la anglosajona.

He hablado, como cosa mía, confidencialmente y de amigo a amigo, con uno antiguo que tengo de oficial en este ministerio de Negocios Extranjeros, que es sobrino del conde Orlov, y que pasa por un Séneca, sobre el asunto de las cruces. Veremos lo que él me dice cuando le cuente a Gortehakov nuestro diálogo. Yo creo que todo se podría conseguir de esta gente con el tiempo y la prudencia. Es menester quitarles de la cabeza la pésima idea que tienen de muchas de nuestras cosas y de la poca estabilidad de los Gobiernos en España. La independencia Belga nos hace un daño espantoso. Aquí es el periódico que más se lee. El Diario de San Petersburgo no hace más que copiarlo, y ya sabe usted qué noticias da La Independencia. Últimamente ha dicho que la opinión pública condena a muerte al Ministerio Narváez, y que en Palacio se aguarda solo una ocasión oportuna para deshacerse de él. Esto no lo copia, el Diario de San Petersburgo. Son aquí bastante circunspectos y bien criados para copiarlo. Pero aseguro a usted que se cree, aunque no se copie, y ya podrá usted calcular si esta creencia los predispondrá a dar grandes cordones de San Andrés. Dispénseme usted que hable con franqueza. Yo entiendo que en España debíamos hacer esfuerzos y hasta sacrificios por figurar más y mejor en todas las intrigas y discusiones diplomáticas de Europa. Lo que es ahora, se diría que no formamos parte de esta gran república de naciones. Para nada se cuenta con nosotros sino para tratarnos mal en los diarios. El que le traten a uno bien cuesta dinero. Rusia paga con rumbo los elogios, y deberíamos imitarla según nuestras fuerzas. Con poco que se diera al Norte, de Bruselas, nos alabaría tanto como La Independencia nos deprime. Acaso convendría también echar de Madrid con cajas destempladas al corresponsal de La Independencia. Esto es algo ruso; pero siempre se le pega a uno algo de la tierra en que está.

La revista que debía haber el otro día no llegó a verificarse por el frío; pero hoy, en este momento, se está pasando la revista, y el duque y su ayudante de campo están en ella, a caballo, con el emperador. ¡Dios quiera que no vuelvan helados, aunque el tiempo es hermosísimo y no hay más que de doce a catorce grados de frío!

He notado y he admirado mucho la galantería rusa. En las naciones gobernadas constitucionalmente pierden su influencia las damas, y la galantería acaba. Aquí, por el contrario, triunfan las damas y son objeto de mil rendimientos y adoraciones. La Kotchoubey, aunque ya abuela, es tan elegante, tan gran señora, y tiene aún carnes tan frescas y, al parecer, tan apretadas y consistentes, que todos se le abaten, como los gavilanes a la garza; y es cosa de ver al Gortchakov hacer extremos por ella, estar siempre a su lado, mirarla con ojos lánguidos y hacer quiebros y decir dulzuras y formar pucheritos como si se le viniese el agua a la boca. Ella recibe con la mayor dignidad todas estas muestras de veneración y de la admiración que inspira. Es una princesota de lo más entonado y empingorotado que he visto, y sin duda alguna que ha de ser una delicia bajarle el orgullo.

Gortchakov es de esta opinión, y son tales los visajes que hace al estar cerca de ella, que parece

Vencido de un frenético erotismo,
enfermedad de amor, o el amor mismo.

Pero he aquí al duque y Quiñones que vuelven de la revista, con toda la integridad de sus orejas y narices y encantados de las atenciones que el emperador ha tenido con ellos. El duque iba a su lado, en un soberbio caballo, y Quiñones, entre los generales. Cerca de cuarenta mil hombres de todas armas estaban formados en la inmensa plaza que hay delante del Palacio de Invierno. Se componía este ejército de cuarenta y cinco batallones, sesenta y tres escuadrones y ciento cuatro piezas de artillería, ochenta montadas y veinticuatro volantes. Formaban la escolta del emperador gentes de todas las naciones que militan bajo su bandera, y son como muestra de la grandeza y variedad del Imperio. Allí había cosacos del Don y del Cáucaso, georgianos, circasianos y armenios, con elegantes y variados trajes militares y armas bárbaras y resplandecientes. Además de la artillería de que he hablado, había dos baterías de cosacos. Quiñones dice que la Artillería tiene mal material y que no está tan bien como en España. La caballería, en cambio, es excelente. Los caballos, parecidos a los mejores andaluces. Los jinetes, ágiles y firmes. La Infantería, ni con mucho tan ligera e impetuosa en sus movimientos como la nuestra; al parecer, al menos, puesto que no ha maniobrado. Los fusiles, casi todos fabricados aquí y no de los mejores. Los soldados marchan no naturalmente, como los españoles, sino con aquella especie de danza pírrica que dije a usted se usaba en Prusia. El emperador, con sus generales, el duque y Quiñones, recorrió las filas a todo galope de los caballos, y, parándose luego al frente de ellas, dio las voces de mando para que desfilaran. El desfile lo vieron a pie firme y muriéndose de frío.

Seguimos viendo las curiosidades de esta capital. Anteayer estuvimos en la iglesia de San Isaac, que ahora se está acabando de construir bajo la dirección de un arquitecto francés llamado monsieur de Montferrand. Es un templo griego por el estilo de Santa Sofía, de Constantinopla, pero, por la riqueza y hermosura de los adornos, superior a cuanto he visto en mi vida. No es muy grande, sin embargo, este templo. Columnas de granito de una sola pieza y en gran número, adornan y sostienen lo exterior del edificio. Cada una de estas columnas es de treinta pies de altura.

La cúpula es esbelta y elegantísima, adornada asimismo con ricas columnas de jaspe, que sirven de base a la parte superior, toda dorada como un ascua encendida. Lo interior del templo es verdaderamente un tesoro. Las ricas pinturas que cubren los muros, obra en la mayor parte de artistas italianos y alemanes, son solamente provisorias y serán reemplazadas con otros tantos mosaicos, que aquí se fabrican, dicen, tan bien como en Roma. La variedad de molduras y adornos de bronce, de jaspes, de lapislázuli, de malaquita y de otras piedras de gran precio que hay en el templo, es asombrosa. En el iconostasio hay diez columnas de malaquita de desmesurada grandeza. Las tres capillas interiores, donde solamente entran los sacerdotes, y donde lo más sagrado del rito ha de celebrarse, son de un primor inconcebible.

También hemos visto la iglesia de Kazán, que es la Atocha de por aquí. Allí están las banderas cogidas a los enemigos y las llaves de las fortalezas y ciudades que se han entregado a Rusia. Esta iglesia es por el orden de la de San Pedro en Roma, si bien ni con mucho tan grande. Las pinturas bizantinas que cubren sus muros están cubiertas de oro, de plata, de esmeraldas, diamantes y rubíes. La cabeza de la imagen, negra, es lo único que aparece entre tanta profusión de joyas. La plata, el oro macizo y la inmensa cantidad de piedras preciosas que quitan la vista y cubren o, por mejor decir, forman el iconostasio, fueron regalo de los cosacos del Don en tiempo de la emperatriz Catalina II.

Ayer estuvieron los dos militares de esta misión (yo no fui porque estaba cansado) en la Escuela de todas armas. Dicen que habrá en ella ochocientos cadetes, y que está bien organizada, con gran lujo y comodidad. Hay en ella sobre cincuenta profesores de ciencias, idiomas y ejercicios gimnásticos como esgrima, danza, equitación, etc., etc. Todos estos establecimientos se puede asegurar que están, por lo menos, tan bien montados como donde mejor, y con más grandeza que en parte alguna.

El príncipe Miguel Galitzin me encarga que averigüe qué casa podrá tomar alquilada y su precio. Quiere, asimismo, algunas noticias y apuntes sobre muebles, caballos, coches y demás cosas que piensa gastar en ésa; porque él vivirá, a lo que se cree, con gran lujo, y llevará consigo a su señora, y dará bailes y demás zarandajas. Ruego a usted que me informe sobre todo esto, o encargue a alguien que me informe. El príncipe me ha dicho que si trae Istúriz de veinte a veinticuatro mil duros de sueldo, y de diez a once mil para establecerse, podrá estar muy decorosamente en San Petersburgo.

La princesa Lucía Dolgorouki me dijo anoche que, ya que no se queda Osuna por aquí, debían enviar de España al duque de Rivas, a quien conoció en Nápoles, y de quien me habló con tan vehemente entusiasmo, que, aunque yo sé que el duque se lo merece todo, todavía me atrevo a sospechar que este entusiasmo proviene en parte de que mi antiguo jefe trató de..., tentativa que no hay mujer, por recatada que sea, que no agradezca eternamente.

La princesa me dio cariñosas memorias para el duque. Déselas usted con mil aún más cariñosas, aunque menos sensuales, de parte mía, y créame suyo afectísimo,

Juan Valera

San Petersburgo, 1 de enero de 1857

Mi muy querido amigo: Con gran sorpresa he visto en los periódicos las dos cartas que dirigí a usted desde Berlín y Varsovia, y he sentido rubor y encogimiento al verlas publicadas, porque si algún mérito tienen, no haciéndole del que la bondad, ciega a veces, de los amigos quiera prestarles, es en aquellos pasajes algo resbaladizos y meramente anecdóticos que, por su condición misma, no pueden publicarse y que, segregados del resto de las cartas, las dejan a trechos oscuras y truncan las frases y el sentido. Ya mis cartas de por sí, escritas al galope y sin presumir yo de atildado y retórico al escribirlas, son tan desaliñadas, que al leerlas ha de causar enojo a muchos. Pero siga usted publicándolas si quiere, que yo me enmendaré, cuando no en el estilo, pues por mi carácter es imposible que yo lo lime y pula para escribir una carta familiar, al menos en las noticias que vaya dando, las cuales procuraré que en adelante sean de más interés. Bueno será, con todo, advertir que no trato yo de dar una idea, ni siquiera ligerísima, de lo que es este grande Imperio, inferior solo en extensión al que dominó nuestro emperador Carlos V, que abarca bajo un mismo lindero la séptima parte de la tierra habitable, y donde hay tantas razas diversas, se hablan tan varios y distintos idiomas y se usan costumbres tan peregrinas. Mal podría yo en algunos días instruirme de nada por mí mismo ni contar cosas de aquí, como no sea por juego. Por nada de este mundo me pondré tampoco a copiar y a extractar, en mis cartas, las obras de los viajeros que, desde Oleario hasta el barón de Haxthausen, desde los tiempos de Juan el Terrible hasta los nuestros, han venido por aquí, o con misión de sus respectivos Gobiernos o como caballeros que viven de sus rentas, y han escrito lo que mejor les ha parecido acaso, pero con más datos y más espacio que yo puedo escribir ahora. Si yo supiera el ruso, ya sería otra cosa. La literatura de esta nación apenas es conocida en parte alguna, y la lengua, aunque empieza a estudiarse, se sabe poco. Difícil me será, por tanto, conocer algo del estado social de esta nación por su literatura, que dicen ser un trasunto fiel de dicho estado social. En Francia no creo que se conozcan más que algunas novelitas de Puschkin y de Gogol, que Mérimée y Viardot han traducido, y varios extractos y juicios críticos de otras pocas publicados en la Revista de Ambos Mundos. En Alemania se ha traducido algo más, y, sirviéndome de la lengua alemana, que entiendo medianamente, pienso leer los poetas.

Pero, entre tanto, ¿cómo saber, repito, a no emplear en estos años de estudio, las leyes, la organización política y la manera de ser de sesenta y cinco millones de hombres? Usted me dirá que yo no voy a escribir una obra seria sobre la Rusia, sino cartas a un amigo, refiriéndole lo que ahora se llama impresiones de viaje; mas yo contestaré que estas cartas, que sin escrúpulo de conciencia escribía yo antes, creyendo que eran para usted solo, me dan hoy notable recelo y me hacen temer que me tengan por atrevido, si no consideran los que esto lean la insólita humildad con que confieso mi ignorancia. ¿Qué podré decir yo de cosas serias y de sustancia que no hayan dicho y redicho Pallas, Gmelin, Blasius, Goebel, Koch, Humboldt y tantos otros sabios viajeros? Ruego, pues, a cuantos pongan los ojos en estas líneas, que no lo hagan por instruirse, sino para divertirse un rato, si, por dicha mía, les parecieren divertidas.

Separada España de las grandes cuestiones de política internacional que se agitan hoy en Europa, y sin motivos poderosos que la muevan a buscar la alianza o a temer la enemistad de Rusia, no puede interesarse tampoco en las investigaciones que sobre Rusia se pueden hacer, se han hecho y siguen haciéndose. Libros como el que ha escrito Tengoborski sobre la fuerza productiva de este Imperio, o como el que escribe ahora Schmitzles, titulado El Imperio de los zares, no tendrían apenas lectores a escribirlos o traducirlos en castellano. Los literatos y los hombres facultativos y especiales que quieran enterarse ya en las leyes, ya en la administración, ya en el estado del Ejército de este Imperio, acudirán sin duda, a las obras que sobre cada uno de estos puntos se han escrito en otras naciones de la Europa occidental, sobre todo desde que sus ojos se volvieron hacia aquí, hace pocos años, y miraron, atentas y asombradas, la gran batalla que se peleó en Crimea. Y diga gran batalla por la abundancia de aprestos bélicos, número de soldados y poder y riqueza de las naciones beligerantes, no por los resultados que de tales medios se podían esperar. A mi ver, lo más admirable de esta guerra no es el resultado, sino la consecuencia que de ella infaliblemente se deduce, y pone en claro la maravillosa vitalidad de los pueblos que la emprendieron. Perecen en ella de quinientos a seiscientos mil hombres, se gastan miles de millones, y los pueblos se resienten apenas de esta pérdida. Cualquier grande apuro económico que pueda haber en Francia, en Inglaterra o aquí, proviene o provendrá indudable y principalmente de otras causas.

Pero me voy encumbrando demasiado y me podrá usted decir lo de Maese Pedro al chico que enseñaba el retablo: «Muchacho, no te encumbres, que toda afectación es mala.»

Paulo minora canamus.

Hablemos, pues, de aquellas cosas que veo y noto, sin meternos en honduras y sin consultar a los sabios. Seguro estoy de que, por muchos disparates que yo piense y diga de esta gran capital y de Rusia entera, nunca serán tantos como los que aquí se piensan y dicen de nuestra amada patria. No pocas personas, por lo demás sensatas, imaginan aquí que fuman todas las señoras españolas, siendo, por el contrario, las que fuman, las rusas: que nos vestimos de majo; que nos damos de puñaladas a cada momento; que viajamos siempre en litera o en mulo; que detrás de cada mata hay una partida de ladrones, y no sé cuántas diabluras más, que pueden tener algún fundamento de verdad, pero que, por fortuna, no lo son completamente. Todos tienen aquí por cierto que durante el invierno están tan desabrigadas y poco confortables las habitaciones de Madrid, que hasta las señoras más aristocráticas se ven obligadas a colocarse una olla de carbón encendido debajo de las enaguas. Las damas rusas no se atreven a abanicarse delante de nosotros, no sea que nos den una cita, nos digan doscientas mil ternuras o nos hagan concebir esperanzas y poco castos deseos, comprometiéndose sin que ellas se lo percaten. Creen tan a pies juntillas en el lenguaje del abanico como Homero en el de los dioses, del cual tuvo la audacia poética de dejarnos algunas palabras en sus obras. Mas por lo que toca a la verdadera lengua que se habla en Castilla, ni aquí se estudia ni se sabe palabra, a pesar de la facilidad maravillosa de los rusos para aprender idiomas. La mayor parte de ellos, singularmente las damas, imaginan que no hay en castellano libros que leer, fuera del Quijote, que está traducido al ruso. Muy raras excepciones hay de esta regla y, por lo mismo, quiero hacer aquí mención honorífica del joven general Kraschnakousky, que habla regularmente nuestra lengua y conoce algo nuestra literatura. Me ha dicho que ha traducido en ruso, y que ha publicado un opúsculo de Martínez de la Rosa sobre la guerra de las comunidades de Castilla y algunos articulitos de Larra. Me ha pedido que le hable de las obras más notables en prosa que han aparecido últimamente en España, para ver si hay alguna que le convenga traducir, y de cuantas le he citado ha elegido la Historia de los judíos en España, de Amador de los Ríos, no solo por la novedad del asunto, sino porque habiendo en este Imperio millón y medio de hijos de Israel, querrán saber por lo menos lo que aconteció a sus parientes en España, y cómo florecieron entre ellos las letras y las ciencias. Diga usted, pues, a Amador que dé un ejemplar de su libro a Istúriz para que se le traiga a Kraschnakousky.

Le he hablado a usted, en otras cartas, del lujo asombroso de los grandes señores rusos. Cada día me maravillo más de este lujo. Harto se conoce que han dado al fin con los montones de oro que, según refieren los más antiguos historiadores griegos, ocultaban y defendían los grifos de Arimaspes, allá en el centro de la Escitia.

Cada día tenemos una comida y cada día vemos un nuevo y magnífico palacio. Ayer comimos en casa de la princesa Yussupov. La escalera, de mármol, es regia y estaba brillantemente iluminada. Desde la entrada de la casa hasta el último salón, todo a una temperatura de dieciséis a dieciocho grados. Plantas y árboles intertropicales adornaban todas las estancias. Una de ellas remedaba un gracioso y rústico jardín, con grutas y peñascos, de los que salían surtidores de agua cristalina, que formaban agradable murmullo. Lacayos de gran librea estaban en gran número en las escaleras y en la antesala. En los salones dorados, en que nos recibió la princesa, había mil objetos preciosos y del mejor gusto. El comedor es una obra maestra de arquitectura. La hermosa bóveda que lo cubre se apoya en una infinidad de elegantes columnas corintias de notable grandeza. Al lado del comedor está el jardín que ya he descrito. Ocultos detrás de una cortina, y en otra sala inmediata, había treinta músicos, criados todos de la casa, que tocaron y tocan diariamente durante la comida, con gran primor e inteligencia. Cuando cesaba por un momento la orquesta, se oía más distinto el murmullo del agua de las fingidas grutas y el canto de los pájaros que allí estaban aprisionados, en el metal de las doradas rejas.

Lindísimos primores artísticos de antigua porcelana de Sajonia, pastores y zagalas Pompadour, figuras alegóricas y divinidades del Olimpo cubrían la mesa. La comida no hay más que decir sino que, como otras de que ya he hablado a usted, y aun acaso mejor que otras, fue la quinta esencia de todo lo fungible y grato al paladar. Después de la comida fuimos a tomar el café a un salón elegantísimo e inmenso, donde hasta entonces no habíamos estado, y que debe de ser el cuarto donde de diario está la princesa. No he visto nunca habitaciones más cómodas ni muebles mejor dispuestos y agrupados para la causerie. Los muros de este gran salón estaban, en parte, cubiertos de riquísimas maderas, esculpidas con prolijidad y buen gusto en la ornamentación; en parte pendían de ellos antiguos y costosos tapices de Gobelins, que representan las aventuras de Meleagro y que es cada uno una obra de arte. No describo los demás objetos por no cansar a usted; solo mencionaré tres vasos de porcelana de Sévres; que pertenecieron a María Antonieta, y que son, en efecto, dignos de una reina. La princesa, que está viuda y que tiene en París un hijo, agregado a la Legación de Rusia, es una señora ya de cierta edad, pero amable y simpática por todo extremo. Las alhajas con que se adorna la hacen parecer hermosa todavía. Cuenta, entre sus diamantes, la célebre Estrella Polar, y tiene collares de perlas blancas, negras, de color de rosa y hasta de color de chocolate.

En un sitio apartado del salón de la princesa, en una especie de retraimiento, y en el recinto que forman varias frondosas enredaderas, está colocada, como en una capilla, como en un tabernáculo diré mejor, y puesta sobre un trípode primoroso, una caja de sándalo, que derrama dulce fragancia. La caja parece hecha de filigrana, según lo prolijo de las labores, y entre los fantásticos dibujos que éstas hacen, leen, los que lo entienden, varios textos de la Biblia entallados allí en caracteres y en lengua eslavona. Una corona imperial, un cetro y una espada, puestos sobre un almohadón, y lindamente modelados, sirven de remate a la tapadera de esta caja preciosa. Yo me paré a considerarla, y no sé por qué imaginé que algún misterio de dolor y de santo y purísimo cariño se encerraba allí dentro. Acaso la princesa leyó en mis ojos esta idea, porque vino a mí, y abriendo la cajita, me mostró el tesoro que encerraba. Era la máscara en yeso y las manos vaciadas en la misma materia del cadáver de un amigo querido y respetado. Era la cara hermosísima, llena de majestad y de dulzura, del emperador Nicolás, difunto.

Morte bella parea nel suo del viso.

Sus manos, perfectas y aristocráticas, resaltaban por la blancura del yeso sobre el terciopelo negro en que estaban. Me encantó el tierno respeto y la amorosa melancolía con que miró la princesa y elogió aquellas manos y aquella cara que ya no existen.

Estos días no hemos hecho otra cosa más que comer y hacer la digestión. Esto será grosero, pero es la verdad. Que no lo sepa el público. De comida en comida y de cena en cena, y acostándonos tardísimo, no hemos tenido tiempo de ver nada en estos días. Y de las comidas, ¿qué he de decir a usted, sino que casi todas son exquisitas? Lo único que he echado de menos son las ostras; y las he echado de menos por amor de lo perfecto, no porque a mí me gusten. Los helados aquí son excelentes. Escuela napolitana, como en París, pero llevada a tal extremo de delicadeza, que ni en Tortoni ni en el café de Europa, en Nápoles, hacen tales helados como éstos. Los frutos, deliciosos; sobre todo, las uvas de Astracán. Y los vinos, los mejores del mundo entero, que vienen aquí para que esta gente se los beba. Los vinos del país juzgan estos señores que aún no son dignos de servirse en las mesas elegantes; pero dicen que los hay muy buenos en Crimea, en el Cáucaso y en Besarabia. Por lo demás, la cuna del vino está en Rusia. Ésta posee la región donde Noé exprimió la uva y bebió por vez primera el mosto fermentado, al bajar del monte Ararat, después del diluvio. En esa región se da la viña silvestre, pero se cultiva también, con gran éxito, y cada día se va mejorando.

Por último, y para no volver en carta más alguna a hablar de comestibles o de cosas potables, diré que hay algunos peces, propios de estos mares, sabrosos a maravilla; caza en abundancia, así volátil como cuadrúpeda; faisanes ricos y pollitos tan de corta edad, que no es posible que nazcan en esta estación naturalmente, sino por alguna incubación artificiosa. El café no puede ser mejor; tiñe la taza de amarillo, y el té, que viene por tierra desde la China, atravesando toda la Siberia, conserva un aroma que pierde el que viene por mar.

En medio de estos regalos, esperamos las órdenes del Gobierno para volvernos no por donde hemos venido, sino por Moscú. Queremos ver esta ciudad originalísima, que dicen ser la verdadera capital de Rusia, la que guarda el sello y el carácter de la civilización eslava, pura y sin mezcla.

Entre tanto, aún nos quedan doscientas cosas que ver aquí, y entre ellas el Museo, la Biblioteca Imperial, etcétera, etc. Otra carta irá ya con noticias de estas cosas. La de hoy empezó por prometer mucho y no cumple nada hasta ahora, ni podrá cumplir, porque me siento cansadísimo, y aquí la concluyo.

Adiós, y créame su amigo,
Juan Valera

San Petersburgo, 3 de enero de 1857

Tiempo es ya, mi querido amigo, de que hable a usted del Museo Imperial. Ayer y anteayer lo he visitado, y apenas he visto tres salones, a pesar de las seis horas que he estado en él; tan rico es y tan grande. Como usted sabe, se llama La Ermita, y fue edificado por Catalina II, que se iba allí para hacer penitencia, en compañía de artistas, sabios y buenos mozos, y que, en vez de cilicios, disciplinas y calaveras, lo adornó con cuanto la Naturaleza y el arte pueden crear de más bello. En busca de estas cosas, con buenas cartas de crédito y con orden de no escasear el dinero, mandó la emperatriz a París al célebre Grimm, y a Mengs y a Riefenstein, a Roma. Los tres cumplieron bien su misión y enriquecieron aquel austero retiro. Los sucesores de la gran Semíramis del Norte han ido, a porfía, aumentando su riqueza, y hoy se halla convertido aquel magnífico palacio en uno de los museos más maravillosos del mundo. Contaré lo que he visto en estos días, y, conforme vaya viendo, iré contando. No he podido dar con un catálogo impreso, ni creo que lo haya; por manera que debo conservarlo todo en la memoria y adivinar mucho.

El aspecto general del edificio es de una grandiosidad incomparable. La escalera y muchos de los salones están sostenidos por columnas de granito, de una sola pieza, y, al parecer, de veinte a veinticinco pies de altura. Por dondequiera le ven ricas mesas de mosaico, el pavimento de mármol o de mosaico también, y por dondequiera hay jaspes de todos colores y vasos elegantes, de mil formas y tamaños, de pórfido, de bronce de porcelana, de alabastro, de lapislázuli y de malaquita.

El primer salón donde me detuve a mirar detenidamente los objetos fue, como buen español que soy, el salón donde están los cuadros de nuestros pintores; cuadros tan buenos y en tanto número, que siente uno al verlos cierto gozo y orgullo patriótico. Ni en el Louvre, ni en la Galería de Dresde, ni en parte alguna, fuera de España, está tan bien representada como aquí la escuela española. Solo Murillos hay veintidós. Un San Lorenzo, una Huida a Egipto, La escala de Jacob, La bendición de Isaac, dos Concepciones, una de ellas, a lo que entiendo, la que perteneció al mariscal Soult. Un San Antoni con el Niño-Dios, que se le aparece sobre el libro devoto que está leyendo. Dos o tres Sagrada familia y, por último, un Divino Pastor abrazando un cordero, Divino Pastor tan hermoso y tan santo, que, al verle, se olvida el museo, se imagina estar en la iglesia, se apodera del alma la fe que tenía el pintor al ejecutar su obra, y entran deseos de hincarse de rodillas, de rezar un Padrenuestro y de besar aquellos lindos pies desnudos, que tocan el suelo y conservan toda su pureza.

De Alonso Cano, lo mejor que hay es una Virgen, con el Niño Jesús entre sus brazos. De Morales, una Mater Dolorosa. De Antolinez, un niño dormido, encantador de gracia y de inocencia. De Ribera hay tres San Jerónimo y otros santos, ya penitentes, ya padeciendo horribles martirios, cuadros todos llenos de vigor y fantasía. De Velázquez, varios retratos: uno del conde-duque, otro de Felipe IV, otro de un infante a caballo. Hay, asimismo, en aquel salón, cuadros de Coello, de Juan de Juanes, de Baltasar del Prado, de Ribalta, de Castillo, de Zurbarán, de Carreño y de no recuerdo cuántos otros más. Casi todos estos cuadros son de asuntos místicos, y se conoce el fervor estático y piadoso que animaba a todos aquellos artistas, porque nos lo infunden en el alma todavía, al mirar sus obras en el siglo XIX, después de todo lo que ha pasado, y viéndolas no donde vivían, bajo un Sol brillante, los que las hicieron con el corazón y con la mano, sino entre los hielos de Finlandia. Aquella suave claridad de entonación y aquella música del colorido sorprenden también y alegran el ánimo con dulces recuerdos, cuando se contemplan aquí, donde tienen algo de sobrenatural y nunca imaginado.

De los cuadros españoles pasé a ver las joyas de oro y otras preciosidades y antiguallas de Teodosia y de Kertch. El salto es notable. Kertch es la antigua Penticapea, colonia que en el Quersoneso táurico fundaron los de Mileto; capital luego de un reino griego independiente, que se sostuvo en lucha con los taurios y los sármatas y los escitas; esclava al cabo de Mitrídates, rey del Ponto y rival de Pompeyo, y sucesivamente romana, goda, bizantina, genovesa, tártara, turca y, por último, rusa. Debajo de tierra han podido, sin embargo, encontrarse, a pesar de tantas guerras y conquistas y paso de bárbaras y extrañas naciones, los primores de arte que he visto, y que son testimonio del gusto exquisito, de la cultura, de la elegancia y de la riqueza de aquella colonia antigua de los compatriotas de Tales y de Aspasia. Los collares, sortijas, brazaletes, talismanes, alfileres, broches, ajorcas, zarcillos y coronas de oro que se han encontrado en Kertch son indudablemente más bellos, más ricos y mucho más numerosos que los que se han encontrado en Pompeya y Herculano. Los habitantes de estas dos ciudades tuvieron tiempo, al menos los de Pompeya, para llevarse consigo sus joyas. Se han hallado asimismo en Kertch vasos griegos, tan bellos como los de Nola.

Pero la colección de camafeos que hay en el Ermitage es lo que verdaderamente pone espanto. Los hay de todas las épocas y pueblos civilizados del mundo, esculpidos en ágata, en ónice y qué sé yo en cuántas piedras duras y preciosas. Multitud de cilindros babilónicos y persianos con grifos, y dioses, y reyes, inscripciones y símbolos. Amuletos egipcios en forma de escarabajos, unos con las alas desplegadas, otros no, y sobre cuyas alas están grabados Tifón, Horo, Anubis, Isis, Osiris, los faraones, las esfinges, el ibis y mil jeroglíficos misteriosos, y raras y espantables figuras y amuletos y anillos etruscos, más singulares y curiosos aún por ser de una civilización menos conocida. Hay camafeos de Mauritania y de Numidia. En uno he visto el retrato de Masinissa, que tanto faroleó en España; en otro, el de Juba. Los camafeos griegos no tienen cuento ni precio por la abundancia, y la hermosura. El príncipe de todos ellos es grande, de seis a siete pulgadas de diámetro, y figura de relieve los bustos de Ptolomeo Filadelfo y de Arsinoe. Perteneció a Cristina de

Suecia, a Odescalchi y a la emperatriz Josefina, que lo regaló a Alejandro I de Rusia. Nada mejor he visto en este género, salvo la copa hallada en la Mole Adriana, que hay en el Museo Borbónico, de Nápoles, y que representa, a lo que suponen los sabios, la apoteosis de Ptolomeo Filopater. Entre los demás camafeos griegos los hay extraordinarios de hermosura: la Iliada, la Odisea, las aventuras de Teseo, las de Perseo, las de Atalanta y Meleagro, las de Belerofonte, los trabajos de Hércules, las historias de las Tintárides, de Jasón y de Edipo; en fin, todo el ciclo fabuloso y heroico de Grecia está allí representado. Ni falta tampoco divinidad alguna del Olimpo, desde las del primer orden hasta las más desconocidas. Sátiros y ninfas, y faunos y amores, se ven en muchos de estos camafeos; y hay en otros altares, sacrificios, templos, teorías, danzas de pastores, escenas de amor, de caza, de pesca, y combates, y armas, y flores, y guerreros, y fieras, y monstruos. Cuanto el hombre imagina y cuanto la Tierra y el Cielo tienen en sí, está allí esculpido por el arte maravilloso de los griegos. Ni se olvidaron de dejarnos los retratos de sus sabios, de sus artistas, de sus poetas y de sus cortesanas y más célebres hermosuras. Allí Demóstenes, Platón, Alcibíades, Pericles, Diógenes, en fin, cuanto Grecia ha producido de más ilustre, y en tal cantidad, que, para dar una idea, diré a usted que he contado cuarenta y seis Sócrates, dieciocho Antinoos y siete Cleopatras.

Siguen luego los camafeos romanos del tiempo de la República. Entre ellos he visto a Escipión, el primer Africano; a César, a ambos Catones, a Aníbal, a Pompeyo y a Lúculo. Hay un solo camafeo lindísimo que contiene los bustos de los tres primeros triunviros. Luego entran los emperadores. Cada emperador, con sus mujeres, hermanas, hijos y personajes famosos de su reinado, forman un cuadro aparte. Allí, Germánico, Druso, Calígula, Nerón, Augusto, en fin, los nombres todos conocidos por la Historia. Para que no falten camafeos de ningún país, los hay árabes y turcos, armenios y persas, mahometanos, con leyendas y textos del Corán. También hay muchos camafeos de los gnósticos y de otros herejes de los primeros tiempos de la Iglesia, con símbolos extraños, en que se mezcla el cristianismo con la magia y la teúrgia, y la doctrina de Cristo con la superstición de Zoroastro y los ensueños de los filósofos neoplatónicos de Alejandría.

Luego vienen los camafeos de todos los pueblos modernos, divididos por nacionalidades. Los hay italianos, franceses, ingleses, alemanes, rusos y españoles, clasificados así, no porque pertenezcan los artistas a cada una de estas naciones, sino por el asunto que representan. Reyes, emperadores, papas, obispos, generales, etc., hay allí en abundancia. Entre los españoles citaré a Alfonso V de Aragón, a Carlos V, a Felipe II, a Isabel de la Paz, al príncipe don Carlos y a Felipe IV. Los de Rusia llegan hasta el emperador Nicolás; los de Italia, hasta Pío IX.

Por último, y para poner punto redondo y no volver a mentar los camafeos, diré a usted que vi la colección de los que pueden llamarse del Renacimiento, que imitan, mejor o peor, los griegos y que figuran cosas paganas y mitológicas. Los que llegan casi a la belleza de los antiguos son algunos de Pickler.

Por Dios, que si esto se imprime, que no me trabuquen mucho los nombres propios y exóticos, porque se armará una pepitoria de todos los diablos.

Antes de salir del Museo es fuerza poner en conocimiento de usted, aunque se sobresalte algo su pudor, que estuve en una sala reservada, donde están recogidas, a buen vivir, algunas pinturas un tanto cuanto verdes y escandalosas. Dos o tres Venus en inmodesta postura; una Leda con el cisne, de Julio Romano; un Júpiter y Ganimedes, que pintó Miguel Ángel después de haber leído, sin duda, la segunda égloga de Virgilio.

Mientras ayer estuve yo en el Museo, visitaron el duque y Quiñones un cuartel de Caballería. No supe yo lo que iba a perderme con no ir con ellos. No sucederá otra vez que los deje solos. Figúrese usted que era el cuartel del regimiento de Caballería de la Guardia Imperial, en cuya comparación sería moco de pavo el escuadrón de los Inmortales que rodeaban a los Jerjes, Artajerjes y Daríos. Todos son cascos y corazas refulgentes, ricas armas y caballos negros, poderosos y hermosísimos. Los hombres son escogidos por la presencia gallarda y vigor y gracia de la persona. Dicen el duque y Quiñones que no han visto nada más perfecto. El cuartel es inmenso, limpio y cómodo. Todos los establecimientos militares están aquí mejor montados y con más lujo que en ninguna parte. La banda de música del regimiento, que es excelente, tocó varias canciones populares rusas. Más de cincuenta soldados las cantaron, y algunos otros, con notable agilidad y desenvoltura, tejieron una danza selvática, agitándose en mil contorsiones, brincos y muecas. La canción de que iba acompañada la danza estaba entreverada de silbos y de aullidos frenéticos. Otra canción cantaron, que según me aseguran, se parece mucho a la caña.

Vea usted, pues, cómo nos pasamos las mañanitas viendo todas estas lindezas. Por las noches vamos al teatro, y luego, de tertulia. El teatro a que asistimos más es el italiano. Aquí se dan un ciento de óperas y de bailes al año, y no sucede como ahí, donde el señor Urríes les tiene a ustedes embaucados con tres o cuatro, a lo más, para toda la temporada. Las decoraciones y los trajes me parecen solo inferiores a los de Berlín, y fabulosos e inverosímiles si se comparan a los de esa coronada villa, que, a la verdad, son muy malos. Y no es esto criticar al empresario ni a nadie. Critiquemos a la fatalidad, que nunca se enfada. Ella hace que el emperador subvencione aquí todos los teatros, o, por mejor decir, que los costee, y que entre nosotros no haya dinero para semejantes gollerías.

La Bossio se ha transformado en una artista eminente. Aquí la aplauden a rabiar, y la mitad de los oficiales de la guarnición, media docena de diplomáticos extranjeros y doscientos o trescientos príncipes, casta que aquí abunda, están enamorados de ella. Pero ella, tiesa y cogotuda con todos. Las demás donnas y virtuosos de la compañía son cosí, cosí, si se exceptúa a Lablache, que, a pesar de sus años y de su abdomen, vale un Perú todavía y sabe más música que Lepe. A mí me divierte su conversación y las historias que refiere. Habla de su arte con amor, y cuenta anécdotas interesantes de los grandes cantores y compositores pretéritos y presentes. Conoce algo de la música sagrada española, y no hay, a su entender, nada más bello que el Miserere, de Salinas. Yo le he recitado la oda que en elogio de Salinas compuso fray Luis de León, y le he dicho que aquel gran maestro, si la memoria no me engaña, escribió un famoso libro sobre su arte, que hoy debe de ser muy raro.

Adiós por hoy. Mis cartas van ir menudeando; pero si he de contar cuanto me parezca interesante, larga tarea me he echado encima, porque tengo la fortuna o la desgracia de que todo me interese, y gusto, además, de sazonar mis relaciones con sentencias y citas, y hasta con pensamientos filosóficos de mi propia cosecha. Adiós, repito, y créame suyo,

Juan Valera

Se me olvidaba decir a usted, y por cierto que no debe olvidarse, que el duque, siempre generoso, dio ochocientos reales vellón (50 rublos) a los Inmortales que tocaron, cantaron, aullaron y bailaron en su presencia.

San Petersburgo, 6 de enero de 1857

Mi querido amigo: Por su carta de usted del 17 del último diciembre veo con gusto que le divierten las mías, aunque no sea más que por la novedad de las cosas que refieren. Usted creerá, sin duda, que yo también me divierto muchísimo viendo y notando estas mismas cosas; pero, a la verdad, que no sucede así. Este clima me sienta mal; estoy muy bilioso y muy nervioso, y paso noches agitadísimas sin poder pegar los párpados. No sé cómo tengo humor para nada. Si no fuera por las cartas que escribo a usted y a otros amigos, no tendría a quién comunicar mis impresiones y reventaría de una plétora de ellas en el alma.

Barbarus hic ego sum, quia non intelligor illis.

Aquí no he hallado hasta hoy, falta mía acaso, persona alguna cuyos gustos y manera de pensar simpaticen con los que yo tengo. Quisiera parecerme a Alcibíades, que era espartano en Esparta, y en Tracia tracio, y sápatra en Persia, y dondequiera que iba. Pero ¡cuánto disto de aquella ductilidad del ateniense!

Mi mejor hora del día, lo confieso con vergüenza, es la hora de comer. Había jurado no volver a hablar a usted de comida; pero ¿qué he de hacer si nos convidan casi todos los días y nos dan de comer divinamente? Ni en las casas más aristocráticas y ricas de París y Londres se come mejor y con tanta elegancia, según afirman los peritos. Pero aun este placer tiene sus dejos amargos y me lo emponzoña un remordimiento. Así como don Hermeguncio se acordaba de los negros al tragarse

las leves tortas y bizcochos duros

que toda absorben la poción suave
del soconusco, y la dureza pierden,

así me acuerdo yo al comer con estos boyardos del pan de
centeno, de los puches negros, del stchi, sopa de sebo y coles,
y de kwas, abominable cerveza agria, principales manjares
y bebidas que entran en la boca de esta mísera plebe. Sos-
pecho que la cucharada de rancho que tomé en Varsovia se
me ha espiritualizado en lo interior y forma hoy parte de
mi conciencia, avinagrándola como un fermento o levadura
moral.

Otra de las cosas que me mortifican es no saber palabra
de la lengua rusa. En la ciudad comm'il faut y en las tiendas
se habla francés, alemán e inglés; pero los iswoschik, vulgo
cocheros de alquiler, no hablan, como es natural, más que
el ruso, y es un negocio, dificilísimo el hacerse conducir a
cualquier parte. Como uno conoce la casa adonde quiere
ir, uno mismo puede guiar con estas tres voces: na prava,
na leva y stoi, «a la derecha; a la izquierda, párate»; mas no
conociéndolas, no cabe dificultad mayor. O los cocheros no
entienden de números, o no hay números en las casas. Las
calles son tan largas, que se pasa un día en recorrer una
calle. Cada casa tiene su título particular, como los actos
de los dramas románticos; pero a veces no se adelanta nada
con saber el título de la casa, porque el cochero lo ignora.
Entonces es menester, por medio de un intérprete, hombre
práctico en Petersburgo, describir la situación topográfica
del lugar adonde se va. Aun así, suele uno encontrarse en
Oriente cuando pensaba estar en Occidente, ya porque hay
casas del mismo título en todos los puntos cardinales, ya
porque la descripción topográfica del intérprete no ha sido
exacta. Ni vale el que lleve usted en un papelito escrita en
ruso la mencionada descripción. Los cocheros no saben leer-

la, ni los porteros tampoco, cuando da usted con un portero, que, o no los hay, o dondequiera están menos en la puerta de la calle, salvo en los palacios de los grandes señores.

La carencia de letras hace que los rótulos o muestras de las tiendas, sobre todo en los barrios, estén en jeroglíficos, que solo interpretan los del país, acostumbrados ya a descifrarlos. Todo está pintado al vivo, pero por pintores de Orbaneja. En casa de un comadrón y sacamuelas, por ejemplo, hay este cuadro: una mujer en la cama y un hombre con un instrumento quirúrgico en la diestra ensangrentada y con la siniestra mano presentando con orgullo algo como un chiquillo recién nacido. La escena está circundada de una aureola brillante de dientes y muelas con hipertróficos y retorcidos raigones.

Por lo demás, el aspecto de San Petersburgo no puede ser más grandioso. No sé dónde viven los pobres, porque no se ven más que palacios, monolitos, cúpulas doradas, torres, estatuas y columnas. Las calles y las plazas son inmensas. Innumerables coches y trineos cruzan en todas direcciones. Bastante gente a pie, pero silenciosa y envuelta en sus prolongadísimos caftanes. El hombre del pueblo lleva el caftán ceñido a la cintura con una faja de un color vivo, botas de pieles o un género de calzado singular, que creo que se llama lapti, y en la cabeza una especie de acerico o almohadilla, tan desaforada a veces, que casi puede servir de almohada. Este es el traje de la Gran Rusia, y también lo usan los cocheros. Su expresión más sencilla en estos tiempos de frío y entre la gente pobre es una zalea de carnero, amarrada al cuerpo con una soga, y todo ello ahumado y negro como una morcilla. El pellejo va por fuera y la lana por dentro. Hágase usted cargo de lo que habrá en aquella lana; ¡qué tesoro para un naturalista! También se ven gentes de otras provincias con trajes diversos y muchos uniformes de todas clases.

La ciudad está dividida por el caudaloso Neva y por multitud de canales. Todo está helado ahora. Sin embargo, hubo un día en que se temió deshielo e inundación, y se tiraron dos o tres cañonazos de aviso. Hoy no hay que temer ninguna desgracia, porque tenemos dieciocho grados de frío.

Las tiendas, hermosas y bien surtidas. Cualquier cosa, tres o cuatro veces más cara que en Madrid. Para proteger la industria nacional se cobran aquí enormes derechos, y los mercaderes, prevaliéndose de esto, y convencidos también de que, si a los seis o siete años de estar en el tráfico no se hacen ricos, pierden el crédito y pasan por tontos, ahogan la voz de la conciencia y saquean sin piedad, a los extranjeros, sobre todo. No hay producto de la industria alemana, inglesa o francesa que usted no halle aquí, aunque por un precio exorbitante. Hay mejores librerías y más libros franceses, ingleses y alemanes que en Madrid. Libro español, ninguno. Rivadeneyra, Mellado y otros editores debían enviar por aquí algunos ejemplares de cada una de las obras que salen de sus imprentas, y entenderse para esto con el librero Dufour, que anunciaría los libros españoles en el Boletín Bibliográfico, que publica cada semana. Nos quejamos de que no se conoce ni aprecia nuestra literatura, y la falta está en nuestra desidia. Acaso los libros que aquí se enviasen estarían uno, dos o tres años sin venderse; pero al cabo tomaría la gente afición y se venderían. Toda la gente rica y que lee sabe aquí italiano, y, desde luego, con un par de meses de estudio, aprenderían el español, sin decir lo que me dijo el otro día un español, al servicio de Rusia desde hace treinta y seis años: «¿Para qué quiere usted que mis hijos aprendan el castellano? ¿Sirve el castellano para algo? Los niños saben francés, inglés y alemán.» En cambio, ya he dicho que hay algunos que aprecian y saben algo de nuestra literatura.

El príncipe Miguel Galitzin, que va a Madrid de ministro, y que es un bibliófilo muy docto, tiene en su escogida biblioteca los mejores libros que han publicado Sancha, Ibarra y Benito Monfort, y, entre ellos, el Quijote de la Academia. El príncipe posee los más preciosos Aldus y Elzevires, así como los primeros libros estampados en Maguncia; por ejemplo, el Codex rationalis divinorum ofliciorum, de 1457, en pergamino, inestimable joya, por la rareza, hermosura y buen estado en que se conserva. No me acuerdo de otros de no menos precio que vi también en la biblioteca del príncipe, que visité rápidamente. En ella hay, además, manuscritos curiosos en griego, en latín y en eslavón; y una colección de obras sobre las ciencias ocultas, entre las cuales figuran las Disquisiciones mágicas, de Martín del Río.

He asistido a un concierto en el colegio de los sochantres de la Corte, y he oído la música sagrada rusa, que tiene fama de ser tan buena. Las melodías que aquí se cantan en las iglesias son, sin duda, en su mayor parte, las que en el siglo X trajeron de Constantinopla los apóstoles y cristianizados de este país. Melodías primitivas, de noble sencillez y hermosura: coros, acaso, algunas de ellas, de las antiguas tragedias griegas. Al principio las cantaban todos a la par, y era como canto llano y algo gangoso, según afirman. Pero Catalina II, que lo reformaba todo, quiso reformar y reformó la música también. Para ello envió emisarios a Roma, que transcribieron los antiguos cantos religiosos existentes en la Capilla Sixtina: y con éstos, y con los que ya había desde tantos siglos en el país, se formó la música nueva, prestándole armonía, que antes no tuvo. Hay en el colegio de los sochantres, donde se canta sin otro instrumento que el de la voz humana, de ciento a ciento cincuenta cantores, unos

viejos, otros mozos y otros párvulos: aquéllos, bajos pro-
fundos; éstos, contraltos, y los otros, tiples agudos o agu-
dísimos. Todos cantan como si cada uno fuese una tecla o
media docena de teclas de un órgano inmenso, animado y
maravilloso; tal es la precisión con que cantan, que parecen
una máquina sonora y no un conjunto de hombres. Quizá
un método semejante al que empleaba con tan buen éxito
el capitán durante nuestro viaje les haga ser tan precisos.
Cantaron, entre otras cosas, una plegaria a la Virgen que
empieza pianissimo, como si salieran las voces del profundo,
y luego va crescendo hasta terminar con gran sonoridad y
fuerza. Yo cerré los ojos, para abstraerme un poco de las
cosas del mundo, e imaginé por un momento que estaba es-
cuchando a las ninfas y a los genios del Océano, que venían
de sus alcázares submarinos para consolar a Prometeo. Tal
fue mi ilusión, que si el pianissimo dura cuatro minutos más,
me quedo consolado y dormido, el alma bañándose en lo
infinito y el cuerpo en perfecto reposo. Mas el estrépito que
metieron al cabo me trajo a la vida real, a pesar mío. El
principal maestro de música sagrada que aquí han tenido se
llamaba Bartnianski. Ahora hay uno célebre también, que
es el director de estos sochantres y el autor del Gocl save the
king ruso, que cantaron en Moscú, durante la coronación,
dos mil cantores, acompañados de otros tantos instrumen-
tos y de cincuenta o sesenta cañones, disparados a su debido
tiempo por medio de alambres eléctricos. ¡Estupendo albo-
roto armarían! Muchas, mujeres malparieron de la emoción
que les produjo, y los pájaros que iban por el aire se cayeron
muertos de entusiasmo.

Aquí son muy dados a la música, y muchos señores, como
la princesa Youssoupov, tienen orquesta en sus palacios. Los
que no pueden costearla se valen de un órgano mecánico.
Los hay tan excelentes, que algunos están apreciados en

veinte o treinta mil rublos; aunque, si es cierto que el ór-
gano cuesta tan caro, me parece que les traería más cuenta
venderlo y emplear aquel capital en cualquier cosa, que, por
poco productiva que fuese, siempre les daría para costear la
orquesta, et aliquid amplius. En fin: ellos se entenderán.

Adiós. Suyo afectísimo,

Juan Valera

San Petersburgo, 11 de enero de 1857
Señor don Leopoldo Augusto de Cueto.

Mi querido amigo: Aquí me tiene usted todavía sin acer-
tar yo mismo a explicarme por qué no me voy. El duque se
halla bien en San Petersburgo; la hermosa Elena Strattmann
quiere hacer de él su Menelao, y puede que lo consiga; pero,
si exceptuamos esto, no comprendo qué otro negocio deba
detenernos aquí. Las cartas están ya no solo entregadas,
sino acaso olvidadas; lo de las cruces, arreglado si ustedes se
avienen; las tres mayúsculas se darán al punto, y luego las
otras, y hasta puedo asegurar que el exceso de derechos de
las mercaderías bajo bandera española ha de desaparecer en
cuanto ustedes quieran. Yo no me he atrevido a tocar este
punto sino con algunos farautes del ministerio de Negocios
Extranjeros; pero ellos han dado el soplo, y esto ha bastado
para que el príncipe Gortchakov, que está amabilísimo, me
hablase ayer, en casa de Morny, y me dijese que estaba dis-
puesto a hacer con nosotros el negocio por cambio de Notas
y que le diera un apunte. Yo llamé al duque para que oyera
la conversación y tomase parte en ella. Los apuntes pedidos
los formaré con auxilio del vicecónsul, puesto que ningu-
nos tengo de esa Primera Secretaría, y el negocio se hará
por nosotros si ustedes nos dan la venia y las instrucciones
competentes. De todos modos, debo decir a ustedes en esta
carta, y aun quizá lo diga de oficio, para dar gusto al duque,

que el príncipe Gortchakov me encargó que pusiese en conocimiento de ustedes que estaba dispuesto a igualar nuestra bandera con las de las naciones más favorecidas y que nada deseaba tan ardientemente como estrechar cada vez más las relaciones políticas entre ambos pueblos y fomentar las comerciales. Quiñones, a quien al momento puso el duque en autos del negocio, dijo, viéndole tan factible, que era de clavo pasado. De ustedes depende ahora que se remache pronto este clavo.

Sigue el duque con más deseos de ser embajador que un gitano de hurtar un borrico. Gortehakov ha conocido su deseo (y no hay que alabar por esto su perspicacia) y le ha dicho que sus majestades y él y toda la Corte, serían charmés si el Gobierno español le nombrase. Lo que desean aquí es el pronto establecimiento de una Legación permanente. Y en cuanto al duque, hay momentos en que se allana hasta a ser ministro plenipotenciario. No sabe sí tomar una casa o no tomarla; pero ha ido a ver muchas, a cuál más cara y más hermosa, y acabará por alquilar una y por quedarse aquí hasta la primavera o el verano. Bueno será, por consiguiente, que me envíen ustedes permiso para volverme solo, a no ser que le manden credenciales y deba quedarme con él hasta la llegada de un nuevo secretario. No diré si de segunda o de primera, pero sí que Joaquín Caro es pintiparado para venir aquí: buen mozo, elegante, hijo del marqués de la Romana, y hablando perfectamente el alemán, el francés y el italiano.

En estos días, según el calendario ruso, se han celebrado aquí las Pascuas de Navidad, y ha habido una gran fiesta y ceremonia pública para colocar la primera piedra del monumento que se ha de levantar a la memoria del emperador Nicolás.

Será este monumento, según dicen, una estatua ecuestre, que en grandeza y hermosura podrá competir con la de Pedro el Grande. En el pedestal habrá magníficos bajorrelieves de bronce que representen los grandes sucesos del reinado del héroe a quien se levanta el monumento; verbigracia: la toma de Varsovia y la revuelta y alboroto de la plaza del Mercado de Petersburgo en la primera época del cólera; alboroto que terminó por caer todos de rodillas, y muchos con la frente en el polvo, al presentarse el zar en la plaza. Difícil será, sin embargo, que la estatua de Nicolás I sea tan bella y tan grande como la de Pedro, obra maestra de Falconet. El gran civilizador de Rusia está a caballo sobre un peñasco inmenso de granito, la mirada y la diestra tendidas hacia el Neva; el traje, ruso; la postura, majestuosa y dominante, y el caballo, levantado de brazos y estrujando con los pies un culebrón de grueso calibre, que supongo yo que será la barbarie antigua de esta gente. Hay una inscripción, que dice, en latín y en ruso: Petro Primo Catherina Segunda, 1782. La inmensidad de la plaza del Almirantazgo, la anchura del río y la elevación de las casas y palacios hace que la estatua no parezca tan colosal como es realmente. En otra gran plaza, delante del Palacio de Invierno, está el único monumento de este género que puede competir, por ahora, con la estatua de Pedro el Grande. Este monumento es la columna de Alejandro, que se eleva ciento cincuenta pies y sostiene un ángel hermoso, de veinte de altura. El monolito solo que forma la columna, sin contar la base del pedestal y el capitel, tiene ochenta pies de alto. Viniendo por la Perspectiva Nevski, se entra en esta plaza por un arco triunfal que sostiene una Victoria de bronce, conducida por un carro de seis fogosos caballos. Anteayer estuvimos en Palacio a felicitar al gran duque Nicolás por el feliz alumbramiento de su esposa. Todo el Cuerpo diplomático asistió a esta especie de besamanos. Los negros y aquella turba de heraldo-lacayos, corredores o como se llamen, de que ya he hablado a usted otras veces, me llamaron de nuevo la atención, Las damas estaban muy majas, con muchos diamantes y perlas y oro en el manto o sarafán. En la cabeza llevaban todas el kakoschnik. Nuestros trajes parecían pobres y en manera alguna pintorescos al lado de los de las damas. Solo se distinguían el ministro de Grecia y el secretario de Austria, que iban de húngaro éste y aquél de griego. Los turcos y los persas hacen la tontería de ir a la europea, salvo los gorros, y en verdad que los de los persas son extraños, y se diría que son otras tantas gigantescas algarrobas.

Hemos estado en el cuartel de Inválidos, y no tiene mucho que ver ni de qué admirarse. Los pobres inválidos no lo pasan tan bien. Sin embargo, como de cualquier modo se vive, había muchos muy viejos, y uno entre ellos que había ya cumplido los ciento diecisiete años. Comen pan de centeno, puches negros y otras abominaciones, y beben kwas. Creo que de las cortezas del pan de centeno, que no pueden roer y dejan mordidas y combinadas ya con la salivilla, sacan luego el kwas, echándole agua para que fermente. ¡Estupendo brebaje!

Han empezado aquí los bailes de máscaras en el Gran Teatro. De todo tienen menos de baile. Yo estuve en el primero, y no vi que se bailara. Todo se vuelve pasear y más pasear. Las damas que a estos bailes asisten, y que son, por lo general,

> de las de arandela y toldo,
> de las de buen talle y pico
> y pícaras sobre todo,

van de dominó negro. Si no fuera por los uniformes, ni siquiera la vista se recrearía con la variedad y viveza de los colores. Por fortuna, vi en el baile a algunos mingrelianos y circasianos, y otras gentes bárbaras, que fueron los verdaderos máscaras para mí. Las ciudadanas movilizadas son aquí (hablo de las de primer orden), por lo general, curlandesas: y aunque no tienen el chiste ni son tan aguerridas como las francesitas, valen más para revolverse con ellas. Descuella entre todas,

> como el ciprés entre la verde murta,
> una llamada la reina de Suecia.

Me han presentado en el Club inglés, donde hay periódicos rusos, alemanes y franceses, y poquísima gente. Ni por el lujo ni por la animación puede competir este Casino con el nuestro. Esto prueba, según las doctrinas de Donoso Cortés, que en España estamos mucho más corrompidos que los rusos. Mientras mayores y más concurridos son los casinos, mayor es la corrupción de los pueblos.

Según lo que yo he oído a las damas, que son las que se explican con más ingenuidad, aquí tienen una perversa idea de nuestras costumbres. Muchas señoras rusas fuman pajitas y hasta cigarros puros como trancas y dicen que imitan a las españolas. Acaso pretendan imitarlas también cuando fuman en pipa. Por lo demás, como estas señoras son tan románticas, adoran a España, país primitivo, como ellas dicen, donde quisieran ir para que las cogieran los ladrones y las violaran, y para correr otras aventuras de no menos gusto y provecho. La mayor parte de estas damas tienen la cabeza perdida con la lectura de libros franceses. El sueño dorado de todas ellas es ir a París a tomar un baño de civilización. Este es el último perfil de toda lionne de Petersburgo. Algunas discurren sobre la metafísica del amor como pudieran Fonseca o León Hebreo. Otras disparatan graciosamente sobre todo género de cuestiones, y pocas son las que se callan y tienen la compostura elegante que conviene a una gran señora. De éstas es nuestra ministra futura.

El duque trae consigo, y ha enseñado aquí a muchas damas, un álbum de fotografías que representan los jardines de La Alameda, su palacio de Guadalajara y otros castillos. Las señoritas, sobre todo las demoiselles d'honneur, abren cada ojo como una taza al ver ces châteaux en Espagne. Su excelencia pone este cebo, se pavonea, almibara y adoniza, dice que se quiere casar y extraña luego que las muchachas se alboroten por él, y exclama, con fingida tristeza, que es el más desgraciado caballero que ha existido jamás, y que no hay doncella que no quiera dejar de serlo entre sus brazos. A cada instante está temiendo que le fuercen, y no se atreve a visitar a las demoiselles d'honneur, porque viven y reciben solas y no quiere darles ocasión de que se le entreguen.

Venciendo mi pereza, y a pesar de las visitas y de las tertulias, que hacen que me acueste y me levante tarde, he tenido tiempo para ir otra vez al Museo, o dígase L'Ermitage. Como hombre de buen gusto, lo primero que ha debido llamar mi atención, entre las pinturas, han sido las de la escuela italiana. Lo ideal y lo real, el misticismo cristiano y la hermosura clásica de la forma están en ella sabiamente combinados. Solo en Italia se ha sabido unir y amalgamar en el arte el sentimiento cristiano con el pagano, y producir, tanto en poesía como en pintura y escultura, la manifestación sensible de todo lo bello subjetivo. Y digo subjetivo, porque la Naturaleza no está representada en el arte, sino la idea que tenemos de la Naturaleza por los sentidos. Cuando lleguen a ponerse inmediatamente en contacto el yo y la Naturaleza, y haya comunicación entre el yo y el no yo, sin intervención de los sentidos, creo que será la música, y no la pintura, la que representará con sus sonidos esos misterios tan hondos e inefables. Ya los alemanes tratan de sacarlos a luz, no solo en su filosofía, que no basta a explicarlos, sino poniéndolos en solfa. Han llamado a la música que tiene estas aspiraciones música del porvenir, y al ella pertenece la ópera de Wagner de que hablé a usted en otra carta. Por eso dicen los profanos que no entienden la tal ópera. Svedenborg, Jacobo Böhm o Novalis la entenderían y tendrían, al oírla, elevaciones maravillosas. ¡Qué lástima que se hayan muerto!

Pero volvamos a la pintura italiana, que, no habiéndola aún de lo por venir, es la mejor de lo presente.

Hay en el Museo tres Venus, de Ticiano, reproducción del mismo pensamiento: los Amores presentan a la diosa un espejo para que se mire. Una Dánae, del mismo autor, que recibe la lluvia de oro, mientras la vieja nodriza pone el delantal para recoger también algunas monedas. No sé si este cuadro será la copia o el original, pero es en todo semejante al que tenemos en Madrid, en lo reservado. Tienen aquí, además, varios retratos, muchos bosquejos y un Cristo hermosísimo, de Ticiano. De Leonardo de Vinci recuerdo una Sagrada Familia y un retrato de su enamorada, hermosa de veras y con unas manos lindísimas. Está entre hiedra y flores, y, al parecer, pensando mil cosas tiernas. De Allori, un retrato de mujer y una Judit; de Ghirlandaio, una Virgen con San Juan y el Niño Jesús; de Dominiquino, un Cupido maravilloso y otros cuadros, dignos del autor de la Comunión de San Jerónimo. De Solari, una Virgen que amamanta al Niño, pintura tan llena de gracia, y de gracia mundana, que, a mi ver, es una profanación el que tenga un asunto piadoso. De Rafael hay dos Sagrada Familia que bien pudieran pasar por apócrifas. En cambio, hay muchos Julios Romanos que son copia o imitación del príncipe de los pintores. Hay muchos cuadros de Perugino, Piombo, Correggio, Francia, Giordano, el Veronés, Albani, Palma el Viejo, Battoni, Cortona y de otros mil maestros. Es de notar un cuadrito de Maratti que representa La adoración de los pastores. Todos los espíritus sencillos que hay en la Tierra y en el Cielo vienen a adorar al Infante divino, y al mismo tiempo que le ofrecen los pastores sus rústicos presentes, ángeles gorditos, luminosos y lindos, revolotean sobre la cuna y derraman en ella lirios y rosas; otros traen turíbulos de oro, que parece que exhalan delicadísimo incienso. Hay mucho del Cielo y de inspirado en este cuadro. Conservo, por último, en la memoria, uno de Guido Reni, que figura a varios doctores y santos padres conferenciando sobre la Inmaculada Concepción. La Virgen se aparece en el aire y en todo el esplendor de la gloria, rodeada de ángeles y querubines. Una Santa Cecilia, de Dolci. Vistas de Venecia, de Canaletto. Varios paisajes, bandidos y filósofos estrafalarios, de Salvador Rosa; y un cabrerizo, que está de rodillas, rezando en medio de sus cabras, y que vale un Perú. De Caravaggio, un Cristo, coronado de espinas y lleno de dulce resignación, mientras que le aprieta un sayón la cabeza con las espinas y hace correr su sangre preciosa. De Guido Reni, Psiquis y Cupido, y una Cleopatra, y el David con la cabeza de Goliat. De Lippi, La Anunciación. Del beato Angélico, la Adoración de los Reyes. De Sacehi, Apolo y las musas. De Procaccini, una Virgen con ángeles. Y de Feti, un retrato por el estilo de Velázquez, y qué sé yo cuántos cuadros más, que sería prolijo citar uno por uno.

He visto también el monetario que hay en L'Ermitage, y que contiene monedas y medallas de todas las épocas y naciones, principalmente de Rusia y de aquellos países que, en parte o en todo, entran hoy a componer este dilatadísimo Imperio. Así es como se ven allí monedas de los partos y de todas las dinastías de Persia; los Artajerjes, los Sapor, los Yezdedjerd, los Cosroes y los príncipes mahometanos venidos después. Monedas de Armenia, de Georgia y de Circasia, y todos los reyes del Ponto. Ni faltan las monedas romanas y bizantinas, y hay una riquísima colección de las griegas, macedónicas, judaicas, fenicias, de Annam, del Japón, de la India y de Oceanía. Allí he visto los reyes de Pérgamo, los de Bithinia, incluso el amigote de César, los Seleucos y Antíocos de Siria y los Ptolomeos de Egipto. En fin: ya he dicho que hay monedas de toda laya, y en gran profusión y orden. De España las he visto cristianas, moras y paganas. Las árabes, de los reyes de Granada y de los califas de Córdoba. Las paganas, bástulas, turdetanas y celtíberas, y de todos los municipios romanos que en España hubo. Así, por ejemplo, de Adra, de Córdoba, de Mérida, de Cádiz, de Itálica, de Bílbilis, de Zaragoza, de Itureo, de Ipagro, de Calahorra, de Ampurias, de Sagunto, de Segóbriga y de Cartagena. Para terminar y hacer concebir a usted la riqueza de este monetario, le diré que solo de Alejandro Magno conté cuarenta y una monedas de oro, trescientas cincuenta de plata y más de cincuenta de cobre. Todas llevan en el reverso ya una Victoria alada, ya al héroe domando al Bucéfalo, monstruo híbrido de caballo y de toro, alegoría de Moloc y de Neptuno, símbolo de la civilización asiática, que el macedón junta y domina. ¿Quién volverá a acometer esta hazaña? No serán los ingleses. Esos, en todo caso, nos traducirán los libros transcritos y se llevarán al Museo Británico los monumentos.

¿Serán acaso los eslavos? Aquí pretenden que Alejandro era de esta raza, y puede que sea cierto. Alejandro Magno hablaba griego, como Alejandro II habla francés; pero la lengua patria de ambos era y es el ruso.

Yo creo que si hay alguna filosofía de la Historia, y no es la Historia una cosa irracional de mero acaso, esta gente está llamada a remover el Asia hasta en sus cimientos. Ellos fueron, durante siglos, el antemural de Europa por esta parte, y a ellos toca llevar ahora la bandera triunfante de la civilización europea a esas regiones. Según estas filosofías (y acaso esta nueva consecuencia probará que estas filosofías son falsas), a nosotros, los españoles y los portugueses, nos toca (y ¡cuán lejos estamos de ello!) hacer en África la misma operación. Ahí tenemos los presidios que nos servirán de punto de apoyo. Algunas de las islas que rodean ese inexplorado continente nos pertenecen aún. Una de ellas, a la desembocadura del Níger, se diría que nos está brindando a que penetremos por él, y trayéndonos a la memoria nuestros descubrimientos y triunfos en América, para que ahora los renovemos, llevando a tierras desconocidas nuestra fe y nuestra civilización. En el centro de África es ya seguro que hay países fértiles y abundosos, y oro, para tentar nuestra codicia, y campos vírgenes que producirán ciento por uno. Pero esto es desatinado, y usted pensará, al leerme, que estoy borracho. Cuando no tenemos medio milloncejo de duros para colonizar las islas de Fernando Poo, me descuelgo yo con estas poesías.

Y a propósito: un informillo dejé yo escrito sobre este particular, que me alegraré que haya usted leído, y más si sirve de algo.

Esta carta es una ensalada, pero con tal de que no le fastidie a usted, todo va bueno. Otra vez seré menos difuso.

Adiós, y créame su verdadero amigo y seguro servidor, q. b. s. m.,

Juan Valera

San Petersburgo, 16 de enero de 1857

Mi querido amigo: No sé si diga a usted que deseo o que siento irme de esta gran capital. La gente no puede ser más amable ni más fina, y el duque y yo y todos estamos contentísimos; pero nada tenemos que hacer aquí, y es preciso transponer el día menos pensado. Para dar noticias serias e

interesantes de este país que puedan publicarse, en lleván-
dome conmigo a Madrid las obras de Schnitzler, de Ten-
goborski y de Haxthausen, que tengo ya compradas, y aun
leídas, podré extractar de ellas las cosas más sustanciales,
publicarlas en los periódicos y lucirme a poca costa, sobre
todo entre el servum pecus de los lectores. Pero las propias
observaciones mías deben pecar de ligeras, no sabiendo yo,
como no sé, la lengua de este pueblo y haciendo solo un
mes que vivo aquí. Y como estas observaciones, sin poderlo
yo remediar, pecan a veces de malignas, y ya pueden rayar
en chistes, ya en frialdades, conceptúo, después de haberlo
reflexionado maduramente, que sería mejor que no se pu-
bliquen. Hubo un momento, o, por mejor decir, hubo una
semana entera en que me dejé arrastrar por el demonio de la
vanidad literaria, uno de los más tentadores y peligrosos que
hay en el infierno, y escribí tres o cuatro cartas más peinadi-
tas y como aderezadas ya para salir al público. De aquí ade-
lante espero que no salgan y las escribiré con el desenfado
antiguo, único atractivo que pueden tener y que, publicadas
y mutiladas, perderían.

Para ocuparme yo seriamente de las cosas moscovitas se-
ría menester que Dios me devolviese la inocencia que he per-
dido, y entonces, por ejemplo, a propósito de cosacos, cuyo
cuartel visitamos anteayer, me pondría a copiar la historia
de ellos, escrita en mi libro; diría quiénes fueron los zapo-
rogos, los del Dineper y los del Don; referiría sus hazañas y
correrías y navegaciones, desde los tiempos de Constantino
Porfirogeneto, que por primera vez los nombra, hasta la épo-
ca presente; hablaría de las guerras que sostuvieron contra
los tártaros, los polacos y los rusos; de cómo combatieron a
las órdenes de Sobieski contra los turcos que estaban sobre
Viena; de cómo conquistaron la Siberia, emulando la gloria
de Cortés y de Pizarro; de cómo se apoderaron de Azov, etc.,

etc. También explicaría su organización y género de vida, en lucha siempre con los fronterizos, como nuestros gloriosos almogávares, y contaría cuanto hay que contar de Mazeppa, de Tarass Boulba y de otros, héroes, ya históricos, ya fantásticos, de que las crónicas y las leyendas, en prosa y en verso, de Byron, de Gogol y de Puschkin dan larga noticia. Con esto me creería yo mismo que decía algo nuevo. Solo Haxthausen trae sesenta o setenta páginas sobre las vicisitudes y manera de ser pretérita y presente de la cosaquería. Figúrese usted si hay tela cortada.

De la literatura de esta gente hablaría yo, fiado en las traducciones, extractos y juicios críticos de franceses y alemanes; y de su riqueza, fiado en los minuciosos datos estadísticos que dan los libros que he leído y que hacen del este país Eldorado, si bien acaso haya que conjurar estos libros, diciendo, con el célebre romance:

> Por la Santa Trinidad,
> que me niegues la mentira
> y me digas la verdad.

Tengoborski da a Rusia sesenta y ocho millones de habitantes, y un aumento de población tal, que hace esperar, o temer, según a cada uno le parezca, que dentro de medio siglo habrá otros tantos millones; diecisiete de caballos, sesenta y seis de ganado lanar y vacuno, y así de lo demás. Y, sin embargo, alguna fe se ha de prestar a Tengoborski, que todo lo especifica en cuatro grandes volúmenes, que todo lo funda en documentos oficiales, y que por sí mismo es una persona autorizada y del Consejo del Imperio. La principal consecuencia que saca uno de su obra es que, mientras en otros países es ya un mal el aumento de población, aquí es un bien que se espera con certeza y que traerá consigo el mayor desarrollo de la riqueza pública y del poder de este Imperio, sin que para esto sea menester la guerra, sino la paz, ni que el dios Término avance, con tal de que no retroceda.

Sechnitzler apenas lleva publicada la cuarta parte de su obra, que se titula El Imperio de los zares. Hasta ahora se limita a hacer la descripción física de este Imperio y de sus producciones. Hay en este primer libro grande orden y claridad, y no menor copia de noticias, fecundo resultado de una larga vida de estudios. ¡Dichoso Marco Polo y mil veces dichoso el gran portugués Méndez Pinto y nuestros pasados misioneros y viandantes, que tenían que describir regiones inexploradas y nunca descritas, y que, sin meterse en honduras, se hartaban de contar novedades y maravillas inauditas!

Nosotros, como ya creo haber dicho a usted, y si no sé lo he dicho se lo digo ahora, hemos visitado los colegios de Ingenieros militares, de Ingenieros de Minas, de Guardias marinas y otros establecimientos de educación, los cuales están montados con tanta elegancia, con tanto lujo y con tanto orden y aseo tan maravillosos, y que contienen tal multitud y variedad de máquinas, artificios e instrumentos concernientes a lo que allí se enseña, que pueden y deben servir de estímulo y de pauta a los demás de Europa. Pero Krusenstern ha escrito un libro muy sabio sobre la instrucción pública en Rusia, donde todo esto viene menuda y profusamente explicado, y yo no he de copiar, por ahora, al menos, a Krusenstern, ni me siento con fuerzas suficientes para enmendarle la plana y ni para añadir nada a lo que él ya ha dicho.

¿Y qué podré decir de la fuerza militar y de la Marina rusas, si no copio a tantos como han escrito o, por lo menos, al almanaque de Gotha? Anteayer, verbigracia, nos dijeron que en el Don había organizados noventa y cuatro regimientos de cosacos, que, a mil hombres, la cuenta es clara, hacen noventa y cuatro mil. Pues luego he visto que Haxthausen no cuenta sino cincuenta y cuatro regimientos, a ochocientos hombres cada uno, y Haxthausen exagera mucho. ¿Tendré yo, sin embargo, bastante atrevimiento y fuerza en el brazo para destruir aun de una sola plumada veinticuatro de estos regimientos de aguerridos caballeros, y reducirlos a treinta regimientos nada más? No; yo no soy capaz de acometer tan descomunal empresa. Los cosacos, por más que se diga, valen tanto, organizados a la moderna, como valían con su indómito valor primitivo cuando eran tropas irregulares. Los tártaros, antiguos dominadores de la Crimea, se organizan del mismo modo y forman regimientos; pero hay la misma dificultad para averiguar su número. En el cuartel que visitamos había de estos tártaros, que siguen la religión de Mahoma, y cosacos del Don y del mar Negro. Sus trajes son pintorescos y ricos, y ellos, de muy gallarda presencia y aventajada estatura. Algunos oficiales, cosacos ellos mismos, son muy elegantes y amables muchachos, que hablan francés como otros tantos parisienses, que gustan más de las trufas que del sebo, y que tienen más traza de conquistar los corazones femeninos con rendimientos y halagos que a torniscones y a coces.

Además de estos cosacos ya citados, y de que he visto parte en el cuartel, los hay del Ural, del Danubio, de Siberia, de Astracán, del Cáucaso, de oremburgo y de las fronteras de la China. Entre todos, se supone, según los cálculos menos exagerados, que podrán reunirse cien mil de a caballo y treinta mil infantes. La mayoría conserva algunas, cuando no todas, sus antiguas prerrogativas, y muchos están aún sin la moderna organización regular y conservando la propia.

Los baskires, los metscheriacos, los buriatas y los tungueses, los moradores del Cáucaso y de las provincias transcaucásicas, y otras varias gentes y tribus que reconocen la soberanía del zar, suministran también a este Imperio guerreros más o menos selváticos y extraños. Ya he hablado a usted de la escolta del emperador, donde dan lucida muestra de sí la flor y nata de estas deliciosas naciones. En los colosales gimnasios o picaderos destinados a paradas y ejercicios militares han visto el duque y Quiñones a los circasianos, con sus tocas y túnicas de malla, acreditar su destreza en el manejo de la bien templada cimitarra; al cosaco, perseguir al enemigo con la lanza en ristre, el rostro encendido de aparente furor, y el caballo a todo escape, y al tártaro, disparar, huyendo, sus agudas y silbadoras flechas, y clavarlas en el blanco con difícil y certera puntería. El emperador estaba presente a este simulacro.

Al par de estas diversiones instructivas, tenemos otras de más agrado, en las cuales, si hay menos que aprender, no hay menos de qué admirarse. Hablo de los bailes y tertulias que empiezan a menudear y a estar cada vez más animados. El emperador asiste también a ellos y se mezcla con todos, y habla con las personas que más le agradan, sin ceremonia alguna y como si fuera un particular.

Doch eine Vürde, eine Hohe
entfernte die Vertraulichkeit.

La dignidad señoril de su persona, el rostro blando al par que severo, y la misma idea elevadísima que aquí tienen todos de su majestad, valen más que todas las pompas, etiquetas y ceremoniales de Palacio, para infundir respeto.

Un príncipe, Dolgorouki, ha dado últimamente un baile precioso, al que asistió el emperador; otro baile la Asamblea de la Nobleza, que seguirá dando muchos más en hermosísimos salones que tiene destinados al efecto; y otro baile la princesa Yusupov, cuyo palacio, aunque no he visto aún ni la capilla, ni el teatro, ni la galería de pinturas, ni la mitad de los salones que hay en él, me ha parecido esta vez más espléndido que cuando lo vi por vez primera.

Hay en la sociedad mujeres hermosísimas y de gran distinción aristocrática. Las más gastan en el vestir notable riqueza y elegancia y llevan perlas y diamantes bellísimos.

Hoy ya ve usted que mi carta se vuelve toda panegíricos. Prueba de que las últimas impresiones han sido buenas y de que estoy contento. Confieso que me dejo llevar de las impresiones momentáneas; pero ¿qué hombre no tiene debilidades? Usted, con su sana crítica y mucha perspicacia, sabrá poner en su punto lo cierto y desapasionado, separándolo de aquello que la pasión me dicte.

Sé ya de cierto que estas cartas mías se leen aquí, no mutiladas, como salen en los periódicos, sino por completo. Varias personas me lo han dado a entender, y una señorita inocente me lo ha dicho a las claras. Mas esto no impediría que yo criticase y murmurase cuanto me viniera en voluntad; porque de un amigo a otro puede decirse, y nunca habría razón para que me pusiesen mal, o al menos para que me lo mostrasen, aunque los llamara yo perros judíos. Por otra parte, yo entiendo que si han leído aquí mis cartas todas, han de haber visto que del conjunto de ellas resultan más elogios que censuras, y nace una idea más favorable que adversa a este país y sus habitantes.

No recuerdo si he dicho a usted que el gran duque Constantino, almirante y director supremo del ministerio de Marina, ha enviado de presente al duque de Osuna varias cartas hidrográficas de este Imperio; el director del Cuerpo de Estado Mayor, una hermosa colección de mapas de diversas provincias y regiones, y el director del Colegio de Ingenieros de Minas, una copia, en yeso, de la extraordinaria pepita de oro hallada en el Ural, distrito de Zlatoust, y que pesa ochenta y siete libras rusas y noventa y dos zolotnik, o sean treinta y seis kilogramos de Francia. También le han regalado al duque un uniforme completo de Cazadores; todo lo cual el duque lo destina para los establecimientos militares de España. Trata, asimismo, de hacer retratar en fotografía a un individuo de cada Cuerpo, con uniforme de gala unos, otros en traje de campaña. De estas fotografías se sacarán varios ejemplares, y el duque presentará una colección a su majestad el rey y otra al duque de Valencia. Los retratos de la escolta del emperador, para mí, que no soy militar, sino algo poeta, han de ser los más curiosos. No creo que haya dificultad en que el príncipe que los manda, cuyos mayores reinaron antiguamente en Georgia, y que debe de estar satisfecho de que se luzcan por esos mundos los que fueron en otros tiempos vasallos de su casa, nos los deje copiar todos, si así nos conviene. Los mismos regimientos de línea suelen ser curiosísimos y ofrecen variedad no solo en el vestir sino en la fisonomía de los soldados que los componen, a menudo de diversas razas y lengua, y venidos de tierras entre sí muy apartadas. Hay, además, regimientos compuestos solo de soldados que tienen una cierta fisonomía, que concuerda con el vestir y con el recuerdo histórico que debe despertar. Así es que el regimiento de Granaderos del emperador Pablo está todo formado de hombres altísimos, de pómulos salientes, nariz respingada, empinados bigotes y desaforadas patillas. Estos llevan en la cabeza como una tiara o pan de azúcar al que falta un cacho por detrás. Cuando están de centinela en el teatro, ni pestañean siquiera, y están tan tiesos, que parecen hechos de cartón o de madera pintada.

En fin: aún hay aquí mucho que ver, y solo con lo que ya hemos visto estamos pagados del trabajo de haber venido.

Adiós. Suyo,

Juan Valera

San Petersburgo, 20 de enero de 1857

Mi querido amigo: Cada día me encuentro peor de salud en este clima, y, sin embargo, la curiosidad bastaría a detenerme aquí si el deber no me detuviera. Esta nación es tan digna de estudio, que, a pesar de lo mucho que se ha escrito sobre ella, aún tiene más que ver y que notar de nunca visto ni oído.

Anteayer, día de Reyes, según el estilo ruso, tuvo lugar la ceremonia de la bendición de las aguas del Neva. Multitud de gente asistió a esta fiesta popular y religiosa. El Cuerpo diplomático, las damas de la Corte y los altos funcionarios vieron la función desde los balcones de Palacio, al lado de sus majestades. No me atrevo a describirla porque no la vi. Un fuerte constipado me detuvo en casa.

He conocido a varios literatos y periodistas rusos, entre ellos a Botkin, que estuvo en España durante todo el año de 1840, y luego ha publicado, en cartas, sus impresiones de viaje. Botkin me mostró su obra sobre España; mas, como está en ruso, no puedo entender una sola palabra. Solo noté que había, traducido en ella algunos de nuestros antiguos romances, como, por ejemplo, uno de los que relatan la muerte de don Alonso de Aguilar. En la larga conversación que tuve con él observé, asimismo, que era hombre de buen gusto literario y de varia erudición; pero que de las cosas de España, y en especial de nuestra literatura, que fue de lo que más hablamos, sabía poquísimo, disculpándose él de esta ignorancia, en mi entender indisculpable para quien ha estado un año en España, ha escrito un libro sobre España, y dice que sabe el castellano, con decir que nuestros libros no se encuentran en parte alguna. Ello es que ni siquiera sabía el nombre del duque de Rivas, que siendo, como es, el regenerador de nuestra literatura romancesca y uno de los poetas más originales y fecundos que España ha producido, no debiera estar tan olvidado de propios y extraños; y digo olvidado, porque escribiéndose hoy día tantos artículos de crítica sobre obras que muy a menudo están por bajo de la crítica, ni en revistas nacionales ni en revistas extranjeras he visto aún una crítica seria y digna de las obras completas de nuestro duque. Lo menos malo, aunque anterior a la publicación de las obras completas, es un articulejo de Mazade. Yo hablé a Botkin de estas obras completas, y muy singularmente del Don Álvaro, cuyo argumento referí punto por punto, con el mayor primor que pude, y procurando hacer resaltar todas sus bellezas. También le prometí un ejemplar de las mencionadas obras, y espero de la bondad de usted que me lo envíe, o se lo envíe, a la mayor brevedad posible.

Ya creo haber dicho a usted que si el duque de Osuna estuviese autorizado para ofrecer a este Gobierno que los buques rusos serán igualados en España a los de la nación más favorecida, y eximidos, si se puede, del derecho diferencial de bandera, cuyo mínimo es un 20 por 100, aquí nos eximirían en seguida del derecho adicional, que importa 50. Nuestro comercio con Rusia es ya considerable; podrá serlo más cuando se haga bajo bandera española, y merece bien que el arreglo indicado se verifique pronto. Solo en el puerto de San Petersburgo hemos importado en 1856, 25.758 cajas de azúcar, 2.481 pipas de vino de Jerez, de Málaga y de Benicarló, sin contar los toneles, botellas y otras vasijas que han entrado también con el mismo líquido, y 4.248 barras o galápagos de plomo. El plomo manufacturado creo que no puede entrar aquí, reservándose el Gobierno el derecho de hacer las municiones. Aunque las minas de Altai producen anualmente de 700 a 800 toneladas de este metal, dista mucho esta cantidad de ser bastante para el consumo, y nuestro comercio de plomo podría aumentarse notablemente en este país. Del de vinos no digo nada. Esta gente es aficionadilla a empinar el codo y a tener caliente el estómago, para lo cual no hay como nuestros vinos, a los cuales, más que a ninguno, se les puede aplicar aquello de Dante, de que los mismos rayos del Sol se condensan y toman cuerpo en las uvas para que los hombres se lo beban. También han entrado en San Petersburgo, durante el último año, de 200 a 300 pipas y muchas botijas y pipotes de aceite; higos, pasas, limones, naranjas, almendras, cebollas, y otras frutas frescas, secas y en dulce. Cosas de más peso y sustancia, como, verbigracia, jamones de Galicia y de Trevélez ya empiezan ya a apreciarse aquí; pero la importancia es hasta ahora insignificante. Yo, sin embargo, estoy completamente persuadido de que, si algún mercader se aventurase a enviar por aquí los tales jamones y otras golosinas de cerdo, como chorizos, salchichas y embutidos, lo vendería todo a muy alto precio, y aquí se lo manducarían, para hacer boca, en aquella especie de prolegómenos que hay antes de toda comida. Cigarros de La Habana se consumen aquí bastantes, y todos, o los más, deben venir de Hamburgo. Los derechos que adeudan deben ser enormes, a juzgar por lo caros que están los cigarros. El que estoy fumando en este momento me sale por más de tres reales, y no es de los mejores ni de los más gordos. Lo que aquí fuman, por lo general, y lo que hace las delicias de las damas, son los cigarritos de papel, muy cucamente confeccionados, que llaman papirós. El tabaco de que están rellenos estos papirós viene de Turquía, de Egipto, de Persia y del Sur de Rusia, La Besarabia, la Ucrania, la provincia de Saratov y otras producen hasta 49 millones de hectolitros. Ya ve usted cómo, a propósito del comercio de España con San Petersburgo, me he entregado a las más graves reflexiones, y no habrá quien me acuse de insustancial. Con Riga, con Odesa y otros puertos debe ser nuestro comercio más importante aún, pero siempre bajo bandera extranjera. Del Gobierno solo pende ahora el que no haya obstáculos para que prospere y se haga bajo el pabellón nacional.

Siguen aquí los bailes y otras diversiones, a que somos siempre convidados. Esta gente, amabilísima con el duque, y por él, con nosotros. Han incluido oficialmente al duque en la lista del Cuerpo diplomático, y el duque y su comitiva asisten a todas las funciones de la Corte, ocupando siempre muy preferente lugar.

En estos días no hemos ido a ver ningún establecimiento público, si no se tienen por tales las tiendas, donde hemos visto curiosísimos y ricos productos de la industria rusa y de los pueblos sujetos a su imperio. Allí, puñales, cimitarras y pistolas persas, circasianas y georgianas; tapetes, gorros y babuchas primorosamente bordados; vasos, cajas y otros objetos de malaquita; joyas, que por el arte con que están hechas compiten con las de Mortimer, y que, por la invención y la originalidad, les son superiores; ricas telas de seda, tejidas en Persia y en Georgia, y qué sé yo cuántas cosas más, que sería largo enumerar y muy costoso comprar, aunque algo llevaré siempre para muestra.

A todo esto, sin embargo, no conocemos más que la alta sociedad de Rusia, que indispensablemente se asemeja a la de otros pueblos, e ignoramos lo que éste es, a no llevarnos de ligero o guiarnos por lo que dicen los libros. Yo entiendo, con todo, que los habitantes de la Grande Rusia, que componen el núcleo de este Imperio, y que son más de cuarenta millones, que hablan todos la mismísima lengua, desde el más rico al más pobre y desde el siervo hasta el señor, son ágiles, robustos y sufridos en los trabajos, y ni muy feos ni muy bonitos, aunque tanto su hermosura como su fealdad nos choca más que la que por ahí se usa, porque no está hecha la vista a considerarla, y nos parece más peregrina y maravillosa. Creo, además, que esta gente tiene más entendimiento para las cosas prácticas de la vida que para las altas especulaciones metafísicas; que comprenden mejor lo que ven que lo que oyen, y lo que tocan que lo que ven; que imitan más que inventan, y que son, en el fondo del alma, más sensualistas que espiritualistas. Es tal su entusiasmo y su amor por la patria, que hacen de él una religión, de que el emperador es el ídolo. En cambio, materializan y achican algo la religión, para que quepa dentro de los confines del Imperio. Hay aquí un dios ruso, un dios nacional, como entre los antiguos pueblos de Asia. El pueblo practica más la moral que entiende los misterios del cristianismo. El clero predica poco y es menos activo en su caridad que el clero católico. El clérigo que, como aquí, tiene hijos y mujer, según la carne, se cuida menos de sus hijos espirituales. Los monjes rusos que guardan el celibato se nota que son, por lo general, más instruidos y dévoués. Aquí los clérigos se dejan crecer la barba y la cabellera, y tienen muy respetables cataduras. Algunos hay grandes, hermosos y robustos a maravilla. El ropaje ancho y pomposo que llevan encima les da un aspecto más importante aún. No son tan ignorantes como se ha dado en suponer, y cuentan muy doctos teólogos entre ellos.

Esta gente, como ya he dicho a usted, me parece más sensual que abstrusa, y entiende y se apropia mejor las ideas francesas que las alemanas. Moscú es la Ciudad Santa del vulgo; París, la Ciudad Santa de la civilización, donde tiene fija la vista todo oficialete y toda dama elegante de esta tierra. Por agradar a los gárrulos ciudadanos de Atenas fue Alejandro el macedón contra la Persia y contra la India. Dios sabe lo que podrá hacer algún Alejandro ruso cuando, no por agradar, por espantar a los ciudadanos de París y conseguir que algún francés escriba algún libro en su elogio. La vanidad y presunción de esta gente es inaudita, y entiendo que mira con desprecio a todas las naciones de Europa. Solo aborrecen de todo corazón a Inglaterra, estimándola en mucho. Se admiran de lo francés, estimándolo acaso menos, pero entendiéndolo mejor y simpatizando con ello. De los turcos hablan aquí peor que Mahoma del tocino. De los persas, de los compatriotas de Hafiz, de Ferdusi y de Saadi, dicen aquí, en confianza, que son sucios, ignorantes, malos soldados y otras cosas que callo. De los austríacos, lo menos que dicen es que son ingratos y falsos como Judas. De Italia, que es un país degenerado y hasta sepultado en la barbarie. Pocos saben aquí que en Italia hay sabios, poetas y artistas. De España creen que hay muchos ladrones, una anarquía completa y ninguna esperanza de que un Gobierno cualquiera se consolide y dure más de uno o dos años. Esto, o más extrañas cosas aún, son las que creen las gentes vulgares, entre las cuales se pueden colocar no pocas de las más cogotudas y autorizadas por su posición. Claro es que en Rusia hay, como en todas partes, personas muy instruidas que piensan de otro modo; pero el sentimiento instintivo es idéntico.

A pesar de este menosprecio de todo lo extranjero, tienen los rusos un ardiente deseo de parecer bien a las naciones extrañas, y nada las aflige y pica más que cualquier satirilla, por ligera que sea. Así es que se muestran afables, serviciales y en extremo políticos y finos, y no hay joya que posean y que no enseñen, ni habilidad de que no hagan gala, ni riqueza que no traten de encubrir. Todo para maravillarnos. Cuando nos dan de comer, parece que dicen: «Quiero que creas y pregones que nunca comiste mejor en tu vida.» Cuando nos reciben en sus casas se diría que exclaman: «Asómbrate, que nunca viste cosa más soberbia en tu vida.» Y cuando nos enseñan cualquier establecimiento público, quisieran tenernos siempre con la boca abierta y perpetuamente henchida de interjecciones de asombro. En fin: cada uno de los príncipes de por aquí puede ser comparado a aquel célebre Abul-Casen, cuya vida y costumbres habrá leído usted, cuando muchacho, en los Mil y un días, y cada individuo de la plebe a un ciudadano de no recuerdo qué tierra, donde se imaginaba que, solo para iluminarla, salía el Sol, y que lo demás del mundo estaba siempre a oscuras. La clase elevada y aristocrática cree, sin embargo, como ya he dicho, que la luz viene de Francia. San Petersburgo es la ventana por donde entra la luz. La censura, que impide la entrada de libros y periódicos non-sanctos, o mancha de negro sus páginas pecaminosas, es crisol donde esta luz sólida se purifica de toda materia demasiado combustible. La lengua francesa es el cristal clarísimo y hermoso y diáfano al través del cual se ve la luz. Es asimismo la línea divisoria entre el caballero y el hombre del vulgo; el medio, sin duda, de que se valen con gusto para que los criados y los siervos no los entiendan cuando hablan y para que no tengan con ellos comunión de ideas. Mas las ideas, buenas y malas, deben ir penetrando, a pesar de todo, porque son de naturaleza sutilísima. Además de esto, ya sabe usted que, por estéril que sea un pueblo, no todas las ideas le vienen de fuera, sino que muchas se engendran y nacen en él, y otras son ingénitas y como existentes desde ab initio. De esto quisiera yo saber algo; pero ¿cómo saberlo sin aprender el ruso? En ruso no sé decir hasta ahora más que no prava, na leva y stoi, «a la derecha, a la izquierda, párate». Leo, sin embargo, algunos autores rusos traducidos en alemán, y un día de éstos le escribiré a Campoamor una larga carta que me pide con noticias de aquí, dándoselas muy circunstanciadas del príncipe de los poetas moscovitas y de sus obras: de Puschkin, que apenas se conoce en Francia.

Entre tanto, tengo que decirle a usted que estas cartas que le escribo, y que están escritas, sobre todo hasta que vi las dos primeras publicadas en los periódicos, sin pararme en respetos, sin atender al estilo y sin imaginar siquiera que pudieran leerse sino por usted y por el señor marqués de Pidal, me han causado un gran disgusto con que hayan sido divulgadas. Acaso yo, aunque no recuerdo bien hasta qué punto, haya tratado de decir en ellas algún chiste a costa del duque y de mí compañero Quiñones. Del duque he hecho también en mis cartas grandísimos y merecidos elogios; pero éstos no se han tenido en cuenta. Sobre Quiñones habré dicho acaso alguna majadería, por hacer reír y sin el menor intento de ofenderle. Mi convicción es que Quiñones es un excelente oficial de Estado Mayor, que no tiene mis gustos, que no se entiende bien conmigo, pero que no tiene ni un pelo de tonto. Si Quiñones fuera tonto, no hubiera yo hecho parodia de ninguna de sus cualidades. Los tontos no me divierten ni para hacer burla de ellos. Jamás he encontrado yo cómico en los tontos sino aquella mínima parte que tienen de discretos. De lo que resulta que, mientras más discreto es un hombre, más tonterías graciosas suele hacer, y yo, que no me creo tonto, he hecho muchísimas en mi vida, y estoy pronto a reírme de mí mismo. Mil veces me he reído de Ligués y de otros mil a quienes creo muy capaces, en esa Primera Secretaría, y nunca jamás me he reído de Biedma ni de otros de que el vulgo se ríe. La risa es un movimiento jubilador y simpático de los nervios, que solo deben inspirar los amigos o las personas de imaginación y de otras buenas cualidades. Pues qué, ¿no encuentra usted absurdo que una cosa tan humana como la risa, una cosa que nos distingue de los demás animales, porque no le hay irracional que sepa reírse, puede infundírnosla el que lo es de todas veras? Por desgracia, el profanum vulgus no alcanza estás filosofías, y es, además, malintencionado y propenso a malquistar a la gente, y a abultar lo malo y a encubrir lo bueno. A Ligués le escribí una carta poniendo al duque de Osuna actual más alto, aunque, ni con mucho, con tanto ingenio que Quevedo pone a su antepasado. A usted también le he dicho mil encomios de su excelencia. Pues es bien: de esto nadie se ha dado por entendido, ni nadie le ha escrito al duque diciéndole: «Amigo mío, mucho y merecidamente le elogia a usted Valera.» En cambio, a él y a Quiñones le han venido con el chisme de que yo los trato con dureza atroz en mis cartas. El duque no me ha dicho una palabra; pero Quiñones me lo ha dicho, y como ambos se muestran desde entonces, si más fríos y reservados conmigo, más atentos y finos que antes, a la verdad, aseguro a usted que me castigan de ese modo y me tienen avergonzado y contrito. Porque si hubieran sido gente menos seria y formal, ya nos hubiéramos comunicado las bromas, y las bromas hubieran ido ahí sabidas por ellos, y las hubiera habido más a menudo en contra mía, escritas por mí mismo, para que no se dijese que daba lo peor a mi compañero y a mi jefe. Pero, como nada les he dicho ni podía decirles, porque no era en el carácter de ellos y en el modo con que me trataban, ahora imagino que han de creer lo que he hecho: el uno, traición; el otro, traición e ingratitud a la vez. En fin: Dios me lo perdone, y a usted el haber divulgado tanto mis cartas. A quienes no quiero que perdone Dios es a los que al dar el soplo pusieron en ellas más hiel de la que tengo yo en todo mi corazón, por muy amargado que esté y por mucho que se exprima. Estos chismosos me inspiran a veces compasión, y, a pesar de cuanto queda apuntado, también deseo a veces que Dios los perdone. «Perdonadlos, Señor, que no saben lo que se hacen.» ¿Qué pueden ellos comprender de mis teorías sobre la broma y la risa, en que está basada y, por tanto, disculpada mi conducta?

Adiós. Pongame a los pies de su señora y de sus hijas, y créame suyo afectísimo,

J. Valera

San Petersburgo, 23 de enero de 1857

Mi querido amigo: Razones que usted debe adivinar por los antecedentes que tiene, hacen mi permanencia en este país cada día más difícil y menos agradable; y es tanto, sin embargo, lo que este país me agrada y me interesa, que a veces deseo permanecer aquí, estudiar la lengua y la literatura rusas, viajar por todo el Imperio y hasta escudriñar sus más apartadas y desconocidas regiones. Cuando San Petersburgo, pareciéndose, según afirman, aunque no soy yo de esta opinión, a las demás grandes ciudades de Europa, es tan original a mis ojos, ¿qué no serán Kiev, Moscú, Novgorod, el Cáucaso y la Crimea? Mas el hombre propone y Dios dispone, y al cabo habré de resignarme a ver mal y deprisa esta capital, y a dar un rodeo por Moscú antes de volver a esa villa y corte.

Entre tanto, procuro aprovechar el tiempo. Ayer, mientras el señor duque y Quiñones estuvieron en una fábrica de cohetes a lo Congreve, y de otros proyectiles y diabluras por el estilo, yo, que no soy muy docto ni en la balística ni en la pirotecnia, fui a ver el Palacio de Mármol, obra famosa de Rastrelli, y que tiene merecido el nombre que lleva. El gran duque Constantino habita en este palacio cuando está en San Petersburgo, y como el gran duque es un príncipe sabio y artista, el palacio se ha convertido en un museo curiosísimo e instructivo. La escogida biblioteca que contiene pasa de cuarenta mil volúmenes. Hay allí preciosos modelos de barcos, de máquinas de guerra y de otros artificios; multitud de armas ricas de todos los pueblos, y hermosas pinturas y estatuas. Pero lo que más llamó mi atención fue el gabinete donde dicen que ha estudiado el gran duque las lenguas orientales, en las que es muy docto, según afirman. Este gabinete está construido y amueblado según el gusto y la arquitectura de los persas. Los divanes, forrados de más costosas telas que en Teherán puedan tejerse; los muros, cubiertos de mil arabescos prolijos y de sentencias del Corán; lámparas extrañas, de vivísimos colores, penden del techo alicatado; esbeltas y airosas columnas y graciosísimos arcos lo sostienen, y en el centro de la estancia, una torre a manera de pagoda, puesta sobre los lomos de cuatro pequeños elefantes de bronce dorado, derrama copiosa y cristalina lluvia en una redonda y blanca taza de mármol. Al blando murmullo de estas aguas, y en el apartamiento de este encantado lugar, bien se podría entregar uno a la lectura de Chah-Nameh, de Firdusi, o a la difícil interpretación de los poetas y de los filósofos de la India y de la Arabia.

Tiene también el gran duque una sala construida y amueblada al estilo ruso, que, si no tan bonita, es más ligera y más digna de verse, acaso, que el gabinete persa. Dejo de enumerar las columnas de mármol, los jaspes de todos colores, los vasos de porcelana, de malaquita y de bronce, y las demás riquezas que encierra el Palacio de Mármol.

Ayer estuve también en el palacio de la gran duquesa María, y la magnificencia, el buen gusto, la novedad y los tesoros artísticos de este nuevo palacio me hicieron olvidar y casi tener en menos las maravillas del primero. La gran duquesa María posee una riquísima colección de pinturas con que adorna los muros de su vivienda. Los mejores pintores flamencos, antiguos y modernos, han contribuido a enriquecerla. De Murillo hay cuatro originales, sobresaliendo, entre todos, un Divino Pastor. De Velázquez, dos cuadros; y una Virgen, de Morales, que tiene a Cristo, muerto, en sus brazos, y que es una de las más bellas y melancólicas pinturas que un artista despreciador de la hermosura física y enamorado de la espiritual e interna hermosura ha podido concebir jamás. Al mirar el rostro, lívido, desfigurado y horriblemente cubierto de heridas, del Salvador, vuelve uno los ojos con espanto; pero al fijarlos en los de la Madre Dolorosa, se siente en el alma una piedad infinita, y se comprende y se lee en el semblante pálido y desencajado de la Virgen todo lo que su corazón debió de padecer. El efecto que produce este cuadro es tal, que más vale que lo tengan tapado, como lo tienen. Al hombre religioso puede llevarle a considerar con hondo recogimiento el misterio temeroso de la redención; al que no lo sea le debe poner grima. Por lo demás, el cuadro está no en una devota y severa capilla, sino en medio de los más elegantes y voluptuosos salones. Otras pinturas profanas y alegres lo rodean, y parece que la de Morales viene a turbar la fiesta. Psiquis y Cupido se abrazan y se besan no muy lejos de aquel sitio. Las tres Gracias, de Canova, se muestran allí en toda su desnudez y la Magdalena, del mismo autor, aunque contrita y penitente, luce aún todos sus peligrosos y seductores encantos. Graciosos paisajes y mil cuadros de la escuela italiana, entre los cuales los hay de Rafael, de Leonardo de Vinci, de Francia, de Guido Reni y del Veronés, no son tampoco muy devotos, aunque tengan la intención de serlo. Escultores y pintores han procurado a porfía representar la extraordinaria hermosura de la gran duquesa, y no han podido conseguirlo. La gran duquesa es una criatura celestial. Tennerani la ha representado de cuerpo entero, en mármol de Carrara, y éste, a mi ver, es el mejor retrato que hay de su alteza.

Los jardines de invierno de este palacio parecen un sueño de hadas. Yo imaginé que por arte de encantamiento me había trasladado, sin saber cómo a los risueños bosques del Brasil. Arboles y plantas exóticos y olorosas flores cubren aquel recinto; fuentes y cascadas y altos surtidores le dan música y frescura; grutas y peñascos, cierto aspecto rústico y misterioso. Detrás de un lienzo de agua que cae con sonora majestad de una elevada roca, y que vela completamente la entrada de una caverna, se ve algo como las fraguas de los cíclopes o el fuego del infierno; se ve, en fin, la más poética chimenea que hay en el mundo. Después de recorrer los jardines, entramos en los salones donde la gran duquesa suele estar de continuo, y donde tiene sus pinturas favoritas, obras maestras, las más, de la escuela italiana. No sé cómo pintar lo aristocrático de este retiro. Parece la morada del hada Parabanú. Hay allí un gabinetito donde, si yo hubiese entrado solo, acaso hubiera imaginado que todas las ondinas y las peris y las huríes iban a venir en mi busca, y que se iban a animar y a enamorarse de mí las ocho lindas e inocentes muchachas que Gretize ha pintado y que adornan las paredes del mencionado gabinetito. Y dejo en este punto la descripción del palacio de la gran duquesa María, aunque me temo que lo mejor se quede por decir. Tantos primores, ni se pueden ver en un momento ni referir en una carta. Para verlos, me sirvió de cicerone una demoiselle d'honneur de la gran duquesa. Yo estaba tan lisonjeado y tan confuso de este favor, que no sabía cómo agradecerlo. La demoiselle d'honneur es la más bachillera y leída demoiselle que he conocido desde que ando por estos mundos. Se diría que es una druidisa o una norma o sibila boreal. Las damas de Calderón no discretearon nunca tanto como ésta discretea; y es, además, un Mezzofante femenino, sin que por eso me atreva yo a decir, ni a imaginar si quiera de ella, lo que de Angélica dijo Ariosto, que

Spesso avca più d'una lingua in bocca.

Anteayer estuve en la Biblioteca pública imperial, que cada día se aumenta y contiene hoy cerca de 700.000 volúmenes. Todo lo vimos a galope y mal, por consiguiente. Para ver bien aquella biblioteca es menester un mes. Hay una gran sala donde están solamente cuantos libros se han escrito sobre Rusia en todas las épocas y en todos los pueblos. Español hay algo, y uno de los bibliotecarios me dijo que hace tiempo que anda buscando y que no puede dar con una comedia que escribió Lope de Vega sobre el falso Demetrio. Otra sala contiene los manuscritos, en número de 20.000: latinos, griegos, árabes, persas, armenios, rusos, polacos, alemanes, franceses y españoles. De los nuestros vi de pasada un libro lleno de cartas autógrafas de Felipe II y la traducción española del Evangelio apócrifo de San Bernabé apóstol, que un tal Juan Maxin tradujo también en italiano. Ignoro si el traductor español supone que este Evangelio se halló en la sepultura y sobre el pecho del apóstol, en la isla de Chipre o en las cuevas del Sacro Monte, cuando se descubrieron allí los huesos de los mártires y primeros evangelizadores de España. Dice el traductor, en su prólogo, que en dichas cuevas se hallaron asimismo los cien consejos o sentencias que dictó la Virgen y que escribió Tesifón, su secretario; la vida, predicación y milagros del Apóstol Santiago; las ocho preguntas de Pedro, y otros libros por este orden. Uno de los bibliotecarios, monsieur Muralt, ha escrito y publicado una descripción en francés de este Evangelio; pero, a la verdad, que deja muchos puntos oscuros, o al menos yo no llego a aclararlos. Así, por ejemplo, yo no sé de cierto si el Evangelio traducido por Juan Maxin es el mismo que traduce el español o es otro, si existe en árabe o en alguna lengua sabia el original del uno o de los dos Evangelios, dado que haya dos, y si el traductor español le inventó o le tradujo con intenciones meramente literarias, o con el fin de seducir a las gentes y de inclinarlas al islamismo, porque el falso evangelista llama a Cristo profeta y no Hijo de Dios, y predice la venida de Mahoma y defiende la circuncisión y la abstinencia de ciertos manjares y bebidas.

Otro día, cuando haya visto yo más detenidamente la biblioteca, le volveré a hablar a usted de ella, si mis cartas no le aburren y a mí no me cansa el escribirlas.

He leído en los periódicos españoles no sé qué sobre un ucase imperial, que no me parece que han entendido muy bien. Aquí la aristocracia, esto es, la nobleza, porque una aristocracia en el sentido estricto de la palabra ni la hay ni sería compatible con la autocracia del zar, no estaba llamada exclusivamente a los empleos públicos; antes bien, los empleos públicos son los que daban y dan inmediatamente la nobleza personal a quien los desempeña. En el momento en que un ruso, aunque sea de la familia más humilde, puede vestir un uniforme y ceñir una espada, ya es tan noble como el que más. En el momento en que obtiene el título de consejero, equivalente a brigadier en el Ejército o, por mejor decir, a general, porque brigadieres no hay, ya transmite la nobleza a toda su generación. Antes bastaba ocupar un puesto equivalente al de coronel en el Ejército; y esto es lo que el emperador Alejandro II ha modificado. La causa ha sido que se iba creciendo una numerosísima nobleza de empleados sin rentas y con los humos y el amor a la ociosidad y a la vita buona de la nobleza antigua y rica. También ha modificado el emperador la división de los empleados en tres clases: primera, los que entran a servir con diploma universitario; segunda, los que han estudiado en los colegios, y tercera, los que han estudiado privadamente. Según era un empleado de primera, de segunda o de tercera clase, podía ascender con más o menos prontitud en su carrera, sin que el mérito más extraordinario fuera bastante a quebrantar esta ley. En el día, y de acuerdo con la última disposición del emperador Alejandro, puede elevarse más pronto a los primeros honores el que tiene mérito, aunque no tenga título universitario. La diferencia está solo ahora en que entra a servir, desde luego, en un empleo de superior categoría el que ha estudiado en alguna Universidad.

La muerte del conde Gregorio Strogonov, del Consejo del Imperio, y uno de los personajes más respetados y queridos de esta Corte y en toda la Rusia, va a desanimar por algún tiempo a la alta sociedad. El conde, por su mucho saber y experiencia, por su amena conversación y por sus elevadas prendas de carácter, era también muy estimado de su majestad. Hoy se hará con gran pompa el entierro del conde, y creo que asistirán en él cuantas personas notables hay en Petersburgo, y el emperador mismo.

San Petersburgo, 26 de enero de 1857

Mi querido amigo: Esta carta empieza muy triste; empieza con un entierro: el del conde de Strogonov. Las honras y cantos fúnebres tuvieron lugar en el famoso monasterio de San Alejandro Nevski, fundado por Pedro el Grande, en el mismo sitio en que el santo ruso ganó, en tiempos antiguos, una gran batalla a los suecos. Pedro el Grande, para santificar la nueva ciudad que levantaba, hizo venir a las orillas del Volga los restos del héroe santo y colocarlos allí. Según dicen, el santo no se encontró a gusto en su nueva habitación y se volvió milagrosamente a la antigua; pero el zar le hizo venir de nuevo, rogándole que no se largase otra vez si no quería que sus frailecitos padeciesen el martirio. Desde entonces el santo no se mueve. Verdad que su habitación se torna cada día más agradable. Oro, jaspe, bronce, pinturas y diamantes y perlas adornan la morada del santo. Los más grandes señores del Imperio van a enterrarse allí para hacerle compañía; y les custodian sesenta frailes, tan membrudos, colorados y gigantescos, que más que frailes parecen jayanes. Al verlos se acuerda uno de los sesenta valientes de los más fuertes de Israel que rodeaban el lecho del rey Salomón, todos con la espada sobre el muslo por temor de los rumores de la noche. Estos frailes tienen todos voz de bajo profundos. Hacen de tiples e imitan a los angelitos del cielo una turba de muchachos cuya suerte envidiaría el marqués de Custine. Los trajes y las ceremonias de la iglesia no pueden ser más solemnes y pomposos. Se cuenta que cuando el zar Vladimiro, después de haber tenido un disgustillo con Pernn, se decidió a plantarle y a tomar otro dios para los rusos, los búlgaros, aquellos terribles guerreros que dieron nombre a cierto vicio abominable en muchas lenguas de Europa, trataron de que se hiciera mahometano como ellos; pero la falta de pompa en el culto, la necesaria abstinencia del vino y, sobre todo, la circuncisión, disgustaron a Vladimiro de la religión de Mahoma. Entonces envió a Constantinopla emisarios que volvieron maravillados de la grandeza y suntuosidad que habían visto en el templo que levantó Justiniano a la Eterna Sabiduría. Vladimiro, al oírlos, determinó bautizarse y que se bautizasen sus súbditos, y desde entonces son los rusos cristianos. Hay quien supone que, salvo la pompa del culto, el beber vino y el no circuncidarse han conservado algo de la primera intención y son un tanto cuanto musulmanes. Pero éstas son hablillas necias. Lo cierto e indudable es que, desde que no hay patriarca y el emperador es jefe de la Iglesia, no tiene ésta aquella independencia, ni los clérigos aquella respetabilidad que convendría que tuviesen; pero, en cambio, hay más unidad en todo, y el Gobierno dispone, según sus miras políticas, de un poderoso instrumento. Si los clérigos o frailes de las otras sectas o religiones no andan derechos, se les envía a tomar aires fuera del país, como hicieron pocos años ha con los capuchinos de Georgia, allí establecidos desde mediados del siglo XVII. Los georgianos católicos, ovejas sin pastores, se acogerán probablemente al redil ruso.

Pero volvamos al entierro. Todo el Cuerpo diplomático aquí residente y los magnates y altos dignatarios de esta Corte asistieron de uniforme. El emperador mismo y el gran duque Nicolás le honraron con su presencia. Mientras se cantaron ciertas oraciones, rogando a Dios por el alma del difunto, tuvo cada individuo una vela de cera encendida en la mano. El féretro estaba en medio de la iglesia, sobre un catafalco, al cual se subía por escalones. Le cubría un palio primoroso de terciopelo negro bordado de oro. Los padres le rociaron con agua bendita y le sahumaron con incienso. Uno dijo allí, dirigiéndose a todos nosotros, una infinidad de cosas que no entendí. Terminado el canto, se verificó un acto solemne y conmovedor. Todos los parientes y amigos del difunto, con lágrimas en los ojos o aparentando llevarlas y vestidos de luto riguroso, subieron lentamente hasta tocar el féretro y besaron su cubierta. El féretro, como ya indico, estaba cerrado, y este último beso de eterna despedida en el mundo, se dio al través de la madera. Alrededor del túmulo estaban colocadas, en sendos taburetes, las grandes cruces con que honraba su pecho el conde durante su peregrinación por este valle de lágrimas. Las grandes cruces del conde eran muchas, lo cual para los rusos y entre los rusos es de más importancia que en otro pueblo cualquiera. Para ellos una cruz es la joya

que sobre el oro del alma
es el más bello realce;

que es lo que en España se pensaba de las cruces en tiempo de Calderón.

Hemos visitado en estos días el nuevo y el antiguo Almirantazgo. En el antiguo hay una multitud de oficinas. El palacio es inmenso. Su biblioteca contiene mapas hidrográficos, historias de viajes y otros libros científicos y atañaderos al oficio de marino. Hay una imprenta, prensas litográficas y prensas para grabar en acero y en cobre. Un depósito hidrográfico donde se venden los libros y los instrumentos necesarios a los navegantes; y una Academia de Arquitectura Naval que, si no estoy equivocado, me parece que no tenemos en España, y es un dolor que no la tengamos, para que los que saliesen de ella construyesen los barcos fuesen responsables de que las maderas estaban sanas y no podridas. En el nuevo Almirantazgo hay varios diques cubiertos, que comunican con el Neva, y donde se pueden construir barcos durante el invierno. Ahora construyen un navío inmenso, de ciento cincuenta cañones. Ya está muy adelantado. Será de vapor, a hélice. El oficial que nos enseñaba todo esto me dijo que las máquinas de vapor se construyen aquí, y que no vienen ni de Bélgica ni de Inglaterra, como yo imaginaba; que durante esta guerra de Crimea han fabricado ellos catorce barcos de vapor, de doscientos cincuenta caballos de fuerza cada uno, y todo hecho aquí, y qué sé yo cuántas cosas más me dijo, que todas, con el debido respeto, se pueden poner en cuarentena. Aquí tratan siempre de dejar a uno espantado, aunque sea a costa de una mentirijuela o de varias.

En cuantos establecimientos visitamos se dispone todo con tiempo para nuestra llegada, como si fuese a representarse una comedia. Aunque nada haya por imprimir, se imprime aquel día; aunque nada haya que grabar, aquel día se graba; aunque nada haya que escribir o que pintar, aquel día se escribe y se pinta, y por dondequiera reina la más grande actividad, buen orden y movimiento. Todo está sahumado y aljofifado como una plata. Pero esto no es de extrañar y sí de agradecer. Lo que yo extraño es que muchos de nuestros cicerones, empleados de los mismos establecimientos, suelen, a veces, no entender lo que nos enseñan, ni aun siquiera levemente.

Las entendederas de los rusos no están, por lo general, muy abiertas, ni creo que sea menester que lo estén. Aquí todo marcha divinamente, sin necesidad de una ilustración muy difundida. Escuelas debe de haber aún de las que fundó Pedro el Grande, donde nadie va a aprender nada. En cambio, los alemanes aprenden, saben y sirven a este país, ya sean súbditos naturales del emperador, ya se hayan puesto a su servicio voluntariamente. Generales, sabios, literatos, médicos, cirujanos, boticarios y hasta panaderos, porque los rusos se asegura que tienen especial afición a mezclar la arena con la harina, para dar más peso al pan, son, en su mejor o mayor parte, de raza germánica. El ruso castizo aborrece al alemán de todo corazón, y quisiera verle ahorcado. Las ninfas movilizadas, o dígase en circulación, son también tudescas. O las rusas son más castas o no tienen arte ni gracia maldita para ejercer el oficio. No es esto decir que no haya cidalisas rusas, pero han de ser de la ínfima clase, que caballeros como yo no visitan. En fin, este punto no lo tengo aun puesto en claro y siento haberlo tocado.

Sentiré que abran aquí esta carta y que la lean. Pero ¿qué hemos de hacer?

Adiós. Su amigo afectísimo y seguro servidor, q. b. s. m.,

Juan Valera

San Petersburgo, 28 de enero de 1857

Mi querido amigo y jefe: Escritas ya y cerradas mis dos cartas del 25 y del 26, recibí las dos de usted del 13 y del 14, en que se autoriza al señor duque para ofrecer los dos toisones, esto es, para ofrecer el toisón al príncipe Alejandro Gortchakov. Ahora hablará el duque al príncipe, o acaso le haya hablado ya anoche en una tertulia donde yo no asistí por hallarme muy cansado, y creo que habrán decidido o decidirán lo que conviene, que es, en mi entender, que aquí digan darnos desde luego los dos San Andrés y la Santa Catalina, y el Alejandro Nevski para el marqués de Pidal y el Águila Blanca para usted. Estas gracias aparecerán en el Diario de San Petersburgo el día 25 de febrero, tiempo suficiente para que, advertidos ustedes por el correo, y sin necesidad de telégrafo, hagan aparecer el mismo día, en la Gaceta, las gracias correspondientes. Los títulos e insignias para los rusos los traerá don Javier, y Galitzin llevará los títulos e insignias para los españoles. Esta es la composición de lugar que yo hago, y en este sentido quisiera disponerlo todo. Ya estamos instalados en la lindísima casa que, amueblada con gran elegancia, ha alquilado el señor duque por 1.200 rublos mensuales. Hay en ella magníficos salones de baile, hermosa escalera, jardín de invierno al lado del comedor, que parece un precioso patio de Sevilla, con su fuente en medio y un alto surtidor, y flores, y plantas, y frondosos arbustos, que se multiplican en los espejos que forman las paredes, en parte cubiertas de hiedra y otras plantas enredaderas.

La habitación del señor duque es muy espaciosa y confortable. La de la señora, como no hay señora, está desierta; pero no puede ser más cuca y graciosa. Consiste en una serie de estrados, gabinetitos y boudoirs, donde hay muchos vasos de porcelana con flores, muebles cómodos y elegantes, cierto misterio voluptuoso y otras mil cosas y circunstancias apetecibles. La alcoba da sobre el jardín de invierno; quiero decir está al lado, en el mismo piso principal, y parece un nido de amores, según la expresión con que Quiñones se la ha celebrado al duque: expresión que, sin duda, él ha oído a alguien, porque no se le ocurren cosas tan poéticas y mitológicas; así es que la repite en francés, imaginando tal vez que en España y en español no hay más que nidos de chinches o de golondrinas en las casas. Mi cuarto de dormir es también muy bonito: da sobre el jardín y está sobrepuesto al nido de amores. Recibe la luz por el doble techo de cristales que cubre el jardín tantas veces ya mencionado. Tenemos en este segundo piso una multitud de salones a nuestra disposición; una sala con juego de billar y vistas sobre el Neva. Delante de la casa está el puente Nicolás, que es una bella obra en su género, y que une a Vasiliostrov con esta otra parte de la ciudad. En medio del puente se levanta una elegantísima capilla dedicada al santo que le da nombre, y cuya imagen allí se venera y se aparece en un mosaico rico, hecho en San Petersburgo mismo.

Aquí puede uno vivir como el pez en el agua, y sospecho que el duque no dejará San Petersburgo tan aína. Acaso dé bailes, y de seguro dará comidas en esta casa. Acaso haga venir a ella, con cierto recato, a la comedianta francesa que le ha pillado ya doce o trece mil francos, y que no ha logrado aún y logre al cabo. Acaso en el nido de amores se celebre este erótico ayuntamiento y nazca de él un Gironcillo que herede más de la bondad y excelentes prendas del padre que de la tunantería materna. Entonces podremos decir de la comedianta lo que de Mesalina dijo el profano cuando ella se arremangaba las faldas, *ostenditque tuum, generose Britanice, ventrem.*

Ya tenemos muchos más amigos, que vienen a comer con el duque a menudo. Todos le aconsejan que dé un baile, y muy particularmente cierta dama que le tiene frito y achicharrado. Da la casualidad de que esta dama es la misma que yo vi por vez primera en Petersburgo, que me causó tanta admiración y que fue causa involuntaria de que me rompiese una espinilla. Su hermosura calmuca sigue asombrandome; pero no me enamora, por dicha mía. Ella no gusta sino de las personas muy empingorotadas; Tolstoi la pretende y no sé hasta qué punto habrá llegado. Pero si el duque quisiera y no fuera tan cándido, la dama plantaría a Tolstoi por él. Ella es mujer de un capitán, y aunque es, así como su esposo, de muy buena familia, no está muy sobrada, si no es de aquellos tesoros naturales que deben ser incomunicables, o al menos introcables.

En medio de estos jolgorios conozco que estoy yo de más, y que maldito lo que hago ni para qué sirvo.

Al duque le seguirán siempre considerando como un gran señor y noble y espléndido caballero; pero no pueden considerarle seriamente como el embajador o el ministro de España en esta Corte. ¿Cómo han de considerarme, pues, a mí como un secretario de una Legación de España que no existe?

Quedarme aquí como amigo del duque y comensal suyo no puede ser, porque el duque no me honra, por desgracia, con su amistad, y yo me fastidio. Por otra parte, yo deseo volver a esa Primera Secretaría, y que usted me emplee en algo de importancia. Yo pondré mis cinco sentidos en hacerlo bien, y espero que usted y el señor marqués de Pidal me querrán más que el duque, a pesar de mis defectos. No me parece que soy tan mala lengua, y creo que del duque mismo he hecho grandes elogios, en cuanto hay en el duque que se pueda elogiar. A este país le he elogiado también más de lo que se merece, y cuando veo mis cartas publicadas me suelo avergonzar de tanto elogio, porque creerán que yo no he visto nada en mi vida. Yo soy muy hiperbólico, como buen español: pero lo soy más en el elogio que en la censura. De Quiñones no he dicho más que cuatro chistes fríos, con la intención de hacer reír sin ofenderle. Si yo fuera capaz de tenerle rencor, se lo podría tener, sin embargo. Si él no hubiese venido, estoy seguro de que el duque y yo estaríamos a partir un piñón; estoy seguro de que el señor duque de Osuna me querría como a un hermano, y hasta el mismo favor y confianza del duque me hubiera granjeado en San Petersburgo mejor acogida en la sociedad, más distinciones y favores de los que me han hecho.

En fin, sea como sea, yo no puedo permanecer aquí más largo tiempo. Mi salud tampoco es la mejor. Estoy mimado en mi casa y aquí ni me sirven, ni me cuidan, ni me preguntan siquiera si me llevan o no me llevan todos los diablos.

Me parece que si me diera alguna enfermedad grave me cuidarían como a un criado de la casa; pero no me atenderían como a un compañero.

Adiós. Pronto nos veremos, porque, a pesar de los inconvenientes del viaje solo, me parece que lo haré al cabo. No puedo dormir bien, me aburro maravillosamente y padezco de los nervios y del estómago. Me desespera que nadie se compadezca de mis males, y soy capaz de hacer la tontería de contárselos a las damas más amigas para que me tengan lástima. Antes de que llegue este extremo, lo mejor será irse y, sobre todo, repito, estando la misión terminada y no teniendo yo aquí motivo oficial de permanencia.

Soy su amigo afectísimo y seguro servidor, q. b. s. m.,

Juan Valera

San Petersburgo, 31 de enero de 1857

Mi querido amigo: Mañana o pasado tendrá el duque una entrevista con Gortchakov para hablar de lo de las cruces. Ojalá se logre que al marqués y a usted les den el Alejandro Nevski y el Águila Blanca, al mismo tiempo que se den los dos San Andrés.

En una tertulia que anteanoche dio en su casa el príncipe-ministro hablé algo de esto con él, y me dijo, y a lo que parece al duque le dijo lo mismo, que haría lo posible porque se lograra pero que todo dependía del emperador. Debo advertir que las pocas veces que he hablado al príncipe de cosas graves ha sido porque él se ha prestado a ello muy gustoso y me ha llamado a sí. Cuando no, me contento con saludarle cortésmente. No me gusta hacer el entremetido ni asediar a nadie, y conozco muy bien mi posición oficial, tan inferior a la suya. Tiene, además, o finge tener, el príncipe una opinión tan subida de su nación, y deja traslucir, a pesar de su extremada finura, un aire tan cargante de protección y benevolencia por las otras naciones, que no sé cómo no le suelta uno alguna papa de las mayúsculas. Anteanoche me dio a entender, con estilo diplomático, rodeos y delicadezas, que Narváez (y no sé de dónde lo ha sacado) quiere el San Andrés como un balancín para no caerse. En el mismo estilo, aunque más claro, contesté yo, y espero que conteste el duque, si Gortchakov repite semejante tontería, que no había tal cosa, y que si la reina y el pueblo de España quieren a don Ramón, le sostendrán en el Gobierno sin San Andrés, y que si no le quieren, le dejarán sin Gobierno, aunque tenga diez San Andrés: que nosotros deseábamos el cambio de cruces como muestra de la nueva amistad de ambas naciones y monarcas, independientemente de los ministros o del partido que ahora gobierna, y que no será solo al partido narvaísta a quien darán una prueba de estimación dando a Narváez el cordón de San Andrés, sino a la nación española, al frente de cuyo Gobierno está ahora el duque de Valencia. También le dije que el partido moderado monárquico constitucional no está en el aire, como algunos piensan y es el que tiene porvenir y el que mandará siempre en España; y que un movimiento absolutista exagerado traería consigo pronunciamientos y revueltas efímeras, y como término de ellas, volver las cosas al punto en que estaban; esto es, a don Ramón y a los liberales moderados. En todo convino su excelencia; pero, en tono lastimero, me hizo una observación, a la cual confieso que no se me ocurrió brillante respuesta. «Lástima —exclamó— que el partido moderado no se una y que no se olviden tantas ambiciones e intereses personales o se sacrifiquen al bien general.» La independencia Belga, que es el pasto espiritual político de los repúblicos de aquí, nos hace bastante daño pintando los asuntos de España con los colores más negros. Dije, por último, al príncipe, porque venía a cuento, que a Benckendorv o a Brunov era a quien primero se le había ocurrido y quien primero había hablado del cambio de cruces y que sin estas insinuaciones acaso el Gobierno español no hubiese pensado en ello. El príncipe contestó que no creía que Benckendorv hubiese hablado de tal cambio, y yo le dije que creía que sí.

En toda esta conversación, que duraría tres o cuatro minutos, estuve yo muy humildito, y el príncipe, como siempre, muy repulido y amable. Aunque hable de zanahorias, la echa de hombre profundo; frunce las cejas, hace mohines con la boca, espantosa y fiera como el cráter de un volcán; lanza miradas penetrantes e investigadoras al través de las antiparras, con aquellos ojos vivos y saltones, y hace mil monadas elegantes y aristocráticas con los largos y delgados brazos, con las manos, feas, aunque cuidadas, y con el cuerpo. Yo le miraba atentamente y con gran respeto, y consideraba, allá en mi interior, lo feísimo que es visto a buena luz, de cerca y despacio. Mefistófeles debía de ser por el estilo, cuando andaba de Ceca en Meca con el doctor Fausto.

Por lo demás, esta calidad de imponer, de deslumbrar y cegar es muy común a esta gente. Yo he sido también de los deslumbrados y ciegos en ciertas ocasiones. Aprecian aquí y celebran tanto las cosas propias, que, sin querer, se siente uno llevado por la corriente y como impulsado a elogiarlo todo también. Mis cartas a usted se resienten, a veces, de esta disposición de ánimo. Verdad es que el tener yo un estómago sumamente agradecido ha entrado por mucho en las alabanzas.

Las mujeres están menos dotadas de esta buena o mala calidad, que no sé designar en español sino por medio de un portuguesismo, llamándola impostura; pero hay una señorita, demoiselle d'honneur, que en este punto le echa la zancadilla a todo el género humano. La princesa Dolgoruki, que así se llama, tiene la cara algo tártara, los ojos oblicuos, la nariz respingada y los juanetes prominentes. Su estatura es elevada, y el cuerpo elegante y airoso por todo extremo. Se viste con gran primor y esmero, aunque con afectada sencillez. Hay en todos sus movimientos una majestad amable y dulce que llama la atención y cautiva. La boca denota más ingenio que ternura: todos dicen que tiene maravilloso ingenio, y todos la acatan como si fuera una emperatriz. Yo mismo, aunque extraño a las cosas de por aquí, y todavía ignorante de lo que se supone o refiere, he sentido, al acercarme a esta noble señorita, no sé qué respeto de súbito y no sé qué deseo de entrar en su gracia.

El señor duque sigue con intenciones de quedarse aquí sabe Dios hasta cuándo. Las damas, y todos en general, si algo se puede descubrir aquí de lo que interiormente se siente, están contentos de que quede el duque y de que guste tanto de Rusia. El amor propio nacional es lo único que entre esta gente tiene algo de cándido. No creen en la pronta venida de don Javier, y quieren que el duque se quede hasta que don Javier venga, como una satisfacción del mencionado amor propio. Oficialmente no le pueden considerar al duque como embajador; pero embajador le llaman todos a boca llena en la conversación familiar. No sé, sin embargo, si, a pesar de tener aquí este embajador, se decidirán a enviar a Madrid a Galitzin antes que venga don Javier o antes que sepan que don Javier se ha puesto en camino. Entre tanto, el duque pagará bizarramente los bailes y comidas que le han dado. Estos salones, iluminados en una noche de baile, parecerán encantados y diáfanos. La escalera, el jardín, el salón principal de baile y la inmensa antesala están en comunicación por medio de arcos, cubiertos solo de grandes cristales. Por ese orden debía de ser el palacio que vio Don Quijote en la cueva de Montesinos y donde Belerma salía en procesión con sus dueñas y el corazón amojamado del señor Durandarte.

Hemos estado en Cronstadt y visitado sus fuertes arsenales; pero ¿qué viaje diabólico no hemos tenido que hacer para ir a Cronstladt? Sabido es que esta ciudad famosa está fundada sobre un islote que cierra y defiende la desembocadura del Neva. El mar intermedio entre San Petersburgo y Cronstadt está cubierto de hielo hasta el mes de abril. Nuestro viaje fue, por consiguiente en trineo, y en trineo descubierto, para poder gozar de toda la novedad del espectáculo, a trueque de que se nos helaran las narices. A las tres leguas de camino, esto es, a la mitad, porque el camino tiene seis, nos reposamos y calentamos un poco en una casa de madera levantada en medio del mar y destinada a este objeto.

Luego continuamos la expedición y llegamos a Cronstadt felizmente. La ciudad es muy hermosa, y en verano, cuando está animada por el comercio, contiene más de cincuenta mil habitantes, muchos de los cuales se van con la música a otra parte durante el invierno, y la población queda muy reducida. Hay allí magníficos almacenes y canales hechos de granito, por donde entran los barcos, y, en fin, todas las señales de una gran actividad mercantil y de hallarse uno en el emporio de San Petersburgo y de lo mejor de Rusia. Pero paralizado y muerto como por arte del diablo, sin que pueda nada resucitar hasta la primavera. Pensaba yo, al ver esto, en aquella ciudad paralizada de Las mil y una noches, donde todo está inmóvil, hasta que la princesa afortunada rompe el encanto, dando un beso al bello príncipe dormido, y todo comienza a circular y a agitarse de nuevo; las palomas arrullan, las moscas zumban, la gente anda por las calles, el viento sopla, las mujeres hablan y cantan, y hasta el jefe de la cocina de Palacio, que hacía trescientos años que tenía el pie levantado para darle en el trasero a un pinche, acaba de aplicarle, por último, el por tan largo tiempo dilatado puntapié.

En el puerto mercante de Cronstadt hay este invierno, aprisionados por el hielo, cerca de cuatrocientos barcos de todos tamaños y de todas naciones. Por medio de ellos nos paseamos en trineo. De la misma manera vimos la escuadra rusa en ambos puertos militares. Solo navíos de línea habría acaso treinta. Vimos también un colegio de pilotos para los buques de guerra. Los oficiales de Marina de por aquí deben acaso saber más de maniobras que de preguntar cuál es el punto adonde se encaminan al polo refulgente y las estrellas. Lo cierto es que tienen necesidad de Palinuros, que están aquí más autorizados que los masters en Inglaterra Los diques de Cronstadt son muy hermosos y sólidos, hechos de granito y capaces de contener quince navíos a la vez. Visitamos el fuerte Alejandro, que está a dos kilómetros de distancia del fuerte Pablo, cada uno a un lado, y en medio el canal, por donde solo hay paso para los buques de alto bordo que quieren entrar en la bahía. Los fuertes Pedro y Kronschelet, algunas baterías construidas últimamente, otras que se están construyendo y el muro que defiende la ciudad por la parte de Occidente, completan estas tremebundas fortificaciones. En el fuerte Pablo hay ciento sesenta y un cañones a lo Paixhans y en el fuerte Alejandro, ciento veintiuno. Cuatro son las galerías, sobrepuestas las unas a las otras, donde estos cañones del fuerte Alejandro están colocados. En los ángulos y puntos más importantes, los cañones son de tanto calibre, que pueden disparar balas y granadas de catorce pulgadas. Cada cañón gira sobre una base semicircular, y la dirección puede cambiarse, por pesado que sea el cañón, con solo dos hombres y en un instante. Para levantar o bajar la puntería hay también un artificio ingenioso y nuevo e inventado aquí, según dicen, aunque ya no quiero creerlo. La solidez de estos fuertes es maravillosa; pero las galerías me parecen estrechas y bajas, y si llega un día de guerra, en que sea preciso tocar todos aquellos instrumentos, los músicos se han de ahogar con el humo. Por medio de cada galería va un ferrocarril para llevar rápidamente las municiones en un carretoncillo. Hay hornos muy bien ideados y construidos para calentar muchas balas en poco tiempo y dispararlas rojas. Después de haber visto todos estos primores, he conocido, aunque lego y profano en las ciencias militares, que estamos bastante seguros en San Petersburgo, y que es difícil que nadie venga a molestarnos.

Ya empezaba a oscurecer, cuando salimos de Cronstadt, y la noche nos sorprendió en medio de los mares helados. Los caballos que tiraban del trineo del señor duque eran mejores que los nuestros y le sacaron adelante. Los nuestros se apandaron y dijeron que no querían tirar más, Quiñones, el coronel Obrescov y yo imaginábamos ya, y hasta teníamos por cierto, que íbamos a pasar allí anoche. La nieve formaba un torbellino en el aire y cubría el trineo con una capa de dos cuartas de densidad. Quiñones y yo nos bajamos para empujar el trineo y hacerle salir de allí; pero así que nos vimos metidos en la nieve hasta las rodillas, nos asustamos y nos volvimos a meter en el trineo. Por último, y cuando ya teníamos casi perdida la esperanza y nos íbamos resignando a convertirnos en sorbete, oímos el ruido de un carruaje, llamamos, acudieron, y era una malamente llamada diligencia, que nos tomó consigo, por fortuna. Allí nos encontramos con dos patrones de barco, un inglés y otro holandés, de los que por el hielo están detenidos en Cronstadt, y que iban a San Petersburgo. Pero aún no habían terminado nuestras desgracias, aunque ya estábamos más abrigados y resguardados del aire. La diligencia perdió el camino, porque los palos que, clavados sobre el hielo, lo indican, no podían verse con la nieve, que no cesaba de caer, y con la oscuridad de la noche. Así anduvimos a la ventura tres o cuatro verstas, sin poder orientarnos. Todos temían, aunque ninguno lo confesara, que volcásemos o cayésemos en alguna hendidura de las que abre la mar cuando se hincha y levanta bajo la losa cristalina que la cubre. Al venir, con la claridad del día, habíamos visto algunas de estas hendiduras y ninguno de nosotros estaba dispuesto a hacer el papel de Curcio. Por último, dimos otra vez con los palitroques y con el camino, y, aunque tarde y molidos, llegamos a casa, donde comimos muy bien al lado del jardín artificioso de que ya he hablado a usted y oyendo el apacible murmullo del alto surtidor que hay en su centro.

Basta por hoy de noticias. Suyo afectísimo,

J. Valera

Aquí me tiene usted aún, mi querido amigo, con grandes deseos de volver a Madrid, pero sin bastante ánimo para emprender el viaje solo. Entre tanto, lo paso regularmente en esta tierra, donde cada día hay nuevos objetos que llaman mi atención.

Ahora vamos a menudo a las carreras de trineos sobre el Neva, que están muy concurridas siempre. Caballos magníficos, de una raza particular, que llaman aquí trotones, son los que se lucen en estas carreras.

He estado también en las montañas de hielo y he bajado varias veces por ellas con una rapidez maravillosa. El vehículo en que va uno colocado viene a ser como un almohadón de terciopelo, de una tercia de ancho y de una vara de largo, puesto sobre patines o barras de hierro, que se deslizan por aquel bruñido cristal. El que va sentado en el almohadón lleva las piernas en el aire y muy derechas, marcando con ellas la dirección que debe seguir, y las manos forradas de piel para apoyarlas sobre el hielo y enderezar o cambiar el rumbo cuado conviene. El que no sabe dirigir bien uno de estos vehículos y quiere pasearse en ellos, se confía, por lo regular, a uno que ya entiende bien el negocio, se hinca de rodillas detrás de él, procura tenerse derecho y se deja llevar, como yo hice. Quiñones quiso dirigir él mismo, con más valor y empeño que fortuna, y rodó lastimosamente por el hielo, exponiéndose a romperse un brazo o una pierna. Esto me quitó las ganas de meterme yo también a automedonte. Antes de ver yo rodar a Quiñones, y habiendo visto con qué facilidad bajan los ya curtidos en el oficio, imaginé que nada había más fácil, pero cambié de opinión al ver la mala suerte y desairada figura de mi compañero, que es ágil, mientras yo soy un topo.

Estas montañas están bastante lejos de San Petersburgo, en una quinta del barón Stieglitz, rico banquero alemán, que nos ha convidado a ir por allí todos los domingos. Para llegar a la quinta atravesamos un país singularísimo, donde, más que en ninguna parte del mundo, el ingenio y la voluntad el hombre han combatido con la Naturaleza yerta y estéril y han triunfado de ella. San Petersburgo está rodeado de alamedas dilatadísimas y de primorosos jardines; pero donde más se ha esmerado el arte para convertir en un paraíso los desiertos en que hace un siglo solo vivían los osos y los lobos, ha sido en el delta que forma el río y que, cruzado por varios canales, se divide en islas. La gloriosa emperatriz Catalina II fue la maga que encantó estos lugares, antes espantosos, y les dio la pompa vernal y la animación y hermosura que ahora tienen. La emperatriz levantó un hermoso palacio en aquel desierto inhospitable y al punto la imitaron todos sus favoritos y grandes señores de la Corte. Hoy se ven allí, por dondequiera, multitud de casas de campo, un teatro elegante, ostentosos jardines y ricos y grandes invernáculos, donde se cultivan las más bellas y peregrinas flores. Dentro de tres meses, cuando vuelva la primavera, y traiga la vida consigo; cuando los hielos que cubren el río se separen bajen con estruendo a perderse en el mar; cuando el olmo, el tilo y el abedul se vistan de nueva verdura y el pino y el roble sacudan de sus copas la corona de nieve, serán un edén aquellos sitios. En estos países del Norte se comprende mejor que en el nuestro todo lo que tiene de grande, de poético y de religioso la vuelta de la primavera: el beso de la princesa extranjera al príncipe dormido; el beso que dan todos los rusos en las mejillas cuando Cristo resucita; el renovado amor a la vida con que el doctor Fausto arroja la copa de veneno, cuando oye el canto de los ángeles que celebran la resurrección. Si yo me quedase aquí hasta la primavera, creo que sería capaz de sentirme inspirado y de componer un flamante Pervigilium Veneris, que haría olvidar el que se atribuye a Galo. Por los demás, y aun sin llegar a entusiasmar y componer versos, hallo yo belleza en este mismo sueño y paralización de la vida. A pesar de que mi organización es muy española, esto es, biliosa y melancólica, he llegado a alemanizar mi espíritu y a transformarme en un optimista completo. Cuando más muchacho era yo un cándido; los años, que no pasan en balde, me van ya transformando en un doctor Pangloss; y si alguna vez la bilis reconcentrada me hace ver las cosas negras y feas, cuando estoy en mi acuerdo, y el espíritu sereno domina al imperfecto organismo, lo hallo todo bien y rebién, y el mal me parece un accidente efímero, y el bien lo sustancial y constante. Entonces soy como los zahoríes y descubro todos los tesoros que hay ocultos en la tierra. Acaso sea una locura ambiciosa de descubrir más tesoros la que nos quita la vista de los ya descubiertos. Acaso los desengañados del mundo, los místicos desesperados y atrabiliarios, sean como aquel derviche que, no contento de las riquezas que descubría después de haberse untado el ojo derecho con la pomada encantada, se untó también el ojo izquierdo, y se quedó ciego. Pero, en fin: más valdría quedarse ciego que ver en todo la fealdad y no ver en nada la hermosura, como a muchos acontece. A éstos se les puede aplicar lo que refiere el cuento popular dinamarqués, que usted habrá oído o leído. Los diablos fabrican un espejo que oculta y turba lo hermoso y muestra a las claras todo lo feo; que hasta transforma en feo lo que es hermoso. Y, no contentos de burlarse de la Naturaleza entera, haciendo su caricatura, se levantan en el aire y van subiendo, subiendo, hasta querer llegar al trono de Dios y ponerle el maldito espejo por delante. Pero mientras más suben, más pesa el espejo, y aunque ellos hacen esfuerzos extraordinarios por sostenerlo, se les escapa al cabo de entre las uñas, y cae con tal violencia sobre la tierra, que se convierte en polvo. Cuando un átomo de este polvo entra ahora en los ojos de cualquier persona, le da la lastimosa facultad de verlo todo feo.

Yo no creo, afortunadamente, tener en mis ojos átomo alguno de este espejo diabólico; y aunque a veces, así de broma y con risa inocente, hago algunas burlas ligerísimas, soy más inclinado a bendecir que a maldecir; y cuando no me duele el estómago ni la cabeza, y aun doliéndome a veces, entono el canto de los tres arcángeles delante del Altísimo; el cántico sereno y magnificador de las cosas todas, que halló Goethe en el santuario de su alma elevada y tranquila. Yo digo con él:

Die unbegreiflich hen Whoerke
sind herrlich wie am ersten Tag.

Todo esto lo digo, en parte, porque se me ha ocurrido decirlo, al considerar lo contento que estoy, en ciertas ocasiones, de haber nacido, aunque no sea más que para gozar por algún tiempo de este variado y esplendente espectáculo del mundo; y en parte para que no me tenga usted por un maldiciente murmurador, y modifique su opinión, con respecto a mí, y crea que soy muy tierno y enamorado de corazón y más dado al elogio y a la glorificación que a la censura y a la sátira. Lo cual no impide que, de cuando en cuando, se ría uno un poco de esto o de aquello, para conservar viva en el alma la virtud de la eutrapelia, de que hay libro escrito en español donde se ponen muy menudamente las chuscadas que hasta los santos han dicho.

Adiós. Expresiones a los amigos, y crea que lo es suyo afectísimo,

J. Valera

San Petersburgo, 5 de febrero de 1857

Cada día, mi querido amigo, siento mayor deseo de volver a la patria, y cada día hallo más difícil el salir de aquí. Esta sociedad tan amable y tan aristocrática, y estas mujeres tan elegantes y tan hermosas, le tienen a uno como embelesado y suspenso, y no hay modo de dejarlas sin hacer un esfuerzo inaudito. Esto me sucede sin que ellas me quieran y sin que se fatiguen en lo más mínimo por agradarme: imagínese usted lo que sucedería si me quisiesen.

También me detienen aquí la curiosidad y el interés vivísimo que las cosas de este país me inspiran. No sé qué daría yo por saber el idioma ruso y poder tratar a la gente menuda de por aquí, y enterarme a fondo de sus costumbres de sus creencias y de sus pensamientos y aspiraciones. Pero cuando llegue yo a aprender el ruso, porque he hecho propósito de aprenderlo, ya no estaré en Rusia, ni acaso tendré probabilidad de volver a Rusia en mi vida. Mis nuevos conocimientos filológicos me servirían, sin embargo, para estudiar una literatura que, aunque casi ignorada en toda la Europa occidental, ni por eso deja de ser rica y promete ser grande con el tiempo. Aquí se nota en el día cierto movimiento literario. Se publican varias revistas (de las que muchas son militares y de los diferentes ministerios), y otras obras periódicas literarias y científicas, cuyo número se eleva a ochenta. Hay, además, cerca de cuarenta diarios políticos oficiales y extraoficiales. De las publicaciones periódicas de más entidad salen algunas en francés, como, por ejemplo, las Memorias de la Academia de Ciencias de San Petersburgo, y muchas en alemán principalmente en Estonia y Curlandia donde hay sociedades de historiógrafos, de arqueólogos y de naturalistas que dan a luz periódicamente sus lucubraciones y descubrimientos. Las literaturas de los pueblos sujetos a este Imperio, aunque no estén tan comprimidas y ahogadas como algunos dicen, no creo que estén muy protegidas tampoco. En Polonia, si bien no hay un digno sucesor de Mickiewicz, descuellan en el día algunos escritores notables, y entre ellos un novelista ingenioso y fecundo, de cuyo nombre no me puedo acordar ahora. Hasta en Georgia se publican dos periódicos literarios en la lengua del país. Finlandia, que se gloria de su antigua y dilatadísima epopeya, que contiene cincuenta runas o cantos, y en ellos toda la cosmogonía y la teogonía, y las hazañas de los dioses y de los héroes, y la historia fabulosa de aquel pueblo, imaginada y cantada acaso antes de que se separase aquel pueblo de sus hermanos los húngaros y los turcos, y de que inmigrase del fondo del Asia; Finlandia, con su famosa Universidad de Helsingfors, fundada por Cristina de Suecia, y con una docta Academia de lengua y literatura patrias, dicen que está ahora muda. El emperador Nicolás, con el intento, a lo que aseguran, de separar completamente a los finlandeses de los suecos, animó a los sabios del país a que escribiesen en lengua fínica y publicasen los antiguos libros; mas cuando vio, en 1848 y 1849, la Revolución y el levantamiento de los húngaros, y las simpatías que los húngaros inspiraban a los finlandeses, dicen que se arrepintió de haber dejado tomar tanto vuelo a la nacionalidad fínica: que receló que pudiese llegar un día en que los ostiacos, los vostiacos, los tscheremises, los samoyedos y otras muchas tribus y gentes, que habitan este Imperio, conociesen que eran de la misma raza y se unirán con sus hermanos de Finlandia contra los rusos; y que entonces ahogó, o comprimió al menos enérgicamente, el desarrollo que iba tomando aquella literatura. Sobre lo que hay de ella publicado discurre largamente Léonzon Le Duc, en su obra sobre Finlandia y en otro librillo titulado Alejandro II. Yo he buscado en vano en estas librerías otros libros sobre la literatura fínica, ya en alemán, ya en francés. Hasta ahora solo he encontrado y comprado el gran poema del Kalewala, puesto en verso alemán por Schiefner, impreso en Helsingfors en 1852.

En ruso sí que hay libros en abundancia; mas para mí están sellados con siete sellos. Solo puedo conocer los nombres de los autores y de sus obras, y formar de ellas una ligera idea, por un compendioso diccionario de los escritores rusos, que ha compuesto en alemán el doctor Federico Otto, y que contiene más de seiscientos artículos sobre otros tantos autores. Otro alemán llamado Koenig ha escrito también una obra muy apreciada sobre la literatura rusa; mas no he podido dar con ella. Dicen que aquí está prohibida.

Por lo general, se cree que la literatura rusa comienza ahora; pero si este asunto se considera con más detención, se ve que cuenta siglos de antigüedad y obras notables escritas en los tiempos en que muchas otras literaturas de Europa no habían nacido aún y ni siquiera tenían lengua propia formada en que manifestarse. Esta temprana aparición de la cultura y del ingenio rusos se debe, principalmente al cristianismo y a una de las dos gloriosas naciones, maestras de las gentes, que han tenido, más que ninguna otra, la misión de propagarlo por el mundo y de enseñar al mismo tiempo las ciencias, las artes e ogni virtù che del saper deriva. Los hermanos Metodio y Constantino, griegos de nación, inventaron el alfabeto, perfeccionaron la lengua eslava y tradujeron en esta lengua, de la griega, los salmos, los evangelios y los cantos sagrados de San Juan Damasceno. Después se escribieron y tradujeron en antiguo eslavón otros muchos libros, principalmente espirituales y devotos. Aquella lengua rica y bella murió, sin embargo, como lengua vulgar, y quedó y queda aún como idioma sacerdotal y de la Iglesia. La lengua vernácula se fue, entre tanto, formando, no sin contribuir mucho para ello la perfección y elegancia que había llegado a tener el antiguo eslavón. La invasión y dominación de los tártaros atajó el progreso de los rusos. La soberana y maravillosa luz de la civilización griega siguió, no obstante difundiendo sus rayos sobre Moscú y Kiev, y alumbrando la tormentosa lucha de los rusos contra los tártaros. Vencidos éstos, tomó nuevo brío no solo la nacionalidad rusa, sino la literatura también; y al cabo, los cuatro grandes emperadores de la casa de Romanov, Pedro el Grande, Catalina II, Alejandro I y Nicolás I, dieron, tanto a la nacionalidad como a la literatura, un impulso, un vigor y unas aspiraciones que nunca antes habían tenido. La mejor y la mayor parte de los autores rusos son contemporáneos o posteriores a Pedro el Grande. Tienen, sin embargo, gran cantidad de libros escritos en la Edad Media, como, por ejemplo, Latopissas o Crónicas, y un poema épico escrito en el siglo XII sobre la expedición del poderoso príncipe Igor Sviatoslavitch contra los Polovtses. De este curioso poema hay traducción alemana, hecha por Serderholm, en 1825, e impresa en Leipzig y Moscú. De los demás autores rusos, antiguos y modernos, y de las canciones o baladas populares que hay aquí, y que corresponden a nuestros romances, espero saber el ruso para hablar con conciencia. Por ahora solo puedo hablar sin escrúpulo de Puchkin y de Liermontov. Bondenstedt los ha traducido tan bien en verso alemán, que vale tanto como leerlos en ruso. Aquí se cuenta que este Bondenstedt era un tenderillo que estuvo largo tiempo establecido en Moscú y que viajó luego por Georgia y Armenia. Pero, sea como quiera, y aun suponiendo que Bondenstedt fuese tenderillo, la verdad es que ha salido de su tienda transformado en un valiente poeta y en un escritor desenfadado e ingenioso. De ello dan claro testimonio no solo las mencionadas traducciones, sino sus Mil y un días en oriente, su descripción de los pueblos del Cáucaso y sus Cantos de Mirza Schaffil, en los cuales parece que reviven Hafiz y Saadí, para celebrar, con la pompa asiática que se merecen la majestad del Ararat, los jardines de Tiflis, las orillas floridas del Quiros, el vino primogénito que allí se bebe y la encantadora hermosura de las compatriotas de Medca, de la sabia reina Tamar y de otras hembras de empuje por el estilo.

De noticias políticas importantes, poco o nada puedo decir a usted, porque aquí se guarda un sigilo incomprensible para nosotros, que estamos acostumbrados a que todo se sepa. Aquí solo lo que quieren que se sepa es lo que se sabe. Los noticieros tienen que atenerse a menudo a lo que dicen los periódicos de otros países, y, sobre todo, El Norte, de Bruselas, órgano de este Gobierno.

De ferrocarriles se habla algo, aunque no ha sido aún publicado el ucase que determina en qué forma se hacen o se han hecho las concesiones. Parece que el primer ferrocarril de gran importancia que estará concluido es el que unirá esta capital con la del antiguo reino de Polonia. Hasta Dinaburgo está ya terraplenado el suelo, y apenas falta más que poner los carriles. Desde Dinaburgo en adelante no hay nada hecho; pero el terreno es llano, y, salvo los tres puentes sobre el Duina, el Niemen y el Vístula, poco hay que hacer. Este Gobierno garantiza, sin embargo, a los señores Perzire, de París; Hope, de Amsterdam; Baring, de Londres, y Steglitz, de Petersburgo, el cuatro y medio por ciento de interés y el medio por ciento de amortización sobre un capital de setenta y dos millones de rubios de plata, que se supone que gastarán en la empresa. Desde aquí a Moscú ya sabe usted que hay ferrocarril, del que yo pienso aprovecharme dentro de poco. Desde Moscú a Teodosia lo tienen ya contratado los mismos mencionados señores. Se habla asimismo de que otros capitalistas tratan de hacer un camino de hierro de Dinaburgo a Saratov, pasando por Moscú. Cuando esto camino esté hecho, quisiera yo andarlo, tomar en Saratov asiento en un barco de vapor, bajar al Caspio y visitar las regiones que caen al otro lado del Cáucaso, a ver si se me ocurrían versos como los de Mirza Schaffy.

En estos días hemos ido a ver la ciudadela de San Petersburgo; mas después de haber visto los seis mil cañones de Cronstadt y sus ciclópeos muros de granito, esta ciudadela, aunque fuerte y capaz, parece un juego de cartas. Hay, sin embargo, dentro de su recinto, mil curiosidades que mostrar al viajero. La iglesia de la ciudadela es muy bonita, y casi todos los emperadores, emperatrices y príncipes, desde Pedro el Grande hasta Nicolás I, están allí sepultados. Las tumbas son harto modestas para encerrar tan grandes personajes. Verdad es que duermen, sirviéndoles de pabellón y de velo multitud de banderas enemigas, tomadas por los rusos, y que adornan los muros del templo. Allí duermen el último sueño entre las glorias militares de Rusia. En la ciudadela vimos también una gran lancha, en la cual solía pasearse el zar Pedro el Grande por el lago Ladoga, y algunos objetos de marfil y un marco de madera tallada, obras todas del mismo zar. En la ciudadela se halla, por último, la Casa de Moneda, y esto es, sin duda, lo más notable que hay que ver allí. La plata del Altai, que contiene en sí algún oro, y el oro del Altai y del Ural, que contiene en sí mucha plata, se mezclan y funden allí en un horno. Esta mezcla líquida se vierte poco a poco en grandes vasijas llenas de agua fría, la cual, agitada por un hombre con una pala, separa y coagula el metal en granos menudos. Por medio de reactivos químicos se segrega después completamente el oro de la plata, y, por último, el precipitado que resulta de la operación se funde y combina de nuevo con la liga que ha de entrar en la moneda, según la ley. De este último procedimiento salen ya las barras prontas para la acuñación. La parte mecánica de esta gran fábrica de moneda está muy bien montada. Una fuerza motriz de sesenta caballos, producida por el vapor, lo pone todo en movimiento. Poderosos cilindros de acero extienden las barras y las transforman en láminas del grueso que debe tener la moneda. Otros artificios ingeniosos sacan los discos de estas láminas, graban en el canto de cada disco las letras o leyenda que llevan y pesan cada disco, echando a un lado los que tienen más de lo justo, a otro los que tienen menos y en medio los que tienen el peso debido. Para la acuñación hay, por último, infinidad de prensas monetarias, las más fabricadas en Colonia, con muy sutil y moderna invención. Lo que es por falta de trigo no se parará el molino. Las minas de oro de Siberia dicen que un año con otro dan ciento cuarenta millones de reales vellón de nuestra moneda. En los veinticinco años que corren de 1825 a 1851 parece que el Gobierno ruso ha entregado a esta Casa para la fabricación por valor de mil ciento sesenta millones de reales en oro.

En esta Casa de Moneda se fabrican también y se han fabricado muchas medallas de oro, de cobre y de plata. Unas sirven de premio a los que se han distinguido en los colegios y universidades; otras, de recompensa a los servicios prestados a la patria, ya en Crimea, ya en Hungría, ya en Persia, ya en el Cáucaso, ya en otras guerras. Estas medallas se llevan con el pecho. Otras grandes morosamente modeladas, se acunan también en conmemoración de gloriosos acontecimientos. La que recuerda la construcción de este hermoso puente que hay enfrente de casa, sobre el Neva, es bellísima. La de la coronación de Alejandro II no me gusta tanto. Las que verdaderamente roban mi atención por la traza ingeniosísima y perfecto buril con que están hechas son las veinte o veinticinco que inmortalizarían, si la Historia no las hubiese dejado consignadas, las grandes guerras contra el emperador Napoleón I.

Usted, que ha peregrinado tanto o más que yo por tierras extrañas, habrá notado, como yo noto, que en todas se celebran más que en la nuestra las glorias nacionales. Por dondequiera que voy veo no solo medallas, sino arcos de triunfo, columnas, obeliscos y estatuas de héroes, de sabios, de poetas y de artistas; pero en España se diría que no hubo nunca artistas, ni héroes, ni sabios, ni poetas, porque no se ven ni las medallas, ni las estatuas, ni los obeliscos, ni las columnas que los tienen vivos y encumbrados como faro luminoso en la memoria de los hombres. Moncada dijo ya que los españoles habían sido largos en hazañas, cortos en escribirlas, y yo me temo que si no se ponen esas hazañas a los ojos del vulgo, no solo en papeles, que pocos leen, sino en monumentos que hieran y levanten la imaginación de los más rudos, acabarán los españoles, a pesar del gran ser que Dios les ha dado, por perder la afición a todo lo grande.

Aquí, por el contrario, la emulación y el orgullo nacional suben de punto y se extienden más cada día con el estímulo de los bien ordenados premios. No solo hay inscripciones y monumentos para los generales y repúblicos, sino hasta para los chicos de la escuela. En muchos colegios se plantifican en el comedor y en el salón de exámenes lápidas que, en letras de oro, rezan el nombre y los merecimientos de los alumnos que más se han distinguido, lo cual es dar en extremo opuesto, aunque menos criticable. Verdad es que los españoles, como de un natural más despierto que el de los rusos, no han menester para obrar de tantos incentivos honoríficos.

Adiós, amigo mío. Esta carta tiene algo de cajón de sastre, que está llena de retazos de todas telas. En otra procuraré guardar mejor la ley de la unidad, que recomiendan los preceptistas. Suyo afectísimo,

J. Valera

Reservado. Acabo de recibir la carta de usted de 24 de enero, en que me dice que quiere saber más sobre lo de don Juan el infante. Allá veremos lo que averiguo.

Este Gortehakov es un tártaro astuto y trapalón, como los lugareños de España.

San Petersburgo, 12 de febrero de 1857

Mi querido amigo: Fuerza es que hoy implore yo de usted atención y paciencia; porque voy a ser más difuso que lo que tengo por costumbre, y voy a tratar de cosas importantísimas y demasiado altas para mí.

Días ha que ando con el empeño de leer el Catecismo ruso de Filaretes, metropolitano de Moscú. Sé que este catecismo está traducido en alemán; mas no puedo hallarlo en parte alguna. Deseando, con todo, saber algo de la religión de este pueblo, ya que otros viajeros se han ocupado más del Ejército y demás instituciones, dejando a un lado la religión, como cosa indiferente, eché mano, cuando no de obra más fundamental y científica, de un librito de oraciones de esta Iglesia, traducido en francés del eslavón y del griego. Estas oraciones, compuestas las más por los Crisóstomos, Damascenos, Basilios y otros santos padres del Oriente, son de tanta devoción y hermosura, que, naturalmente, me hicieron pensar que ha de ser muy cristiano y piadoso, aunque por desgracia cismático, el pueblo que las reza; y pusieron en mi alma nuevo y más ferviente deseo de conocer a fondo en qué se apartan sus creencias y su culto del culto y las creencias de la Iglesia Católica Romana.

Las frecuentes conversiones de rusos al catolicismo han dado ocasión a algunos escritos de polémica religiosa, entre los aquí considerados como apóstatas y los fieles y celosos defensores de la llamada ortodoxia. De estas controversias, escritas casi siempre en francés, he procurado yo sacar, por lo pronto, alguna luz que sobre dicho punto me iluminase; mas, siendo los que las entablan legos, por lo común, y meros aficionados a la teología, acontece a menudo que, por la poca noticia que tienen de las cosas que tratan, cuando no por la pasión que los ciega, suelen caer en lastimosos errores, defendiendo los unos la Iglesia latina y los otros defendiendo la Iglesia rusa; por manera que para conocer esta última Iglesia, no hay que fiar mucho de lo que dicen algunos de sus improvisados apologistas. Los que se separan de la comunión rusa para entrar en el gremio de la Santa Iglesia Católica son a veces personas de elevada alcurnia, que han recibido una educación completamente francesa y que saben menos que los extranjeros mismos de las cosas de Rusia, así religiosas como profanas; por donde, al acusar la religión primera para justificarse de haberla abandonado, yerran más que aciertan, y ofenden a sus conciudadanos más que los persuaden. Si la desunión de las dos Iglesias, de Occidente y de Oriente, ha de tener dichoso término algún día, lográndose lo que el Concilio de Florencia no pudo lograr no se deberá este milagro a las obras de los tales neófitos, que aquí tienen por renegados. Así, por ejemplo, el libro del griego unido Pizipios sobre la Iglesia Oriental no ha convencido a nadie y ha irritado y exacerbado los ánimos de muchos. Católicos romanos no recién convertidos, sino de antiguo en esta creencia y mejores teólogos que los que últimamente han discutido sobre este particular, son, a mi ver, los que deben persuadir a los rusos a que entren en el gremio de la Iglesia católica, acabando con el cisma que ha siglos la divide, y dándole más completa unidad. Sesenta o setenta millones de griegos cismáticos pueden un día, uniéndose con los latinos, elevar el número de los católicos a cerca de doscientos millones; y si esta unión es posible, más bien ha de verificarse con dulzura y blanda persuasión que no zahiriendo con dureza a la Iglesia de Oriente, como han hecho algunos de los teólogos occidentales.

La última guerra entre Rusia y las al presente más poderosas naciones del oeste de Europa, ha dado ocasión a que ambas religiones, latina y griega, se separasen más la una de la otra. La pretensión de hacer de esta guerra una guerra de principios, siéndolo de intereses, y de querer suponer que de un lado combatía la civilización y de otro la barbarie, en las filas de los unos la libertad y en las de los otros el despotismo, está desprovista de todo fundamento razonable. Pero si de una cuestión, de preponderancia o de dominación en extraños países es absurdo hacer una cuestión de principio de mayor elevación y trascendencia, más absurdo es aún transformarla en cuestión religiosa. Acaso en Rusia se podría comprender que proclamasen la guerra santa. Sus correligionarios, los griegos, estaban oprimidos por los mayores enemigos que ha tenido nunca el hombre cristiano, y contra éstos militaba Rusia, como los polacos con Sobieski y los españoles e italianos con don Juan de Austria militaron en época para nosotros más gloriosa. En cambio, la nación católica que entraba ahora en la lucha se unía con los herejes y peleaba por esos mismos grandes enemigos del hombre cristiano. Ilustres prelados de esta nación declaraban, no obstante, santa esta guerra, como si se tratase de una cruzada contra infieles. ¿Son acaso más conformes con nuestra fe las doctrinas de Lutero y de Calvino, o la sensual y falsa religión de Mahoma, que el símbolo de la Iglesia griega, que no se diferencia del nuestro sino en negar la autoridad del Papa y en suponer que el Espíritu Santo procede solo del Padre y no igualmente del Padre y del Hijo?

Esta grave injuria hecha a la religión ortodoxa movió aquí el ánimo de un caballero de Moscú, mejor patriota que teólogo, a escribir un opúsculo contra el arzobispo de París, en el cual se muestra tan hostil al catolicismo como al protestantismo y, con celo indiscreto, dice, en defensa de su Iglesia, cosas que su Iglesia misma rechaza: falta común en los seglares que se atreven a hablar de asuntos teológicos, y falta en que yo caeré, quizá, si Dios no me ilumina o me quita el pensamiento de meterme en honduras. Dice, pues, el caballero de Moscú, entre otras cosas, y cito ésta por ser la de mayor escándalo y la que salta más a los ojos, que el conjunto de todos los fieles, místicamente formado por la fe y el amor, tiene en sí una infalibilidad que no está en ninguno de los individuos, ni en la mayoría de ellos, ni en la totalidad tampoco, numéricamente expresada. Esto le sirve para explicar y demostrar, a su modo, el acto de usurpación que, en su entender, ha cometido el Papa, atribuyéndose esta infalibilidad, que, según se deduce de sus palabras, aunque confusas, no está tampoco en los concilios ecuménicos, sino en todo el pueblo cristiano solidariamente, no teniendo fuerza las decisiones de concilio alguno si el pueblo cristiano no las aprueba tácita o expresamente. Pero ¿cómo se manifestará esa autoridad, esa infalibilidad y ese magisterio de la Iglesia, que no está ni en el Papa, ni en los concilios ecuménicos, ni en los patriarcas y prelados, ni en el libre examen de cada uno, sino en todos pro indiviso, a semejanza de la razón impersonal de la plebe, de que nos hablan los demócratas metafísicos, o por el estilo de la Vox populi, vox Dei, del antiguo y desatinado proverbio, contra el cual discurre tan victoriosamente el sabio benedictino, gloria de Galicia? ¿Cómo habla esa abstracción? ¿De qué manera emite su pensamiento y su voluntad soberana? Esto es lo que no sabe decirnos el caballero moscovita. Esto es lo que no aclaran tampoco los hierofantes de la democracia. Ello es lo cierto que del conjunto de los pensamientos particulares de cada individuo y de la aglomeración de las voluntades discordantes de ésta, de aquél y de esotro, jamás se sacará, por más sustracciones, reducciones, simplificaciones y multiplicaciones que se hagan, ese pensamiento o esa volición colectiva, voz única, infalible y perfecta de toda la sociedad.

La autoridad, el magisterio, el archivo sagrado de las tradiciones, de la ciencia teológica que las explica e interpreta, el conocimiento profundo de los dogmas y de los misterios, el asiduo cuidado para la conservación y pureza de la disciplina, y el bien concertado impulso, y la suprema dirección de la energía de la Iglesia, que ha de extenderse por el mundo entero y cobijar con su manto a las naciones; todo esto debe estar confiado a una cabeza visible, a un jefe permanente, a un vicario del mismo Salvador sobre la Tierra. Desechar, por una parte, el libre examen de los protestantes y la necesaria anarquía que trae consigo, y desechar, por otra, esa autoridad y predominio permanente del Padre Santo es destruir la unidad de la Iglesia y, a pesar de esta supuesta voz, siempre callada, reducir la Iglesia a un nulismo completo en pensamiento y en obras. Algo de esto hay, hace siglos, en la Iglesia oriental; donde pocas glorias tienen que oponer a las de nuestros misioneros que han llevado a la India, a China, al Japón y a América la doctrina de Cristo; donde pocas congregaciones se pueden citar que en algo se parezcan a las hermanas de la Caridad, a los sacerdotes regulares que se ocupan en cuidar a los enfermos y a otros mil institutos hospitalarios o científicos y siempre filantrópicos que han nacido y se sustentan en el seno amoroso y fecundo de la santa Iglesia Católica Romana.

No es esto decir que el fuego del amor de Dios y del prójimo no pueda arder en el corazón de los griegos como en el corazón de los latinos, sino que, por carecer de la organización perfecta y de la unidad de fe que nosotros tenemos, aquella virtud divina ni florece aquí ni da los frutos que debiera, y es como un ramo feroz y hermosísimo arrancado con violencia del tronco vivo que le sustentaba y nutría. La catequización y conversión de los paganos y mahometanos de Rusia, no sé por qué, acaso sea una injusticia, pero me parece movida por causas más políticas que religiosas; y veo en ella más coacción que persuasión, más esfuerzo por parte de la autoridad civil que devoción y sacrificio por parte de los apóstoles y sacerdotes. Sin embargo, se citan ejemplos de notables y virtuosos misioneros rusos. Los ostíacos fueron catequizados y bautizados por Teodoro y Juan, santos varones que vivieron en tiempo de Pedro el Grande. En la Siberia meridional empleó últimamente su celo el archimandrita Macario. El obispo de Astracán convierte y bautiza aún muchos calmucos paganos. Varios piadosos misioneros llevan la luz del Evangelio a las soledades boreales de Arkangel y alumbran con ella la mente oscura de los Samoyedos. Y hasta en la extremidad del Imperio, allá en las casi inexploradas regiones de Karatchatka, hay un santo arzobispo que recorre el vasto y frío yermo de su diócesis, procurando infundir la fe de su corazón en los de aquellas gentes rudas y remotas. Pero si tales cosas saben hacer los pastores de esta Iglesia separados de su centro de acción, ¿qué no harían unidos a él e impulsados por el sucesor de San Pedro? La misión que cree tener este pueblo de renovar y fecundar las caducas civilizaciones y sociedades del Asia, ¿no se cumplirían mejor si Roma dirigiese sus pasos, si le guiase la que dominó y civilizó el mundo con la espada primero y después con la cruz y con la palabra? ¿Es tan grande la diferencia entre ambas religiones? ¿Son tan profundos los obstáculos que las separan que nadie pueda allanarlos?

El principal obstáculo a la por muchos suspirada unión de ambas Iglesias es la suprema autoridad del Padre Santo, negada por los orientales, que solo le conceden una precedencia honorífica sobre los cuatro patriarcas de Constantinopla, Antioquía, Alejandría y Jerusalén. Cada uno de estos patriarcas, dicen los rusos, gobernó y debió gobernar la Iglesia con completa independencia de los demás; y solo cuando las circunstancias políticas hicieron que el Occidente sobrepujara al Oriente fue cuando, según ellos, se inventó el nuevo sistema de la autoridad del Sumo Pontífice romano. El Papa, añaden, es sucesor de San Pedro; pero también las sedes episcopales de Alejandría y de Antioquía fueron establecidas por aquel apóstol. Los siete primeros concilios ecuménicos y los escritos de los Santos Padres dan testimonio, dicen los rusos, por último, de que no los griegos, sino los latinos, son los cismáticos. Creo que algún docto teólogo católico debiera contestar nuevamente, y punto por punto, a todos los argumentos de los griegos, reproducidos hoy por los rusos, y rebatir los textos y los hechos que citan, o con otros textos y hechos no menos autorizados, o con una interpretación más recta de los mismos que ellos alegan. Los rusos, por otra parte, debieran abrir los ojos y ponerlos en nuestros gloriosos doctores de los siglos medios; de aquella época que tienen ellos por bárbara y tenebrosa, y en Bernardo, Santo Tomás de Aquino y San Buenaventura; en la cual, siendo la razón humara humilde sierva de la fe y devoto instrumento de la verdad divina, hizo tan maravillosa explicaciones de la revelación, sujetándose, empero, para no extraviarse, y sometiendo su juicio a la autoridad infalible y permanente, que debía y debe siempre guiarla en estas materias.

La teología es una ciencia divina por su objeto, que es Dios; divina por el medio de que se vale, que es la revelación, y humana por el instrumento de que se sirve, que es el humano entendimiento. Pero el entendimiento humano, débil y sujeto al error, si negamos la autoridad permanente que le enfrena y decide sobre sus juicios, caerá en el libre examen y dará rienda suelta a todo viento de vanidad y de herejía. Si, por el contrario, queremos conservar la tradición sin interpretarla, para no caer en el libre examen, ni sujetarnos a autoridad alguna, despojaremos al cristianismo de su vitalidad y pensamiento, a pesar de esa razón impersonal, de esa voz infalible del conjunto de todos los fieles, voz que nunca se oye, ni puede oírse, como lo entiende y supone el caballero de Moscú. Si no hay una autoridad permanente y única, ¿quién guardará puras e ilesas esas tradiciones? ¿Quién evitará que en los mismos libros canónicos se introduzcan novedades y que el sagrado texto se corrompa, y altere? ¿Quién se atreverá a interpretarlo individualmente sin temor de errar y quién, si nadie lo interpreta, verá en él más que una letra incomprensible y sin vida? ¿Cómo dejar, tampoco, a cada patriarca esa autoridad, suprema de su Iglesia, que tiene el Papa en la católica o universal, sin fraccionar y destruir su universalidad o catolicismo?

Acaso resulte de todo lo dicho que haya en la Iglesia rusa cierta paralización de pensamiento. La autoridad, en otro tiempo de los patriarcas, y del Santo Sínodo en el día, es una autoridad conservadora y no de iniciativa. Un concilio ecuménico puede tenerla solamente; y ¿cómo reunirlo sin el concurso de la Iglesia occidental?

A pesar de las celebradas escuelas teológicas de Kiev y de Moscú, no creo que haya tenido esta Iglesia grandes doctores que desenvuelvan la ciencia, en lo que tiene de humano y progresivo. Aquí no han caminado por no extraviarse. La única herejía o secta divide esta Iglesia es la de los staroversi, los cuales, en vez de innovadores, son conservadores obstinados de ciertos ritos y ceremonias antiguos, que los patriarcas han modificado para dar unidad a la liturgia. El cristianismo se puede asegurar, por tanto, que se ha conservado hasta ahora en Rusia tal como vino de Constantinopla en tiempo de Focio.

Sobre el punto esencialísimo de la procedencia del Espíritu Santo han escrito los rusos muchas obras. Las capitales y de más fama, en que defienden la procedencia del Padre solo, son: la que compuso en Kiev, en el siglo XVI, Adam Zernikav; la que publicó en el siglo XVII, sobre el mismo asunto, Teófanes Procopovich, y el Curso de Teología ortodoxa, recientemente dado a luz por Macario, obispo de Vinnitza.

Suponen los rusos, y esto sería un título de gloria para la Iglesia de España, que los padres de los concilios toledanos, a fin de oponerse a la espantosa herejía de Arrio, que negaba la consustancialidad del Padre y del Hijo, inventaron, con más piedad que conocimiento, la procedencia del Espíritu Santo de aquellas dos divinas personas y no del Padre solo; pero con más fundamento, pudiéramos nosotros decir que esta última doctrina es como un retoño de la misma herejía de Arrio, no extirpada de raíz en la Iglesia de Oriente. De la Iglesia española, añaden los rusos, pasó a Francia este dogma de la procedencia del Espíritu Santo, del Padre y del Hijo, cuando los franceses, según ellos aseguran, nos conquistaron en tiempo del emperador Carlomagno; y por último, el emperador de Alemania Enrique II hizo que el Papa añadiese al Sínodo la palabra filioque, origen de tantas discusiones. Pero aunque todo esto fuese cierto, y aunque los santos padres de la Iglesia griega no hubiesen explicado y decidido que el Espíritu Santo procede igualmente del Padre y del Hijo, todavía la autoridad infalible de la Iglesia universal podría haberlo declarado dogma católico. Lo que en otro tiempo pudo ser creencia piadosa y fundada en sabio y recto discurso puede llegar a ser dogma en el cual debemos creer todos los buenos cristianos. Así, por ejemplo, la Inmaculada Concepción de María.

Los rusos admiten el purgatorio, aunque nos acusan de materializarlo nosotros demasiado, e inventan o renuevan mil sutilezas de los teólogos del Bajo Imperio para oponerse no a nuestra creencia en el purgatorio, sino a la manera con que suponen que creemos en él.

En los demás puntos esenciales están los rusos de acuerdo con nuestra Iglesia. Ellos impetran la intercesión de los santos con oraciones y promesas; tienen imágenes pintadas, si no de bulto, y en lo sustancial administran los sacramentos como la Iglesia católica, salvo el de la Eucaristía, que reciben bajo las dos especies de pan y vino hasta los mismos legos.

Si no le cansa a usted asunto tan grave o, por mejor decir, si no le disgusta tratado por mí tan someramente, le hablaré en otra carta de la liturgia de esta Iglesia. El gentilhombre de su majestad imperial Andrés Nicolaievich Muraviev ha escrito un libro, en cartas, sobre el ritual de la Iglesia oriental, y de este libro, traducido en alemán por el señor Muralt, bibliotecario de la Imperial de San Petersburgo, puedo valerme para dar una sucinta idea del ritual mencionado.

También quisiera yo apreciar en su justo valor la unión íntima del Estado y de la Iglesia rusos; unión que podría ser útil a las miras políticas si al par que somete y subordina a los prelados y sacerdotes a la potestad civil no les quitase cierta dignidad y prestigio; unión singular, que empieza a prepararse en el momento mismo en que la Iglesia salva al Estado y en que un hijo del gran patriarca patriota, el primero de los Romanov, sube al trono de los zares, y unión que Pedro el Grande lleva a complemento cuando suprime ese mismo patriarcado a que debe su origen y su diadema.

Para entender bien este asunto puede ser de gran utilidad una Historia eclesiástica de Rusia, traducida en inglés, de la que escribió en ruso el mismo Muraviev ya citado, el cual alcanza entre sus compatriotas y correligionarios la más alta fama de doctísimo teólogo y de varón virtuoso y discreto.

Yo me hubiera contentado con conocer las obras de este sabio, y nunca me hubiera atrevido a pedir que me presentasen a él con el objeto de hablar de asuntos teológicos, de los cuales poco o nada entiendo: pero una dama, tan amable como devota, viendo el interés que yo tomo por las cosas de la Iglesia, me ha dado una carta de recomendación para Muraviev y he tenido que ir a verle, a pesar de mi fundada timidez y modestia. Por dicha, me he encontrado con un hombre excelente y bondadoso, en el que espero tener un amigo, y con el cual he tenido ya, y no dejaré de tener en adelante, conversaciones muy instructivas y amenas.

Además de las obras que ya he citado, ha escrito Muraviev su Viaje a los santos lugares de Palestina, descripciones de los conventos de la Trinidad, de Rostov, de la Nueva Jerusalén y de Walaan; una historia de los primeros siglos del cristianismo, y un libro sobre la verdad de la Iglesia universal, que hasta ahora solo está traducido en griego moderno. Este libro, según Muraviev afirma, es su obra más importante, y quisiera él que fuese examinado y refutado punto por punto por los teólogos de Occidente.

En busca de la verdad, como él dice, ha ido Muraviev a Roma, y ha escrito cartas sobre Roma, o mejor diré, contra Roma, permaneciendo fiel a su antigua equivocada creencia. Ahora está escribiendo las Vidas de los santos de la Iglesia rusa. Ha publicado, por último, en lengua francesa, varias refutaciones de puntos en que no está de acuerdo con algunos libros que últimamente han aparecido en Francia, como, por ejemplo, los Estudios filosóficos sobre el cristianismo, de

Augusto Nicolás; el Viaje a Oriente, del abate Michon, y La Iglesia y el Imperio romanos en el siglo IV, de Broglie. Muraviev venera la doctrina de estos libros, reconoce y aplaude el mérito de sus autores y se opone solo a aquellos puntos que, a su ver, ofenden a la Iglesia de Oriente o a los grandes destinos del Imperio griego, de que este Imperio se cree sucesor y vengador acaso.

Pero ya basta por hoy. Suyo afectísimo,

J. Valera

San Petersburgo, 18 de febrero de 1857

Mi querido amigo: Estamos en la época más animada del año y cada noche tenemos ahora dos o tres bailes. Los hay públicos, de máscaras, en el Gran Teatro; de suscripción, en el Club de Comercio y en la Asamblea de la Nobleza, y por convite, en muchas casas particulares, donde no ceso nunca de admirarme de la magnificencia y elegancia con que viven estos señores. Anteayer fue el último baile de la Asamblea de la Nobleza; hubo en él más de mil setecientas personas. El emperador asiste en casi todas estas funciones, habla con las damas y caballeros, mezclándose como un particular cualquiera en medio de los grupos, y baila algunas veces. El alto comercio compite aquí con la alta aristocracia; pero salvo rarísimas excepciones, está separado de ella y forma otra sociedad aparte, no mucho menos brillante que la primera sociedad, aunque no tan superferolítica y exquisita. Estos comerciantes ricos y fastuosos son, por lo común, ingleses y alemanes.

Las damas se visten aquí con tanto primor y riqueza como en París; pero no llevan la exageración de la moda, hasta el extremo que las damas de Francia. Aquí no se ven esos miriñaques monstruosos que por ahí se usan. Tampoco creo que se gasten aquí los relumbrones de similor con que se adornan tanto en España las mujeres, pagando a Francia un enorme tributo por objetos que en realidad no valen nada. La mujer rusa que tiene joyas verdaderas las lleva, y la que no las tiene no las compra de alquimia para engalanarse. El oro se trabaja aquí con tanto gusto y perfección como en Londres, en casa de Mortimer, y las piedras preciosas se montan tan bien o mejor que en Francia; pero todo cuesta doble y triple que en la misma Inglaterra. Cuando las señoras no llevan puestas sus joyas, las tienen colocadas en sus boudoirs, en unos como mostradores o escaparates; usanza que no me hace chispa de gracia, porque es transformar la casa en joyería y manifestar demasiado aprecio por lo que se tiene, y cómico deseo de lucirlo, como niño con zapatos nuevos. Las perlas, los diamantes, las esmeraldas y las turquesas y zafiros son las piedras con que más se adornan aquí las damas. Hasta las señoritas rusas cubren con ellas sus dorados cabellos y candidísimas gargantas, desdeñando la sencillez virginal con que generalmente se visten y aderezan las de otros países.

Pero más aún que el oro y los diamantes, lucen aquí las damas su erudición y su ingenio. Los hombres de España, bien se puede afirmar que saben más que los rusos; pero las mujeres de esta tierra en punto a estudios, les echan la zancadilla a las españolas. ¡Válgame Dios y lo que saben! Señorita hay aquí que habla seis o siete lenguas, que traduce otras tantas y que diserta no solo de novelas y de versos, sino de religión, de metafísica, de higiene, de pedagogía y hasta de litotricia, si se ofrece. A menudo es cierto que lo trabucan y confunden todo, dando ocasión a que algún estantigua laudator temporis acti, castigatorque minorum, suelte algún dicharacho de mal tono y diga, con Molière o Moratín, que más valdría que supiesen coser o cuidar de la casa. Mas yo, que soy hombre de buen gusto, y defensor y admirador del bello sexo, me entusiasmo hasta de cualquier disparatillo que se le escape y me quedo atónito del desenfado, la gracia y la facilidad con que los dice.

De la afición a las ciencias que tienen aquí las damas nace que sean científicos o literarios muchos de sus juegos y diversiones. El juego que está más de moda es el del secretario. A veces entra uno en una reunión de muchas personas y ya no se espanta del silencio maravilloso que reina en ella. Allí se juega al secretario. La mitad de los concurrentes se han convertido en Edipos, y en esfinges la otra mitad. Todos escriben: unos, preguntas y enigmas, otros respuestas y soluciones. Damas y caballeros hay que jugando a este juego han alcanzado una fama imperecedera. La gloria misma ya adquirida y el afán de acrecentarla les obliga a engolfarse más en las preguntas y respuestas, y se pasan las noches sin dormir en esta especie de gimnástica espiritual que termina a veces a las cuatro de la mañana. Hay también comedias de aficionados y poetas de salón, que escriben casi siempre en francés y siempre improvisan los versos, aunque haya estado arreglándolos durante una semana y combinando sabiamente en ellos a Béranger con Lamartine y con Victor Hugo.

A veces me escapo de estos elegantes salones y, dejando el bullicio del mundo, me voy a ver a mi amigo Muraviev, que

> Sigue la escondida
> senda por donde han ido
> los pocos sabios que en el mundo han sido,

que detesta el Carnaval como recuerdo vivo del paganismo y que siempre está empleado en cosas santas. Tiene en su casa un lindísimo oratorio con rarísimas e inestimables imágenes rusas y bizantinas, en las cuales se puede estudiar la historia de la pintura cristiana, tanto en Grecia como en Rusia. Allí hay cuadros que han pertenecido a los Paleólogos y a los Comnenos, en los cuales se ve la transición del arte griego o bizantino al arte italiano; cuadros que se confunden casi, según Muraviev con los de Giotto, Cimabué y el beato Angélico; cuadros, en fin, en que ya se presiente a Rafael, como los discípulos de Virey o de Lamarck presienten en el mono al hombre. El arte, a la verdad, aprisionado en el santuario, sujeto a cierto canon, y obligado a reproducir siempre los mismos tipos y las mismas posturas, no podía hacer aquí grandes progresos, hasta secularizarse, por decirlo así. La pintura sagrada a la antigua es, aun en el día, preferida por los más a la moderna. La belleza de las formas dicen que distrae la atención de las cosas místicas a las materiales y que roba al alma su devoción, infundiendo en ella ideas más o menos pecaminosas.

A pesar de estas dificultades, el arte ha logrado, al cabo, romper los lazos que lo detenían y se ha mostrado en algunos estimables pintores. Escuela de pintura rusa no puede decirse que la haya; pero hay algunos buenos cuadros de pintores rusos que ya pertenecen a la antigua escuela italiana ya imitan las modernas escuelas de Francia y de Alemania. Dicen que hay galerías particulares donde se guardan y se muestran a los curiosos cuadros magníficos de multitud de autores. Yo, por desgracia, no he visto aún ninguna de estas galerías, y los pocos cuadros rusos que he visto en diversos palacios no me han llamado mucho la atención. Solo los que hay en L'Ermitage me han parecido dignos de ella, y sin duda, por más que digan, deben de ser los mejores cuando están allí. Casi todos los autores de estos cuadros, o viven aún, o han vivido en este siglo. Voy a enumerar aquí sus obras más notables.

De Ugromov, un cuadro inmenso que representa la toma de Kassan, y otro de igual tamaño, pero, a mi ver, muchísimo mejor, y en el cual lo patriótico del asunto parece que ha inspirado al pintor y le ha ayudado a hacer una obra de mérito. Figura este cuadro el momento más solemne y hermoso de la historia de Rusia. El pueblo y la nobleza, libres ya del yugo polaco gracias al patriotismo del ciudadano de Nijni-Novgorod y a las hazañas de los príncipes Troubetskoy y Pojarskoy y del boyardo Cheremetiev, ofrecen la corona de los zares al hijo dichoso del metropolitano de Rostov, tronco de la dinastía reinante. La tierna madre del elegido del pueblo rehúsa para su hijo honor y mando tan peligrosos en aquellos agitadísimos tiempos. En el rostro hermoso y simpático del joven se lee la lucha interior que traban en su alma la ternura filial, por un lado, y por otro, la ambición y el amor a la patria, que le llaman a grandes destinos. Los magnates le presentan de rodillas la corona y el cetro. El pueblo se prosterna y le aclama. La venerable figura del patriarca de Constantinopla se levanta resplandeciente en medio de todos, y se diría que persuade a la madre a que se separe de su hijo, y a éste a que suba a un trono tan combatido aún y vacilante. En último término se ven los santos muros del monasterio de Hipatiev en Kostronia, donde el zar Miguel había vivido retirado con su madre. Todas las figuras de este cuadro están bien dibujadas; la composición es bellísima, y el colorido es vivo, sin ser chillón.

A Ugromov sigue Bruni, no sé si de origen italiano o italiano establecido en Rusia desde hace mucho tiempo. En su cuadro colosal de La serpiente de bronce en el desierto se ve más al hombre que presume de entendido en el arte que al artista inspirado y valiente. Los enormes peñascos y la falta de vegetación del paisaje y el ancho horizonte que por algunas partes lo limita vagamente, dan alguna idea de la calma y majestad del desierto. La oscuridad melancólica del cielo presta al cuadro algo de sobrenatural y tenebroso. La serpiente de bronce se levanta en medio, sobre una columna. Moisés, pálido y consumido, con la cabellera encrespada y derramando luz de la frente, parece más espectro que criatura humana. Aarón no es mucho más bonito, y anda vestido con un traje muy semejante al que usan por aquí los obispos. Acaso los obispos de por aquí se vistan aún como se vestía Aarón allá en lo antiguo. El resto del cuadro todo es lástimas y miserias, y harto se conoce que la serpiente de bronce no ha empezado aún a poner remedio a tantos males. El saber, por la Historia, que los puso, es lo único que nos tranquiliza. Entre tanto, todo se vuelve niños muertos, uno de ellos de tal modo escorzado, que más parece escuerzo que escorzo; hombres y mujeres que se mueren también, dando gritos y haciendo visajes y contorsiones, y muchas serpentuelas de carne que andan por aquí y por allí, si te pico, si no te pico. El cuadro Hambre, de Aparicio, y este cuadro de la Serpiente, han nacido el uno para el otro y debían hacer juego. Del mismo Bruni hay una Oración del huerto, algo mejor que las serpientes, y una bacante que da de beber a un amorcillo. El amorcillo es lindo de veras, y el cuerpo desnudo de la bacante también lo es; pero la cara, en la cual ha querido el pintor poner algo de pecaminoso, es de balde cara, a pesar de lo rubicundo y mofletudo. La boca, a fuerza de querer ser risueña, pequeñita y fruncida, y a fuerza de estar colocada entre tan redondas y sonrosadas mejillas, no parece boca, sino el antípoda de la boca. Y los ojos, con el empeño de pasar por traviesos y lascivos, son tan diminutos y coloradotes, que tienen trazas, como dicen en Andalucía, de dos puñalaillas enconás.

El cuadro de verdad notable de la escuela rusa es el de Brulov, que representa el último día de Pompeya. La luz del cielo y la luz rojiza del volcán le iluminan por partes, produciendo efectos maravillosos y magistrales. Los edificios se desploman, y hay allí movimiento, terror y ruido. Las grandes losas de que está la ciudad empedrada se levantan y entrechocan. Los ricos huyen salvando sus joyas; las mujeres, sus hijos. Esclavos fieles conducen en hombros a su señor, anciano. Otros van en carros, y los caballos se espantan y los carros vuelcan. Plinio quiere salvar a su madre o perecer con ella, y este grupo de Plinio con su madre es muy hermoso. Por aquí se ve una mujer muerta, de maravillosa hermosura. Su hijo, inocente y pequeñuelo, la mira tranquilo, como si la creyese dormida. Todo, en fin, está bien entendido, bien dibujado y bien pintado en este cuadro. Lo único que falta, en mi entender, pero ésta no es más que una opinión mía, que peco de descontentadizo, es cierta unidad de acción, cierto punto culminante en torno del cual se agrupen todos aquellos episodios separados de la gran catástrofe. Decir que la gran catástrofe es la deseada unidad de acción no me parece respuesta suficiente, puesto que dicha catástrofe no cabe en pintura y solo están allí figurados algunos episodios de ella. No sé si me explico, sed intelligenti pauca.

De Aivasovski, pintor de marinas, hay una vista de Sebastopol y otra de Teodosia, muy bellas ambas; pero su cuadro más celebrado, y que sin duda merece serlo, es uno donde no se ve más que mar y cielo y algunos náufragos. Apparent rari nantes in gurgite uasto. El cielo está ya sereno y brillante; la mar continúa aún poderosamente agitada por la pasada tempestad, y la transparencia de las olas, y los reflejos, y el modo con que se quiebra en ellas la luz y las penetra e ilumina, están gentilmente fingidos.

De Ivanov hay varios cuadros, y entre ellos uno muy hermoso de Cristo resucitado que se aparece a la Magdalena. La majestad y belleza etérea del Cristo desnudo, la ligereza graciosa del manto, que le cubre en parte; la dulce expresión de su rostro divino y el asombro y la ternura con que le mira la santa, están sabiamente expresados.

De Schedrin hay algunos paisajes medianos; de Orlovski, cabras, caballos, perros y otros animalitos, que no son cosa mayor; de Voroviev, dos vistas de la iglesia del Santo Sepulcro en Jerusalén, bastante regulares; de Kiprensky, varios retratos; de Chebouiev, La Asunción de Nuestra Señora; y, por último, otros cuadros de menos cuenta y de pintores menos famosos.

Ya que hemos vuelto a L'Ermitage para hablar de la pintura rusa, no quiero salir de él sin dar a usted una breve noticia de las estatuas antiguas, griegas y romanas que en él se conservan. La más notable de todas es la Venus llamada de la Táurida, o porque fue hallada en las regiones de este nombre, hoy provincias del Imperio ruso, o porque perteneció a Potenikin y estuvo en su palacio de la Táurida que Catalina la Grande le regaló cuando volvió triunfante del kan y conquistador de Crimea. A esta Venus, como a la más célebre de Milo, le faltan los brazos; pero todo lo demás está bien conservado, y no es inferior en hermosura a la otra ya citada. Tal es mi opinión al menos, salvo el parecer de persona más competente y que haya examinado ambas estatuas con más detenimiento y cuidado. Se sigue a la Venus un Amor atribuido a Praxiteles, aunque creo que este famoso escultor se incomodaría mucho al saber que le atribuían obra de tan corto mérito. Hay cuatro faunos que, según afirman, son copias de otros del mismo escultor griego, y en verdad que pueden pasar por originales mejor que el Cupido, porque los cuatros son hermosos y perfectos. Dos torsos, uno de Venus, otro de Mercurio, muy bellos ambos. Un lindísimo Endimión dormido. Se diría que la casta diva le envía un beso en uno de sus tibios rayos, según lo dichosamente que duerme. Un Apolo con una cabeza que vale un imperio, el cuerpo no es muy allá, los paños que le rodean y cubren las piernas son ligeros y graciosos. Hay, además, un Baco, una Terpsícore, un Hércules saliendo del jardín de las Hespérides, con las manzanas en la mano; una Higia y un Ayax, todos de mármol y que pueden tenerse por obras de buenos artistas griegos; y asimismo infinidad de retratos, entre los cuales de Agripina, de Marco Aurelio, de Antonino Pío, de Faustina, de Plotina, de Arsinoe, etc., etc.

Entre los relieves, que también hay bastantes, debo mencionar uno, a mi ver, precioso, y que recuerda la Égloga VI de Virgilio. Sileno está dormido, con el cántaro de vino al lado. Una linda ninfa le tiñe las sienes con moras. Graciosos satirillos y amores le enlazan el cuerpo rechoncho con cadenas de flores y de hiedra; otros retozan y saltan sobre el asno del dios, que hace también su papel en esta animada escena. Todo se pasa en el seno de un risueño y frondoso bosque, y piensa uno que el dios se va a levantar y, plantando un par de besos en las frescas mejillas de aquella muchacha juguetona, va a inspirarse y a contarnos, con voz que haga bailar a las encinas y brincar de gusto a las piedras y al agua de los arroyos, los hondos misterios de la cosmografía y la historia de las primeras edades del mundo, conservados luego en los santuarios de Samotracia y de Eleusis.

En bronce hay también algunas esculturas antiguas. Son las mejores: un Antinoo en forma de Baco, un Amor dormido y una copia del Hércules farnesio.

Ya ve usted si hay tesoros encerrados en L'Ermitage; pero aún no he dicho a usted la mitad de los que en él se encierran, y aún tendremos que volver a ver varias veces.

Adiós, y créame su afmo. amigo,

J. Valera.

He visto en el Nord, de Bruselas, un artículo sobre España muy bien escrito y favorable al Gobierno. Aquí nos venden la fineza de que son ellos los que hacen que dichos artículos sobre España se publiquen. Yo quisiera saber si en efecto es así y si el corresponsal del Nord en Madrid está pagado por los rusos o por nosotros.

He escrito a usted una infinidad de cartas, de las cuales ni siquiera guardo la fecha en que las escribí ni el asunto de que trataban; pero, como tengo buena memoria, me acuerdo de ellas vagamente, y como ni las veo publicadas en los periódicos ni usted me dice que las recibe, temo que muchas se hayan extraviado. No tengo empeño en que se publiquen en los periódicos; pero quisiera saber que usted las recibe todas. Inútil sería contar cosas si nadie ha de leerlas.

El duque ahora, y no como prematuramente han anunciado los periódicos, va a dar una gran comida. Cuando se dé, contaré a usted pormenores y se podrá hablar de ella en los periódicos.

San Petersburgo, 23 de febrero de 1857

Un siglo ha, mi querido amigo, que ni de usted ni de nadie de Madrid recibo carta alguna, si se exceptúa la que recibí anteayer de Mariano Díaz, en la cual me dice, de parte de usted, que es menester que yo permanezca aquí hasta que se me dé orden y salvoconducto para ponerme en franquía. Y aunque yo deseaba largarme, y si no lo he puesto por obra ha sido solo por temor a ofender a esa superioridad, y aunque supuse, al salir de la coronada villa, que no estaría en las regiones hiperbóreas más que un par de meses, y van para cuatro que vivo en ellas, todavía me conformo obediente, y hasta gustoso, a permanecer, si se quiere, otro par de mesecitos, y me alegro de saber a qué atenerme.

Los males de que yo me quejaba en mis cartas anteriores, si bien no he podido curármelos aún, he llegado al cabo a conocer la causa de ellos, y espero acertar con la medicina y volver a Madrid sano como una manzana y fresco como una rosa de mayo. Lo que yo tenía y tengo aún es cansamiento de tanto baile, falta de alimento espiritual, que el casto Muraviev de una manera, y de otra aún más grata la princesa Delgorouki, que sabe más que la sabia reina Libusa, me darán en adelante: sobra de alimento corporal que corregiré, disminuyendo las dosis, haciendo más ejercicio y buscando los desahogos propios del que está bien nutrido, y necesidad de dormir algo mejor, lo cual vendrá, naturalmente, una vez adoptado el régimen antedicho.

El tiempo de las fiestas y diversiones profanas va a acabar pronto, y en cambio tendremos una Cuaresma muy sosegada y penitente. Lo que es en el día, estamos en la fuga del reholgorio, y no tienen cuento los bailes y comilonas. El sábado último (21 de febrero) dio una el señor duque al príncipe Gortchakov. Asistieron a ella, además de este príncipe, los de Orlov, Dolgorouki, Galitzin, el que va a España, el conde de Adlerberg y otros personajes de la corte de los más cogotudos, y todos los jefes de la misión aquí acreditados, como, por ejemplo, lord Woodehouse, el conde de Morny, el de Esterhazy, e cosi vía discorrendo. El cocinero del duque estuvo inspirado y mereció bien de la Patria, cuya bandera quedó bien puesta gracias a su ingenio y arte.

De sobremesa tuve ocasión de hablar a Gortchakov sobre cierto asunto de reconciliación entre dos altas familias. Le dije que ahí se interesaban mucho en saber lo que aquí se pensaba sobre el caso, y que me habían encargado que, sin hablar de ello con nadie más que con él y con usted, me informase mejor de todo y diese parte. Estuve tan claro con él porque me gusta la claridad y no había para qué estar oscuro. Añadí, por último, como es lo cierto, que yo no sabía palabra de los proyectos que ahí pudiese haber o haber habido; pero que siempre convendría que ustedes supiesen lo que aquí se pensaba, lo cual podría tener grande influencia en cualquiera resolución que se tomase, si es que alguna se tomaba en este punto. El príncipe me repitió entonces lo que ya me había dicho la vez primera, pero advirtiéndome esta vez que en la carta que se escribió a la familia del pretendiente antes de enviar a Benkendorv a España se le prometía apoyarle y trabajar para la reconciliación mencionada. El príncipe me ha dicho, además, que se explicará más detenidamente conmigo dentro de algunos días: tiempo que se toma —son sus palabras— para pensarlo con madurez.

Sobre lo de las cruces diré a usted que, a lo que parece, están ya dados los dos cordones de San Andrés, que llevará Galitzin consigo. Este señor saldrá decididamente para Madrid dentro de poco y llevará en su compañía a la princesa y al conde de Osten-Sacken. Bludov, agregado a la Legación, irá más tarde. El primer secretario se reunirá en París con su jefe, y recogerá, a su paso por Niza, el diploma de la banda de Santa Catalina para la reina, que debe firmar la emperatriz viuda, a quien ha dejado el emperador esta prerrogativa, en vez de hacerla pasar a su augusta Esposa. De las demás cruces no me atrevo hoy a profetizar nada, salvo de una de comendador para Canseco, que, gracias a las gestiones del señor duque, es de creer que se consiga. Ya usted sabrá (lo que es yo no lo sabía hasta que hace poco me lo dijeron, porque en punto a cruces soy ignorantísimo), que al dar la grande de San Andrés, se dan implícitamente todas las de este Imperio, como si estuvieran contenidas en ella. Parece, pues, que con los dos cordones de San Andrés llevará Galitzin para el rey y duque de Valencia las insignias de Alejandro Nevski, de Santa Ana y del Águila Blanca, que se podrán colgar del cuello cuando gustaren.

El duque sigue muy agasajado y todos muestran deseos de que se quede aquí de embajador; los cuales renacen ahora con la esperanza que ha hecho concebir el ver en los periódicos que es probable que nombren a don Javier presidente del Senado. Muchas damas se han empeñado con el duque para que dé un baile. El duque ha estado a punto de ceder y darlo; mas el no tener lacayos de gran librea y toda aquella pompa que conviene y que aquí se usa, le ha hecho desistir de este propósito. No sé, sin embargo, cómo se ha resistido a lo que anteayer le dijo Gortchakov, el cual le aseguró casi, porque, estas cosas no pueden asegurarse por completo, que si daban un baile, su majestad vendría a honrarle con su presencia, lo cual sería notabilísima muestra de favor para un extranjero.

El duque es incansable y no comprendo cómo no se cae muerto de fatiga. No duerme ni reposa; se viste y desnuda seis o siete veces al día, y no hay fiesta en que no se halle ni persona a quien no visite; con lo cual, y con su grande cortesanía y con toda la larga cáfila de sus títulos, se tiene ganada la voluntad de los rusos. Anoche volvió a casa a las tres o las cuatro de la mañana y a las siete o las ocho estaba ya de punta para ir con el emperador a la caza del oso. A pesar de que esta caza, según dicen algunos, es peligrosísima, no temo yo que ningún oso se coma a mi jefe; el riesgo que corre se exagera mucho para darse tono los que a él se aventuran; y, además, que

Nos perigos grandes, o temor
e maior muitas veces que o perigo.

Lo que yo temo es que el duque, que es tan distraído y tan corto de vista como yo, le vaya a soplar un tiro al emperador o a alguno de sus grandes; pues, como irán cubiertos de pieles, fácilmente podría tomarlos por osos, si ellos se descuidan. A más de los osos, se cazan lobos y dantas en los alrededores de San Petersburgo. La carne del danta es exquisita, sobre todo con salsa picante. Sabido es que la fauna de este Imperio es muy rica; pero, de cuantos bichos aquí se crían, ninguno me ha asombrado más que el bisonte o el uro de Lituania, de los cuales solo quedan ciento cuarenta en los bosques de Bialoveja, y hay impuestas penas gravísimas al que trate de matarlos. He visto disecado uno de estos uros o zubrs, como aquí se llaman.

Creo que debieran ustedes suscribirse al Journal de Saint-Pétersbourg. Trae, a veces, noticias curiosas sobre este Imperio, que pueden o no copiar otros periódicos, y que convendría que se supiesen en esa Primera Secretaría. Últimamente ha publicado el contrato para hacer los ferrocarriles, con todos los pormenores sobre el particular; una noticia sobre el comercio de Odesa y otra sobre la última feria de Nijni-Novgorod, que recorto y envío adjuntas por si conviniese traducirlas y publicarlas en los periódicos de España.

También me parece que se debían enviar a esta Biblioteca Imperial de San Petersburgo los libros más notables que salgan en España. De aquí no faltaría qué enviar en cambio. Ruego a usted, o, por mejor decir, ruego al duque de Rivas que envíe dos ejemplares de sus Obras completas. Uno para la Biblioteca y otro para Botkin, que traducirá mucho, si no todo. Aquí están va tifos de literatura francesa, y es menester darles otro alimento espiritual.

Adiós. Muchas cosas tengo que decir; mas no hay tiempo por ahora, y temo también aburrirle.

Créame suyo afmo.,

J. Valera

San Petersburgo, 28 de febrero de 1857

Mi querido amigo: No puedo más con tanto baile y tanta diversión, y de veras me alegro de que mañana termine el Carnaval y entremos en la Cuaresma de por aquí, más severa y penitente que la nuestra, según afirman. Entre tanto, hemos tenido días en que no se ha hecho más que bailar por mañana y noche. Las matinées dansantes son aquí preciosas, y estas frescas y sonrosadas hermosuras boreales se epifanizan sin temor a la luz meridiana, y no por eso pierden un quilate de su merecimiento, antes bien, lo acrisolan y le ponen el sello de tan escrupuloso contraste, en particular las jovencitas. De éstas las hay tan lindas, que se las puede comparar a otros tantos capullos entreabiertos. Algunas, y no es encarecimiento desmedido, tienen tan blanco y transparente el cutis, que imaginan los espectadores que ven correr por las venas de ellas el álcali volátil del amor; una sangre sutil y delicada y etérea, como el icor de las deidades del Olimpo. Diomedes no lo hizo brotar más puro de la herida de Afrodita. Las señoras ya jamonas y curtidas se suelen conservar también maravillosamente con estos fríos. Lo único visible que con facilidad se les echa a perder, y, por cierto, que es muy grande lástima, son los dientes; lo cuál proviene, sin duda de tanto confite y tanta chuchería como engullen; porque he notado que son bastante golosas, aunque al tomar se finjan melindrosas. En cuanto a lo invisible o reservado, hay mucho que decir.

El señor duque dio anteayer otra gran comida. En ella estuvieron varios personajes de la Corte y la diplomacia menuda, esto es, los secretarios de Legación. Fue la comida para agasajar a los príncipes de Galitzin que salen para Madrid el martes próximo, si bien tardarán en llegar, porque piensan detenerse en Moscú y París. Además de la princesa, había otras cuatro señoras, ya de respeto, pero de las bien conservadas. A cada una de ellas hizo el duque presente de un precioso ramillete de camelias y de otras flores, si unas bellas, olorosas otras, y todas rarísimas en esta estación y en este clima. La casa, por lo mismo que tiene mucho de teatral y de aparatoso, hace bonito efecto vista de noche e iluminada. La luz de las bujías se quiebra en el agua del alto surtidor, y forma

> *quei colori,*
> *onde fa l'arco il sole, y Delia il cinto.*

Y tanto muro de cristal trae a la memoria, como ya creo haber dicho a usted otras veces, el estupendo palacio que vio Don Quijote en la famosa cueva de Montesinos.

Pero no es solo la aristocracia la que se divierte, sino también la plebe, que tienen estos días una como feria en la inmensa plaza que está delante del Palacio de Invierno y del Almirantazgo. En unos pequeños teatros de madera se ven titiriteros, que bailan en la maroma y dan brincos y hacen cabriolas; en otros se muestran serpientes, leones, panteras y otros animales feroces. Por un lado, charlatanes o músicos ambulantes entretienen al vulgo con canciones o con decires de mucha risa para quien los entiende; por otro lado se venden juguetes, frutas y otras golosinas en diferentes tiendas y puestecillos. Aquí hay juegos de sortija y columpio; allí, orquestas y tablados donde baila y se agrupa la gente, y acullá, montañas de hielo, de las que de continuo bajan como flechas los diminutos trineos y los que se aventuran a dirigirlos. Por todas partes, en fin, a pesar del frío y de la nieve, muchos ciudadanos y ciudadanas a pie y en coche. Esta fiesta se parece, aunque en miniatura, a la famosa de Dresde de la Vogeliwiese, a la cual concurre media Alemania, y se regocija en grande con el pretexto de tirar al blanco con la ballesta.

Ayer noche hubo un baile magnífico en casa del embajador de Francia, conde de Morny. Su majestad el emperador le honró con su presencia.

Pero ya basta de diversiones y es justo que volvamos a las cosas santas, que hace días tenemos olvidadas.

Al hablar a usted, en una de mis cartas, de la religión ortodoxa y de las obras de historia eclesiástica y de controversia teológica del señor Muraviev, lo hice tan deprisa y tan someramente, que más era mi carta indicación o preámbulo para tratar después el asunto por extenso y como se merece que no disertación capaz de enterar a nadie sobre asunto tan complicado y tan arduo.

Solo para el examen del opúsculo de Muraviev, titulado Palabra de la ortodoxia católica al catolicismo romano, se puede escribir un grueso volumen. La Civiltà Cattolica, de Roma, ha criticado ya esta obra del señor Muraviev; pero su libro magistral, La verdad de la iglesia universal, aún no ha sido juzgado y refutado. No seré yo, por cierto, el que lo juzgue y refute, impar congressus Achilli; pero sí podré dar una sumaria relación de lo que contiene. Las palabras son como las cerezas, que se enredan unas en otras y no hay medio de desasirlas y apartarlas sin quebrar el cabo de ellas o el hilo del discurso. Yo toqué ya este punto tan grave de la religión, y ahora me creo obligado a desenvolverlo. Hoy, sin embargo, no iré más allá de lo que he dicho en mi carta mencionada, y me contentaré con hacer algunas rectificaciones y aclaraciones conducentes a poner las cosas en su lugar, y a que se me tenga por hombre concienzudo y que nunca se aparta de la verdad ni discrepa un ápice de ella.

He asegurado que el carácter distintivo de la Iglesia rusa es la paralización, y que ninguna idea nueva y fecunda nace de ella, aunque tampoco ninguna nueva herejía. Pero como esta aserción puede pasar, y es, en efecto, en apariencia contraria a los hechos, será menester que me explique para dejarla a salvo de toda refutación que, fundada en ellos, se me pudiera presentar.

La principal herejía, si herejía puede llamarse lo que más bien es solo un cisma, es la de los staroversi. Veamos cómo tuvo principio.

Es, pues, de saber que hubo en esta Iglesia, a mediados del siglo XVII, un gran patriarca llamado Nicon, de tan altas aspiraciones y de tanta capacidad, que hubiera llegado a ser el Gregorio VII de Oriente, y lo hubiera reunido todo bajo su poder espiritual si el Oriente hubiese estado dispuesto a unirse.

Pero Nicon fue perseguido, suscitó contra sí la envidia y el rencor de los grandes de la tierra, fue acusado de orgulloso, y murió como Hildebrando, en el destierro, sin lograr, como Hildebrando, el triunfo de su idea. Un gran concilio, en el cual asistieron todos los patriarcas de Alejandría y Antioquía, y consintieron los de Constantinopla y Jerusalén, depuso a Nicon de la silla patriarcal y le condenó duramente. Esto desprestigió al patriarcado y abrió camino para que, poco después, le diese el golpe de gracia el zar Pedro el Grande y se declarase jefe o protector de la Iglesia. La civilización, que hasta entonces había venido del Oriente por medio de la potestad espiritual, empezó desde entonces a venir de Occidente por medio de la potestad civil. El Oriente, oprimido y en gran decadencia, no podía ya dar de sí esa luz civilizadora, y al patriarca Nicon le fue imposible encenderla autonómicamente en el seno mismo de la Iglesia rusa. Lo único que consiguió este sabio y ambicioso patriarca fue la reforma o, mejor diré, la corrección de la liturgia, en la cual se habían introducido grandes errores. Para corregir las faltas que copistas ignorantes habían introducido en los libros de la Iglesia, reunió un concilio, presentó en él los antiguos manuscritos que había en Rusia y otros que hizo venir del monte Atos, y, en vista de tan autorizados documentos, reformó la liturgia o la volvió a su prístino estado, estampándose los libros, según convenía, limpios ya de errores y faltas. Esto fue tenido por muchos, ciegos y partidarios de la rutina, como la innovación más antiortodoxa; y de tan falso concepto nació la secta de los staroversi, que aún se perpetúa. Las más verdaderas y radicales reformas de Pedro el Grande retrajeron aún más a los staroversi de volverse a unir con el resto de la Iglesia; y como una especie de fósil vivo de la antigua raza eslava existen aún estos sectarios, sin querer afeitarse porque Nuestro Señor Jesucristo no se afeitó nunca; persignándose de otro modo que los demás rusos, y llamando Anticristo a Pedro el Grande porque no quería barbas en su Imperio y porque trataba con los alemanes y holandeses. De los staroversi, unos tienen sacerdotes de los que desertan de la Iglesia ortodoxa; otros no tienen sacerdotes por falta de obispos que los consagren, no considerando como tales obispos los de Rusia. El señor Muraviev, en su Historia eclesiástica, refiere con extensión cuanto hay que saber en este punto.

Tanto entre los staroversi como entre otros muchos que de un modo ostensible no se apartan de la Iglesia ortodoxa han venido a nacer, si ya no existían desde tiempos remotísimos, varias supersticiones horribles y groseras, que este sabio Gobierno trata de destruir radicalmente, aunque será difícil que lo consiga. Lo dilatado del Imperio y la falta de población de algunas provincias presentan un obstáculo casi insuperable al logro de su deseo y favorecen la conservación y aun la propaganda de esas supersticiones. Son éstas, a mi ver, un retoño del mal desarraigado paganismo de muchas naciones que forman hoy parte del Imperio ruso; paganismo mezclado absurdamente con ideas cristianas mal entendidas.

Hay aquí, por ejemplo, una secta que tiene conciliábulos nocturnos para azotarse, y cuando caen los penitentes en el suelo, derrengados de tanto azote, cometen el pecado llamado de la caída; del cual fácilmente se darán razón los que hayan leído el libro de Maibaumi, De flagorum, usu in re venerea, o conozcan las mañas del filosofastro Juan Jacobo. Otros, por el contrario, imitan a Orígenes y a Ambrosio de Morales; se llaman los scopzi, y dicen que son en número de dieciséis a veinte mil. Como los coribantes, cuyas diabólicas y frenéticas contorsiones, y cuyo estro suicida describen tan vivamente Lucrecio y Catulo en aquellos versos singularísimos de Atis, se mutilan estos desgraciados, y luego se arrepienten cuando ya es tarde. Otros, sin ser pitagóricos, no prometen solo por cinco años, sino por toda la vida, el no decir palabra; y, en efecto, permanecen mudos, sin que basten los mayores tormentos a hacerles pronunciar una sola sílaba. Hay, por último, algunos que reuniéndose en un aquelarre infame, le cortan un pecho a una doncella, y dividiéndolo en menudos trozos, comulgan con él en un infernal sacramento. Tantum religio potuit suadere malorum! ¡A tal extremo puede conducir a los hombres la superstición y la ignorancia! Reflexión moral que no es nueva, pero que encaja y se ajusta aquí como en el dedo el anillo. De esperar es que el Gobierno y el clero de Rusia reduzcan y traigan a razonable término a todos estos fanáticos, y que asimismo conviertan a la religión cristiana a los paganos y mahometanos que aún hay en el Imperio.

Otro día hablaré a usted del influjo que las doctrinas protestantes, y aun las filosóficas de Alemania, han ejercido aquí entre el vulgo, en el cual, a pesar de los extravíos que quedan apuntados, hay virtudes grandísimas, energía y vigor maravillosos, y la fe en lo por venir y el amor a la patria y la confianza ilimitada en su misión providencial que, por desgracia, nos van faltando a nosotros. Una cultura prestada, es cierto, pero refinadísima y depurada aquí, existe en las clases superiores, donde se conserva como en su propio templo la delicada cortesanía que hubo en otras naciones hace uno o dos siglos; y en el seno del pueblo ruso empieza a nacer y a desarrollarse, pujante, una civilización autonómica, cuyos frutos podrán tener en lo venidero influencia incalculable en el progreso general de la raza humana. Yo soy optimista; mas en esto me debe usted creer: salvo raras excepciones que afean la faz de este Imperio, y que son consiguientes a la situación en que se halla y aun a la decaída condición de todos los mortales, no veo cosa en él que no me lleve a elogiar nuestra propia naturaleza y a exclamar con el gran doctor de Occidente: Magna enim quaedam res est homo factus ad imaginem et similitudinem Dei.

Adiós. Le quiere de corazón su amigo,

J. Valera

San Petersburgo, 1 de marzo de 1857

Ayer, mi querido amigo, recibí su amabilísima carta del 17, y mucho contento y satisfacción por lo cariñoso que se me muestra en ella.

El duque se aplacó ya conmigo, si es que alguna vez estuvo ofendido y de monos, porque es un señor excelente; y yo, con mi bilis y mi carácter algo desconfiado, y dado a suponer lo peor, soy, sin duda, el que ha imaginado que se apartaba de mí y no me quería. Yo no acudo a tiempo nunca para ir con él, y, naturalmente, se hace acompañar de Quiñones que con toda exactitud y subordinación militar, está siempre pronto en su servicio.

Ya he dicho a usted, y repito ahora, que aquí hay una conspiración en favor del duque, y que el emperador está a la cabeza de los conspiradores. No hay más que ceder y dejarle aquí. Don Javier será presidente del Senado.

La bondad del duque, sus modales de gran señor, su finísimo trato y otras mil excelentes prendas que posee, concurren con su gran nombre y cuantiosos bienes a que le quieran y consideren tanto. Pero por algo entra también el empeño que han formado de casarle con una mujer de por aquí. Acaso lo logren. La princesa Souvaroy hará este milagro. Su excelencia está derretido. Siempre baila con ella el primer rigodón y le regala flores más bellas que las que regaló a las jamonas que el otro día comieron con él. La princesita se lo merece todo. Está en la edad de la perfección completa. Cerca ya de los treinta años. Es simpática, graciosa, bonito cuerpo, dientes como perlas, cosa rara por aquí, y mucho ingenio. A la dulzura y mansedumbre de la paloma creo que junta esta señorita la prudencia de la serpiente, estote prudentes sicut serpentes, como creo que dijo Cristo a sus discípulos, no recuerdo en qué ocasión, porque tampoco estoy muy seguro de si fue Cristo quien lo dijo.

El negocio de la bandera no es tan de clavo pasado como parecía. Quiñones lo va ya ponderando mejor, y a veces dice que convendría que esperásemos a la Legación permanente para hacerlo.

No puede usted imaginarse lo poco amable y lisonjero que es conmigo este señor. Yo siempre he querido estar bien con él, y no lo logro nunca. Cuando vamos con el duque, le dejo ir con el duque. Cuando entramos en algún salón, va él delante y yo a la cola. En la mesa dejo el mejor puesto. En la casa tiene el mejor cuarto; él lo escogió y yo me he contentado con el que me dejaron. Si vienen despachos, los ha de leer. Si habla de cruces o de banderas, ha de meter su cuchara siempre en contra mía. Yo todo lo llevo con paciencia y, sin embargo, este hombre empedernido no me acepta, cuando yo mismo me ofrezco en holocausto. Pero, lo que es más singular aún, Quiñones imagina que soy yo y no él el que le tengo tirria. En fin: no nos entendemos. Hasta el querer yo irme de aquí más ha sido por acabar de ceder el campo que por grande deseo que yo tuviese de irme. Pero él no acaba de comprender que yo no soy ni quiero ser émulo suyo y que maldita la rabia y el encono que tengo contra él. Siempre está hablando mal de los paisanos, de los poetas, de los que escriben en los periódicos, desde que en ellos se publican mis cartas y de los diputados, desde que ha y sabido por el duque que yo quiero serlo, aunque en vano, porque el Gobierno, esto es, Nocedal, no quiere que lo sea.

Las ternuras del príncipe de Gortchakov me consuelan algo de los desdenes de Quiñones. El otro día, mientras el duque estaba de caza, me escribió un billetito muy amable, diciéndome eran efectivamente los títulos de Narváez le maréchal Narváez, duc de Valencia, président du Conseil des ministres de sa majesté la reine d'Espagne. Yo contesté que Narváez tenía otros muchos títulos, pero que bastaba mentar éstos, y que solo tenía que observar que, como la reina es muy piadosa y se complace en que la llamen católica, encajaría bien en este lugar, si esto no se oponía a la religión ortodoxa, el que dijese de sa majesté catholique, en vez de la reine d'Espagne, aunque también este otro título est un grand et beau titre même aujourd'hui, y que bien puede aún una persona estar ancha de llevarle. Vi aquella noche al príncipe en un baile e imaginé que estaba serio conmigo y que acaso en la carta que le escribí había yo dado motivo para ello, por la demasiada familiaridad o por alguna bufonada que había soltado sin querer. Volví, pues, a escribirle, explicando el asunto y dando cuenta de mis recelos. En ambos billetes le decía que no olvidase que había personas que deseaban enterarse de lo que me indicó sobre reconciliación, y como yo no era bastante astuto para sacarle los secretos, como se cuenta que hacen los diplomáticos hábiles, había tomado el camino derecho para que hablase, si lo juzgaba conveniente; y aquí le decía yo que lo era, por estas y aquellas razones;

todo solapado para que no entendiera el billete quien no estuviese en autos.

Lo de la imposibilidad de sacarle a él secreto alguno me parece que le gustó de veras. He aquí lo que me contestó en seguida: Je m'empresse de vous rassurer, mon cher monsieur Valera. Vous nous êtes à tous une persona gratissima, et je vous prie de continuer à me compter dans le nombre. Je n'ai aucune mémoire d'une circonstance quelconque, qui aie pu vous induire à croire le contraire. Quant aux détails de votre billet, nous en causerons à notre première rencontre. Aún no hemos hablado de estos pormenores, pero sí me ha hablado Galitzin del asunto y creo que lleva instrucciones para tratarlo ahí. Me ha hecho más preguntas que el catecismo. Por no ser prolijo no pondré sino algunas, y de las respuestas, pocas o ninguna, porque usted las calculará, sobre poco más o menos. «Si el rey consorte gustaría o rabiaría mucho con el arreglo, y qué podría hacer o influir en contra.» «Si la reina lo desea.» «De cómo y por qué, y hasta qué punto tiene don Paquito influjo en Palacio.» «De si no se robustecería mucho el partido del orden en España uniéndose al de don Juan.» «De si sería posible y útil gobernar sin la Constitución.» «De si la Francia vería sin recelo ni oposición a la llamada legitimidad triunfante en España», etc., etc.

En París se detendrá el príncipe unos quince días, ¿Cree usted que acaso trate ya del asunto con don Napoleoncete? ¿O cree usted que se ponga a negociar ahí sin consultarle y pedirle su venia? Aquí están ahora con la Francia a partir un piñón. En fin: allá veremos si otro día Gortchakov o el mismo Galitzin se explican más y a fondo, aunque ya todo se trasluce. Yo, lo único que he dicho es que ustedes desean saber y se interesan mucho por lo que aquí piensan. Lo demás que he añadido han sido opiniones o pareceres míos, que van sobre mi conciencia y que ni a ustedes ni a nadie pueden comprometer.

Adiós. Suyo,

J. Valera

San Petersburgo, 4 de marzo de 1857

Excelentísimo señor don Leopoldo Augusto de Cueto.

Por mis cartas anteriores, y por los despachos que hoy remite el duque a esa Primera Secretaría, habrá usted visto, mi muy querido amigo, cuánto aprecian y distinguen aquí a mi jefe. Él está muy ancho, y es natural que lo esté. Piensa tener vara alta y hasta cierta jurisdicción en este Imperio, y el otro día estuvo graciosísimo con un rapacallos, que le ha cortado uno de tan aviesa manera, que le ha dejado semicojo para un par de semanas. Era de ver al duque, todo lo furioso que él puede estar, amenazando al torpe pedicuro con enviarlo a Siberia.

Ya tengo por cosa indudable que el duque se quedará aquí de embajador. Cuenta que él no quiere ser menos. En el día, sin tener un derecho positivo a ser considerado como tal, lo es de hecho, por los honores y distinciones que le hacen. En la lista oficial del Cuerpo diplomático, que se publica aquí en francés todos los años, le han puesto inmediatamente después de Morny, y ni al duque le está bien, ni a nosotros nos conviene tampoco, el que, nombrándole ministro plenipotenciario, le pongamos a la cola de mil ministrillos de mala muerte, en que hierve esta Corte imperial de San Petersburgo. Recuerdo muy bien que dije a usted mucho tiempo ha que el duque se quedaría aquí hasta de ministro plenipotenciario; pero esto era cuando tenía perdida toda esperanza de quedarse aquí de otra manera, cuando su pesadilla constante era que le remitiesen ustedes unas credenciales, de cualquier laya que fuesen: y cuando pronosticaba veinte veces al día, con una voz tan lastimera que partía los más empedernidos corazones, una muerte súbita y terrible al pobre don Javier, si, con sus setenta y tres años a cuestas y con todos sus alifafes, se aventuraba a venir a estos helados países. Lo que es ahora, ve el duque el asunto a otra luz más clara y risueña, tiene más presentes en la memoria a todos sus gloriosos progenitores, y no se contenta con menos de ser embajador. Yo entiendo que lo será tan bueno, que ni pintado, ni de encargo, lo fabricarían mejor; y como sé que el duque de Valencia le ha escrito preguntándole si se quedaría aquí con gusto, espero que se quede, y con la mencionada categoría. Don Javier será, por lo pronto, presidente del Senado, y al cabo volverá a Londres, cuando mi amigo don Luis (y digo mi amigo porque, yo lo soy suyo, aunque desgraciado como en todos mis amores), se canse de estar a orillas del Támesis y vuelva a las del Manzanares humilde.

Supongo que si todas estas suposiciones mías salen ciertas, vendrá aquí con las credenciales el señor Caballero, y que el duque podrá presentarlas para principios o mediados de mayo; pedir en seguida una licencia que quiere pedir, o tenerla pedida de antemano, en cuanto sepa que le nombran embajador, y largarse a París y a Madrid, a ver a su majestad la reina y a arreglar sus negocios, regresando aquí dos o tres meses después, con todo el séquito de lacayos conducente a no ser menos en nada que monsieur de Morny, que ésta es otra de las pesadillas del duque, y con toda la pompa y estruendo que se requieren en tal competencia. Caballero, o quien venga de primer secretario de la Embajada, se quedará de encargado de Negocios durante la ausencia del señor duque.

Al duque le han rogado todas las damas, empezando por las más hermosas y las más sabias, que dé un baile, y personas autorizadas le prometieron que el emperador, aun antes que asistiese al de Morny, asistiría en el suyo; mas el duque no ha querido darlo por falta de libreas y de otros mil perfiles que le faltan y que tiene Morny. Éste trasciende a parvenu a media legua, y aunque aquí están con la Francia a partir un piñón, no le perdonan a su representante ese cursilismo, que, por cierto, se hace más de notar por los humos y el entono que gasta su excelencia. Nadie es más demócrata que yo en este sentido. La aristocracia de sangre terminará, a mi ver, en todas partes. La clase media será la soberana, y esta clase media será muy numerosa, mientras más felices e ilustrados vayan siendo los hombres, porque yo creo en el progreso a pie juntillas. La creencia en el progreso es el axioma primigenio y generador de una ciencia sospechada y no creada aún, que se llama Filosofía de la Historia. Estos asertos míos no se oponen por ningún estilo a que haya una nobleza hereditaria. La aristocracia dejará de existir y la nobleza no, como no se castren todos los hombres ilustres que vengan al mundo en lo venidero, porque no es posible evitar que transmitan a sus hijos sus nombres y su gloria. Digo todo esto para que se entienda que yo no desprecio ni odio a los parvenus, ni les tengo envidia por no parvenir yo tanto como ellos, ni les pongo remoquetes, como en los lugares de Andalucía, donde los apellidan Don Juanes Frescos y piojos resucitados. Sé que vale más la adquirida que la heredada nobleza, y veo que la ciencia, la virtud, el valor y el ingenio se van a menudo con los burgueses y plebeyos, y abandonan a los nobles; pero lo que no les abandona, y lo que rara vez adquieren los otros, aunque ya con el progreso del tiempo y con el de la Humanidad, en que creo lo irán adquiriendo también, son los modales elegantes, el trato fino y delicado y la cortesanía y completa apariencia señoril y caballeresca. Un comerciante honrado y trabajador, un sabio, un hombre político virtuoso, tienen cierta majestad santa y venerada,

pero no agradable y seductora como la del noble de naci-
miento. Morny puede que sea esto último, pero no lo parece,
y como le falta la mencionada santa majestad del sabio, del
repúblico virtuoso, etc., es a los ojos de cuantos le miran
la vera efigie de Robert Macaire subido a mayores. En el
baile que el otro día dio, ocurrió un incidente que retrata al
vivo su carácter y modo de ser, presumido y cursi al mismo
tiempo. Se puso de gran uniforme para recibir al emperador:
permaneció de gran uniforme mientras el emperador estuvo
en su casa; y apenas el emperador se fue, se fue también a su
cuarto monsieur de Morny, se quitó la albarda, y volvió con
un modesto frac negro, pero conservando los pantalones de
galón, lo cual hacía un efecto extraño. Con que monsieur de
Morny se hubiera mudado los pantalones, estaba todo en re-
gla; y más aún con que se hubiera quedado con el uniforme,
puesto que allí había personas que oficialmente valen tanto
como él y que le llevan a cuestas. Aquí se ha hablado mucho
de este cambio de traje de monsieur de Morny; yo no lo
reparé siquiera, porque soy muy distraído, y a fuerza de oír
hablar del caso, he llegado a enterarme. Esta distracción mía
me tiene que dar y me ha dado ya muchos disgustos. No hay
cosa que ofenda más a la gente que el que no se repare en lo
que hacen; y estoy seguro que, a saberlo todo, monsieur de
Morny perdonaría mejor a los que critican sus maniobras de
tocador que a mí que no reparé en ellas, ni hubiera advertido
nada, aunque hubiese salido de indio bravo.

Dejemos en paz a monsieur de Morny y volvamos a nues-
tro duque excelente, que es la propia esencia de la cortesía y
de la bondadosa pomposidad de los grandes señores. Todo
bicho viviente le saquea, y no hay truhán que no sea genero-
so y hasta magnífico a costa suya. Este Obrescov, que sine
ira et studio puedo asegurar a usted que es un cuadrúpedo,
y que no le sirve de nada, es de los que más han abusado. En

la colección de fotografías, que se ha hecho ya, ha gastado el duque más de mil duros. El fotógrafo, entre tanto, estará brincando de gusto, y los soldados retratados, lo propio. En dos o tres minutos de poses plastiques han ganado más que en un mes de ejercicios, táctica, zurriagazos, kwas y puches negros.

No me parece que el duque sea en todo como el sastre del Campillo, que cosía de balde y ponía el hilo. En este palacio teatral que habitamos no pueden vivir más que el duque, sus criados, que son otros tantos duques, Quiñones y yo. Ya el señor Diosdado no podrá alojarse aquí. El duque no ha de alquilar otro palacio para que se alojen él y los que vengan más tarde, y así hallo conveniente que ahí se señale habilitación de casa y mesa, igual a la de Londres, a todos los individuos de la futura Embajada. Esta habilitación la pagará el Gobierno. Hablo de esto porque ya he hablado con el duque sobre el particular, y está apuradísimo, sin saber dónde colocar a Diosdado. Si el duque se casa con la nieta del gran Souvarov Italianiski, que así se llama, como Alejandro Nevski, Escipión Africano, etc., tendrá que despedir a todos los diplomáticos menudos que tenga consigo, para dar lugar a su esposa y a las ninfas que la sirvan. Siempre, sin embargo, les dará a todos su mesa; pero más quiere que sea por favor que por obligación del puesto. Los que vengan aquí pueden contar con el pesebre, pero no con cama y vivienda. Yo, entre tanto, estoy como un príncipe, aunque Quiñones, y hasta los criados más notables tienen cuartos mejores que el mío. Yo no vine a escoger por pereza, y ellos escogieron. Sin embargo, estoy que no hay más que pedir, porque, no es prudente ni decoroso que yo pida a los criados que me cuiden algo la ropa para no quedarme en cueros. Me asemejaría entonces a Sancho Panza cuando, en el castillo del otro duque, donde tan elegantemente le trataron, pidió a la dueña doña

Rodríguez que tuviese cuidado con el rucio. Esta delicadeza mía, fundada en el recuerdo de Sancho Panza, y mi desidia y distracción, que no consienten que yo me emplee en contar las camisas, las calcetas y los inexprimibles, hacen que todo esto vaya desapareciendo rápidamente, o menoscabándose de botones, por tal arte, que hay día que no tengo que ponerme y acudo al Magasin Engliski a comprar todo esto a un precio disparatadiski y arruinatiski. Ya casi hablo el ruso.

Adiós. Póngame a los pies de la señora y señoritas y téngame por muy su amigo,

J. Valera

El duque está con grandes remordimientos de conciencia por haber aceptado el Alejandro Nevski, teniendo Morny el San Andrés, y no habiendo aceptado el príncipe de Ligne lo que él acepta ahora. Todo se le vuelve pensar qué dirán de esto sus primos y tíos de Alemania, de Italia y de Bélgica, y sus amigos de Londres. Si no hubiera sido porque no quiere desairar al emperador, dice que no hubiera admitido el Alejandro. Ya tenemos para un par de meses con esta conversación. No quería aceptarlo tampoco hasta recibir para usted, el marqués de Pidal y el general Serrano, que pía aún, a lo que sospecho, tres buenas grandes cruces. El duque quería solo que nos hubiesen dado a nosotros los cencerros que nos han dado y esperar él, sin Gran Cruz, hasta que ustedes tuviesen las suyas.

San Petersburgo, 5 de marzo de 1877

Mi muy querido amigo: Estamos en una época tan santa, tan penitente y tan enojosa para los profanos, que, contándome yo en el número de ellos, siento a menudo vehementísimos deseos de largarme. La Cuaresma es aquí terrible. No se ve un alma en las calles, nadie recibe en su casa. Todos están encerrados haciendo penitencia y tratando de elevar el alma a su Creador por medio de oraciones, ayunos y vigilias que mortifiquen y domen bien las carnes. De ésta no comen, a lo que aseguran, porque siempre será lo que Dios quiera; y lo que es de pescado, comen rara vez o casi nunca. Todos los manjares se reducen ahora a hierbecitas más o menos silvestres, miel y harina, que era lo que comían los padres del yermo. El espíritu es el que verdaderamente se nutre y sustenta con muy sabroso pasto espiritual, pasto nacido en el lozano vergel poético de los santos de Oriente, cuyas más hermosas flores son de San Juan Damasceno y de San Andrés de Creta. Estas sagradas poesías, traducidas del griego en el antiguo eslavón, se cantan ahora en las iglesias, al compás de una música sencilla y solemne, como la que yo he descrito a usted en otras cartas.

San Andrés de Creta, famoso en el sexto Concilio de Constantinopla, es quien, principalmente, da en el día alimento a las almas devotas, si bien se leen asimismo, se cantan y se meditan otras mil oraciones, los salmos, los profetas y los libros poéticos y doctrinales del sabio rey Salomón. Pero lo principal repito que es el canon penitencial del compatriota de la hermosísima Ariadna. Allá, en el desierto de Palestina, en una escondida caverna donde vivió apartado de todo humano comercio, y conversando acaso con los espíritus puros, compuso este santo su libro, que por cierto es bellísimo e inspirado, a juzgar por lo poco que yo he leído. Compuso también otro pequeño canon penitencial en honor de aquella magna pecatrix, Santa María Egipciaca que después de haber amado mucho de mala manera, amó como y a quien debe amarse, con ternura infinita, y fue modelo de mujeres penitentes. Este pequeño canon se estudia también mucho en Cuaresma.

Esta primera semana es la más severa de todas, porque no hay ortodoxo, rico o pobre, noble o plebeyo, que no haga en ella examen de conciencia y se prepare a recibir la comunión. Todas las ceremonias, purificaciones y ritos que hay aquí que hacer antes de confesarse y comulgarse son, en verdad, grandes y temerosos, y no lo son menos las oraciones que se rezan en una ocasión tan importante. Entre estas oraciones hay algunas que a un católico romano le parecen extrañas, si no por el pensamiento, por el modo con que el pensamiento está expresado. He aquí, por ejemplo, este pasaje de una de ellas: «Tú, cuya ascensión gloriosa hizo que la carne participase del principio divino y que la llevaste a la derecha del Padre, concédeme hoy, por la comunión de tus santos misterios, el ser admitido a la derecha tuya, entre todos los justos.» No tengo que decir, o que repetir a usted, que aquí comulgan los legos bajo las especies de pan y de vino.

Los teatros están cerrados; mi amigo Muraviev, invisible y sin duda prosternado en su oratorio; y adondequiera que va uno, le dan con la puerta en los hocicos. Para que los profanos hagan también penitencia, además de la que ya hacen con no poder ver a nadie, ha venido el deshielo a poner las calles en un estado lastimoso. A pie no se puede salir, a no querer nadar en un fango negro y nada aromático, y en coche va uno como picado por la tarántula, dando brincos y haciendo contorsiones horribles con el traqueteo y los sacudimientos que causan los baches en que se hunden los carruajes. Las ruedas hacen subir el lodo hasta las nubes y le salpican a uno miserablemente, embadurnándole la cara y convirtiéndole en un etíope si se descuida un poco.

Entre la gente elegante de San Petersburgo, que tiene en el fondo del alma algo de descreída y de volteriana, puede que haya un poco de hipocresía o de fingimiento en las penitencias que hace; pero el pueblo creyente de veras, se da, en efecto, muy malos ratos por amor de Dios. Non est grave —dirán ellos— humanum contemnere solatium, cum adest divinum, y por esto, en estos días, se maceran la carne y se alimentan de tagarninas, como vulgarmente se dice. Verdad que a veces suelen caer en la tentación, y si no comen, beben, y por lo mismo que tienen el estómago vacío, se ponen con facilidad calamocanos en lo mejor de la penitencia. Fuera de estos tropiezos, no dudo yo que la hagan muy grande. Desde que en Rusia se introdujo el cristianismo, viene dando este pueblo gloriosos ejemplos de devoción y de abstinencia. Aun antes de que se introdujera, y aun antes de los tiempos históricos, los ha dado estupendos. Dígalo, si no, Abaris, aquel famoso sabio hiperbóreo que se alimentaba del aire, como los camaleones, y que llegó a ser tan sutilísimo, tan ligero y tan versado en la dinámica, que se montaba en una flecha y transponía a donde se le antojaba con una velocidad de todos los diablos.

Aquí no tienen a menos, antes se gloriaban de tener algo de asiáticos y de ser el lazo de unión, la síntesis de las dos civilizaciones, asiática y europea. Por lo que tienen de europeos, pretenden poseer el amor y el entendimiento del arte y de la hermosura de la forma de los italianos; la capacidad práctica de los ingleses, y el sprit de los franceses, con toda su ligereza. Por lo que tienen de asiáticos, imaginan que son, o son en efecto, contemplativos, graves, abstinentes y religiosos. Mucho de asiático tienen, sin duda, las sectas fanáticas que aquí hay y de que hablé a usted hace algunos días.

Al leer algo sobre estas sectas, o al oír hablar de ellas, cree uno que son antiquísimas; restos acaso de las herejías orientales de los primeros siglos de la Iglesia, o de las supersticiones paganas de la Siria, de la Caldea, de la Persia y del Extremo Oriente. Por un lado acuden a la memoria Orígenes, San Simeón Estilita y San Hilarión, que no comía más que un higo por semana, y por otro, los sacerdotes de Cibeles, las purificaciones de los teurgos y hasta las mortificaciones espantosas de los penitentes del Indostán, las cuales, al menos en poesía, acaban de cuando en cuando de un modo risueño. Creen los brahmines que por medio de la penitencia vencen a los dioses inferiores y se acercan a la omnipotencia de la santa Trimurti. Indra y todas las deidades atmosféricas se cancelan con esto, y para impedir al brahmín que triunfe y haga milagros de mayor cuantía le mandan una ninfa aérea, que a duras penas se puede imaginar más hermosa, la cual aparta al santo de la penitencia, pero le da, en cambio, una numerosa y masculina sucesión, casi toda de héroes, y en número a veces de sesenta u ochenta mil, los cuales forman un ejército invencible, someten al poder de su papá todo lo descubierto de la Tierra, bajan a los profundos infiernos sin dárseles un comino de las tortugas y de los elefantes monstruosos que le guardan y sostienen el mundo, y hacen, por último, tantas otras bizarrías e insolencias, que Siva se incomoda, da un ligero resoplido con las narices y los reduce todos a cenizas, sin que queden apenas de estas cenizas para llenar un medio celemín. Acontece en otras ocasiones que en el país donde el brahmín hace penitencia no llueve ni gota, porque Indra no quiere que llueva. El rey consulta entonces a los astrólogos y aseguran que si no ponen remedio a tanto mal les cortará a todos la cabeza. Los astrólogos, al oír esto, se tienden panza arriba delante del trono y dicen que no lloverá hasta que la hija del rey, que ha de ser por fuerza de lo más perfecto y acabado que haya en el mundo, y doncella además, se vaya a la gruta del penitente y le seduzca. Dicho y hecho, la infantita hace un lío de su ropa, echa a andar, se planta en el desierto en un dos por tres, y no por ciento; se pone de veinticinco alfileres en cuanto llega cerca de la ermita, alborota y saca de sus casillas al santo varón, y cuando le tiene ya bien seducido, empieza a llover a mares y se consuela la tierra y las plantas todas reverdecen y dan flores. Apenas escampa algo, se vienen los dos a la Corte, de donde salen a recibirlos con grande aparato, música y palio, se casan, y el rey se muere de gusto y el penitente reina luego tan bien como si fuera oficio que pronto se aprende o como si no hubiera hecho otra cosa en toda su vida.

Usted dispense esta digresión indostánica, porque he refrescado ideas y tengo atiborrados los sesos de cosas de por allá desde que he trabado amistad y he tenido coloquios con un docto orientalista de por aquí llamado Kassovich, el cual sabe más sánscrito que Kalidassa. Tiene éste (Kassovich, se entiende) un puesto en la Biblioteca Imperial, y cuida en ella del salón dedicado a la Etnografía. Sabido es que esta ciencia debe más a la Rusia y a la España que a ninguna otra nación, y que en ambas se puede decir que se creó a la vez, como cuerpo de doctrina: ahí, por los trabajos de Hervás y Panduro; aquí, por la protección de Catalina II. Desde entonces se cultiva con éxito en Rusia, y los rusos han contribuido grandemente al conocimiento, sobre todo, de las lenguas del Asia. Los nombres de Adelung, Pallas, Klaproth, Senkofski, Chischkov y tantos otros lo acreditan.

Hay en este salón de la Biblioteca, donde asiste Kassovich, infinidad de gramáticas y diccionarios de todas las lenguas; cuantas traducciones y ediciones se han hecho hasta ahora de libros sánscritos, persas, chinos y árabes, y una colección de Biblias, Nuevos Testamentos y Salterios, curiosa y completísima. Los hay hasta en lengua cheremisa, morduana, lapona, chamástica, fínica, estónica, tártara y baskira, traducidos y publicados aquí. Entre las Biblias poliglotas luce la Complutense, la primera que se publicó, gloria de Cisneros. De traducciones en castellano, poquísimas, salvo algunas parciales hechas por judíos, y que son curiosas de veras. No he visto aquí la célebre de Ferrara.

De cuando en cuando hago alguna nueva visita a L'Ermitage. La última vez que estuve en él vi las obras, de los escultores modernos extranjeros que hay allí reunidas, y que me confirmaron en la idea que tengo, tiempo ha, de que la escultura vale más en nuestro siglo que la pintura. Dar por razón de esto que nuestro siglo es materialista y que la escultura es más material que la pintura me parece poco acertado. En primer lugar, nuestro siglo no es más materialista que otro cualquiera, y en segundo lugar, entiendo que solo vulgarmente y considerando las cosas por el bulto que hacen se puede decir que la escultura es más material que la pintura. Buena pintura puede darse que sea una mera y fiel imitación de la Naturaleza; buena escultura, no. En ella debe lo ideal entrar siempre por mucho. Un Teniers escultor sería un muñequero. Si el escultor imita la forma para producir con esta ocasión la belleza, y la belleza existe en el alma del escultor y en la del perito que considera su obra, independientemente de la forma sensible que en la obra reviste. Esta es solo el vehículo por medio del cual transmite el escultor su idea a quien es capaz de comprenderla; esto es, al que la tiene en sí; porque digo mal en decir que la transmite; no la transmite, sino que la despierta. Si no tiene usted en su alma toda la hermosura del Apolo, jamás comprenderá usted su hermosura. Por eso ha dicho Plotino que solo los hermosos comprenden a los hermosos.

La hermosura toma ya en la mente humana ciertas formas que se llaman tipos ideales y que son como la regla y el crisol con que medimos y depuramos la imperfecta y confusa hermosura de las cosas visibles. Si el tipo ideal de la Venus no hubiera estado preconcebido en la mente de Praxiteles, Praxiteles ni hubiera sabido distinguir, depurar y fundir en una todas las bellezas incompletas y esparcidas de las muchachas griegas que tuvieron la honra de servirle de modelo.

Yo no creo, como Gioberti y otros, que es una preeminencia de la música y de la arquitectura el no haber menester la imitación para crear la belleza. La misma preeminencia tendría entonces el que pinta o esculpe un arabesco u otro capricho de ornamentación. ¿Qué importa que la forma exista en la Naturaleza, si la idea, que está para el vulgo como escondida en la forma, sale de la mente humana y viene a ella de la divina?

Digo todo esto, acaso sin venir aquí a propósito, primero, porque la ociosidad es madre de todos los vicios, y como hoy no tengo nada que hacer, he dado en el peor de ellos, scribendi cacoethes, y segundo, porque estoy harto de oír acusar a los griegos de que divinizaron la materia y de que materializaron el pensamiento. El pensamiento de Dios se materializó también y salió el Universo de la nada. El que inventó la palabra, ya fuese hombre, ya demonio, si es que la palabra no es creación divina, materializó también el pensamiento; y más le materializó el que detuvo, fijándola en letras, la palabra veloz que antes huía.

Las mejores estatuas que hay en L'Ermitage, de escultores extranjeros, parece como que vienen en apoyo de mi opinión, ya que la idea helénica que representan es una de las más espirituales y metafísicas que han llegado jamás a envolverse en un mytho: la fábula de Psiquis y Cupido. Si yo tuviese tiempo, paciencia y la serenidad de espíritu conveniente para filosofar, había de tomar la fábula tal como la escribió Apuleyo, y hacer un comentario de ella que sería más sutil que cuanto sobre amor escribieron León Hebreo y Fonseca, y que podría intitularse La filosofía de la voluntad, de todos los misterios del amor y del libre albedrío. Una estampa, copiando la estatua de Tenerani, que figura a Psiquis abandonada del Amor y deseosa de volar hacia él, sin que sus leves alas de mariposa le basten a levantarse de la tierra, había de ir en el frontispicio de la obra.

Además de esta maravillosa creación de Tenerani, hay un grupo de Psiquis y Cupido, de Canova, también hermosísimo. Del mismo autor, un Paris, y un Genio de la muerte, lleno de dulzura, de esperanza y de belleza. De Tenerani, Amor y Venus. De Predier, Venus y el amor que llora. De Wolv, una Amazona. De Dupía, La muerte de Abel. De Falconet, un Amor que impone silencio. De Bienaimé, una Bacante y una Diana. Y, por último, otra Diana, de Houdon, muy de notar, a más del primor con que está hecha, por ser el retrato de la célebre condesa Du Barry. Hay, además, otras varias obras, que dejo de apuntar por ser de menos importancia y mérito.

Adiós. Suyo afectísimo,
J. Valera

San Petersburgo, 12 de marzo de 1857

Mi muy querido amigo: Pasada ya la primera semana de Cuaresma, en la cual la gente se prepara aquí a recibir y recibe, por lo común, los Santos Sacramentos, cede un tanto aquella severidad mística de que hablé a usted en una de mis cartas anteriores, y aunque no volvemos a tener bailes, ni comedias, ni óperas, tenemos, en cambio, raouts, palabra que ignoro de qué lengua ha salido, o si es en un todo de nuevo cuño e invención caprichosa; aunque, para ser tal, es bastante fea, y no le alabo el gusto a quien la inventó. Tenemos, asimismo (cosa extraña, no consintiéndose óperas ni comedias), cuadros vivos, o dígase posturas plásticas, como aquí las llaman, donde las más lindas y desenvueltas histrionisas y bailadoras lucen sus encantos, no solo fingiendo con arte dedáleo pasajes de las Sagradas Escrituras, sino lances mitológicos de los más profanos. Hay, por último, conciertos religiosos, donde los sochantres y los niños de coro, de que ya he hablado a usted tantas veces, entonan los sublimes cánticos al Altísimo. Aun durante la primera semana de Cuaresma, se han reunido los buenos ortodoxos de la aristocracia a rezar juntos en ésta o en esotra capilla del palacio de alguna gran señora, que tiene excelentes músicos a sueldo y cuanto se requiere para que la fiesta sea tan magnífica y agradable como devota. Aquí acusan al vulgo de los católicos de que, no entendiendo el latín, no entiende tampoco las palabras que pronuncian los sacerdotes en el templo, y no toma parte ni se une a ellos, levantando armónicamente la voz y el corazón al Cielo. Aquí, a lo que afirman, entienden el eslavón hasta los más rudos, y todos unen su plegaria a la del sacerdote, con inteligencia completa de lo que el sacerdote dice.

Fácil es contestar a este argumento contra el uso del latín, y más si se contesta a los cristianos de la Iglesia oriental, que se sirven también de un idioma muerto, comprendiendo, sin duda, como nosotros comprendemos, que un dogma inmutable y eterno debe enunciarse solemnemente, con fórmulas que también lo sean, y no en una lengua vernáculo, sujeta a perpetuas modificaciones. Además de esto, parece más digno y decoroso el que los altos misterios y las cosas santas se digan en una lengua no usada por el vulgo, que no con las palabras mismas que el vulgo emplea de continuo para las cosas más profanas y ruines. Si circunstancias eventuales hacen que el eslavón se asemeje al ruso, y la lengua de los Evangelios y de los cantos de iglesia griegos, cuando no la de Demóstenes, al moderno románico, y el georgiano antiguo al que hoy día se habla, esto no destruye en manera alguna la validez del razonamiento que ellos y nosotros hacemos, y que nos lleva igualmente a usar en la iglesia de un idioma que no se emplea ya en la conversación familiar. Pero nosotros tenemos aún una razón más, que ellos no tienen: la universalidad del idioma latino. Entre los orientales se emplean diferentes lenguas, según las distintas nacionalidades. Entre los católicos hay unidad hasta en el habla, y se diría que en el seno de nuestra madre la Iglesia hasta la pena de Babel ha sido perdonada.

Por estos discursos contra los católicos, y por otros, que suelo oír aquí a menudo, noto que en cierta clase de la sociedad hay alguna tendencia al protestantismo. Francia ejerce un influjo visible y superficial; Alemania empieza a creer que también lo ejerce, aunque de un modo más recóndito y profundo. Un libro francés lo entienden todos, lo cual puede ser alabanza o censura, según se interprete, y según el caso en que se diga. Un libro alemán tiene, por lo común, más que estudiar y arredra, a los aficionados a la lectura. Pero las ideas de los alemanes suelen ser tan sutiles y penetrantes, que se escapan del libro en que están encerradas, como de los libros de conjuros del mágico Bayalarde se escaparon los diablos: se mezclan con el aire que se respira y se introducen, sin saber cómo, en las inteligencias. Alemania, además, está más cerca de este Imperio; algunos de las provincias de este Imperio son alemanas; y hasta en Crimea y Siberia hay colonos alemanes que han traído a Rusia su actividad y su pensamiento. Comerciantes, médicos, boticarios, panaderos y otra multitud de artesanos de toda laya suelen ser de raza germánica. La mitad, por lo menos, de cuantos se emplean en las ciencias y en la literatura son de la misma raza. Se origina de aquí que, sin desearlo, sin percibirlo siquiera, y detestando cordialmente a los alemanes, se alemaniza algo el pueblo ruso, adoptando a veces lo bueno y en ciertas ocasiones tomando lo peor de sus civilizadores y disimulados maestros. No tan disimulados, sin embargo, que a veces no les haya costado carísimo el magisterio. Sirva de ejemplo

Koulmann, quemado vivo a fines del siglo XVII por predicar las doctrinas de Jacobo Boehme.

En efecto, desde aquella época empezaron a entrar en Rusia, con la civilización alemana, las herejías, la teología y la filosofía alemanas del protestantismo. La antigua civilización griega, trasplantada a Rusia con la religión de Cristo, desde fines del siglo X, dio aun entonces razón de sí, combatiendo las nuevas herejías. Los dos hermanos Lichondi, naturales de las islas Jónicas, escribieron en contra de estas peligrosas novedades. Desde entonces se puede decir que hay dos tendencias contrarias entre las personas doctas en teología. La escuela de Kiev representa la tendencia antigua y estudia las obras de los Santos Padres, por donde se acerca al catolicismo. La escuela de Moscú principia a dedicarse al estudio de los doctores del protestantismo germánico.

Desde mucho tiempo ha, ciertas doctrinas de Alemania, así teológicas como filosóficas, al través de mil sutilezas y nebulosidades, y pasando por un racionalismo más o menos patente, vienen a parar al cabo, como último término, en el panteísmo o en el egoteísmo; ateísmo menos franco y comprensible, aunque más sabio y bien deducido que el de los materialistas. Llegada la ciencia, por errados caminos, a un extremo tan lastimoso, concluye por fuerza con todo progreso ideal, y solo da cabida al progreso materia, cuando no salta del industrialismo al socialismo y acaba por atajar también este menos importante progreso. Sin embargo, como todas las ideas visibles e invisibles, reales e ideales, si esta expresión se me consiente, están enlazadas por un lazo maravilloso y armónico, hasta el propio progreso material, completo y perfecto, es inconcebible sin el progreso ideal, para el cual se ha menester un tipo ideal perfectísimo, que esté fuera de nosotros, y al cual procuremos aproximarnos de continuo. Por eso, Proudhon, en su famoso libro de Las contradicciones económicas, no creyendo en Dios, y creyendo en la perfectibilidad humana, ha comenzado por hallar en sí la mayor parte de las contradicciones filosóficas, y para salvarla provisionalmente y seguir adelante, ha establecido la hipótesis de que hay un Dios. Esto prueba que hasta para Proudhon es inexplicable e inconciliable la perfectibilidad humana con el ateísmo, a pesar de aquel precepto, si ingenioso, sofístico, de que debemos reconstruir dentro de nosotros nuestro propio ideal.

El concepto de este propio ideal no se desenvuelve dentro de nosotros, sino que viene de fuera. Por eso se perfecciona y magnifica y va creciendo con el andar de los siglos, como una perpetua revelación de Dios. Negado éste, ¿de dónde dimana y viene a nosotros ese concepto y su progresivo desarrollo? La razón colectiva, el alma suprema, la energía impersonal, que hoy no tiene conciencia de sí y que mañana la tiene, que hoy se conoce a medias y se pone por modelo, y mañana se conoce mejor y aumenta la perfección a que debe aspirarse, sin tocar nunca a lo infinito y a lo absoluto, no bastan a explicar este fenómeno, que nace de lo absoluto e infinito. Todo lo bueno, todo lo hermoso y todo lo verdadero que hoy no existe en nuestra alma y mañana aparece en ella, no nace allí como desenvolviéndose, sino que viene de fuera; no de una abstracción, sino de una persona; no de un ser único que nos absorbe, sino de un ser uno que nos comprende y nos crea. Este ser, a semejanza de la columna de fuego que alumbraba y guiaba a los israelitas durante la noche, nos alumbra y nos guía de continuo. ¿Adónde iremos sin que nos guíe y alumbre? Los pueblos que no ven esta luz, o la ven malamente, se extravían o se separan. Los pueblos que la niegan o quieren hallarla dentro de sí, se estacionan también. La doctrina de los letrados chinos se parece al moderno egoteísmo de los alemanes. Por más que se cubran estas doctrinas de tinieblas metafísicas, siempre se ocultará la nada en el fondo, y de la nada, nada puede sacarse.

Raras ideas de éstas tienen curso entre la gente aristocrática o estudiosa de por aquí. Más se sabe de ello en España, aunque pocos conocen los libros alemanes sino por traducciones. Lo que aquí es singularísimo es que muchas de esas ideas, venidas de Alemania, se hayan introducido, no por escrito, sino de palabra; no entre los letrados, sino entre la gente más ignorante y más humilde; no, por último, a manera de filosofía, sino a manera de secta religiosa. Entre las varias sectas de este género, la más extraña es la de los dugoborzi, o combatientes espirituales. Esta secta ha seguido, paralelamente, las mismas evoluciones que el racionalismo de los protestantes de Alemania, de donde ha nacido. En tiempo de Catalina II eran los dugoborzi una especie de protestantes algo místicos y racionalistas a la vez. Después, confundiendo la verdad revelada con la verdad que solo por la razón se nos hace patente, y aplicando a lo sagrado la misma máxima que sobre lo profano he dicho yo en esta carta, y que con respecto a lo profano solamente quiero que se entienda, imaginaron una revelación continua de las verdades religiosas. Dijeron luego que el Cristo ideal es el que perpetuamente nos salva, e imaginaron también una redención perpetua. Más tarde, este Cristo ideal volvió a encarnarse, según ellos, en uno de su secta, que formó una especie de falansterio o armonía como la de Owen. Dieron en seguida un paso más, y supusieron que el Cristo ha transmigrado de cuerpo en cuerpo, desde que por vez primera vino al mundo hasta nuestros días. Y, por último, llegaron al extremo de suponer que todo hombre es Cristo, es el Verbo Divino encarnado, es Dios mismo. La identidad de la naturaleza humana y de la naturaleza divina fue tenida por indudable. Entonces, los dugoborzi colocaron sobre sus altares a un hermoso mancebo y adoraron en él al Verbo, como los revolucionarios de Francia a la diosa Razón; y, como los revolucionarios de Francia, cometieron mil crímenes, si aquéllos para defender sus doctrinas, éstos para cubrir las suyas con el velo del misterio. Dicen que los dugoborzi asesinaron a cientos a sus parciales, porque habían revelado algunos de sus ritos, ceremonias o creencias. El Gobierno ruso los persiguió con energía, y hoy, los que quedan y no se han convertido, andan dispersos por todo el Imperio. Asombra, verdaderamente, que ideas tan alambicadas como las de esta secta hubiesen podido entrar en la cabeza de unos pobres y rudos campesinos, que son los que generalmente la siguieron, sin que se hable de ninguna persona de cuenta que estuviese en ella afiliada.

He vuelto a ver varias veces al doctor Muraviev, que ayer me llevó consigo a oír la misa de San Gregorio Magno, que llaman de los dones presantificados. La oímos en la capilla del conde Cheremetiev, uno de los más poderosos magnates de Rusia, que tiene ciento cincuenta mil siervos y tierra en proporción. Su palacio es magnífico. Hermosos cuadros, italianos y flamencos, adornan las paredes. El oratorio es un tesoro de imágenes bizantinas, cubiertas de oro, plata y piedras preciosas. Allí hay vestiduras sacerdotales bordadas de perlas, rubíes y esmeraldas. Ochenta cantores de todas edades alaban al Señor en la capilla. El pan y el vino estaban consagrados desde el domingo, y no se consagraban en esta misa. No se cantó evangelio; pero el presbítero salió del sanctasanctórum, o como quiera llamarse, y presentó una luz, símbolo de la luz divina. Todos se echaron por tierra, y yo con ellos, cuando se presentó esta luz. A cada paso había que hincarse de rodillas y dar con la frente contra el polvo. Hubo una ocasión en que tres niños de coro vinieron a ponerse delante del iconostasio y entonaron un cántico maravilloso de hermosura, cántico venido de Grecia, patria de lo hermoso. Era el cántico de los tres mancebos de Babilonia, que estaban en el horno sin arder. El coro respondía, figurando los ángeles que confortan a los tres mancebos. Todo esto tenía algo de dramático y mucho de poético y solemne. Pero el momento más solemne y conmovedor fue cuando se abrieron de repente las puertas del iconostasio, y mientras el coro decía, con muy hermosa música: «Ya bajan los espíritus del cielo, y están con nosotros, aunque invisibles, y toman parte en el sagrado sacrificio», el sacerdote se adelantó con paso majestuoso y pausado, la barba luenga, la cabellera flotante, el ropaje talar, y trayendo en las manos el cáliz con el pan y el vino. En aquel momento, según dice San Juan en el Apocalipsis, cayeron todos como muertos a los pies del sacerdote; él puso el cáliz sobre su cabeza, y así lo presentó a los fieles. Se cantaron, asimismo, una muy tierna oración de San Efrén, el padre siríaco; muchas letanías y un himno a la Virgen. Después que comulgó el sacerdote, nos repartieron a todo el antídoto o pan bendito. Yo tomé un par de pedazos, y no me supieron mal, ya sea porque la bendición los hace más sabrosos que de ordinario, ya porque estaba en ayunas.

Adiós. Esta carta va llena de borrones; pero no tengo tiempo ni paciencia para copiarla.

Créame suyo afmo.,

J. Valera

San Petersburgo, 20 de marzo de 1857

Mi querido amigo: Aún seguimos viendo las curiosidades de esta gran capital; pero tan pausadamente, que me temo que no concluyamos nunca. Los encantos de la sociedad elegante, muy animada en los raouts, a pesar de la Cuaresma, nos distraen mucho de aquellas instructivas excursiones.

Últimamente hemos ido, sin embargo, a visitar la Academia de Ciencias, fundada en 1725, y que posee un curioso gabinete de Historia Natural. Lo más notable que allí hay son los aerolitos, los fósiles y algunas otras producciones, tanto minerales como de la fauna de este Imperio, que difícilmente pueden hallarse en otros gabinetes. Si los aerolitos son verdaderamente asteroides, como afirman los doctos, y yo creo, fuerza es confesar, o ya que Micromegas era un embustero, y que en las estrellas y planetas no tienen los cuerpos más propiedades que en este mundo sublunar, o ya que, por no tener nosotros más que la miseria de cinco sentidos, no podemos percibir sino poquísimas de sus propiedades. Ello es que a la vista, y aun analizados químicamente, no presentan los aerolitos nada de extraño o peregrino a nuestro globo, predominando en ellos el hierro y el níquel. Acaso lo demás se nos escape, porque yo tengo por cierto que ni de las cosas mismas que vemos de diario, conocemos más que lo fenomenal y no lo sustancial e importante; y lo fenomenal lo percibimos solo de cinco maneras, pudiéndolo percibir de cuarenta si tuviéramos cuarenta sentidos. Los sabios se han calentado la cabeza para averiguar cómo podría ser un sentido nuevo, y jamás han podido concebirlo; aunque bien se puede asegurar que, si lo tuviéramos, la creación entera se duplicaría para nosotros, y las nuevas y desconocidas impresiones que recibiríamos no cabrían en las lenguas que ahora se usan, y, o serían inefables, o nos moverían a hablar, acaso de repente, nuevos y más perfectos idiomas, ya que por medio del sentido nuevo no nos pudiésemos entender de otra manera mejor y más íntima que con la palabra. Gran cosa sería si algo de esto se lograse; pero ¡cuánto no habría aún que pedir! Las quejas de algunos filosofastros contra la ciencia, que destruye la imaginación, son infundadas. Por más campo que descubra la ciencia, siempre quedará para la imaginación un campo tan vasto como el universo mundo comparado con este pliego de papel. Si independientemente, esto es, saltando por encima de los sentidos, pudiésemos llegar a la Naturaleza y comprenderla, siempre la comprenderíamos dentro de las formas del entendimiento y de una manera incompleta y subjetiva. El entendimiento no puede libertarse de sus formas sin aniquilarse. Sus formas son las categorías, la ciencia humana, las matemáticas, el entendimiento mismo. Por eso los que quieren escudriñar más hondamente el misterio de las cosas, aniquilan el entendimiento, se entregan a Dios o al diablo, y se hacen místicos o brujos. Misticismo, brujería, milagros, visiones y duendes hay, hubo y seguirá habiendo mientras haya hombres; y es tonto y presumido quien niega todas estas cosas y me parece que, por ejemplo, para ver los duendes, no ha de ser menester un sentido más, sino tener muy aguzado o perspicaz alguno de los que ya tenemos, y singularmente la vista o el oído; por donde creo a pie juntillas que el padre Fuente de la Peña trató con los duendes, e inspirado por ellos escribió su famoso libro El ente dilucidado.

Tales reflexiones, y otras que callo por no ser prolijo, se me ocurrieron al ver los aerolitos, y al no descubrir en ellos, por más que me volvía todo ojos, sino un pedazo de mineral como otro cualquiera. El mayor de estos aerolitos no es tan grande como el que cayó en Egospotamos, según refiere Tucídides; pero ya tiene, sin duda alguna, sus dos varas y media de bojeo, y es redondo como una pelota.

Los mamuts son mayúsculos de veras, y no hay elefante que no sea al lado de ellos un gorgojo. Algunos conservan la piel y los pelos; porque también en tener pelos se diferencian de los elefantes.

Las aves y los cuadrúpedos de especies vivas están muy mal disecados, por lo común; pero hay de ellos grande copia. Allí vi el onagro, o asno selvático, y el djiggetai de la Mongolia, primer bosquejo que hizo la Naturaleza antes de producir el caballo. Allí, el bisonte de Lituania, el auroch del Cáucaso, el argalí, y otra infinidad de cabras, y linces, y osos, y rengíferos, y ciervos, y dantas. De los animales que principalmente se crían en Siberia, y que dan las hermosísimas pieles con que se cubren y abrigan las damas y elegantes caballeros, vi allí los más preciosos: la marta cibelina, el armiño y el zorro negro. De pájaros dicen que se conocen en Rusia siete mil familias o especies. Los cantores no son muchos: pero sí lo son los de presa. Búhos, buitres, halcones y águilas era cosa de nunca acabar lo que vi; descollando entre todos un búho, blanco como la leche, y de un tamaño colosal, y el águila dorada, que adiestran los kirguises para cazar con ellas lobos y gacelas. Durante las fiestas de la coronación de Alejandro II vinieron a Moscú kirguises con águilas para que el emperador y sus cortesanos cazaran de aquel modo, y las águilas son tan enormes y poderosas, que basta tener en cuenta la natural exageración de los orientales para concebir que estas águilas abultadas por esta exageración, son el roco, que tanto papel hace en las historias de La lámpara maravillosa y de Simbad el Marino. Vi allí también el eider, de la Nueva Zeulia, que produce el edredón, y muchas clases de perdices, tórtolas y palomas. Las palomas no se comen por aquí, ni nadie se atreve a matarlas, de lo que infiero que las que están allí disecadas morirían de muerte natural. Aquí las palomas infunden mucho respeto, porque el Espíritu Santo tomó la figura de paloma; y así es que anidan a bandadas por esas calles, y están tan domésticas, que a veces se le paran a uno en los hombros o en la cabeza. De esto no me burlo, antes lo creo muy poético, y me hace recordar la idea que tiene la gente andaluza de las golondrinas, venerándolas hasta cierto punto, por la persuasión en que está de que ellas le sacaron a Cristo las espinas que se le habían clavado en las sienes.

Ya ve usted que no toco aquí más que los objetos de Rusia, y de éstos los más raros, porque poner por escrito cuanto vi en el Museo, en las dos horas que allí estuve, sería negocio de muchas horas más. Sabios viajeros alemanes y moscovitas han enriquecido este Museo, dejando en él cuanto traían coleccionado, de vuelta de sus viajes; así es que hasta de las tierras más lejanas hay abundantes producciones, en particular del Brasil. La colección de monos, de mariposas, de insectos y de colibríes es muy buena. Colibríes acaso haya de ciento veinte especies; verdad es que las especies de colibríes pasan de trescientas; al menos así lo afirma quien lo entiende.

Hay, además, en este Museo, muchos zoófitos, y conchas y caracoles; y, entre las conchas, la que produce un hilo sedoso con que se agarra a las peñas. Este hilo se teje, y he visto aquí guantes y calcetas hechos con él, lo cual yo no sabía sino por los libros y por haber leído en no recuerdo qué crónica, que el famoso califa Harun-al-Raschid le sirvió de presente al emperador de Constantinopla un par de guantes de este hilo. Algunos, de vuelta de Filipinas, han traído a España un hilo semejante o idéntico, producto de una concha. En fin: acaso con el tiempo se llegue a tejer algo más precioso que la seda, que el nipi y que la lana de Cachemira. En el Brasil he visto arañas que hacen sus telas de una sustancia consistente, suave y tan linda, que dan tentaciones de vestirse de telarañas.

Después de haber visto la Escuela de Minas, no llama la atención la parte de mineralogía que hay en este gabinete; pero siempre renueva, si no aumenta, la alta opinión que uno tiene de la riqueza de este país dilatadísimo, en mármoles, jaspes, piedras y metales más o menos preciosos. El diamante, el topacio, las esmeraldas, el ópalo, el granate, la calcedonia, el ágata, el ónice y el crisólito, se dan en este Imperio. En fin: grandes tesoros, guardados en los tiempos primitivos por aquella Caballería diabólica y ojiúnica de los Arimaspes, y hoy por gente no menos terrible, aunque ni con mucho tan fea.

La Academia de Ciencias tiene también su gran biblioteca, su monetario y una colección de 12.000 libros chinos, y de dos o tres mil en lengua tibetana. De todo esto, poquísimo se conoce aún en Europa, al menos que yo sepa. Aquí, sin embargo, se ocupan mucho de las cosas asiáticas, principalmente desde los tiempos de Catalina II; mas no se ocupan tanto de las literaturas cuanto de las políticas. En el Ministerio de Negocios Extranjeros hay una sección numerosísima que se emplea en ellas de continuo. No sé lo que hará, porque aquí hay más sigilo que en parte alguna. Para saber de política hay que recurrir a los periódicos de otros países y echar a volar la imaginación, como hacen dichos periódicos. Yo no aplaudo ni vitupero esto de callar tanto las cosas y de aguardar o aparentar tanto misterio, si bien me doy a sospechar que el misterio político, sobre todo, oculta a menudo la nada y que, por consiguiente, es útil para ocultarla y para que piense la gente, después de mil penosas vacilaciones, que hay dos diabluras donde no hay más que viento. Esta doctrina del misterio encubridor de la negación es el axioma primordial de la diplomacia. Con callarse consigue uno no pocas veces que le digan lo que imaginan que uno piensa y se calla. De esta suerte se llega a saber lo que debe uno pensar y callarse. No digo yo por eso que todos los pensamientos que aquí se ponen por obra vienen de fuera a enredarse en este misterio, que es como una red de cazar pensamientos; pero aunque así fuese, ya sería un pensamiento, y no chico, el haber inventado esta red para cazar los ajenos. El conde de Nesselrode nunca pensó cosa alguna mediana por sí mismo, pero en el día es otra cosa; Gortchakov es un águila. Todos los rusos lo dicen, si bien es cierto que no hay emperador reinante ni ministro imperante que no pase aquí por un portento. En los que caen o mueren se desquitan estas alabanzas con sobra de sátiras y recriminaciones. Exactamente como entre los egipcios el juicio de los muertos.

En fin, y volviendo a los libros tibetanos y chinos, diré que los primeros han de ser los más traducidos del chino o del sánscrito por los sectarios de Buda. En cuanto a los segundos, se debe creer que contendrán mil inauditos tesoros. Lástima es que en España no se formen también colecciones de estos libros y no se dedique alguien a interpretarlos, sin dejar a los extranjeros toda la gloria. No parece sino que San Francisco Javier no fue español, ni el padre Navarrete el primero que dio circunstanciada noticia de la secta de los letrados. Pero buena tontería es aconsejar que se estudie el chino cuando apenas se estudian el árabe y el hebreo, y dejamos a Dozy que nos enmiende la plana, y a los alemanes que traduzcan y comenten a los poetas y filósofos rabinos españoles, sin que nosotros tomemos carta en el juego. Siempre me está zumbando en los oídos aquel dicho de Scalígero: aliquid Lusitani docti, pauci vero Hispani; y como no soy ni presumo ser de estos pocos, reprendo con más desahogo, a ver si los que hay vuelven por nuestra fama: porque es menester que se entienda que de nuestra antigua literatura se hace gran caso en el extranjero, en Alemania sobre todo; de la moderna no se hace gran caso, y de la ciencia profana, antigua y moderna, poquísimo o ninguno. Guizot, para quien, a pesar de ser hereje, era Donoso Cortés tan pródigo de elogios, dice que la España no cuenta para nada en la historia de la civilización, y de una plumada nos la borra y desaparece. Dios se lo pague.

335

En fin: ya basta por hoy, y no derogarle que dé a usted paciencia para leer los cartapacios de su amigo,

J. Valera.

Parte reservada. El duque está fuera de sí de desesperación porque no llegan los toisones. No se atreve a mirar a Gortchakov cara a cara, temiendo que le diga: «Caín, ¿qué has hecho de los toisones?» Teme que ustedes no quieran mandarlos porque no van de aquí cruces para ustedes, y esto le tiene apuradísimo. Nunca vi inquietud semejante, sino cuando don Francisco Martínez de la Rosa esperaba al ejército español que debía venir, y no venía, a socorrer al Papa. En pie sobre un peñasco, y tendiendo los brazos y la vista a los mares, asemejaba a una Ariadna macho, según la describe Catulo. Por Dios, envíen ustedes pronto los toisones, si no quieren que haya una catástrofe. Acaso yo me tengo en parte la culpa con haber pintado con sobrada malicia las bellaquerías de Gortchakov y la bondad de mi jefe. Pero Gortchakov se ha conducido de modo que no se puede formular queja contra él. Por otra parte, el cambio está ya hecho, y limitándonos al cambio, se sale bien. Los San Andrés se estiman aquí mucho, y además van preñados de otras condecoraciones; todo esto lo digo porque, de puro oír al duque lamentarse y dar por cierto que ustedes no envían los toisones, hay momentos en que supongo que esto sea posible, y me asusto. Entonces, en vez de enviar gente a Siberia, como casi hemos estado haciendo hasta aquí, sabe Dios si seremos nosotros los enviados.

San Petersburgo, 24 de marzo de 1857
Excelentísimo señor don Leopoldo Augusto de Cueto.

Muy querido amigo y jefe: Esta es la cuarta epístola que me pongo a escribir a usted hoy. Tres llevo ya escritas y rasgadas. Tan aburrido y alterado estoy y tan mal dicho me sale lo que quiero decir a usted. Pero éste es el último ensayo, y salga como saliere. Causa de mi mal humor y desesperación es el mal humor y desesperación del señor duque porque no vienen los toisones y la banda. Todo esto se ha ofrecido ya aquí oficialmente, y creo que sin un grandísimo escándalo no pueda dejar de venir. Galitzin salió de Moscú y estará ya en París; mas no irá a Madrid si antes no sabe que Diosdado viene de camino para Rusia. Los rusos son harto presumidos y no se adelantarán a llevar a Madrid sus dos collares y su banda si no saben que llega ya el presente para ellos. Usted dirá, y con razón, que los españoles no debemos ser menos presumidos que los rusos.

Pues bien: que salga de Madrid Diosdado, que vea a Galitzin en París, que averigüe qué día estará en ésa y que para el mismo día esté él en San Petersburgo. Por lo demás, el cambio está ya hecho: banda por banda y dos toisones por dos collares de San Andrés. Harto sé que en el cambio debiera haberse incluido por lo menos al marqués de Pidal, condecorándole con el Alejandro Nevski; pero ¿qué hacer, si ya no se hizo? Peor sería el remedio que el mal de que nos quejamos. Si ha habido torpeza en esto, écheseme la culpa y hágase de mí lo que se quiera; mas, por Dios, que vengan los collares, quiero decir, los toisones.

Yo, que soy suspicaz y bilioso, podré acusar a Gortchakov de doblez y compararle al fiel de fechos de mi lugar; pero con el señor duque de Osuna, con la persona oficial, vulpes ad personam tragicam, este tunante de Gortchakov se ha conducido por tal manera, que nada hay que echarle en cara oficialmente. La informalidad estará ahora en nosotros si no vienen los toisones y la banda.

Asimismo, se ha de notar que el señor duque de Osuna disputó mucho antes de ceder, y cedió creyendo que no había otro medio de obtener para el duque de Valencia lo que se deseaba, porque aquí dan a sus condecoraciones más importancia para los extraños que para los propios, hasta por compromiso, porque, habiendo dado poco a los franceses, no querían encelarlos u ofenderlos dándonos a nosotros más. Añadiré que, prescindiendo, ya que es preciso prescindir, de la falta que se ha cometido en no contar en el cambio al señor ministro de Estado, el cambio es muy igual. Yo soy más español que nadie, y creo que el toisón, ¿qué digo el toisón?, la cruz más pequeña de Isabel la Católica, debería valer más que todos los Vladimiros, Alejandros, Andreses y Anas de Rusia; pero el caso es que toisones se dan muchos a príncipes y personajes particulares extranjeros, y San Andrés, apenas hay más que uno dado a extranjeros: el que recibió este Robert Macaire o Morny; pero Morny representaba a Francia, la nación que estos bárbaros sebívoros tratan de remedar en todo y a la que tienen en más.

Considerando esto, y en vista de las cartas del duque de Valencia al de Osuna, y que el de Osuna me ha mostrado, mostrándose el duque de Valencia contentísimo y satisfecho de tener el San Andrés, llegué a persuadirme al cabo de que en hacer el cambio habíamos hecho una gran cosa y echado en buen lance. Error de que no salí hasta ver la carta del señor marqués de Pidal de 25 de febrero último. Dispense usted lo desaliñado de la mía. No estoy de humor de escribir, y escribo como por fuerza. Repito que no hay más remedio que enviar los toisones. Si no se envían, el duque y yo vamos a Siberia, en lugar del rapacallos iluso, como diría un periodista español, y Quiñones va al Cáucaso a estudiar las vertientes de las aguas de soldado raso del Estado Menor.

El Gortchakov de Varsovia, como pájaro de mal agüero, ha venido por aquí más feo, si cabe, que le dejé por allá y más sabio de resultas de los estudios que ha hecho en la biblioteca de su palacio. Mademoiselle de Théric sigue poniéndose los calzoncillos. Veremos si entra el verano, se los quita y abre camino al ceguezuelo dios.

Me parece que, si vienen los toisones, Gortchakov, con el gozo de colgárselo, ha de hacer lo demás que se desea, y hasta ha de suprimir el 50 por 100 diferencial, sin que nosotros suprimamos nada. Tengo la cabeza hecha una bomba, y no sé lo que digo. Quisiera convertirme en toisones y darme al duque para que el duque me diera a Gortchakov y descansase, y Gortchakov me colgase de su cuello de cigüeña y me llevase a ver a la princesa Kotchoubey e hiciésemos rabiar en grande a Esterhazy, que no tiene toisón. Creo que si vienen los toisones, Gortchakov, dará un ucase para que mademoiselle Théric se quite los calzoncillos. Por Dios, y sin broma. Nadie está menos para broma que yo lo estoy. Por Dios, mi querido amigo, usted tiene mucho tacto y entendimiento y conocerá a las claras que aquí hemos hecho una majadería, pero irremediable. No puede usted imaginarse lo avergonzado que estoy de no haber salido bien de este negocio; mas ya no hay más que enviar los toisones y la banda. Gortchakov dará luego lo demás, y ustedes seguirán enviando a su debido tiempo las otras dos o tres grandes cruces. He recibido las obras de mi duque ingrato, que no me paga lo mucho que le quiero, y se las entregaré a Botkin cuando vuelva de Moscú, donde se halla ahora. Quien ha venido de Moscú, y a quien veo y trato, por carta que Mérimée me dio para él, es al bibliófilo y poeta faceto Sobolevski, que es un don Serafín Estébanez Calderón de por aquí. Habla el español, ha estado en España y conoce a Serafinito y a Gayangos, y con Gallardo tuvo un coloquio bibliófilo de tres días con sus noches en las soledades de la Alberquilla. Tiene Sobolevski multitud de libros de los más raros, españoles, sobre todo de cosas de América y Asia. Como no pocos bibliófilos, conoce más títulos de libros que lo que en ellos se contiene. Es hombre de ingenio, aunque pesado en el hablar y algo extravagante. A mí me divierte, sin embargo, y además me servirá de mucho para ver bien los manuscritos españoles de la Biblioteca Imperial y copiar o hacer copiar lo interesante. Dice él que hay aquí una famosa comedia de Calderón, desconocida en España, y que Hartzenbusch no mienta en su catálogo. La copiaremos también, aunque, por no tener aquí el Calderón de Rivadeneyra, no podré cerciorarme de si es cierto lo que Sobolevski dice. Hay también la dificultad de que una misma comedia suele encontrarse con diversos títulos.

En fin: volviendo a los toisones, yo entiendo que el cambio no es desventajoso para España. Conozco que el señor marqués de Pidal, como ministro de Estado de su majestad, y aunque no dé importancia a las cruces, debe de estar quejoso de Gortchakov y de nosotros, y espero que todo se enmiende, si cabe enmienda, dándole en adelante el Alejandro y no habiéndoselo dado desde luego. Entre tanto, es absolutamente necesario que vengan los toisones y la banda. El duque y yo haremos luego lo demás. Tolstoi, que es ministro adjunto, esto es, un segundo ministro de Negocios Extranjeros, con voto y asiento en el Consejo, quiere un Carlos III, y creo que se logre acaso un Alejandro Nevski en cambio. Mil veces le dije a Gortchakov y a Gerebsov, antes que el primer cambio se hiciera, que sin dos cruces para el señor marqués y para usted nada se haría. Después se ha hecho, y ya no hay remedio. ¿A qué echarle la culpa a nadie? Echemela usted a mí si le parece. Harto la tengo encima; porque los dos toisones, los apuros del duque, hasta cierto punto motivados, y la cólera el señor marqués de Pidal, justa y justísima, pesan sobre mí como una pesadilla.

Adiós. Su amigo y servidor, que besa su mano,

Juan Valera

San Petersburgo, 26 de marzo de 1857
Mi querido amigo: Aquí me tiene usted aún; pero ya con las
más decididas ganas de largarme, a pesar de tutte le curio-
sità, y a pesar de tutte le rarità que me dejo por ver en este
Imperio. Los mismos rusos no pueden extrañar este deseo,
pues le sienten bien, y de tal modo; que no hay boyardo
ni boyarda, ni príncipe, ni princesa, que si logra verse con
algunos cuartos y con licencia imperial, no trasponga para
París esta primavera.

Wie wird sich dorten die civilizirem
die ganze Russia, und amusiren!

San Petersburgo se quedará desierto. Los vapores están to-
mados para uno o dos meses, desde que rompan y liquiden
los hielos que cubren el Báltico. Yo, cuando me vaya, tendré,
probablemente, que irme por tierra, aunque esté ya abierta
la navegación.

En estos días he ido a ver las caballerizas de la Casa Im-
perial, donde hay más de dos mil caballos de tiro y de silla,
todos magníficos. Unos son de pura raza árabe; otros, ingle-
ses; otros, tártaros; otros, de los que crían los cosacos del
Don. Estos, más que otros, se parecen a los antiguos caba-
llos españoles, como acaso Guadalcázar los tenga aún en sus
dehesas de las cercanías de Córdoba, y como Velázquez los
retrata en sus cuadros y Céspedes en sus versos. En fin: has-
ta tienen la cabeza acarnerada. Los caballos trotones, que
así se llaman por lo bien y rápidamente que trotan, tienen,
asimismo, muy hermosa estampa, y provienen del caballo
árabe cruzado con el dinamarqués, el holandés o el inglés,
resultando de aquí tres diferencias de la misma especie. Las

caballerizas están con mucho lujo y aseo, y hay empleados en ellas muchísimos caballerizos, albéitares, herradores, palafreneros, espoliques y mozos de cuadra.

Vimos igualmente los coches de gala que salieron en la coronación de este emperador, y que pasan de cuarenta, dorados todos y con mucha pedrería falsa, y cariátides, y ángeles, coronas, cetros, genios y otros monigotes y figuras simbólicas hechas de talla en la madera. Algunos de estos coches, que son del tiempo de la gran emperatriz Catalina, están cubiertos de lindísimas figuras de Watteau.

Hemos ido, por último, a los dos arsenales. En el uno funden cañones, y en un momento fundieron cuatro en nuestra presencia. Hay ahí, además, una multitud de máquinas que, movidas por vapor, hacen las cureñas, ruedas y demás perejiles de que ha menester el cañón para ser portátil. Los fusiles no se fabrican aquí. La fábrica más notable está en Tula. En el otro arsenal están almacenados y muy puestos en orden unos sesenta u ochenta mil de ellos, en buen estado. Asimismo se ven allí cañones, banderas y otros trofeos tomados a los franceses en la retirada de Napoleón I, a los suecos en Poltava y a los turcos y a los persas en diferentes guerras que con ellos han tenido los rusos. Hay, por último, trajes, espadas, sombreros y otras prendas de todos los emperadores y emperatrices de la casa Romanov, y una colección de estandartes de todos los Gobiernos de este Imperio, los cuales, cubiertos de crespón, salen a relucir en el entierro de los zares, llevados por sendos enlutados que, a caballo y con armaduras pavoneadas, van, de dos en dos, acompañando al augusto difunto.

Creo haber ya dicho a usted que el literato Sobolevski, para quien tenía yo una carta de Mérimée, ha venido aquí de Moscú, y que, por medio de la mencionada carta, he hecho conocimiento con él, y he encontrado, con agradable sorpresa, que es un antiguo amigo de mis amigos de España, Gayangos y Serafín Calderón le conocen mucho, y con Gallardo tuvo Sobolevski un coloquio, que duró tres días y tres noches, en las soledades de la Alberquilla. No hay, pues, que decir que Sobolevski es un furibundo bibliófilo y que sabe de libros viejos más que quien los inventó. Sobre los bibliófilos de España ha escrito en francés una serie de artículos. Tiene, según me ha dicho, una biblioteca española de lo más raro, sobre todo en punto a las cosas de Asia y América, a romanceros y cancioneros. Aquí alcanza una fama grandísima de poeta faceto, y sus coplas, que rara vez se imprimen, corren de boca en boca con universal regocijo. Es grande aficionado de los españoles, y singularmente de las costumbres andaluzas, bailes, tonadas, toros y demás majezas y bizarrías. La segunda vez que estuve a verle se me plantó delante con el calañés de medio lado y una chupa con más caireles y cabetes de plata que estrellas hay en el cielo. Pronuncia muy bien la jota y canta la aragonesa y las playeras; ha conocido a todas las mozas crudas de Sevilla y de Triana; ha comido pescado en casa de Lacambra, y no ha quedado biblioteca, ni monumento, ni figón que no haya visitado en nuestra tierra. Piensa volver por ahí y copiar en Simancas cuanto atañe a las relaciones entre España y Rusia, que comenzaron a fines del siglo XVII, según él dice, por un embajador ruso que fue a Madrid en tiempo de Carlos II.

Adiós. Suyo afmo.,

J. Valera

San Petersburgo, 27 de marzo de 1857
Excelentísimo señor don Leopoldo Augusto de Cueto.

Mi querido amigo y jefe: La tardanza en el envío de las condecoraciones para esta familia imperial y para el príncipe ministro, y el haber éste traslucido o, mejor diré, visto a las claras, así por los despachos telegráficos que el duque ha escrito, como por los que han contestado ustedes, que no es involuntaria la tardanza, han concurrido, aunque parezca cosa extraña, a que la señora princesa de Galitzin, que ya iba camino de España, caiga enferma en Dresde, y se quede allí con su esposo hasta que su salud mejore. Así me lo dijo anoche el mismo Gortchakov, que solo para esto se acercó a hablarme, que mal disimula su enojo. Dio anoche el príncipe una tertulia magna, a la cual asistieron las personas más empingorotadas de la Corte, en número de trescientas, por lo menos; el príncipe de Mecklemburgo, que es un bendito, y el propio imperante y autócrata. Estaba Gortchakov con la banda de la Legión de Honor, que acababa de recibir de Francia, y se pavoneaba muy orondo con tantas glorias, mostrando cada vez más abiertamente el favor de que goza y la importantísima posición que ocupa. Él nos ha dicho que es el Narváez de este Imperio. Ahora, pues, enviado ya el San Andrés para el de España, menester será que venga pronto, para el de Rusia, la insigne Orden del Toisón de Oro. A lo hecho, pecho, y pelillos a la mar. Harto sé que el primer secretario de Estado debió entrar en el cambio; mas ¿qué hacer si ya no entró? Echenme la culpa y manden esos toisones, quare inquietum est cor ducis, donec requiescat in eos.

De lo pasado no quiero hablar más, porque no tiene remedio; pero de lo presente y de lo futuro diré que quizá sean cavilaciones mías y sobrada malicia el sospechar que no largarán aquí grandes cruces para el señor marqués, usted y Serrano. Ahora creo que si llegan los toisones habrá grandes cruces, como debe haberlas, para ustedes dos; si no, para nadie más. Entre tanto, nunca menos que ahora es ocasión de exigirlas, cuando al hacer el trueque no se exigieron. Vengan los toisones y ellas se caerán de su propio peso, como brevas maduras. Tolstoi no tendrá a mal que le den una, y, por tenerla, hará que el emperador, que es muy su amigo y del cual era como mentor cuando siendo príncipe heredero, peregrinaba, por tierras de cristianos, haga lo que conviene y es justo.

Tanto con el duque como con el amigo Quiñones continúo teniendo muy mala opinión, y ahora recelan que yo tengo la culpa de que los toisones no vengan. Yo no sé si usted ha leído al señor marqués las cartas mías, ni sé tampoco si he dicho en ellas lo contrario de lo que quería decir; pero mi intención y mi deseo han sido, una vez hecho el cambio, que vengan los toisones y la banda. Las que yo no quería que viniesen eran las otras grandes cruces, no dando aquí las correspondientes, al menos por ahora. Ignoro asimismo si, de haber sido yo y no el duque quien tuvo con Gortchakov la última conferencia, se hubiera cerrado el trato como quedó cerrado, dejándome imponer por dicho señor y seducir por sus lisonjas, o si me hubiera resistido. Solo sé que aconsejé al duque que resistiese, y si no lo hizo no solo fue parte en esta flaqueza la impostura de Gortchakov, sino las cartas, documentos y advertencias que el señor duque había recibido, y en los cuales se le prevenía que lo esencial era obtener para el señor duque de Valencia la gran cruz de San Andrés. Digo impostura de Gortchakov en el sentido portugués, pues él se ha conducido por tal arte, que no hay que acusarle de ella en otro sentido.

Debo advertir a usted, aunque ya es tarde, si antes no lo he advertido, que mis cartas, que más valiera que se hubiesen limitado a hablar de L'Ermitage y de otras cosas por el estilo, no han sido nunca escritas con intención de desacreditar al duque como embajador, y que aún deseo que se quede como tal en esta Corte. Si yo he dicho tonterías y burletas a propósito del duque, por las cuales se podía brujulear que su excelencia no es un gerifalte, me parece que esta creencia de gerifaltería les era a ustedes notoria en el parto, antes del parto y después del parto de esta Misión extraordinaria, para mí tan preñada de desazones; y entiendo que no vine, con mi mala lengua, a revelar ninguna cosa inaudita y recóndita. Yo soy el que ahora y antes y siempre me acusaré y me acuso de no haber sabido dirigir toda esta tramoya, a pesar del coronel, a pesar de don Antonio y otros que han escrito al duque en contra mía, y

A pesar de Paladino
y de los moros de España.

Ello es que me consideran como un monstruo de ingratitud, que se me echan en cara, poco disimuladamente, los favores, y que se me dice, veinte veces al día: «Yo no sirvo por dinero; yo no tengo necesidad de servir a nadie para que no confíen en mí y oigan a otros que critican mis actos, etcétera, etc.» En fin, querido Cueto: yo me declaro justiciable del acto de concesión de los toisones; yo sirvo por dinero y soy más sensible y vulnerable a la cólera de los jefes; hagan ustedes en mí un ejemplo, o por lo que he escrito de más, o por lo que he hecho de menos; pero remitan esos toisones, por las ánimas benditas del Purgatorio, entre las cuales se cuenta, mientras no aporten, su desdichado amigo,

J. Valera

No dudo que sabrá usted, por los periódicos, que Francia negocia un tratado de comercio con Rusia. Acaso esperen aquí la reforma de los aranceles para celebrarlo definitivamente. Entre tanto, ni a la nota remitiendo la circular sobre México, ni a la otra nota sobre el arreglo comercial nos han contestado. El duque cree, y con razón que no se hará el arreglo mientras no vengan los toisones.

San Petersburgo, 30 de marzo de 1857

Mi querido amigo: Anteayer se celebró aquí una gran fiesta, a la cual estuvo convidado y asistió todo el Cuerpo diplomático. Era el aniversario de la fundación del club inglés, que cuenta ya ochenta y siete años de vida. Este aniversario se solemnizó con un gran banquete de doscientas cincuenta a trescientas personas. Tuvimos sopa de sterlet, del Volga, el plato más caro y suculento que se puede presentar a un gastrónomo. Traen vivos los sterlets, y cuestan tanto, que, según me aseguraron, la sopa que aquel día comimos había costado más de mil rublos de plata (16.000 reales de nuestra moneda). Fuera de este primor, no hubo otra cosa notable en aquel banquete, si no es la alegría y el gran número de los convidados. El general Tolstoi, que presidía la mesa, brindó cinco veces, y todos respondimos a su brindis con hurras prolongados y repiqueteo atronador de los cuchillos en los platos y vasos. El primer brindis fue a la salud del emperador; el segundo, a la salud de la emperatriz y de toda la augusta familia; el tercero, por la prosperidad de Rusia, y éste fue el más estrepitoso de todos; el cuarto, por la Marina y el Ejército de los rusos, que fue poco menos alborotador que el tercero; y el quinto brindis fue filantrópico: bebimos a la felicidad de los pueblos todos, y, como la gente estaba ya cansada de brindar, no se hizo gran caso de la felicidad de los pueblos. Después de la comida nos pusimos todos a fumar, y se armó una de humo, que no nos veíamos los unos a los otros. Hubo café, licores, té más tarde, y ponche por último, y con el ponche varios interesantes speeches. El primero que tomó la palabra fue el conde de Morny, embajador de Francia, y allí nos dijo, entre otras cosas, lo mucho que se querían ambos emperadores, que habían nacido para amarse, y que de este amor y mutua correspondencia de afectos dependía, en gran manera, la felicidad de los pueblos y la paz del mundo. Lo que dijo Morny fue corto y bien parlado, y con aquella seguridad y desparpajo que generalmente gastan los franceses, y que obtiene encomio cuando no se atrae la envidia. Habló después lord Woodehouse, que, menos acostumbrado a hablar en público, y teniendo que hablar en otra lengua que la propia, estuvo algo difuso y vacilante; pero la naturalidad con que se expresaba y su modo elegante y aristocrático, y hasta en el timbre de la voz se muestra, le ganaron el auditorio. Del contenido del discurso de lord Woodehouse resultaba que la paz del mundo dependía también, en gran manera, de Inglaterra y de otras grandes potencias, como, por ejemplo, la Cerdeña, que, gracias, sin duda, a los veinte mil hombres que envió a Sebastopol, ha merecido de milord mención tan honorífica. El general Tolstoi contestó dando las gracias al embajador de Francia y al ministro de la Gran Bretaña. Durante toda esta fiesta una gran banda de música militar nos llenó los oídos de armonía.

Se me va quitando la gana de escribir a usted cartas, y ya usted notará que ahora no menudean tanto como antes. En primer lugar, usted no me contesta a ninguna, ni, como antes, me anima a seguir escribiéndolas, prueba de que le va fastidiando el recibirlas, y, en segundo lugar, mis cartas, publicadas en los periódicos, merecen, cada día más, la completa reprobación del duque, el cual me ha hecho decir, por medio de Quiñones, que no se publiquen bajo el epígrafe de cartas de un caballero que le acompaña en su dilatadísima misión extraordinaria. Yo he contestado muy humildemente a Quiñones que ya he escrito a usted rogándole muy encarecidamente que no las siga publicando de ningún modo, y que espero que usted lo hará así. Esto no quita que mis cartas, aunque chabacanas y absurdas, hayan servido de estímulo, y aun de ejemplo, para que se escriban cosas mejores sobre la misma materia, lo cual me sirve de consuelo y recompensa mi trabajo de haberlas escrito. Quiñones está componiendo una larga descripción del Ejército ruso, y ya engolfado en esto, se ha metido, sin saber cómo, en las más recónditas regiones de la balística y de la pirotécnica, y se ha dado a inventar una nueva pólvora fulminante y unas bombas de percusión tan singulares y exquisitas, que ni las inglesas, ni las francesas, ni las rusas, valdrán un comino al lado de ellas.

Fuerza es confesar que nuestra inventiva científica ha tomado un vuelo portentoso en estos últimos años, y que nos vamos despabilando, hasta el extremo de producir, en nada de tiempo, no solo estas nuevas bombas de percusión, sino el arte aerodragante del Dédalo Montemayor, el sistema de numeración de Pujals de la Bastida, la cuadratura del círculo del gran Novoa y otras ingeniaturas y artificios de la misma laya. No es solo Quiñones quien escribe sobre Rusia. Todavía hay en esta casa otra persona que está escribiendo muy por extenso sus impresiones de viaje. Hablo del señor Benjumea, secretario particular del señor duque, y ya conocido del público por sus obras políticas y sociales. El señor Benjumea es un decidido demócrata y fourierista, lo cual no obsta para que se precie de muy linajudo y me haya dicho, con disculpable jactancia, que él desciende, por línea recta de varón, de aquel famosísimo y glorioso que se escapó, como por milagro, del horrible festín de Damasco, o que, después de haber hecho las más románticas peregrinaciones, y después de haber corrido más aventuras que Ulises y que el piadoso Eneas, cesse tudo o que a musa antigua canta, fundó el califato de Córdoba. Y, con efecto, la palabra Benjumea y la palabra Ben-Humeya son la mismísima e idéntica palabra. ¿Quién había de decir que el último vástago de los Abdel-Ramanes había de estar ahora en San Petersburgo, codeándose con los Bragat, que reinaron en Georgia, con los sucesores de los Kanes de la horda de oro y de Crimea, y con los nietecitos de Gengis Kan y de Tamerlán, que andan por esas tertulias y que saludan a uno a cada paso? ¿Quién había de decir que este Ben-Humeya había de haber escrito y publicado ya un librito, que salió a luz en julio de 1854, en aquel período organogenesíaco, como le llamaba *La Discusión*? Este librito, que Ben-Humeya me ha dado a leer, tiene un título sonoro y significativo de la doctrina y del maravilloso simbolismo que encierra. Se titula La mitología de la revolución, y no tengo más que añadir. Ben-Humeya, viendo por mis cartas publicadas en los periódicos, que yo soy tan literato y filósofo como él, me ha tomado cierta amistad y me ha traído con mucho recato el susodicho aborto de su magín. Por esto y porque acaso el tal librito anónimo no sea obra suya, aunque él así lo supone, suplico a usted que no diga a nadie, y mucho menos al señor duque, que su secretario particular es tan mitológico. Ben-Humeya es un inocente, a pesar de toda su mitología. Quiñones, sin embargo, ha averiguado, por las conversaciones que ha tenido con Ben-Humeya, que es un moro rebelde, y no ha dejado de poner en conocimiento del señor duque cuáles son las peligrosas doctrinas de este monstruo democratasocialmitológico. Por fortuna, el duque es lo más bondadoso que puede imaginarse, y la revelación de Quiñones no le ha perjudicado a Ben-Humeya en lo más mínimo, si bien el duque estuvo horrorizado por espacio de una semana.

En fin: yo sospecho, aunque no lo sé de fijo, que no somos solamente Quiñones, Ben-Humeya y yo los que tratamos por escrito las cosas de Rusia. El correo del señor duque, que hace ahora las veces de mayordomo y más que nunca su negocio, es, al mismo tiempo, un alemán muy leído, y casi se puede afirmar que compone también una obra sobre todas las cosas que vamos viendo. En Alemania todo bicho viviente escribe por las noches sus impresiones, y no pocos suelen luego publicarlas. En Dresde conocí yo, y traté bastante, al barón Fabrice, que estuvo en España de ministro de Sajonia, y que, como buen oficial de Caballería, arrogante mozo y rico por haberse casado con una linda señora que lo es de veras, más se parecía al capitán Febo de Chataupers que a Claudio Frollo, y más se empleaba en cortejar a las comediantas, bailarinas y otras amazonas errantes, que en profundizar ninguna ciencia, ni arte, ni doctrina. Pero, en cambio, y para que nada faltase en su casa, tenía este señor un cocinero que, a más de guisar como pocos, y de ello doy fe, era, asimismo, un sabio notable, sobre todo en Astronomía, Química y Antropología. Apenas acababa de dar de comer a sus amos, venían a buscarle uno y hasta a veces dos académicos de Dresde, y se salían con él a dar paseos filosóficos.

Todos los años tenía este docto cocinero un mes de licencia para ir a París, conversar con los sabios de aquella moderna Atenas y ponerse al corriente de los últimos descubrimientos científicos. Para consolar a sus señores, traía también de París dos o tres platos de nueva invención. El barón Fabrice le llevó consigo a España, y mientras este cocinero estuvo entre nosotros, lo averiguó y escudriñó todo, así de leyes y costumbres como de monumentos y literatura, y compuso un libro precioso, al cual estaba dando los últimos toques y golpes de luz, cuando yo estuve en Dresde, donde dicho libro debió de publicarse poco después de mi salida. Este libro, ya sea por los muchos y diversos puntos de que trata, ya por la profesión de quien lo ha escrito, ya para darle cierto color local en todo, ya, en fin, por estas tres razones juntas, se titula Puchero, y es tan sustancioso como agradable al paladar del alma. Cuando pase por Dresde compraré algunos ejemplares y los llevaré conmigo a Madrid. Por el estilo de este Puchero imagine yo que el mayordomo interino del señor duque está condimentando otro sobre la Rusia, que deberá titularse Kwas.

Ya ve usted entre qué gente me hallo y qué epidemia gráfica y benéfica reina entre nosotros. Bien se puede asegurar que esta Misión extraordinaria no será inútil para la ciencia.

Ayer recibí una epístola del barón de Korv, director de esta Biblioteca Imperial, en la cual me decía que acababa de poner en orden las Biblias y Nuevos Testamentos existentes en dicho establecimiento, y que había hallado una gran colección de dobles, en treinta y seis lenguas diversas, y que me suplicaba se los recomendase al duque, por si quería comprarlos. Con la carta me remitía el catálogo y el precio, que ascendía solo a ciento setenta y siete rublos de plata. Esta baratura me dio tentación de guardarme yo los libros y no decir nada al duque; pero luego consideré que, en conciencia, no podía hacer esto, pues a él y no a mí se proponía la compra; y así fue que le leí la carta, y el duque ha comprado los libros. Los hay impresos en San Petersburgo y en Astracán, y escritos en muchas de las lenguas que se hablan en este vasto Imperio. Hay algunos, no menos curiosos, en otras lenguas del Asia. Termina la colección con un buen ejemplar del Léxico heptogloton, de Castelli (Londres, 1669). No hay en esta Biblioteca Imperial ninguna Biblia castellana impresa en España, y el barón de Korv dudaba de que nosotros hubiésemos nunca impreso la Biblia en castellano. Yo le he dicho que tenemos varias traducciones, y que la mejor y más leída es la del padre Felipe Scío de San Miguel. Le prometí hacerle venir un ejemplar de la mejor colección, y dejo al arbitrio de usted el escogerlo, y le suplico que lo mande. Lo que el barón de Korv me dé, en cambio de este presente, será para usted, y si usted no lo quiere, yo le pagaré a usted el gasto que haga como mejor a usted le parezca.

El señor duque ha caído en la más honda melancolía porque no vienen los toisones. Las damas conocen su aflicción y le preguntan con interés quare tristis est anima sua. Él responde con una sonrisa llena de dolor, y casi estoy por decir que de lágrimas. Hombre, por Dios, que envíe usted los toisones pronto. Gortchakov sigue de monos y nos huye como a la peste.

Los raouts, los conciertos más o menos sagrados, los convites y las posturas plásticas, ya de aficionados, ya de profesores, se suceden con rapidez y nos divierten, a pesar de la Cuaresma.

Adiós. Suyo afmo.,

J. Valera.

Anoche hubo raout en casa del príncipe Galitzin. En Rusia hay más de mil príncipes Galitzin. El que dio anoche el ratout tiene una casa divina. ¡Qué jardines de invierno, iluminados con lámparas de colores! ¡Cuánta fuente en ellos! ¡Cuántas pinturas y estatuas de Mármol! ¡Qué salones, qué escalera, qué buen gusto y qué lujo en todo! Fuerza es confesar que estos hiperbóreos saben vivir. Van a Italia y no solo se traen sus artes a Rusia, sino hasta su clima y las producciones de su clima, que meten en sus palacios como por encanto.

El amigo Baudin, primer secretario de la Embajada de Francia, me ha dicho, con mucho misterio y rogándome que a nadie más que a ustedes lo diga, que habrá rebaja en los derechos que aquí paga el vino y rebaja grande. Los nuevos aranceles acaso se publiquen para la apertura de la navegación. Tendré cuidado de enviar un ejemplar. La rebaja de derechos a favor de los vinos húngaros y de los principados del Danubio será suprimida.

San Petersburgo, 6 de abril de 1857

Querido amigo mío: Ya se rompió el encantamiento y ya nos dieron las grandes cruces para el marqués y para el general Serrano. Para usted no la han dado aún, porque hubo un quid pro quo y se la concedieron al señor Díaz Canseco. Esto se enmendará, y el señor Díaz Canseco se contentará con una encomienda. Después que se celebre la convención, habrá otra hornada de condecoraciones. Aquí las desean tanto o más que nosotros. Yo, entre tanto, deseo largarme, porque no puedo sufrir, ni a Quiñones ni al duque, ni ellos pueden sufrirme. Creen que yo he sido quien ha detenido el envío de los tolsones, y en verdad que si yo he contribuido a este retardo me aplaudo de ello, porque al cabo soltaron por él las otras grandes cruces. Muy bien me hubiera yo llevado con el duque a no haber sido por este majadero de Quiñones. Me parece que le ha hecho creer al duque mil perrerías de mí, y, entre otras, que usted atiende a lo que yo digo y no a lo que el duque dice. El duque está muy alborotado con esto, consulta a Quiñones para todo, y hasta los despachos que escribo a usted y que el duque firma han de pasar por la previa censura del Estado Mayor. Como en el negocio del arreglo comercial no entienden jota, ni el uno ni el otro, se han ido a consultar al vicecónsul, señor Kap-herr. En fin: esto es estúpido, y, sin embargo, casi lo llevaría con gusto si se me lograse cierta pretensión que tengo entre manos.

Empiezo a estar enamorado o cosa parecida. Mi amor, como el amor del duque, está en el Teatro francés. Pero acaso gaste también calzoncillos tan impenetrables como los que gasta el amor del duque. Dicen que esta última ninfa, después de haber recibido infinidad de presentes, no se quita ni se rasga los indicados púdicos calzoncillos, que han venido a transformarse en la piel de cabrito con que las mujeres de Circasia envuelven lo más recóndito y deseable de sus lindas personas: piel de cabrito que les cosen sus padres cuando llegan a ser viripotentes, y que el marido rompe solo y desata la noche de bodas: piel de cabrito, en fin, que se suspende luego como trofeo en el más conspicuo y honrado lugar de la casa. Ello es que el pobre duque se da con esto a todos los diablos, como yo me daré, si también para mí hay calzoncillos o piel de cabrito, y detesta las costumbres circasianas adoptadas por las artistas de París.

No sé ya qué hacer para amansar los corazones de estos descendientes de los Borjas y de los don Suero. Si por dicha lograse yo mi pretensión y don Suero llegase a entenderlo, tendría un sofoquín y se pondría más en mi contra.

Ben-Humeya, don Suero y el mayordomo siguen escribiendo sus impresiones. En buenas manos está el pandero, y se me quitan las ganas de repicarle, habiendo ya quien tan bien le repique. Básteme la gloria de haberles mostrado el camino. Vita mostrata via est, como dijo el profano de Venusa.

Tengo once Nuevos Testamentos en once lenguas diversas de las habladas en este Imperio. El señor marqués de Pidal puede disponer de ellos, si este género de libros son de los que él colecciona. Cuando no, me los guardaré.

El señor Muralt, que es un sabio inocente, como hay muchos en Alemania y algunos por aquí, ha venido a verme y me ha regalado todas sus obras. También el señor Obrescov, economista, que se cae, pero que se ha roto los cascos recogiendo noticias sobre el oro y la plata y careciendo absolutamente de estos metales preciosos, me ha regalado un ejemplar de su libro y le he ofrecido hacer de él un artículo crítico para los periódicos de España. Veremos si tengo paciencia para enjaretar este artículo. Entre tanto, él envía también un ejemplar a su majestad y otro al ministro de Hacienda, con la esperanza, que tímidamente me ha manifestado, de que le den una cruz. El duque ha querido que el ídem de Valencia disfrute también del señor Obrescov, y así va otro ejemplar para él. Todos están encuadernados de una manera simbólica, pues como tratan de oro y de plata, van encuadernados en un papelón en apariencia, aunque leve, de dicha sustancia. En fin: pocas veces he visto sabio más mentecatus que este señor Obrescov. Y, sin embargo, el Allgemeine Zeitung, el Journal des Économistes y el yo no sé cuántos, han hablado de él con elogio. Para que se vea que la gloria es la recompensa de los que se afanan por adquirirla, aunque sean unos topos. El señor Muralt desea saber si el Evangelio de San Bernabé, de que envío adjunta la descripción hecha por él, existe en España, o se conoce en original. Suponen que acaso sea dicho Evangelio obra de moros o de moriscos en favor del Islam.

Adiós. No puedo ser más extenso, y para lo que usted me escribe, dándome a entender con sus desvíos, que ya le cansan mis cartas, harto larga es ésta.

Suyo afectísimo,

J. Valera

San Petersburgo, 13 de abril de 1857

Mi querido amigo: Dios me ha castigado muy severamente por las burlas que he hecho de los calzoncillos de mademoiselle de Théric, y de la cómica desesperación del duque. Algo peor que los calzoncillos he encontrado yo, y más desesperado y triste estoy ahora que su excelencia.

Yo me creía ya un filósofo curtido y parapetado contra el amor; pero me he llevado un chasco solemne. Estoy en un estado de agitación diabólico, y es menester que le cuente a usted mi desventurada aventura. Si no la cuento, voy a reventar. Es menester que me desahogue, que me quite este peso de encima. Nada podría escribir a usted si no escribiese de este amor. No pienso más que en este amor, y me parece que voy a volverme loco. Ríase usted, que harto lo merezco. No tengo más consuelo que hacer de todo esto una novela.

Magdalena Brohan está aquí rodeada de galanes. Los jóvenes del Cuerpo diplomático la adoran rendidos; los inmortales del emperador la siguen cuando ella sale a la calle; las carnes de seis o siete docenas de boyardos y de príncipes y de stolnikos rebuznan por ella; en el teatro es aplaudida a rabiar y una lluvia de flores cae a menudo a sus plantas; el príncipe Orlov se pirra por sus pedazos, y el duque de Osuna, a quien no le parece tampoco saco de paja, va a verla a menudo y le escribe billetitos tiernos. Pero ninguno de estos triunfos, ni el haberla visto representar lindamente, ni el oír de continuo hablar en su alabanza a mis compañeros, nada, digo, había movido mi ánimo, ni por curiosidad tan solo, a ha que me presentasen a ella. Mi distracción se puede confundir a veces con el desdén o con la indiferencia, y no sé si picada de esta indiferencia mía o deseosa de tener uno más que la requebrara y pretendiera, Magdalena pidió a Baudin, secretario de la Embajada de Francia, que me llevase a su casa. Digo que ella lo pidió, porque a Baudin de seguro no se le hubiera ocurrido llevarme allí tan espontáneamente, si no lo hubiese pretendido ella. Baudin me dio una cita en su casa para que fuésemos a ver a la Brohan. Falté a la cita, me excusé y no se volvió a hablar de la presentación en algunos días. Mas hará dos semanas, sobre poco más o menos, Baudin comió en casa y, acabada la comida, me dijo de nuevo si quería yo ir a ver a Magdalena. Le dije que sí y fuimos juntos. Ni la más remota intención, ni el más leve pensamiento tenía yo entonces de pretender a esta mujer. Todas las hermosas damas de Petersburgo, coronadas de flores, deslumbradoras de oro y piedras preciosas, elegantes en el vestir, aristocráticas y amables en el trato y los modales, hablando siete u ocho lenguas y disertando sobre Metafísica y Pedagogía, habían ya pasado por delante de mí

como ilusiones vaporosas,
sin conmover ni herir mi corazón.

Pero donde menos se piensa, salta la liebre, y nadie hasta lo último debe cantar victoria.

Magdalena estaba en la cama, porque se había dislocado un pie haciendo un papel muy apasionado en el teatro. Ella, según afirma, se exalta por tal extremo cuando representa, que no sabe lo que hace, y llora y ríe, y se enfurece de veras, y el día menos pensado será capaz de matarse o de morirse sobre las tablas. Ya, poco ha, se hirió una mano, y en verdad que las tiene preciosas y bien cuidadas, y siguió representando sin advertir, hasta que el público lo notó, por la sangre que derramaba y que le manchaba el vestido. En fin, ella estaba en la cama, muy cucamente aderezada para recibir a sus admiradores. Sus ojos tienen una dulzura singular y a veces cierta viveza y resplandor gatunos. La boca grande, los labios frescos y gruesos y dos hileras de dientes como dos hilos de perlas, que deja ver cuando se ríe, que es a cada instante. Canta como un jilguero y se sabe de memoria todas las cancioncillas francesas más alegres. Ha leído muchas novelas; tiene ideas extrañas y romancescas, y charla como una cotorra, y se entusiasma al hablar, y se anima, y se pone pálida y colorada, y todo parece natural, sin que se vea en ella artificio.

Todas estas gracias me hicieron desde luego notable impresión, entusiasmándome, más que nada, la naturalidad de bonne fille de esta comedianta, que verdaderamente hace contraste con la afectación de las damas rusas. Pero mi admiración y mi entusiasmo eran más bien de observador curioso que de enamorado, más de artista que de galanteador rendido. La idea que tenía yo meses ha en la cabeza de que ya no era yo Cándido, sino el doctor Pangloss; de que toda la ternura de mi alma debía ya dedicarse a Dios, a la Humanidad entera, o a la patria, o a la filosofía, y no a una individua de carne y hueso, a un ser caduco y lleno de faltas y debilidades, me quitaba todo el deseo de cortejar, y hasta toda esperanza de conseguir algo cortejando, porque yo me imaginaba viejo y para poco. Así es que de la primera entrevista con Magdalena salí sin cariño alguno en el alma y sin apetito en los sentidos. De este modo fui aún a verla tres o cuatro veces, y si no recuerdo mal, no noté hasta la quinta vez la ternura con que ella me miraba con aquellos ojos de gato, y lo que celebraba mis ojos, haciendo que me acercase a ella con la luz de una bujía para ver si eran negros o verdes y compararlos con los suyos, que yo también hube de mirar con atención y más espacio del que conviene. Todo esto delante de personas que allí estaban y que debían divertirse poco con estos estudios sobre el color de los ojos. Aquella misma noche me dijo Baudin que había hecho la conquista de Magdalena; y como Baudin es un francés hugonote, serio y formal, y no un bromista y amigo de pullas, como los franceses son por lo común, yo entendía que algo había de cierto en lo que decía. Y entonces, muy hueco de mi conquista y agradecido a Magdalena, empecé a cobrarla cariño, aunque tibio, y a pensar en aprovecharme pronto de la buena ventura que el Cielo o el infierno me deparaba, y con la cual tendría muy cumplido y airoso fin mi estancia en esta gran capital, llevando conmigo un dulcísimo recuerdo de ella, a trueque de que al partir me llamasen cruel Vireno y fugitivo Eneas. Suspendido en estos agradables pensamientos, dormí de muy dichoso sueño aquella noche, y a la mañana siguiente me encontré fresco como una rosa al mirarme al espejo, y tuve por sandez y desidia mía el haber andado tan tímido y retraído de galanteos en San Petersburgo, porque yo consideraba entonces que así como Magdalena se había enamorado de mí, quince o veinte princesas pudieran haberse enamorado de mí del mismo modo, por poco pie que yo hubiese dado para ello, que hay grande aliciente en un forastero galán y bien hablado, venido de tierras lejanas, de la patria de Don Juan y Don Quijote, como quien no quiere la cosa, y que, lejos de ser feo y viejo, era yo lindo muchacho, y otras necedades por el estilo. Con lo cual llamé a un criado y le ordené que inmediatamente me comprase el más hermoso ramillete de flores que pudiera hallar. Vino el ramillete y se lo remití a la señora de mis hasta entonces agradables y desvanecidos pensamientos. Aquella noche estaba allí Baudin cuando fui a verla. Mi ramillete sobre la cama. De cuando en cuando ella lo miraba, le olía o se comía una hoja. La camelia más encendida la había arrancado del ramillete y la tenía colocada sobre el pecho. Dos o tres veces me tiró a las narices hojas a medio comer, despidiéndolas de sí con un capirotazo. El día antes había hablado de una novela de Mérimée titulada Carmen, en la cual don José empieza de este modo a enamorarse de la gitana. Ella, Magdalena, había dicho a Baudin que no sabía de quién venía el ramillete, pero harto bien que lo sabía. Yo no caí en esto, y cuando Baudin se dirigió a mí y me preguntó si era yo quien había enviado el ramillete, contesté que sí, pero sin ponerme colorado y con grande aplomo. «¿A propósito de qué?», me dijo ella. «Por capricho», le contesté. Me dio las gracias y no se habló más del asunto.

A la noche siguiente volví a verla y me la encontré sola. En un vaso, y sobre la mesa, había otro ramillete más fresco, doble mayor y más rico que el que yo había enviado. No se había arrancado de él camelia alguna para ponerla en el pecho, ni se había mordido una sola hoja. Yo, sin embargo, me encelé al verla, y di celos antes de hablar de amor. Di celos elogiando la hermosura del nuevo ramillete, tan superior al mío. «La idea se ha de estimar en esto —dijo ella—, y la idea es de usted; este otro galán no ha hecho más que imitarle.» Este otro galán era el excelentísimo señor duque de Osuna y del Infantado. Ella me lo confesó, y si no me lo hubiera confesado, lo hubiera yo reconocido, aunque no tenía antecedente alguno de los galanteos del duque con ella. Yo había visto aquel ramillete, por la mañana, entre las manos del mayordomo del duque.

En fin: estábamos solos, y ella en la cama, más bonita que nunca. Nos miramos de nuevo a los ojos, nos acercamos, se encendieron nuestros ojos y llegué a darle un beso en la frente. Se incomodó, o fingió incomodarse, y me rechazó. A todo esto, no se había hablado ni una palabra de amores. Entonces, sentado a la cabecera, y casi inclinado sobre la cama, me puse a mirarla en silencio y muy fijamente, y a ella se le adormecieron los ojos y se le humedecieron, y me dijo que la magnetizaba y que se iba a dormir; que si sabría yo desmagnetizarla luego. Con la mayor inocencia y candidez del mundo la contesté que no. «Pues entonces, por Dios, no me mire», me dijo ella. Obedecí humildemente y dejé de mirarla; me eché sobre el sillón, me puse a suspirar como enamorado y a callar como en misa. Magdalena se incorporó entonces y me miró a su vez, con ojos tan cariñosos y provocativos, que me levantó en peso del sillón, y diciéndola: «Te amo», me eché sobre ella, y la besé, y la estrujé, y la mordí, como si tuviese el diablo en mi cuerpo. Y ella no se resistió, sino que me estrechó en sus brazos, y unió y apretó su boca a la mía, y me mordió la lengua y el pescuezo, y me besó mil veces los ojos, y me acarició y enredó el pelo con sus lindas manos, diciendo que tenía reflejos azules y que estaba enamorada de mi pelo; y me quería poner los besos en el alma, según lo íntima y estrechamente que me los ponía dentro de la boca, y nos respiramos el aliento, sorbiendo para muy dentro muy unidos, como si quisiéramos confundirnos y unimismarnos. En fin: fue una locura de amor que duró hasta las dos de la noche, desde las nueve. Pero nunca consintió ella, por más esfuerzos que hice, en hacerme venturoso del todo. Y siempre que lo intenté se resistió como una fiera; por donde, rendido y lánguido y borracho, me dejé al cabo caer sobre ella como muerto, y como muerto me quedé más de una hora, y ella también pâmée, y uniendo boca con boca, como palomitas mansas. Dafnis y Cloe, antes de saber el último fin del amor, no se abrazaron nunca tan prolongada y amorosamente.

Varios coloquios, si coloquios pueden llamarse estos ejercicios andróginos, tuve con Magdalena desde aquel día; esto es, desde aquella noche. Estaba yo fuera de mí y se diría que me habían dado un filtro. Adiós libros, estudios, filosofía; ya no había para mí más estudios que Magdalena. Ella se fingía enferma; no recibía a los amigos y me recibía a mí solo. Siempre las mismas ternuras, los mismos extremos, la misma resistencia y el mismo rendimiento y desmayo para terminar la función. Cuando no me hallaba a su lado, o la escribía cartas, que no sé por qué no se inflamaban y saltaban por el aire, como las bombas de percusión de Quiñones, o me recitaba a mí mismo cuantos versos propios y ajenos guardo en la memoria, poniéndoles comentario más poético aún y sublime que la poesía. Cuando me acercaba a ella y empezaba los ejercicios mencionados, se me armaba una música en el cerebro, tan estruendosa como la que hubo en Moscú durante la coronación, con cañones y todo, y tan armoniosa como las sinfonías de Beethoven. En fin: era un frenesí continuo, que no podía durar. Ella, entre tanto, estaba incomodadísima con asuntos antiguos y nuevas consecuencias de ellos. Su marido, el poeta Uchard, de quien está separada, acaba de componer una comedia autobiográfica, en la que pinta a ella como un monstruo y él se pinta como un santo mártir. Los periódicos todos han hablado de esta comedia encomiándola mucho y tratando malamente a Magdalena. Entre tanto, su amante, no sé su nombre, ni quiero saberlo; su amante, aquel, digo, por quien se separó de Uchard, está arruinado, y ella supone que se ha arruinado por seguirla, abandonando sus negocios. Este maldito amante está en París, y ella sostiene que, a pesar de todos los stolnikos, diplomáticos, atamanes, príncipes y bovardos, se ha conservado intacta y fiel hasta el día en que cayó entre mis brazos.

¡Vea usted qué triunfo! Por desgracia, no ha sido completo, y, a pesar de mis arremetidas, me he quedado a media miel.

Una noche fui a su casa y no me quiso recibir, porque el duque, Baudin y otros estaban allí y sospechaban ya nuestros amores. Volví a este palacio de la señora Balerma con un corazón más marchito que el de Durandarte, y lloré de rabia, y me di de calamochadas, y me burlé de mí mismo, y me enfurecí y enternecí, y tuve un dolor de estómago espantoso, y los nervios, y en toda la noche no dormí una hora.

El rey Asuero se hacia leer la crónica de su reinado cuando no podía dormir; yo, que no reino en ninguna parte, ni en su corazón, me puse a leer el Teatro de Clara Gazul para distraerme. Aquellas historias diabólicas, aquellos amores espantosos inventados por Mérimée, me calentaron más la cabeza. Me levanté de la cama, y al amanecer, pálido y melancólico, me puse a escribirle una nueva carta. Le decía que era mejor que me dejara, que yo era un galán de alcorza, suave como un guante, y no como aquellos terribles enamorados del Teatro de Clara Gazul que me había prestado ella; que la fe, que había hecho tan grande a los españoles de otros siglos, nos faltaba ahora, a mí sobre todo, y que nunca el diablo, aunque fuese por intercesión de ella, sacaría de mí fruto alguno, por más que se esmerase; que, sin embargo, aunque me faltaba capacidad para las cosas grandes, aborrecía de muerte las cosas vulgares; que nuestro amor era vulgar e indigno de nosotros y que debíamos ahogarle, con otras tonterías y disparates del mismo género. Viniendo a terminar la carta con arrepentirme de todo lo dicho y con repetirle que la adoraba y que no dejase de amarme, y que si había dicho blasfemias y desatinos, era porque tenía la fiebre, como creo que era verdad; pero que a la noche volvería a verla, más apasionado y sumiso que nunca, contentándome con lo que me diera, sin pedirle más lo que con tanto recato se guarda para aquel señor que está en París. A todo esto trajo el criado por contestación que no fuese aquella noche a su casa, sino que fuese a la una del día siguiente. Ni una palabra sobre mi enfermedad, ni un «me alegraré que usted se alivie». La pena que me causó esta contestación no sabré ponderarla. Estuve por dejarme caer de espaldas con la silla en que estaba sentado, dar en el suelo con el occipucio, vulgo colodrillo, y morir como el pontífice Helí, cuando le anunciaron la muerte de sus hijos queridos. ¿Qué hijos más queridos de mi corazón que estos amores apenas nacidos y ya muertos y asesinados bárbaramente? Pero me contuve y quedé quieto, sin echarme hacia atrás, guardándome para mayores cosas y riendo en mi interior de la idea estrambótica que se me había ocurrido de imitar al pontífice Helí. Antes bien, me propuse hacer del indiferente y del desdeñoso, y plantarla y desecharla de mí, diciéndole que todo había sido broma, a lo cual mis cartas anteriores daban indudablemente ciertos visos de certeza, porque más estaban escritas para reír que para enternecer, si no es que al través de las burlas acertaba ella a descubrir las lágrimas y la sangre con que estaban escritas. Porque es de notar que los hombres descreídos que tenemos el corazón amoroso, solemos amar entrañablemente cuando amamos, poniendo en la mujer un afecto desmedido que para Dios debiera consagrarse, y viendo en ella, aunque sea una mala pécora,

l'amorosa idea
che gran parte d'Olimpo in se racchiude.

Temblando me puse a escribir mi carta, pero de despedida; con tanta, con tanta cólera como el moro Tarfe, por manera que emborronaba o rasgaba el delgado papel y la carta no salía nunca de mi gusto, y al cabo, después de escribir siete u ocho, determiné no enviar ninguna, tomando la honrada y animosa determinación de despedirme de ella de palabra, conservando en su presencia una dureza pedernalina y una frialdad de veinticinco grados bajo cero.

Dormí mejor aquella noche, acaso con la esperanza, que yo no osaba confesarme a mí mismo, de que en cuanto le dijese «Se acabó», se echaría al cuello y me pediría que no la abandonase, y que entonces se olvidaría de las obligaciones que debe al de París y se me entregaría a todo mi talante. Y ahora sí que encaja bien lo del antiguo romance:

a pesar de Paladino
y de los moros de España.

Ello es que, a pesar de mi terrible determinación de dejarla para siempre, me puse, para ir a verla, hecho un Medoro.

Tomé un baño, no sé si para que se me calmasen los nervios y estar más sereno en aquella grande ocasión, o si para estar más limpio y oloroso; me afeité más a contrapelo que nunca, dando a mis mejillas la suavidad de una teta de virgen; me limpié los dientes y perfumé la boca, haciendo desaparecer todo olor de cigarro, con polvos de la Sociedad Higiénica y elixir odontálgico del doctor Pelletier; me eché en el pañuelo esencia triple de violetas de mister Bagley en Londres, y, en fin, me atildé como Gerineldo cuando fue por la noche en busca de la infantina, que deseaba tenerle dos horas a su servicio. Llegué, llamé, estaba sola, me anunciaron y entré resplandeciente de hermosura, pulcritud y elegancia. Pero no estaba ella menos pulcra, elegante y hermosa. Tota pulchra est amica mea, et macula non est in te, le hubiera yo dicho si ella supiese latín. No se lo dije porque no lo sabe y porque venía yo dispuesto a desecharla de mí y no a requebrarla. Me senté, pues, a su lado con gran seriedad, pero sin dejar de admirarme y alegrarme de verla levantada y puesta de veinticinco alfileres. Seda, encajes, brazaletes, cabello luciente y peinado con arte; qué sé yo cuánto primor y ornato en su persona, que me la tornaba más bonita y me ponían en el corazón deseo y hasta esperanza de ajar aquellas galas, de enredar aquel pelo, de aplastar aquel miriñaque y de hacer caer aquella cabeza tan viva y tan alta entonces, pálida, con la boca entreabierta y con los ojos traspuestos y amortecidos, entre mis brazos. A pesar de estos pensamientos retozones, predominó en mí la vanidad, y aunque no dije, desde luego, «Se acabaron los amores», tampoco dije «Te amo todavía». Verdad es que ella no me dio tiempo; ella me despidió antes que yo la despidiera, como si yo me hubiera atrevido nunca a despedirla. Ella me dijo: «Olvidémoslo todo» (espantosa amnistía), y me tendió la mano de amigo, como en estos casos se usa, y me dijo con cierta ternura compasiva e irritante: Ne m'en voulez pas. Entonces tuve yo un momento de inspiración. Tomé su mano, la estreché con amistad y le dije que distaba tanto del lui en vouloir por lo que acababa de decirme, que venía dispuesto a decirle lo propio y que ella se me había adelantado: que nuestros amores no habían sido ni podían ser más que un sueño, la ilusión de un instante, y que yo me alegraba de que acabasen, porque, dentro de tres semanas a más tardar, debía salir para España, y la separación hubiera sido dolorosísima si nos hubiéramos querido de otra suerte. En todo esto, entró un actor francés, compañero suyo, y hablamos del calor y el frío y de que ella estaba ya decidida a contratarse en este teatro Imperial por otros cuatro años, y pensaba permanecer en Petersburgo, sin ir a París, donde solo le aguardaban disgustos y murmuraciones y escándalo con la tal maldita comedia de La Fiammina, que tanto ruido ha hecho, y de la que ella es la mal disimulada heroína. A poco rato me levanté, saludé con mucha desenvoltura y cortesanía y me planté en la calle a tomar el fresco.

Pensé ir a la Biblioteca a ver los manuscritos españoles; pero no estaba yo para darme a manuscritos, sino a perros. Todo se me volvía pasear y pasear, sin poder pararme en ningún sitio La cabeza se me iba. Vi pasar las tropas: Caballería, Artillería, Infantería, que volvían de una gran parada, a la que el duque y Quiñones habían asistido, y no vi nada verdaderamente. Todo esto era sobre la Perspectiva Nevski; pero nunca, por más que caminaba yo, me alejaba mucho de la plaza Miguel, donde vive Magdalena Brohan. A cada paso se me antojaba volver allí, echarme a sus pies de rodillas y pedirle, por amor de Dios, que me quisiera.

A vuelta, andaba yo con este indigno y bajo pensamiento, cuando me tocaron, por detrás, en el hombro. Así tocó Minerva a Aquiles, asiéndole por la cabellera, en ocasión en que ya sacaba el poderoso estoque para dar cruda muerte al anax andron Agamenón. Volví a cara, y no reconocí a la diosa al resplandor de los ojos zarcos, sino al pobre marqués de Oldoini, famoso por padre de Castiglione. Ille pater est, quem justae demostrant nuptiae. Este buen señor está aquí de secretario de la Legación de Cerdeña; aunque ya es abuelo, pretende aún a las damas; ha sido patito de la Bossio, y lo es ahora, como yo, de la Brohan. Es cuanto me quedaba que ser: compañero de desgracias de Oldoini. Me resigne, sin embargo, a ser su compañero de desgracias, y aun de paseo, y le seguí a donde quiso llevarme. Al cabo de mucho andar, vinimos a encontrarnos en la Embajada de Francia; entramos y fumamos un cigarro con Baudin y los otros secretarios. Yo charlé alegremente, como si nada me hubiera pasado. Conocí que me creían dichoso, porque en San Petersburgo, aunque tan gran ciudad, nada se ignora en cierto círculo. Ya se habrán desengañado, probablemente. Esto fue anteayer. Cuando volví a casa me entró calentura y la aguanté, y me senté a la mesa, aunque comí poco. Luego fui a una tertulia y estuve en ella más animado y decidor que de costumbre. Pero cuando entré de nuevo en mi cuarto a las dos de la noche y me vi solo conmigo mismo, se me figuró que estaba en el infierno. Imaginé que había estado cinco o seis días en el Cielo, que había probado todas sus glorias y que en lo mejor de ellas había venido San Pedro y de un puntapié me había plantado en la calle. Me entraron ganas de matarme; pero no me maté, como ya usted supondrá al leer esta larguísima carta. Acaso fue flaqueza de corazón o la razón fría, algo risueña y burlona, que no me abandona nunca, ni en los momentos de más pasión, y que mezcla siempre lo cómico a lo trágico. Figúrese usted que me reía de mí mismo al verme tan desesperado, y no por eso dejaba de desesperarme, ni, al desesperarme, de reírme. He comprado aquí un puñal de allá, de Georgia o de Persia, ancho, grande, damasquinado y truculento. Con él se puede cortar a cercén la cabeza de un buey.

Tiene este puñal una canal profunda en el centro de la hoja, sin duda para que la sangre corra por allí, y la adornan engastes de oro, donde lucida, si no propiamente, se aparecen el monte Ararat, el Arca de Noé reposando sobre su cima y una paloma con la rama de oliva en el pico. Esto y más observé yo anteanoche en mi puñal georgiano o persa, porque no cesaba de sacarlo de la vaina y pensar en la muerte teatral y aparatosa que pudiera darme con él:

> *Osa ferro e veleno meditar lungamente*
> *e nell'indotta mente*
> *la gentileza del morir comprende.*

Por último, en vez de pensar que era una gentileza, vine a tener por cierto que era una tontería el matarse por tan poca cosa, y que, a quererme matar, no habían de faltarme mejores ocasiones en el futuro, y que ya las había tenido y las había desperdiciado. Porque, al fin, si uno tuviera que matarse cada vez que el suicidio viene a propósito, se ajusta a la acción y termina bien el drama, plaudite cives, sería menester tener seis o siete vidas al año para irlas sacrificando cuando conviene, sin quedarse a lo mejor sin vida y sin poder trucidarse cuando el caso más lo requiera. Cuando voy a un baile y me aburro, me quedo en el baile hasta lo último, a ver si por dicha a lo último me divierto. Y en este pícaro mundo, que es también un baile, me va a acontecer lo propio, y con la esperanza de divertirme algún día, voy a vivir más que Matusalén, pero aburrido siempre, esto es, desesperado, porque yo no puedo aburrirme mientras haya que observar este hermoso y variado espectáculo del mundo. Cuando yo me muera, aunque esté hecho una momia, creo que voy a cantar, como la Traviata: Gran Dio, morir si giovane!, sintiendo siempre no poder gozar ni de la esperanza de gozar algo después de muerto, por donde conviene, para arrostrar decididamente la muerte, creer en la inmortalidad. Leyendo el Fedón, convencido de lo que dice Sócrates, teniendo motivo y no queriendo vitam preferre pudori, puede cualquier pagano beber, sin reparo alguno, la cicuta. Pero yo, por no ser nada de veras, ni pagano soy. Momentos tengo en que soy católico ferviente y siento arranques de meterme fraile y de irme a predicar el Evangelio a la Oceanía o al centro de África.

En resolución: yo pasé anteanoche una noche espantosa, y con pocas como ésta, sobre todo si vinieran precedidas de ejercicios andróginos, que fatigan más que los deleites naturales, por vivos que éstos sean, sospecho que daría al traste con mi consunta personita. Ayer no podía tenerme en pie, e imaginaba que estaba aniquilado de espíritu y de cuerpo. Pasé por la última humillación. Escribí a Magdalena Brohan una carta ternísima pidiéndole aún que me amase y prometiéndole quedarme aquí los cuatro años que ella se quedase. ¿Con qué impaciencia no esperé su contestación? Si hubiera sido favorable, en seguida le hubiera escrito a usted suplicándole encarecidamente que me dejase aquí de secretario de la Legación y diese a quien gustase mi puesto en esa Primera Secretaria. Pero la respuesta a tanta ternura, a lo mejor de mi alma, que iba envuelto en aquel papel como un ochavo de especie, fueron solo estas crueles palabras: C'est impossible. Il faut partir. Adieu. Me puse peor de salud. Llamé al médico; me tomó el pulso y me miró la lengua; me dijo que lo que yo tenía era un grande empacho bilioso, y me recetó una purga bastante activa. Hágase usted cargo de qué manera tan prosaica me estoy curando el amor. Estoy a dieta;

la pócima hace su efecto, y se me figura que voy sanando. ¡Dios lo quiera!

De tanto cariño, de tantos momentos de abandono, solo me queda el recuerdo. Le rogué, pero ella no quiso, que me mordiese en el cuello hasta dejarme una cicatriz, como la del rey Haroldo, por donde Alix, la de la garganta de cisne, le descubrió entre los muertos de Hastings, a pesar de lo desfigurado que estaba. Ella no quiso aceptar un anillo que yo le presenté como recuerdo mío. Lo compré en el Almacén Inglés, y me costó setenta y ocho rublos de plata. Vale poco, porque en el dicho almacén son unos ladrones; pero, como recuerdo, siempre valía... Ella, sin embargo, no lo tomó; me cortó con los dientes un mechón de mis cabellos y se lo guardó como relicario. Ya lo habrá tirado, quién sabe dónde.

Estamos en Semana Santa, según el estilo griego. Hoy es lunes, día pintiparado para estarse metido en casa, purgándose, haciendo penitencia y hasta confesión general, porque esta carta no es otra cosa. Aquí confieso mil culpas y necedades y me arrepiento de ellas, y hallo algún consuelo en confesárselas a usted y arrepentirme. Nunca, sin embargo, me persuadiré de que Magdalena Brohan es une coquine, sino que entenderé que es buena amante y sublime, aunque yo no sé por qué extravagancias o aprensiones inexplicables de mujer ha hecho de mí una víctima, cuando debiera haberme dejado tranquilo, como yo lo estaba.

Adiós. Esta carta no debe formar parte de la colección de mis cartas de Rusia. Esta carta está fechada en el país du tendre.

Soy su amigo afectísimo,

Juan Valera

San Petersburgo, 15 de abril de 1857

Mi muy querido amigo: ¿Qué habrá usted pensado y dicho de mí al leer la carta que le escribí hace dos días? Por lo menos, que yo, estaba loco. Loco estaba yo, en efecto; pero ya me he sosegado y vuelto a mi acuerdo. Menester es que una mujer tenga malas entrañas, y Magdalena Brohan no las tiene malas, o que sea harta singular y excéntrica, como ahora se dice, para sacar de sus casillas a un hombre pacífico y filósofo y hacerle tomar un baño ruso de amor. Yo he pasado, con rapidez increíble, de lo más ardiente a lo más frío, de um quebranto d'amor melhor que a vida a las contorsiones y convulsiones de la rabia. Dios se lo pague, pues aunque mal trago, siempre es bueno probar de todo en este mundo.

Durante mi enfermedad, mientras yo estaba

vencido de frenético erotismo,
enfermedad de amor o el amor mismo.

se ha verificado la débâcle del Neva. Desde los balcones de esta casa he visto los hielos que se ponían en movimiento, como tocados por una varita de virtud; que se separaban, y rompían y bajaban, con majestad, a perderse en el Báltico. Consigo han arrastrado no pocas barcas y otros objetos que descuidadamente dejaron los dueños a su paso, sin tomar precaución alguna. Pero la fiesta ha sido magnifica, y algo debe de costar. El raudal caudaloso que estos hielos encubrían ha quedado ahora descubierto. Ya lo cruzan mil ligeros botes, y los buques de vela y de vapor, que yacían inmóviles y aprisionados, se mecen ahora sobre las ondas cristalinas. La misma corriente y un ligero viento primaveral rizan y encrespan suavemente la superficie de las aguas. Los innumerables palacios que coronan ambos lados del río se retratan en ellas y parecen más soberbios y pagados de su hermosura al volverse a mirar al espejo después de tanto tiempo. El tiempo es inmejorable. Un Sol meridional derrama su luz sobre los edificios todos, y parece que los besa enamorado y que engendra otros tantos soles en las agujas, cúpulas y campanarios dorados de las iglesias y monasterios griegos. El día se dilata ya hasta las ocho de la tarde. Al despedirse el Sol para ir a iluminar otras regiones, se queda en el horizonte por muchas horas y tiende sus rayos oblicuos sobre el río y se baña en él y lo llena de luz, de colores, de tornasol y de reflejos. Los peces deben de alegrarse, en el fondo del agua, de esta visita que el Sol les hace después de tan larga separación. Todo vuelve a la vida, jam redit et virgo; la primavera va a venir. Aún no cantan las aves ni se ven en los árboles los primeros pimpollos verdes; pero cantarán y se verán pronto. Cristo no ha resucitado aún; los rusos siguen haciendo penitencia; ahora están en lo más fuerte de ella, y pronto se hará el milagro. Por desgracia, no hay milagro, por benéfico que sea, que no tenga sus contras. El Señor le saca los malos al energúmeno, y éstos se meten en el cuerpo de los cochinos y los cochinos se ahogan. Vendrá la resurrección, y el pueblo ruso, que tiene el estómago vacío, se atracará de jamón y de huevos duros y de ensaladas, y se emborrachará de gusto. Mi médico pronostica que con estas atraquinas se desarrollará el cólera, que nunca abandona estas regiones. Dios quiera que no se cumpla su pronóstico.

Entre tanto, apenas anteayer se vio el Neva libre de hielos, cuando salió de la fortaleza el señor gobernador y atravesó el río con gran prosopopeya y en una lancha aparatosa y brillante. Su excelencia llevaba en la mano un vaso lleno de agua del río, y con este vaso en la mano entró en Palacio y se lo presentó al emperador. La costumbre antigua era que el zar devolviese el vaso lleno de monedas de oro; pero como el vaso crecía cada año en magnitud y amenazaba transformarse en una tinaja, la costumbre ha tenido que modificarse, y el emperador, en vez de las monedas, ahora da una rica joya.

Tengoborski ha muerto. Dos días ha que lo enterraron con gran pompa en la iglesia católica. Era católico y polaco y el más distinguido economista ruso. Su obra de las Fuerzas productivas de Rusia lo acredita. Personaje de tanta cuenta por su saber y por su posición, pues era del Consejo del Imperio, debía ser muy solemnemente honrado en sus funerales, y así es que asistieron a ellos los ministros de la Corona, el Cuerpo diplomático, los grandes señores, los stolnikos, que así llamamos de aquí en adelante a la servidumbre de Palacio, porque esta palabra es graciosa y significativa, y, en fin, hasta el mismísimo zar ortodoxo Alejandro II. Tengoborski se había empleado, en estos últimos días, en la reforma de aranceles. Todo el trabajo está hecho, y no hay más que publicarlo. Mucho sienten los partidarios del sistema restrictivo, que no son pocos en Rusia, que Tengoborski no haya muerto tres meses antes. Se quejan principalmente de que los fabricantes de telas de algodón van a arruinarse, y a quedar sin trabajo los obreros, y a morir la industria. Dicen, además, que Inglaterra no ofrece ventaja alguna en cambio, y que los aguardientes, de que puede hacerse aquí gran exportación, pagan en aquel país tan exorbitantes derechos de Aduanas y de consumo, que no es posible llevarlos. Los más liberales, y a éstos creo, sostienen que la exportación de aguardientes no es más considerable por las trabas que pone el Gobierno. Figúrese usted que aquí han hecho un monopolio de la destilación y que para poner un alambique y quemar para fuera del Imperio es menester licencia. La industria algodonera de por aquí debe de parecerse algo a la de España. Así es que a los liberales, a los mercaderes y a los diplomáticos extranjeros no se les cuece el pan, como suele decirse, aunque sea expresión chabacana, hasta que se publiquen los aranceles, y acusan, a la sordina, al Gobierno de ruinmente interesado, porque retarda la publicación hasta que entren y paguen los derechos las muchas mercaderías que hay ahora en depósito en estas Aduanas.

Volviendo a Tengoborski, se anuncia que ha dejado escrito el quinto tomo de su obra, que debe de tratar, sin duda, de la Hacienda pública y de las vías de comunicación, puntos importantísimos que deja de tratar en los primeros tomos. Gran curiosidad inspira este tomo quinto, sobre todo por lo que puede decir de la Hacienda imperial. Aquí se hace aún de muchas cosas un secreto de Estado, y en punto a intereses es donde conviene y cabe más misterio.

El señor Obrescov, que es un bendito, pero gran estadista (la estadística es una de aquellas ciencias que Dios ha permitido que inventen los hombres para que ni a los tontos les falten ciencias que estudiar y puedan ser útiles estudiando las ciencias); el señor Obrescov, digo, acaba de publicar un opúsculo donde muy menudamente enumera cuánto pan, cuántos carneros, cuánta pólvora, cuántas balas, etc., etc., han consumido en Crimea los aliados; pero ni una palabra dice de lo que han consumido los rusos. Todo se lo sabe él al dedillo, según me ha afirmado; pero no dirá nada para que el Gobierno no se enfurruñe. Según el señor Obrescov, hubo en Crimea un ejército enemigo de 195.000 hombres; de ellos murieron o fueron heridos 100.000, y gastaron en la guerra 2.332 millones de francos. Hubo en el sitio, solo de parte de los sitiadores, 2.300 cañones de todos calibres, y 110 millones de cartuchos de fusil y dos millones y medio de cargas de cañón. No sé si se consumió toda esta pirotécnica; pero lo dudo. Y para completar la función, tuvieron también los aliados unos nuevos cohetes que incendian cuanto tocan y que caminan de ocho a diez kilómetros, casi tanto como las flechas del príncipe indio, amor del hada Parabanú. El librito del señor Obrescov está en ruso; pero él mismo me ha traducido lo más sustancial y admirable, acsiologótaton. De su libro sobre el oro y la plata hablaré en otra ocasión.

Aquí ha habido últimamente un acontecimiento espantable. La nobleza se ha reunido para elegir los jueces y magistrados que elige. Estas elecciones tienen lugar cada tres años, y así como el pueblo elige sus starostas o ancianos que le gobiernan, así la nobleza elige ciertos funcionarios. Tiene, además, el derecho de tratar, en estas asambleas, de todos sus negocios, y como quiera que los negocios de la nobleza pueden ser y son los del Imperio, la nobleza puede tratar de los negocios del Imperio todo. El Gobierno puede hacer o no hacer caso de lo que diga la nobleza; pero siempre es un precioso derecho el de poder discutir y poner en tela de juicio los actos del Gobierno. Tiempo hacía que la nobleza no usaba de este derecho; pero este año ha usado de él, y ha hablado de la inmoralidad de los empleados, de los desórdenes de la Administración y de otros asuntos de no menor importancia. Acaso aspire a una libertad y predominio políticos, fundados en esta libertad municipal de que ahora goza; y acaso se cree con el tiempo en este país una forma de gobierno liberal, muy diferente de los gobiernos representativos que por ahí se usan. La gran cuestión que preocupa más a estas gentes es la emancipación de los siervos. Los nobles aseguran que les convendría más que fuesen libres, y que la servidumbre es para ellos una carga más que una ventaja; pero que el emancipar a estos hombres causaría una perturbación inmensa. La servidumbre no viene en Rusia de muy antiguo, como vulgarmente se cree. Se extendió en la época del zar Boris Godunov. Las invasiones de los suecos y polacos, las guerras del falso Demetrio, que por aquel tiempo acontecieron, y, la peste y el hambre y la inseguridad de la vida, que trajeron consigo, abatieron de tal suerte los ánimos, que pueblos enteros se vendieron, por decirlo así, a los señores en cuya tierra vivían, y contrataron solemnemente con ellos no abandonar nunca la tierra, si él les mantenía y sacaba de la miseria en que se hallaban. Antes solo eran siervos los prisioneros de guerra y los tártaros sometidos; desde entonces lo fueron también los eslavos; pero fueron siervos de la tierra y no de la persona. Toda otra servidumbre que más tarde se haya introducido es por abuso, no por ley. Boris Godunov legalizó, a principios del siglo XVII, la servidumbre de la tierra, porque, habiéndose, por una parte, obligado muchos a no abandonarla, y siendo, por otra, peligrosísimas en aquellos días de trastornos las emigraciones y cambios que antes había, porque los rusos son y han sido siempre algo dados a la vida errante, prohibió que nadie abandonase su tierra. De este modo se explica la actual servidumbre. Solo los nobles tienen el derecho de poseer siervos. Este privilegio y el de no poder ser fustigados o recibir el knut son los más importantes que tienen. Ninguna pena corporal aflictiva puede aplicarse a un noble, salvo la de muerte, y ésta no tiene en el día aplicación alguna en el fuero común sino en dos casos, a saber: si se atenta a la vida del soberano o se trata de cambiar la forma de gobierno. A ir a Siberia de este modo o del otro, y en los modos hay mucho que decir, o a recibir el knut, si es uno villano, están reducidos los castigos todos.

Tengo el Código penal que promulgó Nicolás I en 1846, y que está traducido en lengua alemana. El Código civil no está traducido. Las provincias del Báltico se rigen por leyes especiales. Creo que este Código civil no es más que un extracto, hecho según cierto sistema, bajo la dirección del célebre jurisconsulto Speranki y sancionado por el mismo grande emperador, en el año de 1832, si no me equivoco. Códigos anteriores, o cosa parecida a un código, solo ha habido dos: uno en el siglo X, titulado La verdad rusa; otro, publicado por el segundo de los Romanov, que se titula Constitución del zar Alexis. Lo que sí hay es un inmenso cúmulo de leyes, de las cuales Speranki sacó un extracto, y que el mismo Speranki reunió y publicó en cuarenta o cincuenta volúmenes, donde se contienen los más importantes documentos para escribir la historia de la civilización, de las costumbres y de la vida de esta nación poderosa.

Ya se hará usted cargo de que el haberse abolido aquí la pena de muerte para casi todos los delitos es cosa muy moderna. Antes quedaba al arbitrio del juez el imponerla, y la imponía a menudo, fundado en la consideración de que toda infracción de la ley era oponerse a la voluntad del zar, y oponerse a la voluntad del zar, oponerse a la voluntad divina.

Estas noticias las digo tan someramente, que acaso no se entere usted de nada; pero bueno es apuntar ahora, que si más adelante hay tiempo, paciencia y fuentes donde beber, ya podremos dilatarnos.

Mis desabrimientos y el tiempo santo en que estamos me conducirán, probablemente, a los brazos de Muraviev, que me llevará a ver alguna función de iglesia. Así, Marramaquiz, abandonado por Zanaquilda, buscó consuelo a sus penas en los coloquios que tuvo con Garfinando,

que en los bosques vivía,
donde había estudiado
natural y moral filosofía.

Confieso, sin embargo, que Sobolevski es un hombre, aunque profano, mucho más divertido y discreto que Muraviev, y que su conversación vale diez veces más. Botkin ha tiempo que está en Moscú, o no sé dónde, y no he podido entregarle las obras del duque de Rivas. Entre tanto, Sobolevski las lee y se admira de sus bellezas, aunque las halla, y francamente tiene razón, algo palabreras: defecto común de toda o de casi toda nuestra literatura y quizá de la lengua.

Adiós, y créame suyo afectísimo,

Juan Valera

San Petersburgo, 18 de abril de 1857

Mi querido amigo: Gracias a Dios que ya estamos en Sábado Santo y Cristo resucita dentro de poco. ¡Terrible semana hemos pasado! No hay medio de hablar ni de ver a nadie en estos días.

Los rusos harán penitencia o no la harán; pero ello es que no consienten en ver a nadie. Y lo más triste de todo es que la clase elevada no hace estas cosas corde bono et fide non ficta, sino por ser muy ceremoniosa y estar bien regimentada. No sé si hay un general del culto; pero debía haberlo, así como hay un general de los teatros. Una persona comm'il faut se persignará aquí siempre al levantarse de la mesa, tan maquinalmente como un soldado que se cuadra al ver un oficial que pasa, y del mismo modo, aunque en su vida haya pensado en Dios, se encerrará durante la Semana Santa, y aun una o dos semanas más durante la Cuaresma, y meditará o hará como que medita en los divinos misterios. Por último, si es rico, no solo tendrá cocinero, mayordomo y lacayos, sino también capilla, y en ella dos o tres popes y unos cuantos cantores. Esto hace que los actos religiosos no solo no sean aquí verdaderamente católicos, esto es, universales e interesantes a la Humanidad entera, que eleva al Cielo su plegaria y con la plegaria los corazones en la misma comunión, sino que no son siquiera nacionales y patrióticos.

El pueblo, acaso con fe sincera, aunque grosera, acude estos días a los templos, a vísperas y maitines. La nobleza, separada del pueblo, celebra en sus casas las ceremonias religiosas que representan o recuerdan el temeroso misterio de la Redención. En las capillas y en las iglesias se cantan versículos de los evangelios, de las epístolas de los apóstoles y de otros pasajes de las sagradas letras que directa o simbólicamente aluden a la pasión de Cristo. Los hermosos cantos que la ensalzan se deben principalmente a dos eminentes poetas y santos de la Grecia cristiana: Cosme de Maimma y Andrés de Creta. Las fiestas de Semana Santa no son aquí populares ni solemnes. El Jueves y el Viernes Santo, a no ser porque no le reciben a uno de visita, no se distinguen de los demás días del año. Las tiendas están abiertas, cada cual se ocupa de sus negocios y los carruajes circulan libremente por la ciudad.

La religión ortodoxa acaso entusiasme aún al pueblo; mas para la gente ilustrada no es más que una religión oficial. El arte no ha hermoseado el culto ortodoxo, y las imágenes son feísimas. El canto solo es hermoso, y las damas y caballeros rusos se entusiasman con él como con una gloria nacional.

Religión, lo que verdaderamente se llama religión, no creo que haya mucha; mas, en cambio, hay mucho patriotismo. El ruso no es filántropo ni teófilo, sino filorruso. El que quiera amar a Dios y a los hombres, ora encubierta, ora descubiertamente, se hace católico, o se hace filósofo incrédulo, o se hace protestante, y fácil es descubrir en ellos estas inclinaciones, a pesar del viejo oficial de la ortodoxia. Sin embargo, en cuanto se toca la cuerda del patriotismo o del odio a los polacos, el ruso más incrédulo o más católico se vuelve más ortodoxo, como ellos se llaman, que Focio mismo. La dominación de los polacos en Rusia ha engendrado un odio inmenso inextinguible contra los polacos. Ahora la están pagando los pobres. Para un buen ruso o para una buena rusa no hay caballero polaco que no sea falso, traidor, tramposo, etc., ni dama polaca que no sea deshonesta y liviana. Las crueldades y tiranías de los polacos de hace dos siglos las cuentan aquí como si fuesen recientes y cometidas este mismo año. No hay maldad que no les atribuyan.

Los jesuitas, que durante la dominación polaca trataron de civilizar y hacer católicos a los rusos, son aún más aborrecidos. Este odio retrospectivo es lo que detiene más en Rusia los progresos del catolicismo. Porque si a la verdad sería utilísimo, políticamente considerado este negocio, que la Iglesia y el Estado, suponiendo a la Iglesia viva, enérgica y grande, estuviesen íntimamente unidos, como aquí lo están, todavía, creyendo, según creo y es lo cierto, que esta Iglesia está muerta, me parece gran pena para el Estado llevarla colgada y hacer un solo cuerpo con ella, como los gemelos de Siam, muriendo el uno y quedando vivo el otro. Digo que está muerta, porque nada hace más que hacer que canten los sochantres y, sobre todo, porque nada piensa. Los unidos de Lituania y de otros puntos, dominados en lo antiguo por la Polonia, y que en 1839 volvieron a ser rusos de religión, fueron movidos por temor o por esperanzas carnales; y ¿quién duda que la coacción del emperador Nicolás, más que la persuasión de sus apóstoles, tuvo parte en este milagro? ¿Qué civilización o qué cultura económica tienen los rusos? Ninguna, porque su religión no se presta a que la tengan.

La civilización y la cultura vienen aquí, desde los tiempos de Pedro el Grande, de las regiones del Occidente, y vienen empapadas, páseme usted la palabra, en una religión diferente o como elemento extraño a la religión. De aquí el desprecio mal encubierto por el clero que hasta el vulgo siente, a pesar de su fanatismo. Y no solo desprecio, sino hasta repulsión. No hay nada de peor agüero para un mujik que encontrarse en la calle con un clérigo.

¿Y qué hacen éstos para rehabilitarse? Nada, no hacen nada, por más que se diga.

Los rusos siempre nos salen con que no conocemos sus cosas ni la lengua que hablan; si tuviesen grandes escritos y grandes acciones, ¿quedarían encubiertos? Presumen de más desdeñosos de lo que son, y dicen que nada les importa que no los conozcamos; pero lo que quieren es que no conozcamos sino lo que vale algo, no lo que no vale nada. Pagan el Nord, en Bruselas; han pagado a Haxthausen para que escriba; han dado a Karansin 50.000 francos anuales de renta por haber escrito la historia de Rusia, 50.000 francos de que aún gozan sus hijos, y todavía se obstinan en darse tono de que quieren guardar el incógnito. Ello es que no tienen ningún escritor de nota, ningún Santo Padre de su Iglesia, cuando no lo conocemos. No hay más que Muraviev, que es seglar, y, aunque amigo mío, magis amica veritas, fuerza es confesar que vale poquísimo. Yo leo a Muraviev para enterarme de asuntos que sin leerlos no sabría. Pero aquí ¿quién lee? Él dice que la clase media (el pueblo no sabe leer); yo creo que no le lee nadie. La nobleza, sin embargo, y hasta las damas, que, como he dicho a usted, ya son aquí muy licurgas, suelen pensar en las cosas santas y leer libros de religión. Y los libros que leen son católicos, y si algún sentimiento religioso tienen en el alma es un sentimiento católico. Chateaubriand, Lacordaire, Augusto Nicolás, el cardenal Wisman, el padre Ventura, Genonde, Bautin, Ozanan y tantos otros novísimos, elocuentes y sabios y entusiastas defensores de la verdad de nuestra fe son aquí leídos y admirados, y, como contraposición, en favor de la religión ortodoxa no hay más que Muraviev y los cantos de los sochantres. Hay también en contra de esos autores la filosofía volteriana, la vita bona y alegre y las novelas de Paul de Kock. Pero la severidad de costumbres de este emperador, y de su esposa sobre todo, se oponen a estas ligerezas y devaneos. En el día, la Corte de Rusia, en apariencia al menos, es bastante severa. Se cuentan poquísimos escándalos, y la mayor parte de ellos causados u originados en el extranjero, como si al salir por ahí estas señoras se dejasen en casa las obligaciones como incómodo e inútil bagaje. Usted habrá leído o habrá oído hablar de La dame aux perles, de Alejandro Dumas, hijo. Esta dama de las perlas es la mujer del heredero de Nesselrode. Repito, sin embargo, que lo que es aquí, en el día de hoy, se vive muy morigeradamente o por lo menos con gran recato. Del emperador, que da el ejemplo, solo se susurra vagamente que adora y que, naturalmente, es adorado por una princesita más docta que la misma reina Libusa. Pero esto está bien disimulado, y pensando piadosamente, se puede dudar que sea cierto.

En los buenos tiempos del emperador Nicolás era muy diferente. La sangre de Catalina II hervía en las venas y turbaba la serena majestad del autócrata.

> *Aux filles de bonnes maisons*
> *Comme il avait su plaire,*
> *Ses sujets avaient cent raisons*
> *De le nommer leur père.*

Así es que la gente se divertía más que ahora y hasta se cuenta, aunque yo no doy crédito a las malas lenguas, que aquí abundan, que una princesa imperial iba a cenar al restaurante, en partie carrée, con la Woronzov y dos amigos.

¡Cómo, en el día, han mejorado las costumbres! Apenas manent sceleris vestigia. Los antiguos y muchachos servidores del zar difunto son los que dan peor ejemplo, empezando por el conde de Adlerberg, que tiene su coima mantenida, aunque más está ya este buen señor para mandado recoger que para otra cosa.

Entre estos personajes que rodean el trono, más bien nota uno cortesanía y extrema elegancia, como para disimular que son bárbaros, que capacidad y, sobre todo, lo que ahora se llama genio. Adlerberg ya he dicho que no es más que un buen señor: Orlov es cuco y vulgarote, pero entiende su negocio; Gortchakov es el más potable de todos. Gortchakov la da de bel esprit. Ha jugado mucho al secretario y juega todavía, y tiene sus puntas y ribetes de coplero y ha sido gran amigo de Puschkin. Es un causeur admirable; las damas todas lo dicen y se entusiasman de oírle, y ponen por las nubes sus donaires y sutilezas y discreciones. En las notas y despachos que Gortchakov escribe, y le gusta escribirlos para lucir su ingenio, entra por más la presunción de literato que la del hombre político, y se fina y desperece por compaginar frases peinadas o por faire des bons mots, aunque no tengan sentido alguno o tengan otro del que debieran tener; por ejemplo: la que se ha hecho famosa de la Russie se recueille et ne boude pas. Parece que su idea política capital es no hacer política de simpatías; no intervenir en los asuntos de Europa para defender el principio del orden, de la legitimidad, del despotismo o como quiera llamarse, sino para defender y mejorar los intereses de Rusia. Esto tiene de bueno que no habrá en adelante ingratitudes como la de Austria, pero tiene de malo que se pierde la influencia y el prestigio de la idea y que solo el de la fuerza o el de la conveniencia queda en pie. Verdad es que, distraída la atención un tanto de los negocios exteriores, se podrá reconcentrar en los internos y mejorar la administración, en extremo viciosa, y hacer ferrocarriles y mejorar la industria y las artes, y fomentar el comercio y la riqueza pública, con la cual podrá Rusia, en pocos años, sin hacer conquistas, aumentar tan maravillosamente su poder, que las potencias occidentales tengan que recelar de él más que ahora. Entonces podrá este Gobierno, con más eficacia, volver a ser el propugnador de los principios que más le acomoden. Entre tanto, me aseguran que florecen y se desarrollan notablemente las artes de la paz. La Exposición de pintura y escultura está abierta y ya hablaré a usted de ella otro día. La literatura prospera, si hemos de creerlos. Cinco rublos (ochenta reales de nuestra moneda) es el precio ordinario que recibe un literato por cada página de impresión de una revista, y en Rusia se publican muchas revistas.

Libros se escriben también en abundancia, pero poco notables. De las novelas de Turgueniev es de lo que más se habla, y ya la Revue des Deux Mondes ha dado en francés algunas traducciones de ellas. He notado que las personas cultas de por aquí, esto es, los príncipes y boyardos, porque la burguesía no la conozco, no se fían mucho de los autores rusos, y no los leen sino después de haber pasado por el crisol de la crítica francesa, y cuando los franceses han dicho que son buenos et vidit Deus quod esse bonum. Mas esto no impide que todo ruso trate de probarle a usted que sus autores son intraducibles y que sus hermosuras y primores son incomunicables y divinos, como la lengua en que escribieron. Por donde Puschkin y Liermontov, que yo he leído en alemán, y algo de Gogol, que he leído en francés, debo tener por cierto, si quiero estar bien con estos señores, que valen mil veces más en la lengua propia, y que en otra lengua solo queda un glóbulo homeopático de la bondad de ellos; algo de infinitesimal, microscópico e imperceptible, si se atiende a la verdadera grandeza de que están dotados. Hasta ahora el hombre de más talento que he conocido en Rusia, traducido también, puesto que tiene que hablarme francés para entenderse conmigo, es el señor don Sergio Sobolevski, poeta faceto, gran bibliófilo y amigo de Mérimée, Serafín Estébanez Calderón y Gayangos. Sobolevski me dará cartas para Moscú, adonde iré en cuanto llegue Diosdado y entoisonemos al gran duque heredero. De vuelta de Moscú me embarcaré e iré a Stettin; de allí, a Berlín, Dresde, Praga y Viena, y luego, a París y a Madrid por último.

Aquí es imposible copiar un manuscrito español, como yo mismo no lo copie, y ya, ni hay tiempo ni paciencia; pero en Viena podré copiar lo que el señor marqués de Pidal desee. Llevaré para Wolv cartas de recomendación de Sobolevski. Por todas estas ciudades podré, además, recoger algo curioso en punto a libros viejos españoles, sobre todo en Francfort, donde está establecido el judío Baer, a quien he conocido aquí, y me parece un águila bibliópola. Si el marqués o usted no tienen La primavera y flor de romances, el Cancionero de Resende, publicado en Stuttgart, u otros libros nuevos por este orden, y desean tenerlos, los llevaré conmigo.

Adiós. Suyo afectísimo.

J. Valera

San Petersburgo, 20 de abril de 1857

Querido amigo mío: En mi última carta dije a usted una infinidad de picardías contra la religión de este pueblo, y hoy me arrepiento y retracto de haberlas dicho. Aquí se escribe y se lee menos, pero se cree mucho más que en Francia y en Italia. Estoy no solo dispuesto a cantar mil veces la palinodia, sino maravillado y enternecido, además, de cuán religiosos son los rusos, y de las bellas cosas que he visto en estos días.

El Sábado de Gloria se lloraba aún en todas las iglesias la muerte del Señor. El simulacro de su Santo Sepulcro estaba expuesto a la adoración de los fieles. Los sacerdotes entonaban en torno cánticos fúnebres. Solo de cuando en cuando se dejaba oír un himno fatídico, alguna palabra poética llena de esperanza y alegría. Los profetas de Israel anunciaban la resurrección del Crucificado, y no solo su gloriosa epifanía, sino la resurrección de toda carne.

Confiando, sin duda, en estas promesas, empezó el pueblo a regocijarse apenas llegó la noche, y por toda la ciudad aparecieron ardientes luminarias que dejaban ver, con claridad igual a la del día, las fachadas de los templos y palacios: ardientes luminarias que se duplicaban reflejando en las aguas, ya libres de hielo, del grande y del pequeño Neva y de los cien canales. Cerca de medianoche acudió a las iglesias infinito pueblo, y a las capillas del Palacio Imperial y de los magnates personas más encopetadas. Yo fui a la capilla del conde Chemeretiev. Pero ¿qué digo a la capilla? Todo el gran palacio de este poderoso boyardo se había convertido en un magnífico templo. Lámparas de plata, arañas y candelabros de cristal y de bronce lo iluminaban por dondequiera; gran copia de flores lo embalsamaban y engalanaban. Manibus date lilia plenis; y Dios me perdonará si en ocasión tan santa cito a un poeta que, aunque pagano, tuvo mucho de católico en el fondo del alma, y fue maestro de Dante y vaticinador de la venida del Verbo.

Como yo siempre llego tarde adondequiera que voy, llegué también tarde a casa del conde Chemeretiev. Antes de subir la escalera, comencé a oír un canto, melodioso, dulce y sumiso, que aparentaba venir hacia mí. Subí la escalera, y, no hallando criado ni persona alguna que me guiase, caminé hacia el punto de donde el canto venía. A poco andar hube de detenerme embebecido, y vi adelantarse por una extensa galería una pausada y solemne procesión, que con notable majestad y recogimiento discurría por todo el palacio, que de seguro pudiera tomarse entonces por un palacio encantado.

Tutti cantavan: Benedetta tue
nelle figlie d'Adamo e Benedetta
sieno in eterno le belleze tue.

Aquella procesión asemejaba a la que el altísimo poeta florentino vio en la cima del purgatorio, cuando Beatriz, *sotto candido vel cinta d'olivo*, vino por él para llevárselo al Cielo. Iba delante un sacerdote vestido de blanco, con una cruz de oro levantada, como para servir de guía; y en pos de él, otros con estandartes de brocado, bordados de pedrería resplandeciente. En seguida coros de niños, de jóvenes y de ancianos. Luego familiares de la casa y otras personas de cierto respeto con sendos mantos de damasco encarnado, guarnecido de anchas franjas de oro, y llevando muy devotamente sobre el pecho las reliquias preciosas, las santas imágenes y los libros sagrados, que, cubiertos de perlas, diamantes, esmeraldas y rubíes, se guardan en el oratorio del conde. Seguían después muchos caballeros, muy condecorados y vistosos, y no pocos de uniforme. En fin: las damas, las criadas de la casa, las mujeres todas iban allí también con vestiduras blancas, como las de aquel joven extraño, como las de aquel ángel hermoso que vieron las tres Marías sobre la tumba del muy Amado, y que les dijo: «¿Por qué buscáis al vivo entre los muertos? Id a anunciar que ha resucitado.»

Cada uno de los que asistían a la procesión llevaba en la mano una vela encendida. Yo me quedé absorto viéndolos pasar, y cuando hubieron pasado, los seguí a la capilla. Al llegar a la puerta, la hallamos cerrada. El coro, sin embargo, cantó con un presentimiento dichoso: «Cristo ha resucitado de entre los muertos y ha vencido a la muerte con la muerte. Cristo ha vuelto a la vida a los que yacían en la tumba.» Entonces se abrieron de par en par las puertas del santuario y apareció en ellas el primer sacerdote con un ropaje flotante y lujosísimo: en la diestra, la cruz, y en la siniestra mano, un turíbulo. Xristos vascrés, dijo tres veces, bendiciéndonos con el crucifijo, y, exclamando todos: Va istina vaseres, entramos en la iglesia como si entrásemos en el Cielo, ya redimidos y benditos. «¡Oh pueblos! ¡Oh naciones! —dijo entonces el coro—, iluminemos la Pascua del Señor, la Pascua. De la muerte a la vida, desde la Tierra al Cielo nos ha traído Cristo, nuestro Dios. Entonemos el canto de la victoria. Purifiquemos nuestros sentimientos y veremos resplandecer a Cristo en la luz hermosa de su resurrección, y oiremos claramente su voz que clama. Regocijaos y cantad el canto de la victoria. Todo está ahora lleno de luz: el Cielo, la Tierra y el profundo. La creación entera celebra la resurrección del Señor que la ha criado. Venid y bebamos una bebida nueva, que no brota de infructífero peñasco, sino del manantial mismo de la eternidad, de la tumba de Cristo resucitado, que nos ha redimido. Ayer estábamos contigo en la tumba, ¡oh Cristo! Hoy resucitamos contigo. Ayer estaba yo sepultado. Ensálzate a Ti mismo, ¡oh Salvador! Hoy estoy contigo en tu reino. Tú bajaste a las entrañas del abismo, y rompiste los cerrojos eternos, reforzados y firmes. Celebremos la muerte de la muerte, la aniquilación del infierno, el principio de la vida imperecedera. Deja que te contemple, Sión. He aquí que todos tus hijos, como antorchas encendidas por Dios, vienen a Ti del Oriente y del Occidente, del Septentrión y del Mediodía, y en tu seno alaban a Cristo por los siglos de los siglos. Ilumínate, ilumínate, nueva Jerusalén: la majestad del Señor ha venido sobre ti. Baila y regocíjate, Sión. Y Tú, Madre purísima del Verbo, alégrate de la resurrección de tu Hijo.» Este canto, este maravilloso epinicio, del que solo traduzco mal algunos fragmentos, es de San Juan de Damasco. Hay, por último, un momento en que el

coro dice: «Abracémonos unos a otros, llamémonos herma-
nos, perdonemos a los que nos aborrecen y cantemos juntos:
Cristo ha resucitado de entre los muertos.» En este momento
solemne los rusos todos se creen verdaderamente hermanos,
y los ricos y los pobres, los siervos y los señores se abrazan
con efusión extraordinaria. Durante los tres días de Pascua
hay este ágape universal; y en las casas, y en las calles, y en
los templos no se ven más que ternuras. El que va a besar,
dice: «Cristo resucitó», y el otro responde: «En verdad, ha
resucitado.» El emperador dará en estos días quince o veinte
mil besos a lo menos. Se cuenta que su padre Nicolás I, al
pasar por la puerta de su palacio un día de Pascua, dijo al
soldado que estaba de guardia, besándole las mejillas, según
es costumbre: «Cristo resucitó», y que contestó el soldado:
«En verdad que no ha resucitado Cristo.» La admiración y
el disgusto del zar fueron grandes al oír esta inesperada res-
puesta; pero pronto se calmó y la comprendió cuando supo
que el soldado era judío.

Hace un tiempo muy hermoso: el Sol brilla como en Es-
paña; las calles están llenas de gente a pie y en carruajes;
notable contento y animación reinan en todo sitio. El exceso
de la alegría por la resurrección del Señor hace que muchísi-
mos rusos de los más ortodoxos se caigan en estos días por
esas calles como muertos o que, por lo menos vayan dando
traspiés. Si no hubiese una causa moral para explicar este
fenómeno, se podría suponer que su verdadera causa es el
aguardiente. Aquí, sin embargo, llaman al aguardiente té;
los rusos toman mucho té, y en vez de pedir propina para
beber aguardiente, la piden para tomar la olorosa y salubre
hierba del Catay. Este eufemismo suele producir efectos muy
cómicos; y ayer, por ejemplo, me hizo reír de veras el secre-
tario del duque, que ha estudiado la lengua de este pueblo y
se entiende con los rusos, y como pasease en su droski (los

droskis han reemplazado ahora a los trineos) y se encontra-
se un ciudadano tendido en medio de la calle con una de
las «turcas» más ortodoxas que jamás hubo, el cochero se
volvió a él y le dijo, con la mayor serenidad: On pil mnoga
chaiu. Vea usted qué té tan singular se bebe en esta tierra.

Aquí existe también la costumbre, existente asimismo en
diversos países de la Europa occidental, y hasta, según creo,
en algunas provincias de España, de presentar huevos dora-
dos o teñidos de púrpura a las personas a quienes se dan las
Pascuas. Yo tengo ya media docena sobre mí mesa, y no sé
qué hacer de ellos. Esto proviene, por una parte, de que el
huevo es el símbolo de la resurrección y de la eternidad, y
en la escritura jeroglífica de los egipcios se representaba la
eternidad por un huevo. Del huevo procede todo en todas o
en la mayor parte de las cosmogonías: todo nace ab ovo. La
Noche y el Erebo se unen amorosamente; la Noche pone un
huevo y de este huevo nace el Amor, que engendra la hermo-
sura, la vida y el universo mundo, tan grande y magnífico
como es. Orimiz y Arimanes salen de un huevo; y Castor y
Pólux, y Helena y Clitemnestra tienen el mismo origen. Has-
ta el poeta Milton convierte el caos en un huevo y hace que
el Espíritu Santo, dove-like, a manera de paloma, le empolle
y fecunde; lo cual, a pesar de los atrevimientos de la lengua
inglesa, me parece de maldito gusto; si bien he de confesar
que no soy gran aficionado del Homero inglés y que las bur-
las que Voltaire hace de él no me escandalizan como las que
hace del verdadero y legítimo e incomparable Homero,

> que viviendo en la boca de la gente
> ataja de los siglos la corriente.

Por otra parte, volviendo a la costumbre de regalar huevos,
hay otro fundamento de ella en una leyenda piadosa, que

usted puede creer o no sin condenarse, y que es como sigue: Afligidísima la Magdalena con la muerte de Cristo, aunque ya sabedora de que había resucitado y subido al Cielo, dicen que, antes de retirarse a hacer penitencia, se embarcó no sé en qué puerto de Siria y se fue derecha a Roma a pedir justicia a Tiberio contra Pilatos, que tan malamente se había conducido como juez. Al aparecer delante del emperador no era posible hacerlo con las manos vacías. Según la usanza oriental, se requiere siempre un presente en estos casos. Y como la Magdalena estaba muy pobre a la sazón, no hallo ofrenda más a propósito que la de un huevo teñido de púrpura. Con él se presentó delante del César y le anuncio la resurrección de Cristo y le explicó cuán miserable y débil había sido la conducta de Pilatos. Tiberio entonces, persuadido de las razones de aquella hermosa y santa pecadora, y movido de sus lágrimas, dejó a Pilatos cesante, y le envió desterrado a Suiza, donde murió a poco, no menos desesperado que Judas Iscariote. Aún hay en Suiza una montaña de Pilatos, o porque anduvo por allí vagando aquel desgraciado, o porque acaso se precipitó desde su sima, terminando su mala vida con una muerte peor. Finis coronat opus.

Ayer estuve con el doctor Muraviev en la gran catedral de San Alejandro Nevski, oyendo las vísperas. Oficiaba el metropolitano de Novgorod y San Petersburgo. En Rusia hay tres metropolitanos: el de Kiev el de Moscú y el de Novgorod, que vive en el mismo convento de San Alejandro. Oficiaba éste, como digo, y le asistían y circundaban ocho archimandritas, cuatro presbíteros y multitud de diáconos, subdiáconos y acólitos. Muchísimo pueblo, silencioso y devoto, henchía el templo. El metropolitano entró en él por medio de la gente, y avanzó hacia el altar, seguido de los archimandritas y presbíteros, y precedido por dos subdiáconos, de los cuales el uno llevaba en la mano un candelabro con dos luces, las dos naturalezas de Cristo, la divina y la humana, y el otro llevaba un candelabro con tres luces, que son el símbolo de la Santísima Trinidad. Dejo de describir el lujo, la pompa y la magnificencia de los trajes. Sería empresa superior a mis fuerzas. Dos subdiáconos estaban delante del iconostasio: uno tenía el báculo pastoral; el otro, una antorcha: el poder y la luz que ejerce y difunde el pontífice sobre la iglesia. Las ceremonias que se hicieron y los himnos, motetes y letanías que se cantaron fueron muy hermosos y llenos de sentido íntimo y misterioso y profundo. Todas las ceremonias que se hacen en estos días encierran grandes misterios simbólicos. Acaso el pueblo y mucha parte de los monjes no alcancen a comprender toda la grandeza de estos misterios. El hierofante ha dicho que no a todos los que llevaban el tirso agitaba el entusiasmo divino. Hay un momento, en estas ceremonias, en que el principio del Evangelio de San Juan se lee en eslavón, en griego, en latín, en hebreo y en otras lenguas, para indicar que Cristo ha venido para todas las lenguas, naciones, razas, tribus y pueblos. Dos diáconos, con un turíbulo y un incensario, penetran en medio de la multitud y le llevan la luz de la verdad. Otros cuatro diáconos vuelven los rostros a los cuatro ángeles de la Tierra, y exclaman: «Su voz ha ido ya por todo el mundo y sus palabras por el Universo entero.» Y repiten en eslavón: «En el principio era el Verbo», etc. Y concluyen diciendo: «Porque la ley nos ha sido dada por Moisés; la gracia y la verdad, por Nuestro Señor Jesucristo.»

Terminados los oficios, se retiró a su celda el metropolitano, con el cándido velo sobre la mitra y una vestidura morada y emblemática. Pasó por medio de su grey, y todos le detenían y se agolpaban en torno de él y le besaban la mano y le pedían la bendición. El metropolitano los iba bendiciendo uno por uno; y, como eran más de tres o cuatro mil, tardaba horas en bendecirles, y no adelantaba un paso. Por lo cual tuvimos que retirarnos antes que él saliese de la iglesia.

El señor Muraviev, entusiasmado con la religiosidad y fervor de sus compatriotas, no pudo menos de decirme: «Confiese usted que esto conmueve y que la bendición de nuestro metropolitano es más paternal y cristiana que la famosa bendición urbi et orbi.» Yo no convine con él, como usted puede figurarse, y tuvimos una discusión bastante larga sobre este punto.

Y en este punto mismo dejo de escribir, porque es tarde y se va el correo.

Adiós. Suyo afectísimo,

J. Valera.

El duque, furioso porque no le envían ustedes las credenciales de embajador. Acaso crea que yo soy parte en que no se las envíen, y por eso está tan serio conmigo. Quiñones aumenta y atiza la cólera ducal, diciendo que es una falta de consideración lo que hacen ustedes, dejando aquí al duque sin credenciales. Yo no me atrevo a replicar lo que debiera replicarse: a saber: que ustedes no han dejado aquí al duque, sino que el duque es quien se ha quedado porque ha querido, y que se hubiera podido largar hace tiempo. En fin: Narváez le ha prometido, a lo que parece, que será embajador; y como esta promesa no se acaba de cumplir, está que trina, y sospecha que ustedes ponen obstáculo a su nombramiento. Está quejosísimo de usted, de mí, del marqués, y qué sé yo de cuántos. Estos días de Semana Santa, sobre todo, como no podía hacer visitas más que a la Théric y a la Brohan, y que ambas siguen, a lo que parece, con piel de cabrito, estaba hecho un vinagre. Non ignarus malis, miserius sucurrere disco. Por Dios, que le nombren ustedes pronto embajador.

Aquí le quieren mucho y ya saben todos cuántos castillos tiene, y que tiene un excelente corazón y un excelente cocinero.

San Petersburgo, 23 de abril de 1857

Mi muy querido amigo: Esperamos con impaciencia la llegada del señor Diosdado a esta capital. Probablemente estará aquí de un día a otro; acaso mañana. El duque, entre tanto, sigue muy serio conmigo, y como es el mejor hombre del mundo, no acierto ni acertaré nunca a comprender este despego y recelo con que me trata y me mira. En verdad que soy yo muy infeliz, porque, siendo yo tan amoroso y tierno, rara vez, o casi nunca, hallo quien aprecie mi amor y mi ternura y sepa pagarlos. Ahí está, si no, la Brohan, que no me dejará mentir. La he querido harto neciamente, como la necia carta que sobre el particular escribí a usted, y de que ahora me avergüenzo, lo demuestra a las claras, y vea usted cómo me ha pagado. Todavía, a pesar de mis propósitos, fui a verla el último día de Pascua. Le dije: Xristos vascrés, y nos abrazamos y besamos de nuevo. Me dio una cita para que volviese a la noche; volví, la hallé sola y hubo coloquios tan prolongados, tan vivos y tan tiernos como los de la época primera. No pude, sin embargo, pasar más adelante. Por último, ayer noche volví a verla del mismo modo. Durante todo el día no había hecho más que llorar. Su amante, el de París, le había escrito una carta llamándola perjura y otras perrerías, porque alguien le había dado la falsa noticia (yo al menos la creo falsa hasta ahora) de que se había vendido al duque de Osuna. Magdalena estaba desolada. Yo traté de consolarla con mis caricias y con razones muy sensatas. Le dije que, puesto que no se había vendido al duque, ni quería venderse, no tenía por qué llorar y afligirse tanto. Que si quería aún de amor a monsieur Chose, que le diese satisfacción de todo y que se uniese con él de nuevo. Que si no le quería, que se divirtiera y no la echase tanto de sentimental. La hablé de Casi-santa y se la puse por ejemplo. Ni ella ni yo hemos leído la vida de esta famosa mujer en San Agustín; pero ambos la conocemos por lo que refiere Voltaire, que copia fielmente, a lo que parece, al obispo de Hipona. Ello es que si Casi-santa hubiera sido más rígida y entera, hubiera causado grandes males, y habiendo sido, casi por necesidad, harto liviana, hizo la felicidad de muchos y la propia y alcanzó la casi canonización y ser llamada Casi-santa. Di a entender, asimismo, a Magdalena, aunque no tan crudamente como aquí voy a decirlo, que, si bien toda mujer casi-santa es digna de consideración y de respeto, nada hay más ridículo ni menos respetable que ser casi-puta. Consejos idénticos a los míos y muy semejantes consideraciones le daba y exponía su hermana Agustina en una carta que Magdalena acaba de recibir y que me enseñó. Agustina acababa por decirle que no fuese béte y que se divirtiese e hiciese dinero en estos cuatro años que va a pasar en Rusia. Yo, sin embargo, no me atreví a ir más lejos ni a aconsejar tanta inmoralidad. Hay en Magdalena cosas extrañas. Tiene la educación de una loreta, el temperamento de una bacanta y el corazón de una muchacha púdica, candorosa y casta, y con todo esto, le faltan entendimiento y voluntad suficientes para conciliar de un modo o de otro tantas antinomias y reducirlas a una síntesis suprema. Esta falta de poder conciliador hace de ella una autontimorosímena lastimosa. Es, además, muy coqueta, sin poderlo remediar, y llora las desgracias que causa con sus coqueterías, que su vanidad abulta. Sin embargo, hay algo de real y efectivo en estas desgracias. Un agregado de la Embajada de Francia, monsieur de Levalette, se fue de aquí desesperado por ella, después de haber sido durante seis meses su patito, y ahora quiere volver, aunque sea dejando la carrera, y le escribe cartas vesubianas. A un periodista francés, que estuvo aquí para describir las fiestas de la coronación, le aconteció lo propio. El ministro de Turquía que va a venir ahora la quiere hace seis años, desde que estuvo de secretario en París con el príncipe Calimachi. Ya le ha escrito diciéndole que viene más enamorado que nunca. Y así otros mil de todas naciones y religiones, circuncisos e incircuncisos. Yo le dije que no se afligiese; que si la querían no era culpa de ella, y que ya que le daban por compadecer los males, que los pusiese remedio; que los llamase a todos, que todos vendrían y que para todos habría, y añadí, parodiando a Béranger:

> *Ah!, disait-elle, égaux par la vaillance*
> *Français, anglais, espagnol, belge, russe,*
> *turc, italien ou germain, Peuples, formez*
> *une sainte alliance.*
> *Et donnez vous la main.*

Mucho reímos con esto y con otros primores que se me ocurrieron; pero pronto volvió ella a los suspiros, a las tristezas y hasta a las lágrimas; y yo le hablé de amores en tono sublime, o que presumía serlo, y ella sacó el mismo tono y me dijo que me había casi-amado y que conmigo había sido casi-infiel a su amante, a quien debía grandes obligaciones y a quien ya amaba de nuevo, no pudiéndome amar a mí. Mas, como a todo esto me besaba la cabeza, y, jugaba con mis cabellos, y ponía sus labios en los míos, y me los pasaba por los párpados, que yo cerraba, no pude contenerme dentro de los términos razonables y decorosos, y le di la tarquinada más brusca y feroz que he dado en toda mi vida. Pero sabido es que nada hay más imposible que forzar a una mujer.

No hubo mujer forzada

como dice el villano de Tirso. Mi ataque desaforado no sirvió sino de ponerla furiosa, de hacerla llorar más, de acusarme de brutal y de no sé cuantas otras cosas, y de tener que largarme de su casa, aunque perdonado y absuelto, bastante fríamente. Ahora pienso no volver por allá sino a despedirme. Veremos si lo cumplo. Me lo he prometido a mí mismo con la mayor solemnidad. Fuerza es confesar que la refinada cultura de ciertos pueblos modernos cría unos seres monstruosos y absurdos en ciertas mujeres. Esta reflexión, o dígase sentencia filosófica, encaja muy bien aquí y es como la moral de toda la historia.

En fin: aunque ya no estoy enamorado, no dejo aún de estar triste, y la primavera no viene a consolarme. Pero ¿qué ha de venir la primavera, si volvemos a tener hasta quince grados bajo cero, de Réaumur? Los canales todos se han vuelto a helar. Ni el más raquítico pimpollo verde ha aparecido en los árboles; y si el Neva no se cuaja también, es por la gran corriente que agita sus aguas. Por ellas bajan hace tres días inmensos témpanos de hielo del Ladoga. ¡Bonito clima es éste! El señor duque empieza a aburrirse, porque ahora no hay raouts. Dentro de poco se irá al campo o al extranjero toda la sociedad elegante y tampoco podrá hacer visitas, que es la perenne ocupación del duque. Quiñones, sin embargo, le seguirá llamando mi general, y habrá siempre paradas a que asistir de uniforme. Lo único que nos falta son las credenciales de embajador, y si no llegan va a haber mucho que sentir.

El vicecónsul de España en esta ciudad, monsieur Kapherr, se desvive por nosotros y pretende que le hagamos cónsul. Es un comerciante muy respetable y rico. Ha procurado indagar lo que se piensa y hace en el Ministerio sobre nuestro arreglo comercial y nos ha venido diciendo que se ocupan mucho en recoger datos y noticias para contestar a la última nota del señor duque. Si contestan en contra, creo que se debe replicar de nuevo. Ustedes, por su parte, no dudo que hablarán ahí sobre el particular con Galitzin, que ya estará en esa corte. Galitzin es un gran señor, muy fino, y que la da algo de literato, y que sabe muchos títulos de libros, pero que no tiene sino cortísimos alcances. Quien es un prodigio, al menos así lo aseguran, es el señor Kalouschin, el primer secretario de la Legación. No hay lengua que no sepa, incluso la española. Tiene mucho esprit, es vivo, y alegre, y simpático, y va a llamar la atención en esa corte, según aquí suponen.

Los nuevos aranceles no se han publicado aún. Ya he dicho a usted que hay grandísima oposición por parte de los fabricantes de algodones. Esta industria, dejando a un lado todo empeño de denigrar, está aquí muy adelantada. Poco contrabando, o ninguno, entra en Rusia; y las telas de algodón que tejen sus fábricas acaso basten para el consumo. Los fabricantes hubieran querido que Tengobarski muriese cuatro meses antes, y dicen que los van a arruinar. Los partidarios de la rebaja de los aranceles replican que los fabricantes, a la sombra del derecho protector, se enriquecen de un modo estupendo, y ganan cuatro veces más de lo que deben ganar, a costa del pueblo, que compra mucho más caro de lo que debiera comprar.

El cónsul general de España en Ojdsa ha escrito a Kapherr pidiéndole informes sobre los azogues. Él quiere darnos el informe para enviarlo directamente a Madrid, sin tanto rodeo. Yo le he dicho que escriba sobre los azogues y que remita su escrito a Odesa, para que el cónsul no se pique; pero que nos dé copia, que enviaremos oficiosamente a esa Primera Secretaría, sin que él tenga que darse por entendido de que enviamos su informe nosotros. Le he dado mi ejemplar de la obra de Obrescov sobre el oro y la plata, para que tome de allí muy curiosas noticias que da sobre el azogue, las cuales podrán servir de base a los datos oficiales que pueda él procurarse. Por lo pronto, diré yo a usted que en todo este Imperio no se produce un átomo del mencionado metal, y que se consume mucho, así en el laboreo y lavado del oro, como en la fabricación de espejos. En toda el Asia no creo que haya azogue más que en China. En Europa se da el azogue en bastante abundancia en el Imperio austríaco. No recuerdo los derechos que adeuda para entrar aquí, pero no deben ser muy insignificantes cuando los judíos polacos pueden hacer un inmenso contrabando, introduciéndole de Austria en Rusia. De todos modos, aunque yo he sabido hoy mismo este negocio que ustedes quieren hacer, y no le he estudiado, entiendo que el azogue podrá venderse aquí con ventaja, y que el mismo Kap-herr se encargará de venderlo. Parece un honrado y entendido comerciante. Pregunten ustedes, sin embargo, al ministerio de Hacienda si no le convendría hacer una contrata con este Gobierno, prometiendo enviar tantos quitales al año, por un precio alzado y en épocas fijas, y fijando el precio de cada quintal. Esta contrata se podría hacer por uno, por dos o por tres años, y como aquí el Gobierno explota muchas minas y lava muchas arenas, no me parece difícil que quiera hacer la tal contrata. Yo procuraré, desde luego, enterarme de esto y saber si el Gobierno aceptaría, y a qué precio, cierta cantidad de azogue, puesta en San Petersburgo en tal o cual época.

Sentiré que estas cartas lleguen a cansarle, pero siempre, desde que ando por esos mundos de viaje, he tenido algún amigo a quien referirle más menudamente que a los demás mi vida, milagros, impresiones y observaciones. Esta vez le ha tocado a usted, que las recibe con más benevolencia y cariño que otros, por lo cual no puedo ponderar bastante lo agradecido que le estoy.

Suyo afectísimo,

Juan Valera

25 de abril. Anteayer noche llegó Diosdado, pero sin banda de María Luisa y sin un pliego que por descuido de Muro o de no sé quién que encajonó los paquetes, se quedaron, sin duda, en París. Hemos telegrafiado a París para que nos digan si, en efecto, se quedaron allí, y, si es así, que los envíen inmediatamente. No es culpa de Diosdado, sino de quien encajonó los paquetes. El señor Diosdado tuvo, por orden del general Serrano, que ir a ver a Galitzin y a Kisselev, y, entre tanto, le encajonaron los paquetes. Esperamos respuesta al despacho telegráfico. En cuanto llegue se escribirá de oficio a esa Primera Secretaría.

San Petersburgo, 25 de abril de 1857

No sé, querido amigo, si hoy podremos contestar de oficio a los incompletos despachos que han llegado de esa capital. Por si no podemos, diré a usted en pocas palabras, que el arreglo comercial se hará, porque aquí están dispuestos en nuestro favor, a pesar del retardo y luego del olvido de enviar todas las condecoraciones. El que haya pertenecido a Alejandro Farnesio y a Floridablanca el Toisón que Gortchakov ha de llevar, debe de tenerle muy hueco, y con fundamento. Creo, sin embargo, dificilísimo, y acaso imposible, el que supriman todo el cincuenta por ciento, y al cabo al cabo nos habremos de contentar con una rebaja, que se procurará sea la mayor posible. Sé muy bien que todo lo que podemos conceder de derecho a esta gente se lo tenemos ya de hecho concedido; y no es político el amenazarles con una especie de represalias de imponer a sus buques un cincuenta por ciento más sobre lo que pagan los de las naciones más favorecidas. Por esto, al terminar la última nota, decía el duque que, aunque entendía que era justa la supresión del derecho diferencial para nuestra bandera, lo consideraría siempre como un favor de este Gobierno para con el nuestro, favor por el cual quedaría el nuestro muy agradecido.

He visto la carta en que pide usted al duque copia de la comedia inédita de Calderón, y, de nuevo, de las cartas de Felipe II. Bien quisiera yo copiarlas o hacer que alguien me las copiase; pero ambos son negocios de grande dificultad. Allá veremos. Si el señor Sobolevski, única persona que para esto pudiera serme útil, no fuese tan flojo, ya estaría yo algo adelantado. Hay, además, en la Biblioteca no pocos otros manuscritos españoles; mas, por desgracia, no hay catálogo razonado de ellos, ni me parece que se sepa aquí bien lo que contienen, y es empresa superior a mis fuerzas y a mi paciencia el ponerme yo a averiguarlo. De los manuscritos griegos y latinos hay catálogo razonado, hecho por Muralt. Hay, asimismo, algo parecido sobre los manuscritos chinos y tibetanos de la Academia de Ciencias, y hay, por último, una grande obra publicada en francés y en la cual se describen y analizan todos los códices arábigos, persianos, sánscritos y de otras lenguas del Asia aquí existentes. Todo esto lo llevaré conmigo a Madrid. Y, ya que hablo de manuscritos, diré a usted, para terminar, que en el Museo Romanzov he visto una colección preciosísima de ellos, eslavos casi todos e interesantes a la historia de Rusia, Polonia, etc. El conde Ubarov, hijo del que fue ministro de Instrucción Pública, tiene, asimismo, una riqueza inmensa de manuscritos. El conde Ubarov es, según dicen, muy elegante escritor y muy erudito en las cosas de su patria.

He hablado a usted de las asambleas provinciales de la nobleza y de la parte que últimamente ha querido tomar en la política de San Petersburgo. Este derecho de reunirse en asamblea y de nombrar ciertos magistrados y discutir ciertos asuntos fue concedido a la nobleza rusa por Catalina II, que quería asemejarla a la nobleza de las provincias del Báltico y darle alguna organización e importancia. Pero antes de esta concesión de la gran emperatriz, la nobleza de aquí, aunque pretende ser una de las más antiguas del mundo, y aunque acaso lo sea, no ha sido nunca una aristocracia; siempre ha sido una nobleza cortesana; y si en algo ha mostrado a veces brío y poder, ha sido en atormentar a sus siervos. Así, aquella boyarda que, en tiempo de la mencionada emperatriz, fue acusada de cortar los pechos a las mujeres y condenada a ser enterrada viva en la bóveda de una iglesia, donde solo a la hora de comer se le llevaba luz, y donde, al cabo he algunos años, se murió loca. El príncipe Dolgorovki, a quien tengo por amigo, ha escrito en francés un librito sobre la nobleza rusa, bajo el seudónimo de El conde de Almagro. Ahora ha compuesto en ruso una obra grande sobre el mismo asunto, y de ella piensa hacer un extracto y publicarlo en francés. Muchas noticias curiosas he tenido por él, que será menester que, con más espacio, ponga yo ordenadamente por escrito.

Pero aquí la verdadera nobleza, la verdadera jerarquía, el poder verdadero, está en el Estado y en los que le sirven. El Estado, o, mejor dicho, el Gobierno, es todo, y fuera de él ni hay poder ni nobleza. En la escala de servicios hay trece o catorce grados: en llegando al yo no sé cuántos, se adquiere la nobleza personal; la hereditaria, cuando se llega a brigadier, o al grado equivalente, en las carreras civiles. Todo esto se halla dispuesto con tal orden, con tal rigor de antigüedad y con tal sujeción a Reglamento, que el emperador mismo no puede alterarlo; ni el mérito ni el favor bastan a hacerle saltar a usted a un grado sin pasar por los anteriores el número de años establecido. Pasado este número de años, sube usted al grado superior por derecho propio, sin que se oponga nadie como no le formen a usted causa y le prueben que se ha conducido mal. A los quince años de servicio se lleva en el pecho una cruz con el número quince, y cada cinco años se renueva en adelante esta cruz, siendo el número veinte, veinticinco y así sucesivamente. El príncipe Galitzin, por ejemplo, aunque nunca había sido diplomático, había llegado en otras carreras al grado equivalente al de ministro plenipotenciario. No se ha hecho, por tanto, una injusticia nombrándole. Su nombramiento, sin embargo, ha sido muy criticado. En fin: a pesar de esta absorción de todo el poder en el Estado y de esta falta de antecedentes históricos en la nobleza, que nunca ha figurado como cuerpo político, no se puede negar que se va despertando en ella la ambición y que va naciendo un partido aristocrático, pero tímido, indeciso y sin saber a punto fijo lo que desea. Por otra parte, la organización comunal de los hombres libres plebeyos, y hasta de los mismos siervos: los negocios que discuten reunidos; los starolas o jefes (ancianos), que nombran, y los fueros que gozan son tan singulares y dignos de estudio, que casi se puede suponer que, con el andar del tiempo, nazca de todos estos elementos un nuevo sistema político, liberal, en nada semejante a nuestras constituciones. Entre tanto, es cosa de espantar la maravillosa uniformidad de miras, de intereses políticos y de costumbres y creencias de los rusos, que, sin ese inmenso despotismo actuado que por ahí se imagina en este Imperio, constituyen un despotismo potencial, mil veces mayor y más vigoroso que todos los despotismos, el cual ha hecho milagros en tiempo de Pedro el Grande, de Catalina y hasta de Nicolás I, y los hará mayores el día que otro hombre de genio se siente en el trono de los zares. Ahora, por lo pronto, hay grande actividad literaria, industrial y comercial. Si esta actividad es fecunda, será más temible que la belicosa. Uno de los proyectos colosales de que ahora se habla es de hacer un ferrocarril que corte la Siberia hasta el Pacífico. Si esto se realizase, vendríamos por aquí para ir a California y a Lima. La revolución que esto haría en el comercio del mundo se comprende sin que yo la diga.

Adiós. Ya basta. Suyo afectísimo,

J. Valera

San Petersburgo, 29 de abril de 1857

Mi querido amigo: Considerando que nadie habrá que copie las cartas de Felipe II, si yo no las copio, porque este prudentísimo rey tenía una letra harto enmarañada y diabólica, y que usted y el señor marqués de Pidal tienen vivos deseos de poseer una copia de dichas cartas, me he puesto yo mismo a hacerla, con el mayor ardor y paciencia que en mí cabe. Ahí van algunas que no dejan de ser importantes y curiosas. Las palabras que no he podido bien descifrar, y que he sacado por brújula, están subrayadas. En cuanto a los nombres propios, acaso algunos de los menos conocidos y famosos vayan errados; mas personas más eruditas que yo de las cosas de aquellos tiempos, como, por ejemplo, el marqués, podrán enmendar ahí mismo tales errores. Basta a mi ver que las cartas formen sentido, y aseguro a usted que estoy muy hueco de haberlas copiado tan bien, y seguiré copiándolas hasta la última.

Otros manuscritos curiosos hay en esta Biblioteca Imperial, que yo copiaría, asimismo si tuviese vagar y humor para ello. Veré al menos el catálogo y le guardaré en la memoria, o le trasladaré al papel y llevaré conmigo. Muchos de estos manuscritos, no solo españoles, sino franceses y de otras varias tierras, se deben a un cierto Dubrovski, persona muy lista, aficionada y activa, que se hallaba en París cuando la primera gran revolución, y aprovechándose del trastorno y portentoso desorden que por allá había en aquella época, compró, por poco menos que nada, mil curiosidades y preciosidades, que luego ofreció al emperador Alejandro I. Pero, en lo que verdaderamente es riquísima esta Biblioteca Imperial y otras de Rusia, es en manuscritos orientales y en xilografías chinescas, mogolas y tibetanas; los cuales han venido a las orillas del Neva, o ya traídos por viajeros doctos y solícitos, o ya por generales conquistadores, que los han hallado en Persia o en Turquía, y los han transportado a Petersburgo, como glorioso trofeo de sus victorias. Algunos de estos manuscritos vinieron aquí después de la toma de Varsovia, en 1795, y pertenecieron al conde polaco Juan Zaluski; otros los trajo el conde Suchtelev, cuando se apoderó de la ciudad de Ardebil, de Persia, en 1828; otros vinieron de la mezquita de Ahmed en Akhaltsikh, que en 1829 conquistó Paskewitch sobre los turcos; otros, por último, fueron tomados de la catedral de Bayazid, de la ciudad de Erzeroum y del Daghestan. El príncipe persa Cosroes Mirza, venido aquí, como ahora el duque de Osuna, en misión extraordinaria, trajo, además, de presente, no pocos manuscritos de los más elegantes por el primor de la escritura y por la belleza de los dibujos y adornos, y de los más preciosos por la doctrina que encierran. Todos estos manuscritos y xilografías están descritos en un muy bien estudiado catálogo, publicado en 1852, y del cual llevaré a ustedes, si gustan, algún que otro ejemplar.

Sabido es, y algo he hablado ya de esto en mis cartas anteriores, que los rusos, ya por ser de naturaleza muy al propósito para el estudio de las lenguas, ya porque las grandes dificultades de la propia, y el hablarse muchas otras no menos difíciles en el Imperio, los predispone y mueve a estudiarlas, ello es que las saben bien, y se dan entre ellos filólogos doctísimos, si bien son alemanes de raza, cuando no de nación, los más eminentes. La política los impulsa también a este estudio por mil razones largas de enumerar y fáciles de descubrir, aunque yo aquí no las apunte, y singularmente si se trata de las lenguas del Asia, donde tienen tan inmensos dominios y los ojos puestos en lo restante, deseosos de conquistarlo, civilizarlo y rusificarlo todo. Ahora se habla del proyecto colosal de hacer un ferrocarril que una el Báltico al Pacífico, cruzando la Siberia. En el Ministerio de Negocios Extranjeros hay un departamento importantísimo y poblado de funcionarios, donde se emplean en las cosas de Asia. En las Universidades se enseñan las lenguas todas de esta parte del mundo. Y, si el resultado no es grande en punto a erudición asiática, comparada con la que poseen en Alemania e Inglaterra, y vistos los medios que hay aquí y recursos y estímulos que tienen, fuerza es confesar, sin embargo, que cuentan los rusos muy notables orientalistas, y que han hecho bastante por esta ciencia de la etnografía. De las Biblias y Nuevos Testamentos traducidos y publicados en Rusia, en diferentes idiomas, he dado ya alguna noticia. De gramáticas y diccionarios también pudiera decir; pero baste por hoy el citar los que ha hecho Schmidt de la lengua tibetana y su traducción de la Historia de los mogoles de Sanang Hetse Chungtaidschi, de que he comprado un ejemplar con el texto, para mayor claridad, como diría don Hermógenes.

Solo por lo poco que yo indico, y sin entrar en más honduras, se puede entrever que los rusos, en punto a ciencias y erudición, no dejan de contar glorias. En artes es en lo que no son tan dichosos; y entiendo que más espíritu de imitación hay en ellos que originalidad e inventiva. He ido estos días a la Academia de Bellas Artes donde hay exposición de pintura y escultura, y me aflige decirlo, porque no quiero que me tomen por maldiciente, pero, a la verdad, que no vi nunca tanto absurdo mamarracho reunido. Los paisajes son platos de espinacas; las damas y caballeros retratados, micos y vestiglos; los cuadros históricos, una tal discordancia de colores, de luz y de sombras, que se desesperan de verse unidos, y no parece sino que chillan y rabian y se muerden. Lo que es mediano, que es poco (porque bueno no hay nada), nada tiene de original. Un pintor imita a los franceses; otro, a los alemanes; esotro, a los italianos. Pero ¡qué imitaciones tan pérfidas, por lo común! De trescientos o cuatrocientos cuadros habrá en la exposición, y apenas si tres o cuatro pueden mirarse. Entre ellos uno de Kotzebue, hijo del poeta, que representa las hazañas de Suvarov y sus tropas, en el Puente del Diablo; otro de una familia o tribu de gitanos, que van de viaje en Crimea; y otro de Moller, que figura a San Juan predicando en Patmos el Evangelio durante las bacanales. Aunque este último cuadro parece pintado con almagre y azul, y hace daño a los ojos el colorido, hay en él figuras bien trazadas, hermosas y expresivas, y la composición no es mala. En escultura no hay tanto desatino como en pintura; pero tampoco hay cosa notable. Todo esto se ve, para que más choque y desconsuele, en una Academia rica de copias, muy bien hechas las más, y acaso por artistas rusos, de cuanto en escultura y en pintura hay de más hermoso y acabado en el mundo, y particularmente en Italia.

Anoche fui, sin querer, al teatro ruso; pero ya me alegro de haber estado. Se dio una ópera, obra maestra de la música rusa de teatro: La vida por el zar, de Glinka, gran aficionado de nuestra música española, y que, para estudiarla, peregrinó largo tiempo por España. Su ópera no tiene, sin embargo, nada que me recuerde las melodías de la patria; antes bien, parece inspirada por la música de iglesia de por aquí. El asunto de la ópera no puede ser más nacional, y los rusos se entusiasman y aplauden con tal fervor, que da gusto verlos, y uno aplaude también por contagio. Es el tiempo del falso Demetrio. Los polacos dominan en Rusia, y un pobre labrador ruso salva la vida del elegido del pueblo, del primero de los Romanov, a costa de la propia. Esta ópera tiene un epílogo, y en él aparece ya el pueblo ruso triunfante, y se ven los hermosos edificios de Moscú y el Kremlin soberbio, e innumerable gente que aclama al nuevo zar y que canta canciones patrióticas, terminando todo con el himno nacional, por cierto magnífico, conmovedor y religioso. Y todos los espectadores se alzan para oírle y le oyen con gran respeto, efusión y entusiasmo; porque es pasmoso y envidiable, no solo el patriotismo que aquí hay, sino la confianza que todos tienen en lo por venir y el íntimo conocimiento de que Dios les guarda y destina a cosas más altas y extraordinarias. Así tuviéramos nosotros algo parecido, y no nos persuadiésemos tanto de que ya caímos y de que es difícil, cuando no imposible, el levantarse de nuevo.

Esta carta va mal escrita, pero lleva noticias, que es lo que importa y a usted puede divertir. La escribo de noche; comencé a las tres y ya es de día muy claro. Pronto casi no habrá noche en Petersburgo. El té y esta claridad no me dejan dormir a veces.

Debiera tener por excusado el decir a usted, porque ya lo sospechará, que he vuelto, por tercera vez, a caer en las redes de la Brohan. Los mismos excesos y la misma imposibilidad de llegar al último extremo de los amores. El duque y yo estamos ahora con ella como el judío y el inquisidor de Lisboa con la señorita Cunegunda. Él va a una hora, yo a otra, y jamás nos encontramos. No acierto a explicar si al duque se le quiere por l'onore o por los regalillos. De lo único que estoy seguro es de que no se lo largan. Su excelencia ha dejado a la Théric por inexpugnable. La madre de esta hermosa fille de marbre ha defendido la virginidad filial con un empeño digno de la mejor causa. El duque ha tenido que levantar el sitio, dejando en él tres o cuatro mil rublos, según aseguran.

Me ha dicho la Brohan que el duque le ha dicho que yo hablo mil pestes de él en mis cartas, y que de las cartas que a usted escribo le envían copia. Esto es, sin duda, un chisme de la Brohan, que, a trueque de no largar el que apetecemos, nos regala con éste y otros semejantes; mas, bueno es que usted lo sepa, por curiosidad, no para que ande con cautela. A mí no me remuerde nada de lo que digo del duque; peores cosas digo de mí mismo, y si el duque no anduviese siempre tan serio conmigo no tendría yo inconveniente en mostrarle las más de mis cartas, si por dicha le divirtiesen.

El emperador y su Gobierno piden aún con ahínco a Osuna. Calculo que don Javier, que algo notará de todo esto, ha de estar cargado. Él se tiene la culpa, que no vino en cuanto le nombraron, como debiera haber venido. El duque nos dice todos los días que quiere entrañablemente a don Javier, pero que, por lo mismo, no desea verle por estas tierras, donde se moriría en seguida, porque ya no está para pasar estos trabajos que aquí pasamos; que él no pretende la Embajada, porque sin ser embajador, es quince o veinte veces duque, etc., etc., y que esto vale más que ser embajador; y que se queda aquí por amor del imperante, a quien ha tomado súbita y extraña afición; que de usted, que ha estado en el extranjero y sabe de achaques de diplomacia, extraña mucho el que ya no le hayan nombrado embajador. En fin: él está enojado con todo esto y no acierta a disimularlo, y, sin comprender que don Javier no puede quedar plantado, porque es un personaje muy respetable también, aunque no duque, se obstina en pensar que ya debieran haberle nombrado y que es un agravió toda tardanza. Lo que yo entiendo que visto el término a que han venido las cosas, y que habrá al cabo que hacerle embajador, lo mejor sería que lo fuese cuanto antes, para que no rabiase y tuviesen más que agradecer él y los que lo piden; y hasta si usted me apura, para que él y ellos se cansasen más pronto, como no dudo qué se cansarán y hartarán apenas se gocen en toda la plenitud diplomática, y quede el puesto para alguien del oficio, o para quien le apetezca y necesite por el sueldo, y lo merezca y gane por otros títulos que los noventa o noventa y cinco que andan por ahí, apuntados en un papel. Hoy se me ha ido la pluma y hablo peor del duque que nunca he hablado. No crea usted, sin embargo, que son los celos, sino que me ha hecho perder pie y paciencia con tanta prevención y fiereza y desvío. Y, sin embargo, a pesar de cuanto digo, por amor de la verdad y sine ira et studio, aseguro a usted que si dependiera de mí, el duque sería embajador mañana mismo. A don Javier le enviaría a Londres o le daría otro turrón.

Adiós. Suyo afectísimo,

J. Valera

San Petersburgo, 1 de mayo de 1857

Mi querido amigo: Como el señor duque y Quiñones se quejan de continuo de que muchas de sus cartas no llegan a Madrid, empiezo a recelar que muchas de las mías no hayan llegado tampoco, lo cual sentiré de veras, y singularmente de las que a usted he escrito. Yo no guardo de ellas el más ligero apunte, ni siquiera las he numerado; por donde, si algunas se han llegado a perder, acaso no vuelva yo nunca a recordar lo que en ellas decía. Todavía, a pesar de este recelo, como no hay otro medio mejor que el correo ordinario para enviar cartas, las seguiré escribiendo, porque tengo infinito que contar, y con las mías, si bien indignas, irán copiadas y adjuntas las de don Felipe el Prudente. Este ejercicio, a más de ser útil para la Historia, sobre todo si las cartas están inéditas, cosa que el marqués, como versadísimo en los escritos y documentos de entonces, decidirá mejor que yo, me aprovechará en grande en esta ocasión, porque no leo ni hablo seis meses ha más que en griego, y el habla y la escritura se me iban engringando más de lo justo; por lo cual me conviene hacer estas copias, que ya entiendo que, sin notarlo yo, me van dejando no sé qué gusto castizo y rancio en los labios y en la pluma. Ahí van, por lo pronto, doce cartas, importantes las más. Unas no tienen fecha; otras, sí, y van escritas y numeradas por el orden en que están en el libro, aunque no sea el cronológico, que ya los eruditos las sabrán poner en este orden.

He visto que hay en la Biblioteca Imperial catálogo de manuscritos españoles, y le he hojeado, notando que los manuscritos son muchos e importantes. Haré copiar este catálogo y le llevaré conmigo. Entre tanto, diré a usted que hay no poco de historia y de poesía, y de teología cristiana y judaica. Hay una vida del gran duque de Osuna del siglo XVII, y correspondencia del Infantado, embajador en Roma. De todo esto he dado cuenta a mi jefe, como persona tan interesada en ello, y ya desea sacar copias para su biblioteca; y hasta el coronel Quiñones se muestra dispuesto a dejar por algún tiempo las bombas de percusión y las demás lucubraciones estratégicas, y a enristrar la pluma y ayudarnos en la empresa de copiar lo que más convenga. Tanto más cuanto que hay manuscritos de rebellica, y de ellos recuerdo una relación historial de la expugnación de Breda por los españoles. Lo único que sentiré es que, por ignorancia mía, copiemos algo ya conocido o impreso, y demos trabajo en balde. El amigo Diosdado, que parece muy guapo chico, me ayuda en la copia de las cartas de Felipe II, y ayer copiamos doce, yo dictando y él copiando.

Entre los manuscritos italianos los hay que tocan a nuestra historia, y Diosdado, que sabe italiano, pudiera servir en esto cuando yo me vaya. Una noticia que hay de las rentas y gastos del Estado en mil seiscientos y tantos, y otros documentos por el mismo estilo, entiendo que debían copiarse.

El barón de Korv, director de la Biblioteca, y los bibliotecarios todos, me han tomado afición y ponen a mis órdenes cuanto allí tienen; bien es verdad que cortesía y afabilidad como las de aquí, en parte alguna se hallan. Menester es corresponder a ellas con Galitzin y su séquito; y mandar, asimismo, a esta Biblioteca Imperial algo de presente, que la Biblioteca pagará gustosa; y también una Biblia en castellano, impresa en España, que ya he pedido a usted. En cuanto a la colección de autores españoles, será bien que avise usted a Rivadeneyra, para que remita a esta Misión extraordinaria un ejemplar, por lo menos, que el barón de Korv pagará lo que valga, puesto aquí. Si envía otros, se le entregarán a Dufour, a fin de que procure venderlos. Los rusos tienen el don de lenguas, gustan de nuestra literatura y los comprarán, si no desde luego, con el tiempo.

Hasta ahora no he podido dar con la comedia de Calderón. Acaso sea un sueño de Sobolevski, a quien días ha no veo, porque no se puede atender a todo, y los amores, y las investigaciones, y las visitas, aunque paso por grosero, no pudiendo hacer ni la quinta parte de las que hacen Quiñones y el duque me dejan sin espacio para mil negocio que quisiera yo terminar.

No hay en esta estación muchas tertulias; pero los teatros francés y alemán me distraen, y la Brohan, aunque ya voy conociendo sus artes, me tiene aún en la concha de Venus amarrado. Hoy me toca ir a verla por la tarde, de dos a cinco. El duque estuvo anoche, de siete a diez. Tres horas para cada uno. La extensión es igual; no sé si la intensidad de la cita lo será también.

Adiós, y créame su afmo. amigo,

J. Valera

San Petersburgo, 2 de mayo de 1857

Mi querido amigo y jefe: Por el despacho de hoy verá usted cuánto nos apuran y aburren aquí con lo de las cruces, y que no hay medio de que esto se termine, acertando a complacer a todos. Orlov y Adlerberg no quieren Carlos III, teniendo toisón el príncipe-ministro, y es fuerza pagar los dos Alejandro Nevski y el San Estanislao de usted de uno de los dos modos propuestos en el despacho mencionado, que son, a mi ver, razonables y hasta muy ventajosos para esta gente, a la cual, si aún no se contentan, será menester mandarla al c..., que en ruso no es palabra mala y significa está bien. Creo, además, y no porque yo desee que Asensi y el gran Ligués se queden sin grandes cruces rusas, sino por quitarnos de encima quebraderos de cabeza, que se puede con esto cerrar y terminar el cambio y no hacerlo extensivo a los señores Svistonov y Jomini; mas viniendo para ellos dos grandes cruces de Isabel la Católica, las habrá para nuestros dos directores y de la orden que sigue a la que usted ha tenido, que es la que dan a los ministros plenipotenciarios.

Debo decir a usted y rogarle muy encarecidamente que nos disculpe con el marqués de las continuas variaciones que queremos introducir en este asunto de las cruces, y tenga por cierto que no es culpa nuestra, sino de las exigencias y pretensiones de estos rusos y hasta de la falta de franqueza y acuerdo entre ellos mismos; por donde es difícil o imposible adivinarles el gusto y hallar término de conciliar las antinomias. Pero, ya se concilien, ya no, el duque de Osuna está, al cabo, en la persuasión y resolución de que nosotros no debemos cejar ni pedir que nada se modifique de nuevo, una vez adoptado uno de los dos modos hoy propuestos. Si aquí no gusta, que se giben, y se acabó lo que se daba.

Pasado mañana, lunes, iré con el señor duque a conferenciar con Tolstoi, y acaso con el vejete encargado de las cosas comerciales, sobre el arreglo por nosotros presentado. Dudo que la supresión se logre; mas espero en Dios que al fin vendremos a un concierto y se decidirá por lo menos la rebaja del derecho diferencial del 50 al 20 por 100. Conseguido esto y trocadas las declaraciones, encajará bien, si a ustedes les acomoda, el dar a Svistonov y a Jomini las dos grandes cruces y recibir otras para el gran Ligués y Asensi.

La encomienda para Canseco se obtendrá, sin duda, y asimismo me han prometido, aunque aún no cuento del todo con ella, una cruz para Quiroga, cuyo folleto envié con una carta de recomendación al señor Tolstoi.

Todos me preguntan, y más que todos los ministros y los que rodean al imperante, por qué no vienen las credenciales de embajador para el duque, dando ya por seguro que ha de venir.

Si don Javier hubiera venido a este puesto cuando le nombraron, se hubiera ahorrado este disgusto, pues lo tendrá de cierto al ver o entrever la poca cuenta y menor deseo que aquí se hace y tiene de su plenipotencia y llegada y el empeño con que pretenden que el duque se quede, de quien están todos muy pagados por su amabilidad, magnificencia, títulos, cocinero y otras buenas prendas. No obstante, y si por cualquiera otro motivo no nombrasen ustedes al duque, creo que don Javier ganará, a poco de estar aquí, por su capacidad, elevado carácter, ingenio y otras calidades respetables, más popularidad y favor, o tanto, al menos, como mi jefe actual. Poco enterados aquí de nuestra historia contemporánea, no saben, por lo pronto, lo que don Javier vale, y acaso dan sobrada importancia a los títulos y riquezas del duque y poca a los servicios, merecimientos y alta significación política del otro. Galitzin o su secretario, que, como aseguran aquí, es un prodigio, podrán informar de esto a Gortchakov, y a ellos tendrán acaso que contestar ustedes, si van con el empeño, como supongo que van, de que el duque se quede aquí, y si ustedes no quieren dejarle. Yo comprendo que no se puede dejar sin nada a don Javier para complacer al duque, y como don Javier no vuelva a Londres o sea presidente del Senado, ¿qué habrá que darle?

Entro en estos pormenores y meto en ellos mi cucharada, porque el duque sigue creyéndome acérrimo enemigo y parte en que no le hayan ya nombrado embajador.

Adiós.

J. Valera

San Petersburgo, 15 de mayo de 1857

Mi querido amigo: Aunque ya había yo hecho propósito de no escribir a usted carta alguna hasta mi vuelta de Moscú, para donde saldré dentro de tres días, escribo ésta desde la Biblioteca Imperial, en la sala de los manuscritos, donde hay tantos españoles y tan interesantes, si no están publicados o existen los originales u otras copias en España, que me mueven a sacarla del catálogo, lo cual hará, espero que bien, un empleado de esta Biblioteca, a quien a mi vuelta de Moscú pagaré el trabajo que ahora le encomiende. A pesar de esto y de que llevaré conmigo dicha copia, que presentaré al marqués y a usted, quisiera yo ver lo más curioso que hay aquí y dar de ello alguna noticia; mas el tiempo me falta, y no puedo disponer tampoco a mi placer del bibliotecario, a quien los manuscritos están confiados, para que me los vaya mostrando todos según yo lo desee.

A lo que parece, el más bello e importante de todos estos manuscritos ya no está aquí, sino que ha sido trasladado a L'Ermitage, donde tantas preciosidades se guardan, de las cuales ni he visto yo la mitad, ni siquiera he descrito a usted la cuarta parte, porque el tiempo se va como un soplo y no lo hay para nada. Pero, volviendo al manuscrito, diré a usted que es del siglo XIX y obra acaso de un poeta catalán. Se intitula Breviari d'amor, y está de muy linda escritura y ornado con viñetas y letras iniciales primorosas. Lo escribió Juan de Aviñón; mas dudo que sea éste el nombre del autor; antes creo que lo es del copista. En fin: Pidal y usted, como más eruditos, sacarán por el hilo el ovillo y podrán decir si hay ejemplar de este libro en otra parte de aquí.

Hoy he pedido al bibliotecario un legajo que contiene copias del siglo XVII de una carta de Carlos V a su hijo Felipe II, que comienza: «Demás de la instrucción que os envié del modo que, así en el gobierno de vuestra persona, como en el de los negocios en general, os habéis de guiar y gobernar, os escribo y envío estas secretas, que serán para vos solo y que tendréis debajo de vuestra llave, sin que otra mujer ni otra persona las vea.» De esta carta dice la copia, al fin, que fue escrita autógrafa en Palamós, a 6 de mayo de 1593, y acaba con esta posdata del emperador mismo: «Ya veis, hijo, cuanto conviene que esta carta sea secreta y no vista de otro que de vos, por lo que va en ella y digo de mis criados para vuestra información.» Como no tengo libros a mano ni tiempo para consultarlos, no sabré decir si es conocida la carta de todos o es hallazgo.

En el mismo legajo hay dos cartas del cardenal de Borja y del duque de Osuna, en que ambos se acusan mutuamente al rey y Osuna se muestra tan cargado de que Borja venga a reemplazarle en el virreinato de Nápoles como el Osuna de ahora de que le suplante Istúriz en la plenipotencia. Hay, además, en este legajo y otros mil, infinidad de documentos diplomáticos, manifiestos, noticias, informes, cartas de embajadores, relaciones de embajadas, entre las cuales la del almirante de Aragón a Polonia, y obras completas de Historia,

Teología, poesía, entre las cuales no será extraño y sí de desear que se dé con algo no conocido o inédito al menos. De poesía hay las de Abrahán Franco Silveira. La tragicomedia contra el amor. Un auto sacramental sobre la expugnación de Breda, de que hay, asimismo, relación histórica. Otra tragicomedia titulada Cautela contra cautela, y no sé cuánto más, porque sospecho que en el catálogo no está todo lo que aquí hay. Mas, como quiera que el catálogo está, él servirá de guía, y puesto que aquí queda Legación, ustedes mandarán copiar lo que por él entiendan que conviene y que lo merece. Yo, por lo pronto, remito copia adjunta de unas coplas o romance satírico, por si no fuere conocido, aunque dudo que lo sea, pues no hay cosa más común en España que las sátiras políticas manuscritas de principio del siglo pasado.

Y aquí termino mi carta, que pensé fuese más extensa; mas no quiero cansar más a usted con citas de obras manuscritas, pues más tarde poseerá el catálogo completo de ellas. A Mariano Díaz remito, copiadas, las últimas cartas del rey don Felipe el Prudente.

Adiós, y créame su amigo afmo.,

J. Valera.

Mariano hablará a usted del furor del duque, etc.

La carta de Carlos V, que cito, creo que la cita y conoce Prescott, si la memoria no me engaña; mas hay, sin duda, entre estos manuscritos españoles algunos no conocidos.

Terrible clima este de Petersburgo. Aún no hay una hoja en los árboles y siguen bajando hielos del Ladoga por el Neva.

> Va que no sabe Salcedo
> quién escribe este papel,
> y va que me e... en él.

Romance de un pastor

Señor fulano de Altona,
    ¿los soldados qué se han hecho,
que se llevan los franceses
las islas de Barlovento?
Ya remedió Peñaranda
el daño de Portobelo,
que valiente la Zapata
dio a los piratas el cuerpo.
¿A tan alta providencia,
no imitará en tanto aprieto?
Quiere quitar de sus horas
a Santo Domingo el rezo.
Dígale a Giles Pretel
que tome las armas luego,
y a don Rodrigo Moxica
que a Francia le ponga pleito.
Si enfermedades preserva
quien tiene un buen regimiento,
cómo sin él nos ganaron?
¿Cómo con él nos perdernos?
¿Es bueno guardar al rey
y dejar perder su reino?
¿Es bueno engañar al mundo,
y engañar a Dios es bueno?
¿Un hombre tan virtuoso
ha de ser tan mal ejemplo
en la doctrina de Cristo
que ayude a la de Lutero?
Mire, señor, lo que hace,

no le riña su maestro
y le azoten en la escuela
cuando haga papel de muerto.
Consulte estos accidentes
a la sala de Gobierno,
donde se apartan las almas
cuando se juntan los cuerpos.
Socorra a Santo Domingo,
pida a Peñaranda viento,
víveres al cardenal,
y a nuestra paciencia, remos.
No diga nada a la reina,
que dicen que hace pucheros,
y nos hacen sus pesares
andar llorando y gimiendo.
En el Consejo de Estado
consultarlo, no es remedio,
que tienen muy mal estado
los votos de aquel Consejo.
En el Real hablan muy claro
y no estamos para eso,
que no nos darán Panyagua
aunque nos vean hambrientos.
El de Hacienda está muy rico,
mas no es del rey el dinero,
que el suyo está de levante,
en los ministros de asiento.
El señor de Valladares
vaya con Blasco a saberlo,
que en hablando en puridad
saca fruto de un sarmiento.
Bien que yo desto no fío
que un desdichado gallego,

aunque sepa textos, solo
sabe perdonar a Meco.
Consulte con dos beatas
la causa de este suceso,
huyga de la Pitonisa,
que es mala hembra en extremo;
fray Yunípero y fray Pablo
son abonados y legos;
pregúnteles cómo pudo
perderse la isla tan presto.
Si acaso el señor don Juan
fue culpado en este acceso,
y dio a las velas francesas
tan súbito lucimiento,
si porque se fue Everardo
ansí nos castiga el Cielo,
y no cesa la tormenta
aunque a Jonás aneguemos.
Su mercé es padre de pobres,
y así le toca el remedio,
pues que cada día engendra
más hijos que veinte pueblos.
No hay sino hacer para el caso
unos poquitos de versos,
que suenen a lo divino
y puedan los diablos verlos.
España, Señor, se pierde
y la ayuda su desvelo,
pues aunque no tiene Caba,
tampoco muros tenemos.
Los grandes, por humildad,
quieren ya dejar de serlo,
y nosotros, ya se ve,

que no podemos ser menos.
Astillano dice brindis,
Oropesa dice bebo,
el cardenal, ya me voy,
y la reina, ya me vengo.
Respuesta espera el francés,
y yo la respuesta espero,
yo en Santo Domingo el Real,
y él, en el otro, más lejos.

¿Serán acaso del Duende estos versos, y copiaré cosa conocida, a más de mala y sin chiste? No sé si El Duende escribió ya en tiempos de Carlos II.

San Petersburgo, 18 de mayo de 1857

Mi querido amigo: Tres o cuatro días ha recibimos un despacho de esa Primera Secretaría con una peluca, harto merecida, la cual quiero que caiga sobre mí, pues no supe evitar la causa de ella. Así, pues, lo que voy a decir no es disculpa ni excusa, sino explicación solo. Yo hubiera querido que el señor duque dijese a Gortchakov que o se hacía el cambio total, según estaba apuntado en el papel que se le dio, o no se hacía cambio alguno, ni había toisón para él. Mas el duque no dijo esto, antes bien consintió en el cambio de los toisones solos, y esto se hizo sin contar con ustedes. Por donde ustedes, con sobrada razón ofendidos, retuvieron los toisones y dieron ocasión a las penas, apuros y rabietas de que he hablado en mis cartas y a que el marrullero de Gortchakov, viendo su toisón en peligro, se moviese, al cabo, a soltar las otras cruces. El duque, lejos de creer que esto provenía de la detención, imaginó que, a pesar de la detención, las habían dado aquí por un exceso de longanimidad y por la grande afición que a él le mostraban, en la cual no es extraño que el duque haya creído, porque yo mismo he llegado a creerla, aunque desconfiado; tan bien lo fingen aquí y tan zalameros y falsos, si quieren. ¿Qué había yo de hacer entonces? Las gracias estaban dadas, y no solo las condecoraciones, y el duque entendía que era un gran favor hecho a su persona. A mí se me echó en cara la desconfianza que había mostrado, y se me tuvo por movedor de tropiezos y causa de la detención que tanta pena dio al duque, creyendo éste que yo le malquistaba con usted y con el marqués. ¿Qué había yo de hacer, digo, en este caso? La verdad, no tuve ánimo para meterme más en el asunto, y lo dejé correr. Por otra parte, la cruz que a usted han dado es la que dan aquí a los ministros plenipotenciarios, y si no ha habido favor, tampoco el más leve menosprecio. El duque le quiere a usted muchísimo, y de ofendido que estaba porque no le dejaban de embajador, se ha vuelto sumiso y asustado con la carta de quejas que usted le ha escrito, y no acierta a disculparse con usted. Yo confieso que el duque es lo más excelente del mundo, y que ha sido desgracia o torpeza mía el no dirigirle a mi gusto. Quiñones, y hasta los criados, hacen de él lo que quieren, y yo no he querido o no he podido. Gran torpe soy, y todo el disgusto de ustedes debe caer sobre mi cabeza. Una vez que el duque consintió, como no se debiera, en que se darían los toisones, dejando por lo pronto sin nada al ministro de Estado, yo abdiqué toda autoridad que en estas cosas pudiera haber tenido. Otro inconveniente mayor nació, asimismo, de esto, a saber: que las cruces, que el temor de perder el toisón hizo soltar en adelante al príncipeministro, no fueron como en cumplimiento de lo estipulado, pues no lo estaba, sino como concesión gratuita, en apariencia al menos.

Gortchakov, que en todo este negocio se ha conducido poco lealmente, abusando de la bondad del duque, ha hecho nacer luego otras dificultades. En un principio dijo diversas veces, y aseguró y sostuvo, que él era el Narváez de por aquí, dando a entender con esto que él era el primer personaje del Imperio después del emperador. Ahora salimos, por propia confesión suya, con que el majadero de Adlerberg y el cuco de Orlov son más que él y que se ofenderán si se les da menos, y, como el duque en las conferencias que ha tenido con Gortchakov ha convenido en consultar al Gobierno sobre este caso, las dos cruces de Carlos III y la de Isabel la Católica para Tolstoi, que, entre paréntesis, todavía anda pretendiendo la banda de María Luisa para su mujer, están aquí detenidas. Yo no me atrevo ya a aconsejar nada al duque, y menos desde hace tres días, que oficialmente me he despedido de la Misión; pero encuentro que pudiera muy bien ir a ver a Gortchakov y entregarle las tres grandes cruces y responder a los argumentos que hiciere que él no es el Narváez de por aquí, y que Orlov, Adlerberg y Tolstoi deben contentarse con lo que se les da, y si no, que no se contenten. Asimismo, pudiera el duque, y acaso esto sea más prudente y lo que él hará, guardar las tres cruces hasta que venga don Javier, que podrá entregarlas y hacer mejor el discurso que yo imagino que conviene hacer. Istúriz tiene expedita la lengua, y sabrá pronunciarlo.

Aquí yo sospecho que Morny y Wodehouse tratan a la baqueta a esta gente, y que las cosas van bien, tratadas así, y mal con la blandura. España dista mucho de estar pujante como Francia e Inglaterra para tratar esto como país conquistado; pero bien puede tomar un temperamento menos suave, acordándose algo del correo que nos acompañó desde Varsovia hasta aquí, y procurando imitarlo hasta donde las circunstancias lo consintieren. Yo no tengo bastante carácter, y, aunque lo tuviera, me falta la autoridad y títulos convenientes para aplicar este método, que, si hubiera tenido la mencionada autoridad, tal vez hubiera aplicado.

Entre tanto, no puedo disimular ni ocultar un recelo que tengo, y es que Galitzin entregue en ésa, por ahora, la Santa Catalina y los San Andrés solo, y guarde los Alejandro Nevski y la cruz de usted para cuando aquí se zanjen las nuevas dificultades movidas por Gortchakov y se den las tres cruces, según aquí las desean ahora. Mas ustedes sabrán, yo lo espero, sacare los dos Alejandros, que es lo que más importa, y usted por su parte, y el señor marqués en nombre de usted, hacer ascos al San Estanislao y negarse a tomarlos, pidiendo que se enmiende esta falta, así como aquí piden para Tolstoi un Carlos III en vez de Isabel la Católica y otras variaciones en los demás, y aun dos grandes cruces para Svistonov y Jomini. En fin: quizá se arregle todo a gusto de ustedes; mas para que Gortchakov no se salga con el suyo, conviene pillar de antemano los dos Nevski y promover luego todas las dificultades imaginables sobre la cruz de usted y mostrarse usted más cogotudo, empingorotado y desdeñoso que Tolstoi, Adlerberg y Orlov, que no sé si ocupan el primero, el segundo o el tercer grado en la escala jerárquica, pero que no son dignos de atar y desatar a usted las correas de los zapatos. En lo cual no hay lisonja de subordinado a jefe para ganar de nuevo su gracia, que por torpeza tiene perdida, y con razón, sino verdad pura y poco lisonjera, porque ninguno de estos tres señores vale un pitoche, y yo me espanto de que esto vaya adelante con tales hombres. Lo cual me demuestra que la mano de Dios y su providencia entran por mucho en la gestión de las cosas públicas. Y no se diga que los hombres vistos de cerca parecen pequeños y no hay grande hombre para su ayuda de cámara, porque éstas son faltas máximas, y el hombre de valer lo es hasta en camisa y para todo bicho viviente, imponiendo a todos su superioridad como si fuese irresistible. Y yo he conocido a muchos que me han parecido notables de veras y que no se han achicado, antes han crecido, vistos de cerca. El príncipe de Schwarzenberg no era famoso cuando yo lo conocí en Nápoles, y ya me parecía a mí harto capaz de todo lo que hizo después; y a González Bravo le he tratado muy íntimamente, y aunque estoy ofendido con él y debo estarlo, porque ha sido inconsecuente conmigo, no por eso dejo de tenerle en mucho, y así de otros, lo que prueba que yo no tengo la propiedad de achicar los objetos que veo de cerca, y que si no los veo mayores es porque no lo son.

En fin: dejando a un lado estas consideraciones, ruego a usted encarecidamente que me perdone mis torpezas, y a Dios que haga de modo que se enmienden, como pueden y deben enmendarse aún.

Mañana salgo para Moscú. Adiós, y créame su amigo y afectísimo y subordinado,

J. Valera.

El 8 de mayo, según el estilo ruso, salí de San Petersburgo para Moscú, en el tren del ferrocarril que parte a mediodía. Vino conmigo un criado ruso llamado Lavión, el cual hablaba alemán. No llevaba yo cigarros conmigo, porque imaginaba que, pues aquí no se fuma en las calles de las ciudades, menos debía fumarse en vagón, donde esta operación es más ocasionada a un incendio. Mucho me sorprendió ver que había vagón para los fumadores donde entré por instinto, o porque el soldado ruso conoció, sin duda, en mi cara que yo debía de fumar, y me hizo entrar en dicho vagón, donde hallé fumando a todo bicho viviente y a no pocas, al parecer, damas. Una mujer fumando despierta en mi alma, o si se quiere en mi cuerpo, sentimientos pecaminosos. No sé por qué; mas ello es que imagino que pues tan sensible a un placer tan vaporoso, que ni en público puede privarse de él, debe de serlo más en secreto a otros más serios placeres, si es que placer alguno puede tenerse por cosa seria en este valle de lágrimas que habitamos. Por otra parte, la mujer fumadora toma, al fumar, cierto aire provocativo y belicoso, y no parece sino que con el pito que tiene en la boca toca a rebato y pide guerra. Y luego, en el movimiento y presión de los labios para sujetar dicho pito, hay yo no sé qué encanto voluptuoso, y se transluce el beso nervioso y convulsivo. Por todo lo cual repito que, no siendo la fumadora ni muy vieja ni muy fea, me enciende algo la sangre. Mas en esta ocasión estaba yo tan distraído y ensimismado con ciertos amores casi místicos y platónicos que he dejado en Petersburgo, que no paré mientes ni reparé como debiera en el primor de las fumadoras, aunque bien noté que dos o tres de ellas distaban mucho de ser feas.

Llevaba yo conmigo un libro para entretenerme leyendo durante el viaje, imaginando que poco habría que ver del paisaje por donde pasábamos y nadie conocido con quien yo hablase. Mas también en esto me engañé, y la primera persona que vi a mi lado, con su semiuniforme y su cruz de Santa Ana al cuello, como si se tratase de ir a presentarse al ministro, fue al señor Sovolchicov, bibliotecario de la Imperial de San Petersburgo y arquitecto también. Éste viajaba por orden del Gobierno, e iba a Tula, donde está la fábrica de fusiles, a ver no sé qué edificios. Al punto nos reconocimos y trabamos conversación, y por su medio me puse en contacto con cuantos allí había o allí acudían. En el camino de hierro, de Petersburgo a Moscú se pasa de un vagón a otro, y no pocos venían a éste atraídos por la libertad y franquicia que para fumar en él se daba, la cual, en letras mayúsculas y de oro, estaba inscrita a la puerta del vagón de esta manera: dlia kurenie para fumatura o fumación, que de ambos modos podemos decirlo y enriquecernos nuestra lengua. Allí oí decir que esta libertad había sido dada por el actual emperador Alejandro II, y de él, por ende, se hicieron maravillosos encomios, augurando todos que aquella libertad era el comienzo, o dígase preludio, de otras más sustanciales, y que en pos de la de fumar vendrían quién sabe cuántas otras, y muy singularmente la de imprenta, de que aquellos señores se mostraban tan a las claras tan deseosos, que me di a entender que la de pensar y hablar la tenían ya conquistada, y que no se percataban de ello porque no se la habían escrito en letras de oro, como la de fumar. Ello es que allí se habló, si muy bien del emperador vivo, muy mal del que acababa de morir, y que si la persona de Alejandro II fue ensalzada, sus ministros fueron amargamente criticados, deprimidos y tachados hasta de incapaces. No sé lo que en esto pueda haber de cierto; pero sí lo es que la conversación era en francés, y que en esta lengua solo hablan los iniciados en los misterios de la civilización de Occidente, que misterios son para el vulgo de aquí. La cuestión es grave. La cuestión está en saber si esas ideas extrañas y esa civilización forastera, expresada casi siempre, hasta ahora, en lengua forastera también, han de implantarse de firme en la Santa Rusia y han de popularizarse y difundirse. Yo veía por primera vez en mis compañeros de viaje, salvo el honrado y docto bibliotecario, que se callaba, a la Rusia civilizada no oficial, a los que no están numerados y escalafonados y sellados con las armas del emperador; a los que, fuera del orden jerárquico y de los catorce o quince grados que hay en él, especie de escala de Jacob para llegar al cielo del zar, quieren ser y representar algo por ellos mismos e independientemente del Gobierno; en una palabra: a la mesocracia o clase media, que empieza a levantarse independiente y rica, pero, como entre nosotros, llena de mal encubierto desprecio por la patria y de exagerada admiración de lo extranjero,

...

escasamente, y la miserable apariencia de las casuchas de madera de los pobres siervos y campesinos, y al representarme de nuevo en la imaginación todos aquellos llanos áridos cubiertos de nieve, no pude menos de echarme a discurrir cómo vivirían durante el invierno, esto es, la mayor parte del año, los habitadores de estos países poco favorecidos de la Naturaleza. Indudablemente que en muchas regiones de Rusia, y principalmente en las más frías y boreales, mucha de esta pobre gente ha de pasarse el invierno encerrada en sus cabañas y lamiéndose la pata para nutrirse, como dicen que hacen los osos. Otros, ya poseedores de rengíferos y caballos, los enganchan a algún trineo y transportan de un lugar a otro algunas pobres mercaderías; otros, por último, hacen durante el invierno el oficio de tejedor, ya de lino, ya de algodón. En el terreno que circunda a Moscú, dentro del radio de muchas leguas, es donde más se ejercitan los rústicos durante el invierno en esta industria algodonera. En cada choza hay un telar y allí trabaja toda la familia, y es tan barata la mano de obra, que estos tejidos, hechos a mano, aún pueden competir con los que se fabrican al vapor, tanto en Rusia, donde hay muchas fábricas, como en el extranjero, de donde son importados, pagando en el día grandes derechos y debiéndolos pagar mucho menores dentro de poco, gracias a la reforma de aranceles. Según la cuenta que me hizo un mercader alemán desde largos años ha establecido en Moscú, y que conoce a fondo Rusia, una familia campesina gana a lo más, tejiendo durante el invierno, siete copecs diarios (un real de vellón de nuestra moneda); mas como tiene leña con que calentarse y algunas provisiones de boca que ha reunido durante el verano, no lo pasa tan mal, o puede vivir, al menos, y despilfarrarse algunos días de fiesta, emborrachándose con aguardiente, al cual es aficionadísimo el pueblo ruso. No sé si la nueva reforma de aranceles, una vez puesta en práctica, hará, como parece probable, que se desprecie aún más, en virtud de la concurrencia, el valor de los tejidos de algodón, y que los pobres aldeanos rusos tengan que abandonar esta industria de tejer y adoptar otra o contentarse con ganar menos que los siete copecs diarios, que sería ya poner a prueba la resignación humana y demostrar que poco menos que nada basta para sustentar una familia.

Una de las cosas que más afligen, sobre todo si se compara a la suficiencia y garbo de los honrados burgueses, de los ricos mercaderes y de los nobles rusos, civilizados y extranjerizados, que por lo menos han leído a Paul de Kock y que han estado o, cuando no, piensan ir a París en el próximo verano, es la rudeza, amilanamiento y rustiquez del que debiera ser verdadero instrumento autonómico de la civilización rusa, el clérigo ruso. Yo no he podido hablar con ellos, pero, como dice el proverbio italiano, vista la porta, vista la casa; y la verdad, que lo raído y sucio del traje, lo mal peinado de las greñas, el aire poco diligente y muy aguardentoso de la fisonomía y la rudeza de los modales no los distinguen de los mujiks, antes Bien, muchos de estos clérigos o curas de aldea parecen y deben de ser más rudos que los mujiks mismos, los cuales tienen que tener a menudo en prensa el ingenio para mejorar la fortuna o para vivir, cuando nada le inspira el deseo de mejorar, mientras que el pope, de lo que canta yanta, y como no ejerce una especie de jurisdicción como nuestros curas, ni se hace superior a los feligreses, teniendo sobre ellos cierto magisterio en el púlpito, en el confesonario y hasta en el consejo de la familia a veces, hechos una vez sus oficios, dicha su misa y terminadas las canciones sagradas, no le queda más que el aguardiente a que recurrir para distraerse, y vive en la más completa abyección e ignorancia. El clero negro, esto es, los frailes, saben algo; de entre ellos salen los obispos, los metropolitanos y los predicadores, aunque rara vez aquí se predica. La religión no se explica con razonamientos, ni se pone al servicio de la moral, difundiéndola en elegantes discursos; la religión ortodoxa se manifiesta por medio de símbolos y figuras y gestos, de los cuales no sé hasta qué extremo podrá comprender el vulgo el sentido. Rara vez el sacerdote explica al pueblo estos misterios por medio de la palabra.

He oído a muchos rusos quejarse de la ignorancia y falta de respetabilidad del clero ruso; tanta genuflexión, tanta ceremonia simbólica, un santiguarse tan continuo, un tan eterno besuqueo de reliquias, de cruces y de imágenes, y tanta postración y acatamiento hacen de la religión ortodoxa algo de parecido a la brujería: ensalmos, conjuros, encantos y evocaciones que no tienen objeto.

Pensando en estas y en otras cosas por el estilo, y durmiendo un poco de cuando en cuando, y parándome en las estaciones a almorzar, a comer, a tomar el té y a cenar; imitando en esto a los rusos, que siempre que pueden comen, y no comen poco y mal, sino cuando no pueden comer a más y mejor, llegué, por último, a Moscú, a las ocho de la mañana del día siguiente, habiendo empleado en este viaje, de seiscientas cuatro verstas, veinte horas del ferrocarril. Apenas llegamos a la estación del ferrocarril, y aún no había acabado el tren de pararse, salté en tierra de los primeros, con el ansia de ver la antigua capital de los zares. Dejé a mi criado encargado de llevarme el equipaje a la posada, y tomando un droski, me dirigí a la de Morel, que me había recomendado en San Petersburgo mi amigo Sobolevski.

Hacía un tiempo hermosísimo, y no creo que por el mes de mayo hiera el Sol la tierra de Andalucía con más fuerza que hería la de Rusia entonces. Los árboles desplegaban ya su pompa vernal, y verdes hojas y flores los coronaban; los pájaros cantaban entre las ramas; las cúpulas doradas, verdes, azules y rojas de las mil iglesias de Moscú me deslumbraban con sus resplandores; las campanas henchían el aire de sus sonidos argentinos, y las casas, los palacios, los templos, confundidos entre las masas de verdura, escalonados en el declive de las colinas y extrañamente agrupados con bien concertado y poético desorden, me causaban una impresión tan singular, que nunca, al llegar a ciudad alguna del mundo, la he sentido más extraña. Moscú no me parecía ni más grande que Roma ni más poético que Granada, ni más hermoso que Nápoles, ni más naturalmente rico y grande que Río de Janeiro; pero sí más original, más inaudito que todas estas ciudades juntas. A veces entraba el droski por una calle donde las casas pequeñas de madera y de un solo piso, las bardas de los corrales o jardines, que más tenían de lo primero que de lo segundo, la gente pobre, los chicuelos y las mozas sentadas a la puerta, o mirando por los ventanuchos y yo no sé cuántas cosas más, rústicas, le daban el aspecto de una aldea; pero de repente se abría la calle y salíamos a más dilatado espacio, que, elevándose sobre todo el terreno circundante, hacía que la vista se extendiera a la larga en derredor, sobre los valles y colinas que forman la gran ciudad, complaciéndose con la vista de sus jardines y huertos, y perdiéndose en el laberinto de sus torres y alminares, y deleitándose con la bárbara pompa de sus cúpulas doradas. Entonces imaginaba yo que no estaba en Europa, sino en Extremo Oriente, y que, por arte de encantamiento, había llegado a Pekín en vez de llegar a Moscú. Con esta idea disparatada de estar en Pekín o en la capital de Cachemira, o en alguna ciudad extraña y fantástica de aquellas que Simbad el Marino vio en sus maravillosas peregrinaciones, vine a dar en casa de Morel, el fondista, tomé un cuarto, me vestí y salí de nuevo a cerciorarme de si estaba en Rusia o en China y qué clase de ciudad era ésta, que de tal modo hería mi imaginación.

Lo primero que hice fue dirigirme al Kremlin, que es en Moscú lo que el Capitolio en Roma o en Atenas era la Necrópolis. Allí los palacios, los templos, los tesoros, los trofeos y cuanto en la ciudad hay de más sagrado, rico y glorioso se guarda y venera. Está el Kremlin situado sobre la más elevada colina de las siete que forman la ciudad. El Kremlin tiene su monte Palatino, como el Capitolio. Rodea y ciñe aquel recinto una muralla singular, guarnecida de torres de más singular y varia arquitectura aún que la muralla. Sobre y coronando la veneranda colina, descuellan las torres de los palacios del zar y las cúpulas doradas de las tres catedrales y demás conventos e iglesias que allí se aparecen. El primer efecto que el Kremlin me produjo fue maravilloso, y más bien trajo a mi memoria el recinto y fortaleza de la Alhambra que recuerdo alguno más clásico y solemne. No me fijé en objeto alguno particular y no hice más que admirarme del conjunto. Una vez que penetré en el Kremlin por uno de los arcos triunfales que le dan entrada, no tanto llamaba mi atención el Kremlin mismo como la vista sorprendente que desde él se goza, ya de un lado, ya de otro, dominando la extensa capital que se tiende a sus plantas. Los innumerables templos, los tejados de las casas y palacios, los jardines y huertos que los rodean, y la llanura ilimitada que da a la ciudad, por dondequiera, un horizonte inmenso, como el de la mar, me hacían imaginar y soñar mil cuentos orientales. Moscú me parecía la capital del gran Tamberlán, que se había civilizado, y yo me imaginaba el sucesor de Don Clavijo o Don Clavijo mismo, que venía a hacerle una visita de parte de mi soberana. La separación de las casas unas de otras, el lujo con que se desperdiciaba el terreno, poniendo entre una y otra huertos y bosquecillos; el desorden con que las casas están situadas, aquí una choza de madera, al lado un palacio con columnatas y regio balconaje, y puerta y fachada aparatosas; más allá una iglesia con sus cuatro o cinco cúpulas de las más extrañas formas y colores. Todo esto no parece de cerca tan bien; la casa de madera aunque no entre uno en ella, no sé qué da a sospechar que ha de ser sucia; el palacio, visto detenidamente, no puede menos de denotar un mal gusto notable y más apariencia y ostentación que riqueza verdadera; todo él está hecho de yeso y ladrillo; la iglesia, cuyos vivos colores y formas extrañas nos gustaban tanto desde lejos, ofende la vista, de cerca, con sus relumbrones y colorines, y causa un malestar semejante al que sentiría una persona compasiva al ver un hombre desollado andar por la calle; porque, en efecto, estos colorines y relumbrones le hacen a uno creer que a estas iglesias les han quitado el pellejo y que están desolladas, padeciendo, por consiguiente, los más horribles tormentos de verse así, y maldiciendo a quien tal las ha puesto. Cuando yo oía el sonido de mil campanas, me daba a entender que todas estas iglesias, unas en tiple, otras en bajo, se quejaban de su pésima condición y del sino fatal que las condena a vivir en aquel estado. Mas este pensamiento y alucinación estrambótica no me acudía sino cuando miraba de cerca alguna de las iglesias, y singularmente las de peor gusto y más pintarrajeadas. Desde lejos, desde lo alto del Kremlin y perdidos estos pormenores con la distancia, el conjunto de los edificios se me parecía de una belleza rara y de una novedad que acendraba y encarecía esta belleza. Dicen que Moscú asemeja a Roma; mas no hallo esta semejanza. Una Roma por este orden habría sido capaz de fundar Atila, si de vuelta de su viaje por el Occidente se hubiera civilizado un poco y hubiera querido fundar una capital a semejanza de la de los Césares. Salvo algunas reminiscencias, más hay aquí de tártaro que de romano. En fin:

embebecido en la contemplación del conjunto y de las cosas lejanas que desde el Kremlin alcanzaba a ver, no reparé en las inmediatas que a la vista se me ofrecían, y salí a las dos o tres horas de estar en el Kremlin sin haber visto nada de lo que hay dentro de su recinto.

Salí del Kremlin por la Puerta del Salvador, arco de triunfo por donde subió en otro tiempo a aquel Capitolio ruso Iván el Terrible, vencedor y conquistador de Kassan y Astracán, y Minin, y Pojarski, libertadores de la patria y vencedores de los polacos. Tanto por los recuerdos históricos que despierta este arco en un alma rusa como por la santa imagen del Salvador, que le da nombre y que está levantada sobre la puerta y pegada al muro, obrando obras maravillosas de continuo, este arco es sagrado y venerado para los rusos, y todos, al pasar por él, deben descubrirse e inclinarse, sin que de este tributo de reverencia se hallen, por modo alguno, exentos los extranjeros o los que son de otra religión que la ortodoxa. Bien es verdad que los rusos, que a más de ser tolerantes, son, como mil veces he tenido ocasión de decir a usted en mis cartas, el propio dechado y modelo de la cortesía, saludan, asimismo, cualquiera capilla, iglesia o lugar sagrado de otra religión, entendiendo que si no lo hacen dan prueba de descorteses y de rudos.

A los pies del Kremlin, y bajando por el arco mencionado, se encuentra uno en una ancha plaza, que podemos equiparar al Foro de Roma, ya que hemos equiparado el Kremlin con el Capitolio. Comparaciones todas que halagan en extremo a los moscovitas y que tienen para ellos una gran significación, porque entienden que la sucesora de Roma es Moscú, y que éste es el renovado imperio de Oriente, vengador y sucesor del primero. Roma y Constantinopla, o al menos el espíritu, el alma, la vida de Roma y de Constantinopla, quieren ellos que esté aquí. En medio, pues, de este

Foro se levanta el monumento de Minin y Pojarski, de los dos gloriosos patriotas; del plebeyo y del noble, del carnicero y del príncipe, héroes ambos. El monumento vale poquísimo como arte, pero le santifica y hace invulnerable a la crítica el sentimiento de entusiasmo patriótico que despierta en todo corazón ruso, donde hay en el día más patriotismo verdadero que en ningún corazón humano.

A un lado de la plaza se levanta un monumento de otro género, tan sorprendente y singular en todo, que roba inmediatamente la atención del viajero, y le deja suspenso, embelesado y extático. Yo, al verlo, me creí trasladado por ensalmo al país de las hadas, al centro del Asia, a alguna tierra casi ignorada aún y donde nunca puso los pies hasta ahora viajero alguno. No es la hermosura, sino la extrañeza, la que deleita, suspende y asombra, y hasta nos hace tener por hermoso lo que ciertamente no lo es. Lo que yo tenía delante de mis ojos era una pesadilla de arquitectura. Nunca chino alguno, después de embriagarse con opio, ni árabe que esté saturado de hachich, vieron cosa parecida en sueños. Las monstruosas y estrambóticas deidades del Tibet o de la India no tuvieron nunca pagodas tan monstruosas y estrambóticas como esta iglesia. El monumento es una iglesia. No sé, ni creo que se sepa, si el arquitecto que trazó y construyó esta iglesia era griego, o chino, o indio, o tártaro; pero de seguro que fue un original de primera magnitud. Ello es que la iglesia se construyó en tiempo de Iván el Terrible, que era él mismo uno de los tiranos más originales que se han sentado en un trono y han empuñado cetro. Cuando este terrible zar volvió triunfante de los tártaros y conquistador de Kassan, quiso fundar en memoria esta iglesia, o por voto que había hecho, como nuestro rey don Felipe fundó El Escorial después de la batalla de San Quintín. Pero en España tuvimos un Herrera, que hizo su traza según las reglas, poniendo todo su empeño en observarlas sabiamente y en producir por ellas la hermosura. Aquella hermosura sencilla y sobria que a nosotros, hombres del mediodía de Europa, alimentados de tradiciones clásicas, nos gusta más que todos los delirios romancescos, góticos, bizantinos y moriscos, si bien no dejamos de reconocer hermosura en tales delirios. Delirios que a vece no pueden llamarse tales; tan perfectos y acabados son en todas sus partes. Iván el Terrible halló o sacó no sé de dónde un arquitecto digno de él y a propósito para el monumento que trataba de levantar. No cabe duda en que el arquitecto era extranjero, mas se ignora de dónde. Hasta el sitio que eligió para levantar su monumento muestra ya la extrañeza y lo peregrino de su inventiva. No es un terreno llano, sino un derrumbadero o barranco; no lo terraplenó, sino que desde luego empezó a edificar sobre él. El edificio, por consiguiente, se levanta más por un lado que por el otro, y hay una capilla por un lado al nivel de la tierra que puede, por otro, considerarse como subterránea. El piso principal del edificio está, por consiguiente, en el aire, al menos por un lado, y se sube a él por una escalera fantástica como el edificio. Pero antes de penetrar en su centro considerémosle por fuera. Asombrémonos de ese desorden fecundo de cúpulas, agujas, torres y campanarios; de esta combinación de colores brillantes, de esa profusión de pinturas que cubren y decoran sus muros, como la piel del salvaje más prolija y ricamente tatuado que se pueda hallar en el seno de los bosques vírgenes del Brasil. Las excrecencias, corcovas, pinchos, gibas, trompas y garras de esta quimera, de este monstruo de arquitectura, producen en el alma el mismo efecto que le causaría la vista de un plesiosauro o de otro bicho antediluviano por el orden, si afortunadamente pudiera revivir para que lo viéramos en toda su realidad grotesca y sublime. Tiene, sin embargo, el edificio más analogía con el reino vegetal que con el animal. La arquitectura ha imitado siempre más bien los árboles y las plantas que las fieras. Basta un poco de imaginación para fingirse en ella que este edificio es una gelatina à la jardinière o printanière, hecha por un cocinero cíclope para regalo y banquete de los titanes.

Aquella cúpula parece una inmensa manzana cocida; esta otra, una piña o ananás; aquella torre, una zanahoria mayúscula; la de más allá, un rábano; y los dibujitos pintorreados en el muro parecen incrustaciones de perejil y pedacitos de trufas y setas, y cabezas de alcachofas y de espárragos de jardín. Pero esta gelatina no está echa a molde y sacada de él con una regularidad y simetría maquinales, sino hecha a mano, por arte ignorado hasta ahora y con toda la fantasía y desenfreno creador de un gran artista. La humedad que destilan de continuo, por dentro y por fuera, los muros de este edificio, que se diría que sudan en verano la nieve que han absorbido en invierno entre su yeso y ladrillos, contribuye más a darle el aspecto y apariencia de la mencionada gelatina à la printanière, que empieza a derretirse. Pero entremos dentro del edificio. Subamos la escalera y nos hallaremos en un laberinto singular de corredorcillos, por donde apenas puede pasar un hombre delgado; de galerías que dan vista a la plaza, sostenidas por columnas de formas desusadas e inauditas, todo ello pintado de verde, de rojo y de amarillo, fingiendo hojas, y frutas, y flores; y, pasemos, por estas galerías, a las diferentes iglesias, capillas o como quieran llamarse, donde de pronto se levanta el techo y se remonta, y forma bóveda, siendo lo interior de una cúpula, cuya indicada bóveda, pintada de azul y tachonada de estrellas, como si fuera el cielo, deja ver en su centro ora al Padre Eterno, con unas barbas blancas y unas melenas como las de un mujik, el cual nos mira con benevolencia y se sonríe, y nos echa la bendición, ya un Señor Jesucristo gigantesco, con cada ojo como un plato y una boca que parece una sopera. En el retablo de cada una de estas capillas hay multitud de imágenes negras como la pez, pero cubiertas de oro y de plata, no dejando ver, al través de tanta riqueza, sino las caras y las manos. Estas imágenes suelen ser muy milagrosas, y mientras más feas son, más veneradas son y más milagrosas. En la capilla del centro es donde el artista se despilfarró y echó el resto, y mostró a sus contemporáneos y a la posteridad más remota todo el poder de su ingenio e inventiva. Allí se ve uno en el hueco de una pirámide altísima, que se pierde de vista, cuadrangular, que se levanta ligera como si quisiera volarse al cielo, toda llena en su interior de arabescos y colorines, y filigranas, y de santos, y de santas, y coronada, por último, con una bola hueca que forma la bóveda desde donde nos mira la Madre de Dios y como que nos hace señas pará que subamos al Cielo a hacerle una visita. Y, en efecto, aquella pirámide angosta, aquel embudo o cerbatana ciclópea en que está uno metido, puede pasar por el tubo de un telescopio soberano, con el cual no solo se descubren las estrellas, sino que tiene tanto alcance, que se ve por él lo que pasa en lo interior del Cielo y a la misma Virgen María que nos está mirando desde una ventana.

Después de haber referido a usted todas estas maravillas, que aunque contadas en estilo rudo e indigno de tan elevado sujeto, no dejarán de sorprenderle, no hallará usted fuera de razonable discurso que Iván el Terrible se sorprendiese más aún y se extasiase al contemplar la estupenda creación de su arquitecto; así es que le abrazó lleno de júbilo y le colmó de honores, distinciones y riquezas, e hizo de él el más magnífico encomio y oración panegírica en presencia de todos los estolnicos y boyardos; pero temiendo, al mismo tiempo, que pudiese un día peregrinar por otros reinos y naciones y hacer para ellos igual o semejante maravilla a la que había hecho para Rusia, y siendo por demás patriota y celoso de la gloria y supremacía de su nación, mandó sacar los ojos al gran arquitecto para que nunca más hiciese prodigio parecido al de su iglesia de la Protección de la Virgen María, y fuese ésta sin par y única en el mundo, como lo es efectivamente; porque ¿dónde se han de hallar torres como aquéllas, ni borrachera semejante de capillas que parecen chimeneas hinchadas y tubos de telescopio por dentro, y por fuera un macedoine de tous fruits, confeccionado por el más hábil cocinero del país de los gigantes que visitó el capitán Gulliver?

Aquel mismo día fui a visitar a la condesa Rostopchin, para la cual traje una carta de recomendación de Sobolevski. Esta condesa es la Safo de Rusia, y ha escrito y publicado no sé cuántos tomos de poesías líricas muy celebradas y dignas de serlo, y hasta cierto punto populares. Ha escrito, asimismo, comedias y proverbios imitando a los de Musset, y hasta tragedias, más o menos clásicas; pero se dice que no le da el naipe para este juego. La condesa Rostopehin creo que sea hasta hoy la más famosa poetisa de Rusia.

Aunque las damas rusas son en extremo licurgas, no se entregan aún con tanto furor como las inglesas, francesas y alemanas al demonio de la vanidad literaria, y rara vez escriben, satisfechas con mostrarse en la conversación profundos pozos de ciencia e inagotables veneros de sabiduría, lo cual parece maravilloso si se atiende a que no hace un siglo aún que la mujer rusa, como la asiática, estaba encerrada en el terema, que no era sino una especie de harén, y tan sometida al marido, y tan secuestrada y ajena de los negocios, que rara vez figura en la historia rusa, historia mucho menos galante que la de otros países. El espíritu caballeresco que durante la Edad Media reinó en la Europa occidental es aquí punto menos que desconocido, y de pocas hermosuras rusas hablan las crónicas que hayan sido causa de bienes ni de males. Olga la Santa, sin embargo, contribuye más que nadie a cristianizar a los rusos; Marta, la viuda del cónsul de Novgorod, defiende tan heroicamente la libertad de su patria, que cede al cabo y pierde su independencia ante la fortuna y el poder de Juan II, como la viuda de Padilla defendió las libertades castellanas. La primera Sofía, la ambiciosa y desgraciada hermana de Pedro el Grande, es la tercera mujer que podemos citar como notable en la historia de Rusia. La condesa Rostopchin se queja mucho de esta falta de galantería en la historia antigua de su patria y la halla, por tanto, desprovista de elemento e interés dramático. Esta sabia e inspirada condesa lleva de ventaja a nuestras literatas españolas que no la da de pitonisa ni de estática, y que es, ante todo, una dama elegante y agradable, muy parlanchina, pero sin presumir de docta, aunque lo es, y natural, y franca, y buena señora. Está ya en el ocaso del Sol de su hermosura, que debe de haber sido más agradable y suave que brillante. Es pequeñita, y a pesar de sus largas vigilias, meditaciones poéticas y sentimientos que debe haber tenido, como poetisa que es, no ha enflaquecido ni se ha aniquilado, sino que está de buen año y fresca como una lechuga, sin sentir el inquieto malestar de las damas-genios ni tener vahídos o nervios, como ahora se dice, sino mens sana in corpore sano. Los ojos y el pelo de la condesa son negros y relucientes, y más se la creería nacida en Andalucía que por estas regiones heladas. Bien es verdad que las rusas tienen tipos muy diferentes, y al lado de la hermosura delicada, rubia, esbelta, ligera como una figura de Keapssak, se ve la dama, rubia también, pero fuerte, robusta, sólida y amazacotada, como una Venus de Rubens, y la mujer oriental y el tipo andaluz, por último, salvo los pies y las manos, que rara vez suelen ser por aquí tan diminutos y graciosos como en nuestra tierra. La condesa no me habló de sí misma ni de sus obras, sino hasta que yo diferentes veces hube tratado en vano de hacerla hablar de sí y de ellas; lo cual, para los que saben cuán ocupadas están siempre de su personalidad las literatas de Occidente, será modestia extraña y digna de elogio. Las hijas de la condesa y el conde, su marido, son finísimos y afables, como todos los rusos de cierta clase. Cuando salí de casa de la Rostopchin, a quien hice una larga visita y con quien hablé de mis compatriotas que ella había conocido en el extranjero, recordando ella más que a ningún otro al duque de Rivas, a quien había conocido en Nápoles, y de quien hacía los mayores elogios, me dirigí a casa del señor Longuinov, para quien traía yo, asimismo, una carta de Sobolevski.

Todos estos paseos los hacía yo en carruaje. Aquí no habría medio, como en Madrid, de hacerlos a pie, por económico que quisiera ser uno. Las distancias son enormes, gracias a los jardines inmensos, a las extensísimas plazas, a las hermosas alamedas y a la anchura de las calles. Las casas mismas, por lo común encerradas en el centro de un huertecito y separadas unas de otras, ya sean pequeñas, ya grandes, a no presumir de palacios, no tienen más que un solo piso, y de cualquier modo que sea casi nunca ofrecen vivienda a más de una familia; no sucediendo aquí lo que en Madrid, donde vivimos como los arenques, colocados unos sobre otros por capas paralelas. En fin las distancias son aquí grandes, como en Petersburgo, y para cualquiera persona medianamente decente, un carruaje es un artículo de primera necesidad. El menor lujo y entono que se puede dar es tener en invierno un trineo y un droski en verano, con dos caballos que alternan en el servicio. No tener esto es condenarse a la reclusión, o condenar uno a los amigos a que le lleven y le traigan de gorra a todas partes. No teniendo yo aquí amigos ni gana de ir de gorra con nadie, alquilé un droski elegante y bonito. No hay mueble, a mi ver, más bonito y ligero que un droski, sobre todo para un hombre soltero y esbelto, que con su gordura y machuchez el viejo hace antítesis con la gracia vaporosa del mencionado carruaje. En él está todo dispuesto por tal arte y tan ingenioso, que, sin querer uno, sin notarlo siquiera y sin ser coquetón y aficionado a crear en sí mismo la hermosura, y a tomar como si dijéramos posturas plásticas, las toma uno fatalmente en el hecho de sentarse en el droski, y ya en él, como pintado y para pintado. Un bonito muchacho debe de estar casi tan airoso y garboso en un droski como a caballo si monta bien y las muchachas, al verle en droski, han de enamorarse de él. Yo de mí sé decir que una muchacha bonita en un droski me enamora sobre manera. Todo el cuerpo, desde el asiento a la cabeza, queda en el aire, sin apoyo alguno, y cimbreándose y balanceándose bizarramente con el movimiento. El caballo, por mediano que sea, lleva siempre un trote más airoso y rápido que lo que por ahí se usa. Las cuatro ruedecillas se pierden casi a la vista dando vueltas, y se diría que la dama va en el aire, y, mientras más corre el droski, más elegante es su postura. El viento que se agita en torno y el aire que cruza y parte le echa atrás y levanta y ahueca el velo y el chal y los rizos y le da el aspecto de un hada que atraviesa los aires y va al palacio de su reina Parabanú. El cochero, si es feo, puede pasar por un gnomo, o cuando es buen mozo, como a menudo sucede, sobre todo en los droskis comm'il faut, aumenta el ornato de aquella máquina locomotora. El traje del cochero es el traje nacional ruso, pero el traje de majo, como si dijéramos. El caftán, de paño azul o verde, con remiendos de terciopelo negro, y franjas en el cuello y bocamangas; golpe de botones de muletilla en ambos lados y faltriqueras, calzones bombachos y botas anchas y plegadas; un sombrerete chico y puesto con coquetería, a veces de medio lado; el pelo, rizo a menudo y cortado por igual en torno, aunque bastante largo para formar bucles, y una faja brillantísima de tisú de seda, plata y oro, que les ajusta el caftán a la cintura. Mi cochero de Moscú debía de ser de los más majos y presumidos, y cada día notaba yo que sacaba faja diferente; la barba la llevaba larga y bien atusada y recortada por igual, y en todos sus movimientos y posturas, al ir dirigiendo el coche, había algo de teatral y estudiado, como de persona satisfecha de sus buenas prendas y que va diciendo a las mujeres: «Mirad qué guapo soy.» Por lo demás, cocheros, lacayos, rústicos y pilletes rusos; en fin, todo hombre del pueblo, parece aquí mil veces más listo, ágil, despierto y divertido que en Alemania, Inglaterra y Francia. Para encontrar algo de esta viveza natural es menester ir a Italia o a España. Aquí no importa que usted no sepa la lengua. Aquí le comprenden a uno inmediatamente y se hacen comprender no sé cómo. Con vergüenza lo confieso: a la hora ésta, no estoy más adelantado en lengua rusa que a los pocos días de llegar a Petersburgo; aún no sé decir más que na leva, na prava y stoi; stakan vadi, vaso de agua; chasca café, taza de café; pajalusta, si usted gusta, y otras ocho o nueve palabras por el estilo, con las cuales, y con la inteligencia de estas gentes, he ido a todas partes y me he entendido con ellas.

En fin: fui a casa de este otro caballero, para quien Sobolevski me había dado carta de recomendación, y no le hallé en casa. Era ya hora de comer, y volví a comer a mi posada. Fuerza es confesar que las posadas o fondas de Moscú son excelentes, al menos en comparación con las de Madrid, y lo que hay mejor es cuartos amueblados con gran lujo vestidas las paredes de ricas telas, en muebles y vajilla elegantísimos y cuanto conviene ha alojar confortablemente a un forastero de distinción que trae bien provisto el bolsillo. En Moscú se halla de todo; pero todo muy caro, singularmente para el extranjero, a quien la gente menuda trata siempre de engañar en todas partes, y más aquí, donde se le suele calificar aún con el epíteto de nienzen, que traducido literalmente significa «mudo», persona a quien Dios no ha concedido el don de la palabra, y traducido según la significación directa que a esta palabra da el uso, en contraposición de la voz slavo, que significa «palabra» niemen quiere decir «alemán», gente que no tiene en Rusia las mayores simpatías.

Comí bastante bien en el hotel, y solo me fui en seguida a un precioso jardín llamado L'Ermitage, propiedad de mi huésped mismo, que es un francés muy buscavidas, y donde, por un rublo, tiene uno el derecho de entrar, de pasear y de oír un famoso concierto vocal e instrumental, y de ver, por último, unos maravillosos fuegos de artificio. En este jardín hay un estanque con honores de lago, donde, en invierno se corren patines, y hay dos montañas rusas, y donde, en verano, se navega en varios barquichuelos muy cucos y pintados. Los árboles y el césped verdeaban agradablemente, y las desigualdades del terreno hacían ameno este jardín. Hay en él, asimismo, varios quioscos, casas y salones, donde la gente entra a oír el concierto cuando hace frío, que cuando hace buen tiempo, el concierto se ejecuta al aire libre. Ni faltan vinos, café, té y licores, y aquellos llamativos suculentos y despertadores de la sed, que por dondequiera se usan, como salchichas, anchoas, jamón y otras carnes salpresadas, y frutas y helados, y dulces en abundancia. Pero lo que más llamaba la atención del público y lo atraía como por encanto a aquel jardín era la célebre compañía del ingenioso y nunca bien ponderado Iván Vasilievich, el más gigantesco, así corporal como espiritualmente, de todos los gitanos que he conocido en mi vida. Este gran artista y glorioso patriarca tiene bajo sus órdenes, jurisdicción y protección, por lo menos una docena de ninfas cantadoras, y seis o siete guitarristas y cantores de los más inspirados de todo Egipto o la Bohemia o como quiera llamarse a la patria misteriosa e incógnita de esta raza singular y vagabunda. En parte alguna hay más gitanos que en Rusia, ni en parte alguna han llegado a elevarse y a distinguirse tanto por sus cantares, danzas e ingenio. Algunas de las sirenas que componen esta compañía del gran Iván Vasilievich alcanza tanta fama como la Alboni, al menos en Rusia, y causa más entusiasmo que aquella célebre contralto italiana. Y verdaderamente merecen tanta fama y tanto rendimiento, porque por la voz, el alma y el primor con que cantan, no tienen quien en el mundo se les iguale. Sus canciones son preciosas; las más andan en estampa, y yo tengo ejemplar de ellas; mas el chic verdadero, el arte, y forma y manera especialísima de estas canciones es incomunicable por escrito, y es menester oír a estas sirenas para comprender hasta qué extremo llega la magia de su canto y de sus salidas de tono, que adquieren más singularidad aún por los gestos, chillidos, suspiros, meneos, danzas y palmadas con que suelen acompañarlos. Solo los gitanos de España pueden dar una idea de lo que son los de Rusia. Mas fuerza es confesar que jamás entre nosotros, y perdónenme los aficionados y patriotas, jamás ha llegado el arte gitano a tal punto de elevación y grandeza, a pesar del vito, de la tana y de las playeras.

Aquí ha habido y hay entre los gitanos verdaderas eminencias artísticas, y para que se vea hasta dónde las aprecian, voy a referir a usted una anécdota, de cuya verdad no respondo, pero que aquí me han dado como histórica e irrefutable y consignada en los archivos de la Academia de Música, de Iván Vasilievich. Cuéntase, pues, que cuando la Catalani estuvo en Rusia, no recuerdo cuántos años ha, había en Moscú una gitana cantadora, cuyo nombre siento también haber olvidado, a pesar de lo celebérrimo que debe de ser, la cual cantó en cierta ocasión en presencia de la Catalani y delante de un inmenso concurso, y, atónita y entusiasmada de oírla la cantora italiana, dicen que no pudo contenerse y se levantó del asiento y se fue derecha a la gitana, y la abrazó y besó con ternura, y la llamó hermana, y maestra, y señora, y Dios solo sabe cuántas otras cosas más; y, despojándose de un chal de verdadera cachemira, que una princesa de dicho reino había regalado a un padre capuchino que predicó por allí el Evangelio y tuvo la dicha y la honra de convertirla al cristianismo, que este padre capuchino cedió luego al general de su Orden, y que éste llevó al Papa de presente, y que el Papa, por último, había regalado a la Catalani, después de oírla cantar el Stabat Mater, de Rossini, se lo dio a la gitana, diciéndole: «El Padre Santo me dio este chal como a reina de las cantoras; tú me acabas de vencer y reconozco que eres superior a mí; abdico la corona del canto, que a ti se debe, y como signo de esta soberanía te traspaso este magnífico chal o regio manto, que nadie sino tú es justo que lleve sobre las espaldas.» Todos los circunstantes aplaudieron mucho este acto de justicia, y se enternecieron y derramaron sendas lágrimas. Mas no ha sido la Catalani solo la que se ha entusiasmado de tal suerte por la gitanería. A cada artista de nota que acude por aquí y los oye cantar, le acontece lo propio. Liszt, el gran pianista, cuando estaba en el apogeo de su celebridad y adorado de las damas, que se desmayaban muchas de oírle y se quedaban transpuestas, y le acataban como a un Apolo larguirucho; Liszt, digo, vino por aquel entonces a Moscú y vio a otra de estas sirenas, y la oyó cantar y se enamoró de su canto y aun de su persona, y estuvo meses y años rendido a sus pies, amándola, chillándola y suspirándola. He visto a esta enamorada de Liszt que aún conserva los ojos negros, grandes y vivos que debió de tener cuando joven, y el fuego de la inspiración del amor arde aún en ellos; pero está tan consumida y seca, que asemeja la pitonisa de Eudor.

Berlín, 10 de junio de 1857

Heme aquí, querido Mariano, libre ya de mis deberes diplomáticos extraordinarios y lejos del ofendido jefe y de mi rival Quiñones. ¡Alabado sea Dios, que así lo ha dispuesto!

Después de haber estado en Moscú, donde he visto tantas y tales cosas, que ni son para referirlas en carta, sino para contadas muy circunstanciadamente de palabra o por escrito, volví a Petersburgo, donde empleé los últimos días en despedirme de los amigos que allí dejo y en ver aquellos sitios que no tienen qué ver durante el invierno y que están ahora hermosísimos con las galas de la primavera. Fui a Peterhov, Versalles de aquel Imperio; a Tsarcoie-Selo, cuyos parques y jardines compiten con los de Aranjuez, y a las Islas, que, no tienen con qué compararse en el mundo. Son éstas el delta del Neva, que se derrama en el golfo por diferentes bocas, cortando y separando la tierra que las divide por otros tantos brazos, de los cuales es el menor como diez Manzanares. Las orillas de cada uno de estos pequeños ríos, estériles y yermas cien años ha, y morada solo de los lobos y de los osos, están ahora pobladas de frondosos árboles, elegantes jardines y casas de campo, que, a menudo, presumen de palacios. Los árboles se extienden hasta el borde mismo del agua y sus verdes ramas se inclinan para mirarse y reflejarse en ella, que, libre de hielo, corre transparentemente, con un manso ruido, y permite que mil ligeros barquichuelos la surquen en todas direcciones. Muchísimos puentes, de sólida y graciosa arquitectura, unen unas islas con otras, y mil carruajes y droskis discurren por todas con la rapidez de los caballos de por allí, que son los mejores del mundo. Por dondequiera se ven damas y oficiales, y generales con uniformes riquísimos y variados y un calvario de cruces en cada pecho. Yo tengo por indudable que los generales deben contarse en Rusia por miles, y las cruces dadas, por millones. No hay portero, ni sochantre, ni sotadespabilador de teatro que no tenga alguna cruz. En cuanto a los generales, aunque tantos, no se ha de decir que estén ociosos, pues si no mandan ejércitos, son presidentes del Santo Sínodo permanente, y llaman al Espíritu Santo con un redoble de tambor, deciden las cuestiones teológicas más sutiles y tratan al clero, negro y blanco, a la baqueta. En España se queja la gente de los muchos generales que hay y de que en todo se meten. A Rusia habían de ir los españoles para quejarse con motivo. Más generales hay que príncipes, y los príncipes abundan por tal manera, que casi se puede afirmar que lo son la tercera parte de las personas que no se alimentan exclusivamente del abominado brebaje llamado kwas y de los nauseabundos puches negros y caldo de coles y sebo.

He hecho copiar, y traigo conmigo, el catálogo de los manuscritos españoles existentes en la Biblioteca Imperial de San Petersburgo, y he recomendado al gran Ben-Humeya, secretario particular del duque, a la bondad de mis amigos de la Biblioteca, con los cuales se entenderá para copiar o hacer copiar cuanto allí hay de curioso, siéndolo, desde luego, para mí, la Relación del Almirante de Aragón sobre su embajada a Polonia en 1596, y noticias que da, no solo de aquel reino, sino de los convecinos Estados, como, verbigracia, de Moscovia y de Transilvania, y de la singularísima República militar de los cosacos del Boristenes, que, según él, eran forajidos de todas las naciones de la Tierra, y los había turcos, griegos, tártaros, armenios, caucasianos y hasta españoles, los cuales, ocupados únicamente en el ejercicio de las armas y en mover guerra continua al kan de Crimea y al

Gran Señor, hacían poca cuenta de la religión que cada cual profesaba, con tal de que todos fuesen diestros, aguerridos y valerosos.

Es de notar, asimismo, en esta relación, la pintura que hace el almirante de los embajadores del tártaro, que vienen a Varsovia a coligarse con los polacos en daño del turco, del cual fueron antes constantes enemigos, y entonces estaban quejosos; y cómo los polacos los reciben mal en público por miedo de ofender al sultán, pero secretamente los socorren con algún dinero, aunque poco, a causa de la pobreza de aquel Estado, que el almirante pondera por demás, acabando por referir cómo trató él mismo con los dichos tártaros y concertó con ellos, con gran recato y prudencia, para que los polacos no lo entendiesen, que la España les daría subsidio y favor con tal de que moviesen guerra al turco y le divirtiesen por el lado de Levante. Mas todo este secreto y otros debieron descubrirse en seguida en Polonia, porque la copia de la relación que yo he leído hubo de estar en los archivos de aquel reino desde que la compuso el almirante y, de los archivos de aquel reino ha pasado a Rusia, como trofeo y despojo de los vencidos, con otras riquezas de todo género que los rusos han traído a su capital de los países conquistados.

He visto en Tsarcoie-Selo una armería preciosa, que allí han reunido los emperadores. Las armas europeas no son, en verdad, ni muy ricas ni muy bellas, pero lo son por todo extremo las de Asia, y singularmente peregrinas. Hay dos jaeces de caballo, presente del turco, bordados todos de diamantes, y cimitarras, gumías, alfanjes, yataganes, arcos, flechas, rodelas, trajes fantásticos, frenos, bridas, sillas y espuelas, venidos, no solo de Persia, de Circasia, de la Tartaria y de la tierra de los kirguises errantes, que aún viven de rapiña y le cantan himnos melancólicos y extraños a la Luna, sino del centro mismo del Asia de Samarcanda y de Bocara, célebre por sus riquezas y por sus madrizos; de Kiva, del Tibet y de qué sé yo cuántos otros puntos, tan citados en los cuentos de Las mil y una noches, tan florecientes en lo antiguo, hoy tan decaídos, y donde los rusos ejercen ya influencia grandísima, estudiando las lenguas que allí se hablan, estableciendo escuelas entre ellos, como las hay en Bocara desde los tiempos de Catalina II, y atrayéndolos a la gran feria de Nijni-Novgorod, adonde pronto podremos ir en ferrocarril, y adonde acudirán, sin ser inquietadas ni robadas por los kirguises ni por el kan de Kiva, las caravanas del Extremo oriente, con el té de Catay, los chales de Cachemira y todos los primores de la india. Este camino, de Oremburgo a Bocara, y de Bocara a Cabul, frecuentado por los mercaderes, se allanará y ensanchará, por decirlo así, para que pueda pasar en lo futuro por él un ejército ruso, que renueve las conquistas de Baco y de Alejandro.

No solo he ido a ver en Tsarcoie-Selo esta colección de armas, sino a la bella princesa, con quien me porté tan bizarramente como ya te he dicho, y a quien he presentado al joven Diosdado, dando a entender a ella, con delicadísimos rodeos, que todos los españoles somos de la misma fuerza y empuje, por donde espero que el joven Diosdado logrará al fin lo que yo logré, si no es muy torpe.

A corta distancia de Tsarcoie-Selo hay otro sitio imperial, llamado Paviovski, también con palacio, parque y jardines, donde hay uno público en el cual se dan de diario grandes conciertos, dirigidos por Strauss, famosísimo compositor hijo del otro aún más famoso. A estos conciertos acude innumerable gente, y yo he estado en ellos, a menudo. En las Islas hay también otro jardín por el mismo orden, donde dirige la orquesta Pugni, compositor de bailes, y donde cantan en coro música popular, y bailan algo parecido a la tana y el vito más de sesenta gitanos de ambos sexos. Pero no llegan, ni con mucho, estos gitanos a la perfección y a la gracia de los que he visto en Moscú, y de los cuales te prometo hacer una descripción minuciosa.

En estas y otras distracciones he pasado el tiempo desde que salí de Moscú, hasta que, el 6, me embarque en Petersburgo para Stettin. Hasta Cronstadt fuimos apiñados en una cáscara de nuez más de ciento sesenta pasajeros, entre los cuales había media docena de generales rusos, una docena de príncipes y muchísimos oficiales. Todos éstos han venido de uniforme durante la navegación, y por nada del mundo han querido consentir en descalzarse las espuelas, que a bordo hacían un efecto algo cómico. Con espuelas entraron en los vagones del ferrocarril de Stettin a Berlín, y con espuelas han entrado en la capital de Prusia. En Cronstadt tomamos barco de vapor, más grande, mas no lo suficiente para llevar a bordo tanto personaje. Así es que los tres días que hemos pasado en la mar, han sido enojosos, a pesar de la buena sociedad que allí había. Para que nada faltase, teníamos a bordo dos comediantas muy corridas y alegres, una francesa y otra alemana, varias señoras de la alta clase rusa, tan discretas y leídas como elegantes y hermosas, y hasta un príncipe efectivo y no sofístico: el príncipe de Oldemburgo. Sin embargo, el tener que dormir en el suelo o en una banqueta y el carecer de un camarote donde vestirme y desnudarme, anublaban a mis ojos todo el placer que aquellas hermosuras y personajes pudieran causarme con su trato y conversación amena. Por esta razón no pude menos de alegrarme de verme al cabo solo en una posada de Berlín y libre de perpetua compañía.

Bien es verdad que aguardo hoy o mañana la de Magdalena Brohan que salió dos días antes que yo de Petersburgo, y viene por tierra. No la acompañe, como pudiera haberlo hecho, tomando asiento en la diligencia, que ella misma me dijo que tenía dos vacantes, por no cargar más al excelentísimo señor duque de Osuna. Por la misma consideración no fui a despedir a Magdalena, como no fue el duque; pero ni estos sacrificios ni todas mis dulzuras y amabilidades y rendimientos han podido acabar con el enojado magnate, que me perdone no sé qué delito, que he cometido sin saberlo, y sin que me remuerda la conciencia. El día que salí de Petersburgo dejó el duque la casa a las diez de la mañana y se salió a pasear en carretela abierta, con Quiñones, para que no tuviese yo el gusto de despedirme de él, y todas las muestras que ha hecho en estos últimos días son de estar más enojado que nunca, o ya porque le han copiado nuevos párrafos, diciéndole que son de mis cartas a Cueto, o ya porque no se ha holgado con la Brohan, como si de esto tuviese yo la culpa. Yo no pude hacer más sino retirarme, como me retiré, y dejarle con campo libre, refugiándome, primero en Tsarcoie-Selo, luego en Moscú, y, por último, en Tsarcoie-Selo nuevamente. Ahora da la maldita casualidad de que el Gobierno francés no quiere dejar la Brohan en Petersburgo y de que ella vuelve a París casi al mismo tiempo que yo. Ella ha venido a bordo porque no había lugar para ella. Yo no he ido con ella en diligencia por respetos y consideraciones, no a ella, sino al duque y al público. ¿Qué tiene más que pedir su excelencia? En cuanto a mis bromas, ¿qué he dicho yo que le ofenda de veras? Y en cuanto a lo que seriamente he dicho de él, ¿qué no ha sido en su elogio? Si de mí dependiese y yo tuviese influencia, el duque sería a la hora ésta embajador, quedando plantado don Javier, a pesar de su mérito y de sus servicios, o tendría, por lo menos, el Toisón de Oro, como premio de los prestados a su reina y a su patria en la misión extraordinaria del zar. El duque, a pesar de sus debilidades que las tiene, como todo hijo de Eva hubiera sido mi amigo sin Quiñones y otros chismosos, y las cosas de la Misión se hubieran hecho más discretamente y ni él ni yo hubiéramos tenido disgustos. Mas Quiñones, no satisfecho de que yo le dejase sin chistar el primer puesto después del duque, en todas ocasiones, oficiales y extraoficiales, ha querido renovar conmigo la antigua y debatida cuestión de la supremacía entre las armas y las letras, y aunque yo no he presumido jamás de representar las segundas, él, como representante de las primeras, me ha revestido de aquel honroso carácter para perseguirme de continuo y triunfar de las letras venciéndome. Siempre he rehusado el combate, mas a veces he tenido al fin que aceptarle, porque me arrinconaba, y cuando este combate tomaba proporciones científicas y nos entrábamos en el campo común o neutral, que son las matemáticas, era de ver cómo disparatábamos ambos, porque ninguno de los dos sabemos bien mucho más de las cuatro reglas. En fin: ya salí de aquella casa, de aquella Misión y de aquellas discusiones.

El duque, huérfano de la Brohan, abandonada la Théric, a causa de los calzoncillos, que la madre no consentía ni que se los quitase sino por sumas fabulosas, diciendo como el ama del cura: «No decimos misa más barato», y cumpliéndose en ella la sentencia tan verdadera de que la codicia rompe el saco y la fábula de la gallina de los huevos de oro, porque el duque las ha plantado y se ha acabado para ellas la mina de brazaletes, vestidos, alfileres y otros dijes, e ida la Souvarov Italianski, el duque, digo, vuelve a sus antiguos devaneos con mademoiselle Strattmann, que acabarán, como todos los que tiene con señoritas, en no casarse con ella, y como los que tiene con las comediantas y otras hembras de vida airada.

Éstas que han venido conmigo a bordo me han contado tales pormenores de los amores del duque con la Théric, y cosas tan graciosas sobre los calzoncillos y el cómico Berthon, rival del duque con aquella ninfa, que otro que yo les hubiera reído los chistes; mas yo me quedaba serio y hasta mostraba ofenderme.

Magdalena Brohan llegará aquí, mas no pienso seguir con ella hasta París, si las cosas no se ponen en punto de caramelo. Yo la volveré a ver en aquella capital, donde me presentará a su hermana, que es notable apunte. Entre tanto iré a Dresde, a visitar antiguos amigos, y a Francfort, donde pienso comprar algunas curiosidades bibliográficas que tengo de antemano encargadas a un librero pintiparado para esto, que se llama Baer.

Tanto en Alemania como en Francia podré detenerme algunos días, y espero que por ello no se me hará cargo en esa Primera Secretaría. Si no es así, avísamelo a París, para que yo pida la licencia o el perdón conveniente y aun permanezca por las tierras extrañas o vuelva a la patria con la celeridad del relámpago.

Ya he mandado de Petersburgo a Kiel y de Kiel a Málaga, dirigido a la viuda de Quirós e hijo, un cajón de libros, de los cuales envié lista a mi madre. Siendo el cajón más grande de lo que es necesario para contener los libros, he incluido en él dos truculentos puñales, unos muñecos de porcelana de Sajonia, ropa, papeles, cortes de babuchas de cuero bordado de oro y otros objetos, de que doy aquí noticia para que pidas licencia de que entren como parte de mi equipaje, sin pagar derechos de aduanas.

Adiós. Da expresiones a los amigos, si los tengo, que lo dudo a fuerza de desengaños; entrega a mi madre la adjunta carta, ponme a los pies de la tuya y créeme tu amigo afectísimo,

Juan

Francfort, 20 de junio de 1857

Querido Campoamor:

Empiezo en Francfort esta carta hoy 20 de junio, y acaso la lleve yo mismo hasta París y allí la termine. Un siglo ha que debo y quiero escribir a usted, mas no solo lo impide la pereza, sino lo escarmentado que estoy de escribir cartas y los grandes desabrimientos que me han dado las escritas a Cueto. No imaginando yo que éste había de publicarlas, puse en ellas cuanto disparate se me vino a las mientes, y él, para suprimirlos, las entregó al brazo secular de un censor previo, que no sé quién sería, el cual me las mutiló por tal arte, o, mejor diré, con tan poco arte, que aparecieron en los periódicos tontísimas, no siéndolo ellas acaso en realidad, y no por eso logré libertarme de mil enemigos que estas cartas me han suscitado, porque se leyeron en el Casino tales como las escribí, y alguien ha dicho al duque de Osuna y a otros sujetos que yo los trataba mal, o no entendiendo las bromas y prestándoles una hiel que no tenían, o poniendo hiel en ellas, para malquistarme y atraerme sinsabores, lo cual, para las personas discretas, no puede ser cierto: pero ya sabe usted que stultorum infinitus est numerus. Por otra parte, aunque mis cartas se hubiesen publicado íntegras o bien expurgadas de aquellas cosas que no era conveniente ni posible publicar, siempre hubieran disgustado más que agradado al vulgo, que no quiere que le hablen y se presenten a su vista sino con ciertas formas, y no del modo familiar y con el sansfaconismo, como usted diría, que es tan propio e indispensable del estilo de cartas, y que yo no dejaría por nada del mundo al escribirlas. Cuando yo trate de escribir algo muy peinado y florido y atildadísimo, escribiré un libro, o por lo menos un artículo de periódico; pero nunca disfrazaré con el nombre de carta lo que realmente no lo sea. Por todas estas razones, que, si bien explicadas mal, usted entenderá mejor que yo las explico, no he querido que mis cartas a Cueto se sigan publicando, ni quiero ahora que usted publique ésta, ni otra cualquiera que yo le escriba en lo futuro. Cuando vaya a España, que será muy pronto, me pondré decididamente a escribir para su periódico de usted, y, escribiendo para el público, escribiré de otra manera y con todo cuidado, para que no se me escape nada non sancto, y con los grandes miramientos y atenciones que se deben a quien lee como juez y no como amigo y está siempre más dispuesto a zaherir que a elogiar y a buscar razones para condenarle a uno y nunca para absolverle, habiendo yo notado que, por lo común, el vulgo, mientras más ignorante, es más severo.

Dispense usted que esta carta tenga un prólogo, pero es indispensable, y sin él no me atrevería a dirigírsela a usted. Pero una vez que le digo que, ni en parte ni en todo consiento en que se publique esta carta, voy ya tranquilamente a decirle cuanto se me antoja y a contarle en compendio muchas da las cosas notables que he visto por estos mundos, reservándome el contar algo para el público más detenidamente.

De Petersburgo y de Moscú no quiero hablar ya sino por extenso y cuando llegue a ésa. Pasemos también rápidamente el golfo de Finlandia y el Báltico, camino de Stettin; crucemos sin mirar siquiera esta ciudad, no nos detengamos en Berlín ni medio minuto, y vámonos derechitos a las orillas del Rin helado, que vio nacer a Gutenberg, como dice Quintana. Aquí, en esta gran ciudad mercantil, desde la patria de Goethe y de Rothschild, se comprende el espíritu del siglo mejor que lo ha comprendido Martínez de la Rosa. Aquí está, en el centro de una plaza, la estatua del maravilloso poeta, tendiendo la vista serena sobre los almacenes de comestibles y de géneros ultramarinos, las tiendas de quincalla y las casas de contratación de los judíos, y sacando de todo esto tanta poesía como de los jardines de Siracusa pudo sacar Teócrito, y el glorioso Hesiodo de la falda del monte Helicón, donde le visitaron las musas. El ingenio alemán es maravillosamente sintético, y Goethe es el más alto representante del ingenio alemán. Aquí hay ternura de corazón y fuerza digestiva al mismo tiempo. Aquí se hace una ecuación perfecta del jamón de Westfalia y de la miosotis, o no me olvides. Estos alemanes van a oír la música a los jardines públicos y se atracan de butterbrot y de cerveza bávara, y suspiran, al mismo tiempo, al compás de la música, y sueñan ensueños del Cielo.

Goethe hizo bien en nacer en Francfort, y los honrados ciudadanos de esta ciudad libre han hecho bien y rebién en levantarle una magnífica estatua. Las abejas solo sacan miel de las flores; pero el verdadero poeta saca poesía de cuantas cosas hay sobre la Tierra. El verdadero poeta sabe tanto como Boheme de signatura rerum, y conociendo este sello, las cosas todas hablan con él y le descubren misterios inefables y le cantan canciones perfectísimas. Para el vulgo estas cosas están mudas; para el vulgo, un par de zapatos no son más que un par de zapatos; para J. Boheme un par de zapatos Dios solo sabe lo que él vería a menudo en ellos cuando los hacía. Dios sabe lo que este par de zapatos le dirían al oído y las revelaciones que tendría por medio de ellos. La estatua de Goethe en la plaza de Francfort es el genio de lo ideal, que se cierne sobre la realidad más prosaica a los ojos del vulgo y la torna poetiquísima y tan hermosa como el primer día, wie am ersten Tag, y la canta con un tono inmortal y sublime. ¡Ridículas acusaciones de que este siglo es prosaico! Vengan a Francfort los que tal dicen y contemplen la estatua de Goethe, y váyanse en seguida a casa y lean el elogio del comercio que hace en Guillermo Meister. Seguro estoy de que nunca Píndaro celebró de un modo más alto a los vencedores olímpicos. Yo he venido ahora de Dusseldorf a Maguncia, subiendo por el Rin; he visto, si no el más hermoso, el más celebrado país del mundo, pintado, litografiado, puesto en cosmorama y en estereoscopo, lleno de castillos, de viñedos, de buques, visitado por las mujeres más bonitas y elegantes, por ladies inglesas, loretas parisienses y bailarinas y cantatrices italianas, y nada de esto me ha parecido todo lo poético que debió parecerme, porque venía muy bilioso, y hasta que he visto la estatua de Goethe no me ha parecido bien, o ya sea porque he tomado dos cucharadas de magnesia.

Las cosas singulares que he notado en este viaje, desde Dusseldorf aquí, no son para escritas en cartas, sino para apuntadas muy detenidamente en un libro que, a tener yo tanto arte para escribir como tengo alma para concebirle, sería libro sublime algunas veces, y divertido las más. Yo compondría un viaje sentimental de Dusseldorf a Maguncia, que haría olvidar el tan encomiado de Sterne. ¡Qué descripciones no haría de aquella escuela de pintura de Dusseldorf, de la catedral de Colonia, de las once mil vírgenes, y del Rin, y de los árboles, y de las flores! Pero vaya usted a tener tiempo para compaginar y coordinar todo esto y adornarlo con los pensamientos, impresiones e ideas, más o menos extravagantes, que nacieron en mi mente entonces, y que se agolpan ahora en ella vaporosas e informes y amontonadas, sin acertar yo a revestirlas de una forma comm'il faut.

Pasé por el castillo de Oberisel, donde nuestro agudísimo Tirso dio vida e imperio a la hermosa condesa Diana y la hizo enamorada del más tímido, más hermoso, discreto y valiente de los Girones de entonces, como hijo de la divina fantasía del poeta y no de madre mortal. Allí tuvieron lugar aquellas galantes y graciosísimas escenas de la primera parte de El castigo del Penseque, que vale más que todas las historias, leyendas y tradiciones que del Rin se refieren o andan escritas en prosa y en verso.

Pero lo que, más aún que las ruinas, las antiguallas, los bosques y los viñedos del Rin, me ha llamado la atención ha sido la iglesia de San Apolinar, en Remagen. Esta iglesia moderna, levantada bajo la dirección de Zwirner, el mismo arquitecto que ha dado la traza y se emplea ahora en llevar a cabo la catedral de Colonia, es de lo más lindo y perfecto que puede imaginarse; es una joya primorosa. Nada más airoso, ligero y elegante; se levanta sobre una colina que corona el lugarcillo, y sus cuatro agujas, agudas y alicatadas, como que se desvanecen y evaporan en el aire más transparente, y se diría que van a perderse en el Cielo.

París, 23 de junio de 1857

Mi querido amigo: Heme ya aquí en esta insigne ciudad, centro del mundo, escuela de las artes, madre de los ingenios agudos, archivo de las ciencias y de las picardías, templo de Venus y de Baco, y agradabilísima posada, taberna y mancebía para cuantos tienen algún dinerillo de que desprenderse.

Con objeto de sacudir la melancolía que me han dado los enojos del duque de Osuna, pienso pasar aquí un par de semanas. Nada más natural, nada más justo. Espero, pues, que ni usted ni el marqués, mi jefe, lo llevarán a mal, y mucho menos si consideran que no trato de emplear este tiempo en cosas malas, sino en hacer estudios y observaciones que algún día darán su fruto.

Mi giro y gentil paseo por el río ha sido agradable de veras. Aquellas orillas son un paraíso, del cual me abstengo de hacer la descripción por no cansar a usted; baste decirle que la poesía de la Naturaleza, bosques, viñedos, jardines, rocas y montañas; la de los recuerdos, a saber: gnomos, ondinas, espectros, diablillos, duendes o Koboldos, y la poesía de los tiempos modernos, esto es, amazonas errantes que van a Ems, a Hamburgo y a Wiesbaden en busca de aventuras; paladines que las persiguen, como Rugiero a Bradamante, y que de camino juegan a la ruleta y al treinta y cuarenta; judíos ricos de Francfort, con sus tiendas y almacenes bien surtidos, y sin temer ya que les quemen o les corten las orejas; hoteles donde se come bastante bien, y otras mil ingeniaturas, artificios y primores de la civilización moderna: todos concurren a punto el postre a que aquellos sitios sean visitados por mí y por otras personas de gusto. Como maestro de capilla, como príncipe y director de esta armonía, representante de la síntesis de lo real y lo ideal, del jamón y del no me olvides, se levanta en medio de la plaza de Francfort la estatua de Goethe, genio tutelar de aquellos lugares. Tiende la mirada sobre ellos, satisfecha y serena, y parece que de sus labios entreabiertos se escapa el canto de los tres arcángeles. Todo está bien y rebién, como en el primer día. La mano del poeta va a moverse y a echarle la bendición hasta a los demonios más feos y tiznados. No me quedé por allí para recibirla, porque se me acabaron las municiones, y así me vine derechito a París, y gracias que tuve la precaución de tomar anticipadamente el billete.

Me he bañado, me he rizado el pelo, me he acicalado, atildado y hermoseado, y he ido a ver a las personas más queridas, empezando por la Muerta. Admírese usted de mi constancia. Aún no he visto a don Luis de la Cuadra, ni a Magdalena Brohan, y ya he visto a la Muerta. Al verla recordé aquella horrible historia de Poe, que usted habrá leído.

Entre tanto, en estas calles, y, sobre todo en los bulevares, claustro pleno de la Universidad de Amor, se queda uno embobado viendo pasar a las doctoras; y como ellas son tomistas y los hombres escolistas, según afirma ya de su época el discreto Jacinto Polo, se arman discusiones muy instructivas y profundas, e imita uno a Cristo, que también discutió con los doctores, aunque de esta imitación no habla Kempis.

He visto a don Javier, que vive en el mismo hotel que yo (hotel Mirabeau) y va caminando a la muerte, que, según las ominosas palabras del duque de Osuna, le aguarda en Petersburgo, para echarle la mano donde al Tío Patiño, y decirle lo que al Tío Patiño le dijo, y que por sabido y por decoro se calla. ¿Cuándo han inventado, ni cuándo inventarán jamás los alemanes una leyenda más fantástica, más alegórica, más profunda y temerosa que esta del Tío Patiño y de la Muerte? Fuerza es confesar que el ingenio español se adelanta a todos los ingenios. He pasado por Rolandseck, por Remagen, por Drachenfels y quién sabe por cuántos puntos más, y me he aprendido de coro las tradiciones, los cuentos y las baladas y balidos que de aquellos puntos se cuentan, se cantan y se balan. Nada vale un cuerno comparado con el Tío Patiño. Solo en Oberwessel, que nosotros llamaremos Oberisel, como el gran poeta cómico español, he quedado satisfecho de la historia, que nadie sabe allí, y que yo me sabía y recordé al punto. De la historia de la hermosa condesa Diana y del tímido, valeroso y elegante caballero Girón, de las gracias de Chinchilla o Polilla y primera parte de El castigo del Penseque.

Y también pensé que con la Brohan, y ahora la estoy pagando,

> yo debía haber sido como roca
> en la descomunal arremetida;

y no se hubieran quedado las cosas donde se quedaron, sino que hubieran llegado a lo vivo. Pero ahora reparo que, sin tener carta de usted, y sospechando aún que puedan aburrir las mías, le escribo ésta, a pesar de mis propósitos.

Adiós. Suyo afmo.,

J. Valera

Libros a la carta

A la carta es un servicio especializado para
empresas,
librerías,
bibliotecas,
editoriales
y centros de enseñanza;
y permite confeccionar libros que, por su formato y concepción, sirven a los propósitos más específicos de estas instituciones.

Las empresas nos encargan ediciones personalizadas para marketing editorial o para regalos institucionales. Y los interesados solicitan, a título personal, ediciones antiguas, o no disponibles en el mercado; y las acompañan con notas y comentarios críticos.

Las ediciones tienen como apoyo un libro de estilo con todo tipo de referencias sobre los criterios de tratamiento tipográfico aplicados a nuestros libros que puede ser consultado en Linkgua-ediciones.com.

Linkgua edita por encargo diferentes versiones de una misma obra con distintos tratamientos ortotipográficos (actualizaciones de carácter divulgativo de un clásico, o versiones estrictamente fieles a la edición original de referencia).

Este servicio de ediciones a la carta le permitirá, si usted se dedica a la enseñanza, tener una forma de hacer pública su interpretación de un texto y, sobre una versión digitalizada «base», usted podrá introducir interpretaciones del texto fuente. Es un tópico que los profesores denuncien en clase los desmanes de una edición, o vayan comentando errores de interpretación de un texto y esta es una solución útil a esa necesidad del mundo académico.

Asimismo publicamos de manera sistemática, en un mismo catálogo, tesis doctorales y actas de congresos académicos, que son distribuidas a través de nuestra Web.

El servicio de «libros a la carta» funciona de dos formas.

1. Tenemos un fondo de libros digitalizados que usted puede personalizar en tiradas de al menos cinco ejemplares. Estas personalizaciones pueden ser de todo tipo: añadir notas de clase para uso de un grupo de estudiantes, introducir logos corporativos para uso con fines de marketing empresarial, etc. etc.

2. Buscamos libros descatalogados de otras editoriales y los reeditamos en tiradas cortas a petición de un cliente.